Über dieses Buch

Die Psychotherapeutin Charlotte Wolff stützt sich in ihrer Studie über »Bisexualität« – der ersten umfassenden Untersuchung zu diesem Thema überhaupt – auf Forschungsmaterial von 150 bisexuellen Personen. Sie behandelt ihren Gegenstand von den verschiedensten Aspekten aus: vom Biologischen, Anthropologischen, Psychologischen, Kulturhistorischen und Soziologischen.

Dr. Wolff stimmt mit Freuds Feststellung, alle Menschen seien bisexuell, überein: Sie hält Bisexualität für die Wurzel der menschlichen Sexualität. Die Konzeptionen von »Maskulinität« und »Feminität« seien der menschlichen Sexualität eigentlich unangemessen und nur kulturell oktroyiert. In Wahrheit, so die Autorin, gibt es nur eine *menschliche Sexualität* mit mannigfachen Ausdrucksmöglichkeiten, existieren in jedem Individuum homo- und heterosexuelle Komponenten. Die Anerkennung auch der gegengeschlechtlichen Komponente im eigenen Wesen sei eine Bedingung psychischer Gesundheit.

Die Autorin

Die Psychotherapeutin Charlotte Wolff, in Riesenburg (Westpreußen) geboren, lebt in London. Sie studierte Medizin, promovierte 1928 in Berlin und arbeitete dort als Ärztin, bis sie 1933 in die Emigration nach Paris ging, von da 1936 weiter nach London. Sie entwickelte eine besondere Interpretation von Hand und Geste. 1951 eröffnete sie ihre eigene psychiatrische Praxis. Frau Dr. Wolff ist Mitglied der British Psychological Society und hat mehrere Fachbücher (u. a. ›Die Hand des Menschen‹, ›Innenwelt‹, ›Psychologie der lesbischen Liebe‹) veröffentlicht sowie den Roman ›Flickwerk‹.

Charlotte Wolff

Bisexualität

Aus dem Englischen
von Brigitte Stein

Fischer Taschenbuch Verlag

Fischer Taschenbuch Verlag
November 1981
Umschlagentwurf: Jan Buchholz/Reni Hinsch
Fischer Taschenbuch Verlag GmbH, Frankfurt am Main
Lizenzausgabe mit freundlicher Genehmigung
des Goverts Verlages im S. Fischer Verlag, Frankfurt am Main
Titel der englischen Ausgabe:
»Bisexuality. A Study«
erschienen bei Quartet Books, Ltd., London 1977

Satz: Georg Wagner, Nördlingen
Druck und Bindung: Clausen & Bosse, Leck
Printed in Germany
980-ISBN-3-596-23822-6

Inhalt

Allen, die zu dieser Studie beitrugen

Vorwort und Danksagungen

Dieses Buch ist eine Fortführung meiner Studie über Lesbianismus. Die Homosexualität wurzelt in der Bisexualität, die als Phänomen seit über hundert Jahren von Psychiatern und Psychologen anerkannt ist. Dennoch hat keiner der Wissenschaftler, die sich dieses Konzepts zur Erklärung anderer sexueller Varianten bedienten, eine klar umrissene Definition der Bisexualität geliefert. Auch ist noch nie der Versuch unternommen worden, die Bisexualität an sich einer umfassenden Untersuchung zu unterziehen. Ich nahm mir deshalb vor, diese Lücke zu schließen.

Während meiner Recherchen über die lesbische Liebe vertiefte sich mein Verständnis der Bisexualität; damals entstand mein Plan für dieses Buch. Es umfaßt ein weiteres Feld als *Psychologie der lesbischen Liebe,* wendet sich aber wie dieses sowohl an Fachkreise wie an den interessierten Laien. Es hätte ohne die großzügige Hilfe vieler Einzelner sowie verschiedener Organisationen sexueller Minderheiten und der Presse nicht geschrieben werden können. Ihnen allen bin ich großen Dank schuldig.

An erster Stelle möchte ich all jenen danken, die an der Forschungsarbeit teilgenommen und das ganze Projekt ermöglicht haben. Ich war Kuratorin des Albany Trust, als ich die Untersuchung begann, und mein Dank gilt dessen damaligem Leiter, Mr. Antony Grey, der meinen ersten Aufruf zur Teilnahme an dem Forschungsvorhaben in einem Rundschreiben veröffentlichte. Ebenso dankbar bin ich für die Hilfe, die ich von den Organisationen Sappho, Kenric, der Beaumont Society und Friends Homosexual Fellowship erhielt. Durch deren Vermittlung nahmen viele Probanden den Kontakt mit mir auf.

Um die Ergebnisse der Fragebogen zu resümieren und zu illustrieren, waren für diese Studie Statistiken unerläßlich. Ich hatte das Glück, die Unterstützung von Dr. A. R. Jonckheere, Professor für Psychologie am University College in London, zu genießen. Er beauftragte Dr. David Caudrey mit der statistischen Ausarbeitung. Beide Wissenschaftler berieten mich bei der Wahl der geeigneten Methoden und der Zusammenstellung der Tabellen. Sie trugen darüber hinaus im Planungsstadium mit wichtigen Anregungen zu meinem Buch bei und opferten mir bei meinen häufigen Besuchen am University College viel von ihrer Zeit. Dr. Caudrey unterzog sich nicht nur der mühsamen Aufgabe, die Daten zu verarbeiten und die Resultate zu analysieren, sondern beantwortete auch alle meine Fragen hinsichtlich statistischer Schwierigkeiten und der Gestaltung der Tabellen. Ich bin den Genannten überaus dankbar für ihr persönliches Interesse und ihre freundliche Anteilnahme.

Meinen amerikanischen Freunden Mrs. Kyle Johnson und Mr. Hal Trafford, die keine Mühe scheuten, um mich bei meiner Forschungsarbeit zu unterstützen, danke ich für ihre großzügige Hilfsbereitschaft.

Last but not least möchte ich meiner Freundin Ms. Audrey Wood, O.B.E. (Order of the British Empire), danken, die nicht nur das Manuskript tippte, sondern mir während der Arbeit an diesem Buch auch einen großen Teil der Bürde des Alltags abnahm.

I.
Bisexualität: Wie andere sie sahen

Seit Beginn seiner Geschichte ist der Mensch von dem Phänomen der Bisexualität fasziniert gewesen. Die frühesten Legenden über den androgynen Ursprung des Menschen stammen aus dem Nahen Osten und wahrscheinlich aus China. Aber der griechischen Mythologie war es vorbehalten, diese Idee durch die Legende von Hermaphroditus unsterblich zu machen. Er war der Sohn von Hermes und Aphrodite, ein schöner, halb männlicher, halb weiblicher Jüngling. Die Nymphe der Quelle Salmacis war schuld an seiner bisexuellen Natur. Sie verliebte sich so heftig in ihn, daß sie die Götter bat, nie von ihm getrennt zu werden. Sie erfüllten ihren Wunsch, indem sie ihr Geschlecht mit seinem vereinigten. Die Griechen verewigten das Bildnis des Hermaphroditen in zahlreichen Skulpturen und in der Literatur. In Platons *Symposium* sprach Aristophanes von den Hermaphroditen als dem dritten Geschlecht. Er sagte: »Am Anfang gab es drei Geschlechter, nicht wie bei uns, männlich und weiblich; das dritte hatte Anteil an der Natur der beiden anderen und ist verschwunden, wiewohl sein Name überlebt.«

Im primitiven Denken war der Hermaphrodit das ursprüngliche Modell des Menschen. Der Begriff des Hermaphroditismus hat seine legendäre Vergangenheit überlebt. Er wurde von der Wissenschaft aufgegriffen, für die er zum Verständnis bestimmter biologischer und medizinischer Phänomene unerläßlich wurde. Auch in der Sprache der Psychologie fand er in der Wortverbindung psychischer Hermaphroditismus, die später als Bisexualität bezeichnet wurde, einen Platz. Aber keiner der beiden Begriffe wurde je klar definiert.

Nach meiner eigenen Definition *ist Bisexualität die Wurzel der menschlichen Sexualität und die Matrix aller biopsychischen Reaktionen, seien diese nun passiv oder aktiv*. Die Bisexualität äußert sich zunächst und vor allem in zwiegeschlechtlicher Identität, die zu bisexueller Lebensweise führen kann, aber nicht muß.

C. G. Jung traf ins Schwarze, als er die hermaphroditische Legende in seine archetypischen Vorstellungen einreihte, zu deren Protagonisten die Anima und der Animus zählen. Sie verkörpern das verborgene, andersgeschlechtliche Selbst und symbolisieren unausrottbare Wunschvorstellungen und Ideale, die uns allen gemeinsam sind. Der Animus ist der männliche Aspekt einer Frau, die Anima das weibliche Element eines Mannes. Sie repräsentieren die stärksten Kräfte im Leben beider Geschlechter. Die Anima des Mannes ist es, die ihn drängt, nach seiner Liebespartnerin zu suchen, die seiner eigenen weiblichen Seite entspricht. Und der Animus einer Frau sehnt sich danach, ihr eigenes männliches Selbst in ihrem Liebespartner wiederzufinden.

In *Die Syzygie* (*Anima und Animus,* Ges. W. Bd. 9/II. Kap. III) bietet Jung eine ausführlichere Darstellung der bisexuellen Natur des Menschen. Die Anima ist demnach ein allumfassendes und verschlingendes Element im Charakter des Mannes und steht mit dem Archetyp der Mutter in Verbindung. Sie hängt jedoch auch mit der besitzergreifenden Liebe der realen Mutter zusammen, die bewirkt, daß der Mann vor der Welt und ihren Problemen fliehen möchte. Die Anima führt zu einem geheimen Komplott zwischen der wirklichen Mutter und ihrem Sohn, während das archaische Mutterbild in den dunklen Regionen seines Unbewußten verborgen ist.

Jung identifizierte die Anima mit Eros, den er für den Inbegriff der ›Weiblichkeit‹ hielt. Ihr Äquivalent, der Animus, repräsentiert das Männliche in einer Frau und spiegelt sich in einem archaischen oder idealisierten Vaterbild. Aber er steht auch mit dem tatsächlichen Vater in Beziehung. Der Animus verkörpert den Logos, den schöpferischen Geist, den Jung als die Quintessenz der ›Männlichkeit‹ ansah.

Jungs Ideen von ›Männlichkeit‹ und ›Weiblichkeit‹ sind lediglich von historischem Interesse, da sie für die Männer und Frauen unserer Zeit keine Relevanz mehr haben. Das folgende Zitat aus seinem Buch *Erinnerungen, Träume, Gedanken* (1971) illustriert seine Naivität und Ignoranz hinsichtlich der weiblichen Natur:

»Der Animus ist in seiner ersten unbewußten Form spontane, unbeabsichtigte Meinungsbildung, die einen beherrschenden Einfluß auf das Gefühlsleben [der Frau] ausübt . . . Der Animus projiziert sich daher mit Vorliebe auf ›geistige‹ Autoritäten und sonstige ›Helden‹ . . .« (S. 409)

Der mit Fabeln operierende Symbolismus spielt in der analytischen Psychologie eine zentrale Rolle, er ist aber auch für die Freudsche Psychoanalyse von Bedeutung. Diese hätte ohne ihre

Bezugnahme auf Ödipus, Elektra, Narziß und Eros, die fundamentale menschliche Situationen und Konflikte symbolisieren, nicht diese Wirkung entfaltet. Die Idee des psychischen Hermaphroditismus war bereits den Psychiatern des 19. Jahrhunderts vor Freud bekannt. Sie wurde zum Eckpfeiler der Psychoanalyse, als er Fliess' Idee der Bisexualität übernahm.
Freud benutzte die griechischen Mythen als imaginative Illustrationen seiner intellektuellen Theorie, während Jung in seiner ganzen Art zu denken und zu schreiben vom Geist der Mythologie durchdrungen war. Er stand in direkter Verbindung mit der legendären Vergangenheit Griechenlands und des Fernen Ostens. In Freud gipfelte hingegen die Psychiatrie des späten 19. bzw. frühen 20. Jahrhunderts, deren besonderes Augenmerk der rationalen Interpretation und der biologischen Konditionierung galt.

Es mag befremdlich erscheinen, Melanie Klein an die Seite Jungs zu stellen, aber auch sie hegte eine mythologische Vorstellung von der Liebe, die weitgehend derjenigen glich, welche Aristophanes im zweiten Teil seines Diskurses in Platons *Symposium* vertrat. Nach dieser Auffassung war der Mensch ursprünglich nicht nur ein sexueller Hermaphrodit, sondern ein vollständiges Zwitterwesen. Er hatte vier Hände, vier Füße und zwei Gesichter. Dieses Wesen verfügte über unerhörte Muskelkräfte und Wahrnehmungsfähigkeiten. Es bewegte sich mit enormer Geschwindigkeit, konnte sich um die eigene Achse drehen wie ein Faß und nahm alles in seinem Umkreis wahr, da es in alle Richtungen sehen konnte. Derartige Gaben mißfielen den Göttern, weshalb diese das monströse Geschöpf mit Hilfe Apollos, der mit künstlerischer Geschicklichkeit an diese Operation heranging, entzweischnitten.
Was hat diese skurrile Legende mit Melanie Kleins Vorstellungen von Bisexualität zu tun?
Melanie Klein erschloß durch ihre Entdeckung, daß Kinder bereits im Säuglingsalter intensive libidinöse Empfindungen haben, ein neues Territorium für die Psychoanalyse. Diese erotischen Gefühle werden auf beide Elternteile projiziert und weisen die Ambivalenz und Doppeldeutigkeit solcher Bindungen auf: Liebe kann sich in Haß und Begierde in destruktive Impulse verwandeln. Mit ihrer Verlegung dieser Geschehnisse in das erste Lebensjahr gelang es Klein, die Grenzen der psychoanalytischen Erkenntnis erheblich zu erweitern. Ihre bei der Analyse von Kindern gemachten Beobachtungen bildeten dabei den Aus-

gangspunkt. Ihre Entdeckungen der frühesten Erfahrungen, die das Kind mit Liebe und Haß macht, sicherten ihr einen eigenen Platz und führten zur Begründung der Kleinschen psychoanalytischen Schule.

Ihre interessantesten Beobachtungen betrafen die phantastischen Vorstellungen, die das Kleinkind von seinen Eltern, den Objekten seiner heftigen und ambivalenten Begierden, hegt. Sie erscheinen ihm als monströse hermaphroditische Einheit. Kleinkinder haben bereits in ihrem ersten Lebensjahr Eindrücke von ihren Eltern, die an die hermaphroditischen Monstren erinnern, welche Aristophanes beschrieb. Die Mutter wird mit einem Penis und der Vater mit Brüsten ausgestattet, und beide sind in einer »nie endenden« sexuellen Vereinigung miteinander verschmolzen. Das Verlangen des Kindes ist abwechselnd auf den einen oder anderen Elternteil und manchmal auf beide gleichzeitig gerichtet. Das erste Liebesobjekt ist jedoch immer die Brust der Mutter, die, abgesehen von ihrem natürlichen Zweck, die Quelle oraler Lust und anderer sinnlicher Reaktionen darstellt. Die letztgenannte Deutung zählt bekanntlich zu den Dogmen der Psychoanalyse.

Kleins Innovation bestand in der zeitlichen Vorverlegung der sexuellen Entwicklung des Kleinkindes. Ihrer Auffassung nach hat das Kind bereits im zweiten Lebensjahr, wenn es sich die Eltern als hermaphroditische Wesen vorstellt, die präoedipale Phase durchlaufen. In diesem Alter weisen kleine Mädchen bereits unbewußte vaginale Reaktionen auf. Mit dieser Behauptung stellte sich Klein außerhalb der Freudschen Psychoanalyse. In diesem frühen Lebensabschnitt ist die Bisexualität zweifellos ambisexuell. (Nach Ferenzci die Fähigkeit, beide Geschlechter zu lieben.) Liebe, Eifersucht und Haß sind die charakteristischen Elemente der kindlichen Objektbindung. Je nach der Situation oder dem Augenblick sind sie entweder auf die Mutter oder den Vater gerichtet. Die Verlagerung dieser Emotionen von einem Elternteil auf den anderen beweist die Natürlichkeit der Bisexualität sowie deren frühe Ambivalenz und zeugt gleichzeitig davon, daß die Homosexualität ein integraler Bestandteil der Bisexualität ist.

Klein zufolge ist die Wirkung frühkindlicher Phantasien nicht hoch genug einzuschätzen. Das Kind sieht seine Eltern nicht nur miteinander verbunden als ein hermaphroditisches Geschöpf, sondern stattet beide mit einzelnen Organen des jeweils anderen aus. Dieses monströse Bild prägt sich der Phantasie ein. Angesichts dieser psychischen Belastung fühlt sich das Kind zwangsläufig hilflos und verwirrt. Aber sein Selbsterhaltungstrieb und seine Heilkräfte sind erstaunlich. Es findet Trost und hängt mit Dankbarkeit an seiner ersten Liebe, der »guten Brust« (der Mutter), die ihm hilft, mit seinen Schuldgefühlen, seinem Neid und Haß zurechtzukommen.

Die Beobachtungen Melanie Kleins verleihen den frühen bisexuellen Manifestationen eine makabre Bedeutung, welche die eigentliche Ursache schwerer psychischer Störungen in der Kindheit und im späteren Leben sein könnte. Einen kompensierenden Faktor stellt jedoch, insbesondere für das Mädchen, die Identifizierung mit der Mutter dar. Die Kleinianische Analytikerin P. Heimann drückte dies in ihrem Buch *Developments in Psychoanalysis* (1952) folgendermaßen aus: »Die aus der Introjektion resultierende Identifizierung mit dem ersten Liebesobjekt, der Mutter, intensiviert beim Mädchen die heterosexuellen und beim Jungen die homosexuellen Komponenten der angeborenen Bisexualität.« (S. 166).

Es scheint klar, daß selbst die revolutionäre Kleinsche Schule die sexuelle ›Normalität‹ als Maßstab für ein ›gutes Leben‹ heranzieht. Sie ist daher nicht auf der Höhe der heutigen sexualwissenschaftlichen Erkenntnisse. Aber ebenso wie Jung hat uns auch Klein viel über das Wesen der Liebe gelehrt, wofür ihre neuartige Interpretation des Narzissusmythos als Beispiel dienen möge (Heimann, a.a.O. S. 167 f.). Klein hielt die Gleichsetzung von Narzißmus mit Eigenliebe für falsch. In der Legende heißt es, daß sich Narziß in sein eigenes Bild verliebte, das sich in einer Quelle spiegelte. Daher der Begriff der narzißtischen Liebe, so wie er allgemein verstanden wird, ohne daß man der Legende in die Tiefe nachspürt. Der Mythos berichtet jedoch, daß sich eine Nymphe namens Echo in Narziß verliebt habe, der sie jedoch abwies. Echo bat Aphrodite, sie zu rächen, und das war der Grund, weshalb sich Narziß in sein eigenes Spiegelbild im Wasser, das er für das Bild einer schönen Nixe hielt, verliebte. Er versuchte, sie zu fangen und zu umarmen, und die Frustration dieser vergeblichen Bemühungen ließ ihn glauben, daß sie sich ihm entziehe, weil sie in Not sei. Er wollte sie retten. Und deshalb versuchte er immer wieder, ihrer habhaft zu werden, aber seine Hände griffen ins Leere. Er wurde immer verzweifelter und starb schließlich an gebrochenem Herzen. Sein Verhalten scheint zu beweisen, daß die Griechen nicht an sogenannte ›Selbstliebe‹ glaubten: Narziß liebte nicht sich selbst, sondern ein Objekt. Melanie Kleins Interpretation entspricht dem tatsächlichen Inhalt des griechischen Mythos. Narziß, der ins Wasser blickte, schien die Außenwelt zu betrachten, aber in Wirklichkeit war sein Blick nach innen gerichtet, wo er unbewußt das Bild der Geliebten sah, mit der er sich identifizierte. Die neue Bedeutung, die Klein der alten Legende beilegte, ist eng verwandt mit Jungs Konzept von Anima und Animus. Beide Autoren implizieren, daß die Bisexualität die Wurzel der Liebe selbst sei.

Aber Kleins Auffassung von der Bisexualität bei Frauen weist Fehler auf. Die Revolutionärin, die Freud mit ihren eigenen Entdeckungen des psychosexuellen Lebens in der frühesten Kindheit überflügelt hatte, konnte sich in anderer Hinsicht nicht von der orthodoxen Theorie lösen. Sie hielt an der überholten Vorstellung vom Penisneid des Mädchens und der sexuellen Minderwertigkeit der Frau fest. Sie folgte Freuds Annahme, daß Mädchen lieber Jungen sein möchten und daß ihr Selbstvertrauen beim Anblick des männlichen Sexualorgans schrumpfe. Auch für sie war das Mädchen ein ›verstümmelter‹ Junge und hatte keine eigene sexuelle Identität. Der ihm offenstehende Weg zur sexuellen ›Normalität‹ setzte die Identifizierung mit seiner Mutter voraus.

Diese Vorstellungen sind durch Psychoanalytikerinnen wie Deutsch, Horney und andere sowie durch meine eigenen Forschungen über weibliche Sexualität korrigiert worden. Aber Kleins einzigartige Verdienste um die psychoanalytische Forschung sind gewichtig genug, um ihr Unvermögen, sich und ihre Arbeit von konventionellen Vorstellungen über die weibliche Sexualität zu befreien, aufzuwiegen. Zu ihren vielen hervorragenden Leistungen zählt die Entdeckung, daß die ungünstige Position des Kindes gegenüber seinen Eltern auf die Tatsache zurückzuführen ist, daß »Gier, Haß und Verfolgungsgefühle in bezug auf das primäre Objekt, die mütterliche Brust, weitgehend *angeboren* sind«. Sie schreibt weiterhin: »In diesem Buch habe ich auch gezeigt, daß Neid als ein machtvoller Ausdruck oral- und anal-sadistischer Impulse ebenfalls konstitutionell ist.« (*Neid und Dankbarkeit,* 1957).

Man könnte über den Begriff ›konstitutionell‹ streiten, wenn seine Bedeutung nicht näher qualifiziert wird. Bei den von Klein beschriebenen negativen Emotionen handelt es sich meiner Auffassung nach um bedingte Reflexe. Aber dies ist nur eine semantische Meinungsverschiedenheit, denn die Reaktionen des Kleinkindes auf seine Eltern (und Geschwister) sind von fundamentaler Bedeutung und tragen zur Formung seines Temperaments und seiner Mentalität bei. Ich bin überzeugt, daß im Grunde kannibalistische Emotionen unser Bewußtsein erweitert und uns zur

Einsicht in unsere primäre Angst und Destruktivität gezwungen haben.

Kleins Entdeckung, daß die frühkindlichen Neidgefühle später zur unbewußten Quelle neurotischer Symptome werden können, bestätigte sich bei ihrer Psychoanalyse von Erwachsenen. Bei der Analyse eines männlichen Patienten konnte sie nachweisen, daß dessen unerkannte, destruktive Impulse ihren Ursprung in seiner angeborenen Bisexualität hatten. Sein Neid und Haß gegenüber der Mutter, die Kehrseite seiner Liebe zu ihr, verstärkten seine auf den Vater gerichteten homosexuellen Tendenzen. Klein berichtete zwei Träume eines ihrer Patienten, die die Situation veranschaulichen. Nachstehend eine Zusammenfassung.

Im ersten Traum fing er einen Fisch, konnte ihn aber nicht töten. Er legte ihn in den Wäschekorb einer Frau, um ihn eines natürlichen Todes sterben zu lassen. Der Fisch verwandelte sich in ein schönes Baby, aber das Baby hatte den Haken geschluckt. Klein zufolge repräsentieren sowohl der Fisch als auch das Baby die Analytikerin und zeigen den Neid des Patienten ihr gegenüber. Das Symbol des Korbes enthülle seinen frühen Wunsch, eine Frau zu sein und über die Funktionen seiner Mutter zu verfügen, die er so sehr beneidete. Die Analytikerin hatte den Haken geschluckt, das bedeutete, daß sie sich von dem Patienten hatte täuschen lassen. Seine Ambivalenz in bezug auf die Tötung des Fisches zeige, daß er die Frage offenlasse, ob die Analyse mit all ihren Schmerzen letztlich für ihn nützlich sei oder nicht. Als der Patient die Ursache seiner destruktiven Impulse erkannte, versank er in eine tiefe Depression, weil er sich wegen seines Verhaltens haßte.

Der Fischtraum setzte sich in der folgenden Nacht in veränderter Form fort. Diesmal beherrschten ein Hecht, Wale, Haie und ein Schildfisch die Szene. Der Hecht war alt und erschöpft, aber der ihn verfolgende, blutsaugende Schildfisch konnte ihm nichts anhaben. Er saugte statt dessen sein eigenes Blut. Nach Kleins Deutung ist der Hecht sie selbst, alt und erschöpft und schlecht behandelt durch den Patienten, der durch den Schildfisch repräsentiert wird. Der Hecht sowie die Wale und Haie signalisierten Gefahr und warnten den Patienten vor der Fähigkeit der Analytikerin, ihn zu verfolgen.

Dieser Traum wurde zum Wendepunkt in der Behandlung des Patienten. Obwohl er eine noch tiefere Depression auslöste als die zuvor erlebte, hatte er Einsicht in die Ursachen seines Dilemmas erlangt.

Die ambivalenten Gefühle gegenüber der Analytikerin spiegelten

Probleme der verborgenen Bisexualität dieses Patienten (und vieler anderer). Melanie Klein drückte dies äußerst plastisch bei der Interpretation eines anderen Traums desselben Patienten aus, bei dem sie wiederholt seinen Vater verkörperte, um sich dann wieder rasch in seine Mutter zu verwandeln und manchmal auch beide Eltern gleichzeitig zu repräsentieren. Der Patient hatte Schuldgefühle wegen seiner Homosexualität, für die er seinen Vater verantwortlich machte, weil er glaubte, daß Neid und Haß auf seine Mutter diese ›falsche‹ Liebe bewirkt hätten. In Wirklichkeit war es so, daß sich der Patient nicht mit seiner Bisexualität abfinden konnte, die eo ipso die Liebe zu einem anderen Mann (seinem Vater) einschloß. Sein hermaphroditisches Bild der Analytikerin zeuge, wie Klein meint, in auffallender Weise von der Dauerhaftigkeit kindlicher Vorstellungen und von gewissen, mit der Bisexualität zusammenhängenden emotionalen Problemen.
Ich kann Kleins Auffassungen in vielen Punkten nicht zustimmen. Und ich habe die Frage der Bisexualität anhand gewöhnlicher Menschen, nicht Patienten erforscht. Mein Ausgangspunkt unterschied sich grundlegend von dem Kleins. Man kann jedenfalls nicht umhin zu argwöhnen, daß anhand von Patienten gezogene Schlußfolgerungen ziemlich unrealistisch bzw. durch ihre Nichteinbeziehung ›gewöhnlicher‹ Probanden einseitig sein müssen.
Obwohl die Bisexualität als solche bisher noch nicht durch systematische Untersuchungen erforscht wurde, haben die meisten der in diesem Kapitel erwähnten Autoren in der einen oder anderen Weise auf ihre Manifestationen Bezug genommen. Die Entwicklung von Ideen verläuft nicht in einer geraden Linie. Die Zeit ist eine vertrackte menschliche Erfindung. Sie bewegt sich nicht nur vorwärts, sondern kann auch rückwärts laufen. Einzelpersonen und ganze Gemeinwesen können sich der ferneren Vergangenheit enger verbunden fühlen als der näheren. Die Zeit vergeht in einer wellenförmigen Bewegung, und nach einem längeren oder kürzeren Intervall erleben wir die Wiederkehr von Moden oder die erneute Wertschätzung von Autoren und Künstlern, die abgelehnt worden oder in Vergessenheit geraten waren. Klein und Jung kamen in ihrem einfühlsamen Verständnis der *conditio humana* dem Altertum so nahe, daß ihre Arbeit eine Brücke zur Mythologie einer fernen Vergangenheit schlug. Die ›puritanische‹ Doktrin der Verhaltenswissenschaft hat sie in den Hintergrund gedrängt, aber sie werden wieder an Gewicht gewinnen. Dies ist bei Jung bereits der Fall und vielleicht in einem geringeren Maße auch bei Klein. Freud, der von den Verhaltenswissenschaftlern zahlreiche Herabsetzungen und Verunglimpfungen zu erdulden

hatte, ist auf dem Wege, wieder den ihm zukommenden Platz einzunehmen. Ich werde auf seinen herausragenden Beitrag zu sprechen kommen, wenn ich die im 19. und 20. Jahrhundert herrschenden Ideen über Bisexualität darstelle. Bevor ich darauf eingehe, muß ich jedoch noch den griechischen Philosophen Parmenides (515–460 v. Chr.) erwähnen, wahrscheinlich den ersten Theoretiker der Homosexualität, die er für eine ererbte und natürliche Disposition hielt; dasselbe gilt für Aristoteles, wie R. Klimmer in seinem Buch *Die Homosexualität als biologisch-soziologische Zeitfrage* (1963, S. 63 f.) ausführt. Ich erwähne diese griechischen Philosophen trotz der Tatsache, daß sie nur über männliche Homosexualität schrieben, da sie die frühesten Quellen theoretischer Information über sexuelle Nonkonformität sind. Es ist ungewiß, ob ihnen bewußt war, daß Homosexualität nicht von Bisexualität getrennt werden kann, ein Faktum, das erst in der zweiten Hälfte des 19. Jahrhunderts klar verstanden wurde.

Heterosexualität und Homosexualität waren immer polarisiert gewesen. Die Homosexualität wurde in der hellenischen Epoche als ideale Lebensweise offen praktiziert. Das gleiche galt (und gilt) für andere Kulturen außerhalb der jüdischen und christlichen Einflußsphäre. Aber die Bisexualität wurde entweder als Selbstverständlichkeit betrachtet oder nicht als eine Eigenheit an sich erkannt.

Es ist ein weiter Sprung von den Philosophen des antiken Griechenland zu den aufgeklärten Ärzten des 19. Jahrhunderts, die auf neue Weise an die Sexualität herangingen. Sie studierten ›Sexualpathologie‹ durch Beobachtung von Patienten und stützten ihre Schlußfolgerungen auf Erfahrungen in ihrer eigenen Praxis. Im Mittelalter war Homosexualität eine Sünde, auf der die Todesstrafe stand, und es ist verständlich, daß dieses tabuisierte Thema erst dann medizinisch erforscht werden konnte, als die Zeit dafür reif war. Der deutsche Arzt Dr. Casper war der erste medizinische Autor, der über Homosexualität schrieb, die er als Päderastie bezeichnete. Er begriff, daß sie ein Teil eines umfassenderen Zustands, einer Art von psychischem Hermaphroditismus, war. Die Bezeichnung Bisexualität war damals unbekannt. Im Jahre 1852 veröffentlichte Casper einen Artikel über Notzucht und Päderastie, in dem er Päderastie mit männlicher Homosexualität gleichsetzte, die er für angeboren hielt. Dr. Casper war eine Autorität auf dem Gebiet der forensischen Medizin und

einer der führenden Ärzte im öffentlichen Dienst (Havelock Ellis, *Studies in the Psychology of Sex*, 1942, Vol. I, Part IV, S. 66).
Der Österreicher Ulrichs, selbst ein Homosexueller, äußerte sich 25 Jahre später in ähnlichem Sinne. Er war kein Mediziner, sondern hatte Jura studiert und arbeitete als Assessor. Er schrieb Artikel und Romane über homosexuelle Themen unter dem Pseudonym Numa Numantius. Er muß sich der bisexuellen Wurzel der Homosexualität bewußt gewesen sein, weil er darauf hinwies, daß »das psychische Geschlecht nicht mit dem körperlichen Geschlecht zusammenhängt«. Er betrachtete sich selbst als einen Mann mit weiblicher Sensibilität, ein Umstand, den er als normal ansah. Er forderte, daß Menschen wie er den gleichen sozialen Status wie Heterosexuelle haben sollten und daß es ihnen gestattet sein sollte, Personen der gleichen Art zu heiraten. Er setzte ›psychischen‹ Hermaphroditismus mit männlicher Homosexualität gleich. Ulrichs verdient besondere Erwähnung aufgrund seiner progressiven Ansichten, welche die heutigen Tendenzen um mehr als hundert Jahre vorwegnahmen. Seine Ideen sind so radikal wie diejenigen, die man in der heutigen Befreiungsbewegung der Homosexuellen findet. Ulrichs ragt als einer der sehr wenigen Autoren des 19. Jahrhunderts heraus, die sich in ihrem Werk von der christlichen Moral lossagten (Ellis, a.a.O. S. 66).
Charles Darwin war der erste, der das Wort Bisexualität gebrauchte. Er schrieb in *Das Variiren der Thiere und Pflanzen im Zustande der Domestication* (1878), daß nur die Bisexualität bestimmte Erbeigenschaften erklären könne. Latente Charakteristika des anderen Geschlechts können sowohl in der Fauna als auch in der Flora an künftige Generationen weitergegeben werden.
Es ist bedauerlich, daß der Begriff des psychischen Hermaphroditismus praktisch nicht mehr verwendet wird, denn er ist nicht nur phantasiereicher, sondern auch stärker abgegrenzt als Bisexualität.
Der ungarische Arzt Dr. Benkert prägte im Jahr 1869 das Wort Homosexualität. Er hatte den Mut, den preußischen Justizminister aufzufordern, das Gesetz gegen Homosexualität abzuschaffen, da es sich, wie er sagte, um einen angeborenen und kaum kontrollierbaren Zustand handle (Klimmer, a.a.O. S. 66).
Vage Bezeichnungen spiegeln Unsicherheit hinsichtlich der Zustände, die sie beschreiben sollen. Selbst weitblickende Autoren des 19. Jahrhunderts, die sich mit der Homo- und Bisexualität befaßten, entgingen nicht der Verwirrung in bezug auf beide. Alternative Bezeichnungen für die Homosexualität waren zur

damaligen Zeit: Päderastie, Sodomie, konträre Sexualempfindung, Inversion, antipathische sexuelle Reaktionen und Uranismus. Der alternative Ausdruck für Bisexualität war psychischer Hermaphroditismus, der vor Krafft-Ebing nicht als eigenständiges Phänomen begriffen wurde.

Der deutsche Psychiater Dr. Westphal, Herausgeber des *Archivs für Psychiatrie,* veröffentlichte 1869 einen Artikel mit dem Titel *Konträre Sexualempfindung,* der Geschichte machte. Er war der erste Arzt, der die weibliche Homosexualität untersuchte, die er für angeboren hielt. Sein Artikel befaßte sich zwar nicht mit der weiblichen Bisexualität als solcher, aber implizierte sie. Sein Beitrag ist von Bedeutung, nicht nur, weil er ein Pionier der Erforschung weiblicher Homosexualität war, sondern auch, weil er mit der emotionalen und sexuellen Neigung der Lesbierinnen sympathisierte, für die er große Bewunderung empfand (Ellis, a.a.O. S. 65).

Zweifellos hatte der französische Psychologe A. Binet Einsicht in die Bisexualität, wie sich durch einen Aufsatz erwies, den er in der *Revue Philosophique* (1887) veröffentlichte. Er war ein Ikonoklast in seiner Auffassung, daß die Wahl eines Liebesobjekts durch einen Zufall bestimmt sei und von äußeren Umständen abhänge. Man verliebe sich zum erstenmal in jemanden, der gerade da sei, in einem Zustand der sexuellen Überempfindlichkeit, der die richtige Voraussetzung für den *choc fortuit* (unerwarteten Schock) darstelle. In einem solchen Moment könne der Blick auf eine Person des gleichen oder des anderen Geschlechts fallen, und damit könne das weitere Geschick des eigenen Liebeslebens endgültig entschieden sein. Binets phantasievolle Theorie nahm einen Großteil des Behaviorismus vorweg. Obwohl er von anderen Autoren, darunter auch Freud, erwähnt wurde, stieß seine Theorie entweder auf scharfe Kritik oder wurde gänzlich abgelehnt.

Einige Jahre zuvor hatte E. Gley ebenfalls in der *Revue Philosophique* unter dem Titel *Les Aberrations de l'Instinct Sexuel* (1884) einen Artikel veröffentlicht, in dem er die Auffassung vertrat, daß die Bisexualität die eigentliche Ursache der Homosexualität sei. Freud bezeichnet ihn deshalb in seinen *Drei Abhandlungen zur Sexualtheorie* (1905) als Pionier. Gley erhielt dadurch größere Bedeutung als bahnbrechender Neuerer, als ihm in Wirklichkeit zukam.

R. von Krafft-Ebing war in Wirklichkeit der große Pionier in der Sexualwissenschaft, der das ganze Spektrum sexueller Varianten, und insbesondere die Bisexualität, aus einer neuen Perspektive sah. Mit der Veröffentlichung seiner *Psychopathia Sexualis* im Jahre 1886 begann eine neue Ära der Wissenschaft. Das Buch wurde zu einer sexualwissenschaftlichen Bibel, erlebte zahlreiche Auflagen und wurde in viele Sprachen übersetzt. Obwohl die herausragende Bedeutung Freuds den Ruhm Krafft-Ebings verblassen ließ, steht es außer Frage, daß er die Grundlage der modernen Sexologie legte. Wie viele Pioniere stand er mit einem Fuß in der Zukunft und mit dem anderen in der Vergangenheit. Mit den meisten Autoren des 19. Jahrhunderts, die sich mit sexuellen ›Deviationen‹ befaßten, teilte er den christlichen Katzenjammer der Sexualmoral. Aber dies beeinträchtigte nicht die Sympathie, die er für seine männlichen und weiblichen Patienten empfand und von der viele Fallgeschichten in *Psychopathia Sexualis* lebendiges Zeugnis ablegen.

Judentum und Christentum hatten die Homosexualität als Todsünde verurteilt, und die ›Sünder‹ waren mehr als ein Jahrtausend lang mit drakonischen Strafen verfolgt worden. Aber in der zweiten Hälfte des 19. Jahrhunderts wurde die Homosexualität zu einem Nervenleiden bzw. einer moralischen Krankheit erklärt: der Sünder rückte in den Status eines Patienten auf. Es ist wichtig, nicht zu übersehen, daß viele Homosexuelle des Mittelalters wahrscheinlich de facto verheiratete Bisexuelle waren (Krafft-Ebing war einer der ersten Autoren, der die Bezeichnung Bisexualität synonym mit psychischem Hermaphroditismus verwendete). Die Entdeckung, daß die Bisexualität ein integraler Bestandteil der menschlichen Natur ist, wurde durch einen langsamen, mit vielen Versuchen und Fehlschlägen gespickten Erkenntnisprozeß gemacht. Krafft-Ebing differenzierte klar zwischen psychischem Hermaphroditismus und Homosexualität. In den zahlreichen Fallgeschichten der *Psychopathia Sexualis* ließ er das ›Leben‹ sprechen, und der Leser erfährt nicht nur etwas über die Bisexualität als solche, sondern auch über ihre spezifischen Manifestationen in der Homosexualität und dem Transsexualismus. Krafft-Ebing führte das letztgenannte Phänomen nicht namentlich an, nahm jedoch einen Großteil des heutigen Wissens darüber vorweg. Seine klinischen Beobachtungen lehrten ihn: »Daß Hermaphrodisie und conträre Sexualempfindung aber an und für sich miteinander nichts zu tun haben, ergibt sich daraus, daß der Hermaphrodit . . . nicht conträre Sexualität bietet, während umgekehrt bei conträrer Sexualempfindung bisher nie Hermaphrodisie anatomisch beobachtet wurde.« (*Psychopathia Sexualis*, 12. Ausg., Stuttgart 1903, S. 248) Ein merkwürdiger Fall von Geschlechtsumwandlung bei einer Frau mag ihn zu seinen progressiven Ideen über Transsexualismus angeregt haben. Ein Professor Kaltenbach hatte ihn über sie konsultiert. Sie war verheiratet, 30 Jahre alt, und Kaltenbach glaubte, es mit einem Fall verfrüht einsetzenden Wechsels zu tun zu haben. Ihr ganzer Körper behaarte sich, und ihre vorher glatte und weiße Haut wurde durch Akne entstellt. Sie machte einen Stimmbruch durch, und sowohl ihr Ausdruck als auch ihr psycho-motorisches Verhalten begann, ›männliche‹ Züge aufzuweisen. Gleichzeitig hatte sich auch ihr Charakter verändert. Vorher sanft und gefügig, war sie jetzt energisch, aggressiv und schwer unter Kontrolle zu halten. Sowohl Krafft-Ebing als auch Kaltenbach waren über diese Metamorphose erstaunt. Krafft-Ebings Erklärung lautete: ». . . Untergang der bisherigen weiblichen Sexualität. Physische und psychische Entwicklung der bisher latent gewesenen männlichen Sexualität. Interessantes Beispiel für die Tatsache bisexualer Veranlagung und der Möglichkeit des Fortbestehens der anderen Sexualität in latentem Zustand, unter bisher allerdings unbekannten Bedingungen.« (ebd., S. 247) Krafft-Ebing hatte Gelegenheit, zwei ähnliche Fälle zu beobachten, bei denen sich die Geschlechtsumwandlung jedoch auf die psychische Ebene beschränkte. Krafft-Ebing war meiner Ansicht nach der wichtigste Erforscher psychosexueller Probleme im 19. Jahrhundert. Er war es, der den Boden für die Freudsche Revolution bereitete. Es ist bedauerlich, daß ihm weder Freud noch dessen Anhänger die Anerkennung zuteil werden ließen, die er verdient. Zeitgenössische Autoren, die über Transsexualismus schreiben, scheinen sich überhaupt nicht im klaren darüber zu sein, wieviel sie ihm verdanken. R. Stoller ging über ihn hinweg, und R. Green erwähnte ihn als lediglich von historischer Bedeutung. In seiner Freud-Biographie schrieb E. Jones von dessen ambivalenten Gefühlen gegenüber Krafft-Ebing, der Professor für Neurologie und Psychiatrie an der Wiener Universität war, als Freud mit der Entwicklung der Psychoanalyse begann. Er stimmte Freuds revolutionären Ideen über Hysterie nicht zu und machte aus seiner Ablehnung kein Hehl. Der jüngere Mann war über die Zurückweisung gekränkt und nahm die engstirnige Haltung seines älteren Kollegen übel. Aber als sich Krafft-Ebing, wenn auch erfolglos, bemühte, ihm eine Professur an der Wiener Universität zu verschaffen, schien er versöhnt. Er erwähnte sein Werk bei verschiedenen Anlässen, aber nicht mit der Wertschätzung, die es verdiente. Vielleicht wird das Karussell der Zeit bewirken, daß Krafft-Ebing eines Tages wieder den ihm gebührenden Rang erhält.

Ich zitiere eine Fallgeschichte aus *Psychopathia Sexualis* und einige allgemeine Passagen aus diesem Buch, um eine Vorstellung von seinem klinischen Verständnis und seinen progressiven Ideen zu geben. Zunächst hier einige Beispiele seines Denkens: »So wurzelt in letzter Linie alle Ethik, vielleicht auch ein guter Teil Ästhetik und Religion in dem Vorhandensein geschlechtlicher Empfindungen.« (S. 2) Und: »Es ist Tatsache der Erfahrung, daß der reine Typus des Mannes oder Weibes nicht selten vermißt wird, indem männliche secundäre Geschlechtsmerkmale beim Weibe und umgekehrt weibliche beim Manne stellvertretend vorkommen. Ich erinnere bloß an Männer mit Faible für weibliche Beschäftigung . . ., an Weiber mit Faible für männlichen Sport . . . und in beiden Fällen mit bedeutender Geschicklichkeit für gegensätzliche und auffallendem Ungeschick für eigentlich dem Geschlecht zukommende Beschäftigung.« (S. 36 ff.)

In einem der Gynäkomastie (Entwicklung von Brüsten bei Männern) gewidmetem Absatz schrieb er: »Meist zeigen sich bei echter G. auch Züge von Effeminatio – hohe weiche Stimme, Haare am Mons veneris weiblich, weiche Haut, weites Becken.« (S. 37)

Aufgrund dieser physischen Merkmale bemerkte er: »Eine interessante und wichtige Frage ist nun die, worauf die Entwicklung eines Individuums zu einem bestimmten geschlechtlichen Typus mit allen Merkmalen eines Mannes oder eines Weibes beruht?« (S. 37) Und: »Daß die Geschlechtsdrüsen wichtig sind für das Sexus wird Niemand in Abrede stellen wollen, aber sie sind nicht entscheidend . . .« (S. 37)

Krafft-Ebing drückte somit äußerst moderne Ideen über Geschlechtsidentität und -zuordnung aus.

Diese Zitate zeigen, daß Krafft-Ebing seiner Zeit voraus war. Aber er war auch in der Vergangenheit verwurzelt und wurde von den Sitten seiner Zeit in Zaum gehalten, wie sich in seinem Zitat aus Chevaliers *L'Inversion Sexuelle* (1893) zeigt: ». . . Diese Vernichtung conträrer Sexualität ist aber heutzutage noch keine vollständige. Wie der Processus vermiformis am Darmrohr [Blinddarm] auf frühere Organisationsformen hinweist, so finden sich auch am Sexualapparat . . . bei Mann und Weib Residuen, welche auf die ursprüngliche onto- und philogenetische Bisexualität hinweisen.« (S. 246)

Viele heutige Psychiater und Psychologen würden diesem Zitat nicht widersprechen. Die Auffassung, daß Bi- und Homosexualität unreife Stadien der psychosexuellen Entwicklung repräsentieren, wird jedoch noch von vielen geteilt. Sie sind überzeugt, daß die Heterosexualität dem Zustand sexueller Reife entspricht, eine Einstellung, die auch von Freud vertreten wurde. Im Kontext von Krafft-Ebings weitreichender Einsicht ist seine Neigung zur Normalität und konventionellen Moral besonders enttäuschend. Aber sie schmälert nicht seine hervorragenden Verdienste, zu deren bedeutendsten die Vorwegnahme neuzeitlicher Ideen über Geschlechtsidentität und Geschlechtszuordnung sowie das klar umrissene Profil des Transsexualismus zählen, den er als eine Form des psychischen Hermaphroditismus klassifizierte. Dies wird durch die Autobiographie eines Arztes, Fall 129, illustriert, die er in *Psychopathia Sexualis* (S. 222 ff.) veröffentlichte und die eine der bemerkenswertesten Fallgeschichten in Krafft-Ebings Hauptwerk darstellt. Sie ist auch die bei weitem längste; ich gebe sie hier in gestraffter Form wieder.

Im Jahre 1844 als Sohn einer bedeutenden ungarischen Familie geboren, war er viele Jahre lang das einzige Kind. In seiner Familie häuften sich nervöse und psychische Leiden, sowohl Schwestern als auch Brüder waren an konstitutioneller Schwäche gestorben. Nur ein einziger, lang nach ihm geborener Bruder überlebte. Seine exzentrische Mutter, die er heiß liebte, kleidete ihn mädchenhaft. Sein blondgelocktes Haar und sein schöner Teint vervollständigten sein weibliches Aussehen. Er war ein frühreifes Kind, das im Alter von vier Jahren lesen und schreiben konnte. Mit einer lebhaften Phantasie gesegnet bzw. dazu verdammt, wurde er von Alpträumen gepeinigt. Dieser merkwürdige kleine Junge war fügsam, sehr gehorsam und gelehrig. Die Menschen mochten ihn, insbesondere die ältere Generation, weil er ihnen niemals durch Zornesausbrüche oder andere Anzeichen von ›Temperament‹ auf die Nerven ging. Er hatte männliche Spielkameraden, die er mochte, aber er fühlte sich bei deren Schwestern genauso wohl. Sie behandelten ihn als einen der ihren, und er erzählt, daß er auf bestem Wege war, vollends zu einem Mädchen zu werden. Obwohl er die Gesellschaft anderer Kinder schätzte, war ihm doch nichts lieber, als zu Hause bei seiner Mutter zu bleiben.
Diese paradiesische Kindheit sollte nicht von Dauer sein. Die Jungen verspotteten ihn wegen seines mädchenhaften Aussehens und seiner entsprechenden Neigungen. Er reagierte, indem er sie, ›männliches‹ Verhalten nachahmend, zu übertrumpfen versuchte. Er kletterte auf Bäume, spielte mit Soldaten, raufte mit seinen

Spielkameraden und ging Mädchen aus dem Wege. Von da an behielt er seine Vorliebe für ein ›weibliches‹ Äußeres für sich. Aber er konnte nicht verhindern, daß er trotz seines betont jungenhaften Auftretens wie ein Mädchen aussah.
Als seine Familie aus beruflichen Gründen nach Deutschland übersiedeln mußte, wurde sein altes Problem erneut akut. Seine Schulkameraden hänselten ihn unbarmherzig wegen seines mädchenhaften Aussehens und seiner unbewußten ›weiblichen‹ Gesten. Sie gaben ihm sogar einen Mädchennamen. Merkwürdigerweise ignorierte seine Mutter die ›gesellschaftliche‹ Meinung und fuhr fort, ihn kokett anzuziehen. Aber er reagierte darauf erneut, indem er die entgegengesetzte Richtung einschlug und Haltungen annahm, die seiner Natur fremd waren. Er fühlte sich in langen Hosen und in der ganzen Maskerade unwohl. Sein Mißbehagen konzentrierte sich, speziell beim Turnen, auf den Genitalbereich. Er war außerstande, alle Übungen auszuführen, und mußte sich auf diejenigen beschränken, die von Mädchen ohne Schmerzen bewältigt werden konnten. Er zog sich in Gesellschaft anderer Jungen ungern aus und war sich im Alter von dreizehn Jahren bereits voll bewußt, daß er eine Frau sein wollte. Doch er sehnte sich nie nach einem männlichen Liebhaber. Seine Gefühle für andere Männer blieben auf den Bereich der Freundschaft beschränkt. Er hielt sich selbst für ein ›Zwitterwesen‹, einen echten Mann mit weiblicher Sensibilität. Bei allen zwischenmenschlichen Kontakten erlebte er paradoxe Gefühle. Er wollte mit Mädchen zusammen sein, aber seine Einstellung zu ihnen war nicht die eines Mannes. Andererseits war er hochgewachsen und hatte angefangen, sich einen Bart stehen zu lassen, so daß er äußerlich nicht mehr auffiel. Der Bart half ihm auch, männlich aufzutreten. Er schloß sich einer Gruppe liederlicher Studenten an, trank und schlug sich mit ihnen und ging wie sie mit Frauen ins Bett. Aber er wußte stets, daß sein Verhalten nichts weiter als eine Maske war, hinter der er seine wahre Natur verbarg. Er hatte keine Koitusschwierigkeiten, aber er wünschte sich, unter der Frau zu liegen, eine Vorliebe, die sein Leben lang anhielt. Unsicherheit hinsichtlich seiner sexuellen Identität trieb ihn zur Onanie, wodurch sich seine inneren Spannungen aber nicht minderten, sondern eher noch verschärften.
So lebte er ein Doppelleben. Familiäre Verpflichtungen zwangen ihm ein weiteres Problem auf: Heirat. Die Unsicherheit in bezug auf einen so wichtigen Schritt ließ ihn lange Zeit zögern.
Schließlich verliebte er sich heiß in eine ›maskuline‹ Frau und heiratete sie. Er war inzwischen ein passionierter Arzt geworden,

und die Befriedigung, die er bei seiner Arbeit fand, mag auch auf sein Privatleben stabilisierend gewirkt haben. Er genoß den physischen Aspekt der Ehe, aber unter der Bedingung, daß er die konventionelle Frauenrolle spielen mußte, d. h. auf dem Rücken liegend und sich wie eine Frau in Gestalt eines Mannes verhaltend. Seine Frau hatte völliges Verständnis für ihn, und ihre Ehe, aus der fünf Söhne hervorgingen, war glücklich. Aber dieses Glück zerbrach schließlich durch Krankheit. Nach einem Gichtanfall wurde er immer neurasthenischer und hypochondrischer. Migräne und Angina pectoris quälten ihn. Er litt am ganzen Körper an Schmerzen und besuchte häufig Heilbäder, um Linderung zu finden. Da ihm nirgends geholfen wurde, wandte er sich Drogen zu und wurde von Haschisch abhängig. Die Droge veränderte sein Leben. Die Art, seinen Körper zu empfinden, (sein Körper-Image) veränderte sich radikal: Er glaubte, seine Genitalien hätten eine Verwandlung durchgemacht, seine männlichen Geschlechtsteile seien geschrumpft und er sei jetzt auch physisch eine Frau. Seine kleinen Brüste schwollen im Zustand sexueller Erregung an, und jeden Monat litt er an Menstrualschmerzen. Sein Becken war breiter geworden und hatte eine ausgesprochen weibliche Form angenommen. Ja, er hatte in jeder Hinsicht eine Metamorphose durchgemacht. Während er früher ein Mann mit weiblichen Vorlieben und weiblicher Sensibilität gewesen war, hatte er sich nunmehr von Kopf bis Fuß in jeder Hinsicht in eine Frau verwandelt. Sein früherer sexueller Identitätskomplex war gelöst worden, wenn auch in der ›entgegengesetzten‹ Richtung. Seine Stimmungen stabilisierten sich nunmehr. Er wurde ein zufriedener Mensch, der seine tatsächlichen oder eingebildeten Krankheiten mit Geduld und Gleichmut ertrug. In der sexuellen Situation funktionierte er nach wie vor als Mann, aber in der konventionellen weiblichen Position und mit den Empfindungen einer Frau.

Der zum Patienten gewordene Arzt war fähig, seinen halluzinatorischen Zustand objektiv zu beobachten. Sein Realitätssinn war unbewußt erhalten geblieben, was ihn davor bewahrte, sein Leben als Psychotiker zu beenden. Er durchlebte den erstaunlichen Vorgang einer sexuellen Transformation, ohne irreparablen Schaden zu nehmen. In einem Brief an Krafft-Ebing, der seine Lebensgeschichte begleitete, schrieb er: »Endlich dachte ich auch, es interessiere Sie vielleicht, aus einer ärztlichen Feder zu erfahren, wie solch ein mißratenes menschliches oder männliches Individuum unter dem Druck des Zwangsgefühls, Weib zu sein, denkt und fühlt.«

Krafft-Ebing kommentierte, daß dieser Patient imstande gewesen sei, seine abnormalen Gefühle unter Kontrolle zu halten und dadurch der Gefahr des Verfolgungswahns zu entgehen.
Die Geschichte des Arztes enthält alle Charakteristika männlichen Transsexualismus, die in neueren Forschungsarbeiten von Stoller und anderen erwähnt werden:

1. Zwanghafte Beschäftigung mit den physischen und psychischen Phänomenen des ›anderen‹ Geschlechts.
2. Zwanghaftes Verlangen, dem anderen Geschlecht anzugehören.
3. Gleichgültigkeit gegenüber Homosexualität.
4. Diskrepanz zwischen männlicher Sexualfunktion und weiblichen Sexualempfindungen während des Koitus.
5. Vollständige Introversion.
6. Abnormal enge Mutter-Sohn-Beziehung in der Kindheit.
7. Vorherrschen von Autoerotizismus.

Auch weibliche Bisexualität wird in *Psychopathia Sexualis* beschrieben, bei der, wie in der Geschichte von Frau M., die Liebe zu Frauen als überwältigend emotional, die zu Männern hingegen vorwiegend physisch erlebt wird. Krafft-Ebing selbst war der Auffassung, daß bei bisexuellen Männern und Frauen die homosexuellen Neigungen vorherrschten.
Es ist von erheblichem Interesse, daß er nicht nur sexologisches Wissen verbreitete, sondern in seinen späteren Jahren auch die moralistischen Vorurteile seiner Generation ablegte. Er gab seine frühere Meinung auf, daß Bi- und Homosexualität krankhaft und unmoralisch seien, und sah sie nunmehr als sexuelle Varianten, die durchaus mit psychischer Gesundheit einhergehen können (Ellis, a.a.O. S. 70). Er stimmte auch mit der progressiven juristischen Auffassung überein, daß außer unter gewissen Umständen weder Homosexualität noch Exhibitionismus strafrechtlich verfolgt werden sollten. Im übrigen sollten Erwachsene die Freiheit haben, ihren sexuellen Neigungen entsprechend zu leben, sobald sie das Reifealter erreichten, das er mit sechzehn ansetzen wollte (Ellis, a.a.O. S. 354). Die Psychiatrie verdankt dem Vater der Sexualwissenschaft überaus viel, und die Anerkennung seiner Verdienste würde diese Dankesschuld abtragen helfen.
Die Erkenntnisse der Vergangenheit bilden die Grundlage unseres heutigen Wissens. Ohne ihre entsprechende Auswertung würden Wissenschaft und Psychologie auf tönernen Füßen stehen. Es ist auch eine Frage der Integrität, denjenigen Respekt zu zollen,

die den Boden bereiteten, auf dem wir heute voranschreiten. Leider ist es nur zu oft geschehen, daß Autoren die Priorität für Entdeckungen für sich in Anspruch nahmen, die andere vor ihnen machten. In seinem köstlichen Buch *Nonscience* (1971) zieht Brian Ford satirisch gegen viele berühmte Autoren zu Felde, die Verdienste für sich reklamierten, welche früheren Verfassern zustanden.

Die unmittelbaren Erben Richard von Krafft-Ebings waren Sigmund Freud, Havelock Ellis und Magnus Hirschfeld, ein Triumvirat, das in der nächsten Phase der sexualwissenschaftlichen Forschung dominierte. Sie waren Zeitgenossen, Freud und Havelock Ellis praktisch gleichaltrig und Hirschfeld einige Jahre jünger. Keiner von ihnen leugnete, wieviel er seinem herausragenden Vorgänger verdankte, aber jeder von ihnen anerkannte es mit einem persönlichen Vorbehalt, der stark zu Buche schlug. Freuds Anerkennung war durch die Ressentiments seiner früheren Jahre geprägt. Er erwähnte Krafft-Ebing mehrmals in seinen *Drei Abhandlungen zur Sexualtheorie,* überwiegend in den Fußnoten. An anderer Stelle ließ er ihm jedoch uneingeschränktes Lob für seine erstmalige Darstellung des sado-masochistischen Syndroms zuteil werden. Er anerkannte sein Verdienst, die Begriffe Sadismus und Masochismus geprägt zu haben, aber er versagte ihm die Achtung, die er auf dem Gebiet der sexuellen Spielarten verdiente, auf dem er selbst die Forschung so weit voranbrachte. Havelock Ellis räumte Krafft-Ebing in seinem bereits zitierten Buch breiten Raum ein. Sein Name erschien darin fast so häufig wie der Magnus Hirschfelds, auf dessen Arbeit er sich weitgehend stützte. Er anerkannte Krafft-Ebings Bedeutung für die Theorie der ›Inversion‹ und pries sein Konzept des psychischen Hermaphroditismus. Ellis rühmte *Psychopathia Sexualis* als Fundgrube psychologischer Fakten und das einzige Buch von bleibendem Wert, das seit langem veröffentlicht worden sei. Er zollte Krafft-Ebings klinischer Begeisterung Tribut und applaudierte ihm, weil er die sexuelle Pathologie als Fachbereich der Medizin etabliert hatte (Ellis, a.a.O. S. 69 f.). Magnus Hirschfeld widmete seine *Sexualpathologie* (1916) dem Geiste von Krafft-Ebings Hauptwerk, das er als hervorragende Leistung rühmte.

Freud gab dem Konzept der Bisexualität eine neue Bedeutung. Er vergrößerte ihre Signifikanz erheblich durch seine Erkenntnis, daß sie im Unbewußten eine entscheidende Rolle spielt. Er machte die Bisexualität zu einem der Eckpfeiler der psychoanalytischen Theorie und Praxis. Merkwürdigerweise war ihm die Bedeutung des ›psychischen Hermaphroditismus‹ am Anfang seiner Laufbahn entgangen. Er eignete sich diesen Gedanken erst an, als er ihm von Fliess quasi auf dem Präsentierteller gereicht wurde. Freud war durch die Schriften seines eminenten Vorgängers, Krafft-Ebing, nur allzu gut mit dem Konzept vertraut. Wurde er durch eine Hemmung oder die Verfolgung anderer Spuren daran gehindert zu begreifen, daß die Bisexualität die Essenz seines Werkes war? In seiner Einführung zu Freuds *Aus den Anfängen der Psychoanalyse* schrieb E. Kris die Fortschritte seiner Theorie der Einverleibung des Konzepts der Bisexualität zu, das er von Fliess übernommen und aufgrund seiner wunderbaren Einfachheit akzeptiert hatte. Freud lehnte jedoch Fliess' Auffassung ab, daß gegengeschlechtliche Eigenschaften immer unbewußt bleiben und mit dem Unbewußten selbst identisch sind. Freud argumentierte, daß dies eine zu enge und physische Auffassung sei, da sie die umfassendere psychologische Bedeutung der Bisexualität ausschließe.

Freud hatte die Fähigkeit, gedankliche Elemente miteinander zu verschmelzen, die nach üblichen Maßstäben unvereinbar sind. Es gelang ihm, mythologische Ideen in das psychoanalytische Denken einzuführen, das im wesentlichen rational war. Obwohl ihn Melanie Klein in ihrer phantasievollen Einfühlung in das Mysterium antiker Legenden übertraf, erkannte er, daß das mythologische Denken in das logische System seiner eigenen Theorie integriert werden konnte. Der Logos hatte bei allem, was Freud schrieb, die Führung inne. Aus diesem Grund blieb seine Verwendung mythologischer Ideen auch eher verschleiert und impliziert, als direkt ausgesprochen zu werden. Die intellektuelle Schärfe seiner Formulierungen tönte die imaginative Wirkung ab. Man kann dies entweder als Verlust oder als Gewinn ansehen. Was Freuds Ansatz an imaginativer Kraft verlor, gewann er an rationaler Überzeugungsfähigkeit. Er war sich bewußt, daß die Sprache des Mythos die Chiffrensprache des archaischen Erbes der Menschheit ist, in der sich allen Menschen gemeinsame, unbewußte Wünsche ausdrücken. Der französische Anthropologe Lévi-Strauss widmete der Mythologie eine eigene, von einem ähnlichen Ansatz ausgehende Studie, die sich die Freudsche Betrachtungsweise zu eigen macht.

Freuds Deutung von Träumen und freien Assoziationen ist eine subjektive Methode zur Entschlüsselung des Unbewußten. Ob sie richtig ist, bleibt fraglich. In ähnlichem Zweifel steht seine Priorität bei der Entdeckung des Unbewußten.

»Es gibt nichts Neues unter der Sonne«, sagte Ecclesiastes (Prediger, Kap. IV. 9) vor mehr als 2700 Jahren. Sein Ausspruch hat sich nur zu oft bewahrheitet, wodurch auch das ganze Konzept der Priorität ins Wanken gerät. Freuds Haltung gegenüber Fliess kann als Beispiel dienen. Zwar hatte Freud die Auffassung seines Freundes, daß Eigenschaften des anderen Geschlechts ins Unbewußte verdrängt würden, zurückgewiesen, doch zog er dieselbe Idee zur Erklärung der neurotischen Zustände und insbesondere der Hysterie heran. Schlimmer noch, er nahm das Konzept der Bisexualität als sein eigenes in Anspruch. Es macht jedoch Freud Ehre, daß er später zugab, in bezug auf Fliess' Priorität einem *Lapsus memoriae* zum Opfer gefallen zu sein. Es ist wahrscheinlich, daß seine eigenen Konflikte, insbesondere seine Verärgerung über feindselige Kritik an der Psychoanalyse, für sein ungerechtes Verhalten verantwortlich waren. Tatsächlich besaß er eine unerhörte Gabe, die Ideen anderer in neue Formen zu gießen. Seine außergewöhnlichen Geisteskräfte befähigten ihn, Licht in die unterirdischen Territorien der Seele zu bringen. Er revolutionierte die Psychologie, indem er sie von den Fesseln der christlichen Moral befreite und auf den komplizierten Zusammenhang zwischen Bisexualität und unbewußten seelischen Prozessen hinwies. Er erkannte, daß die Bisexualität die treibende Kraft der Psyche ist, die im kranken wie im gesunden Zustand Geist und Gefühl beherrscht. Dennoch versäumte er es, sie klar zu definieren. Zuletzt gab er zu, daß er außerstande sei, sie wirklich zu verstehen. Da Freud Psychiater war, wurde seine Aufmerksamkeit hauptsächlich von emotionalen und psychischen Störungen angezogen, und er hielt die Bisexualität für einen entscheidenden Faktor in der Neurose und Psychose. Ihre besondere Bedeutung sah er in der emotionalen und erotischen Entwicklung des Kindes. Dies ist keine geringe Leistung. Ob man seiner Theorie zustimmt oder nicht, die Art, wie er das Konzept der Bisexualität in das psychoanalytische System einfügte, ist bewundernswert. Freud behauptete, daß die Bisexualität die eigentliche Wurzel der Inzestneigungen bei Kindern sei. Er stützte diese Annahme auf die Psychoanalyse erwachsener Neurotiker, wodurch er sich von Anfang an scharfer Kritik aussetzte. Er suchte solchen Vorwürfen mit der *Analyse der Phobie eines fünfjährigen Knaben* (1909) zu begegnen, wo er schrieb: »Daß man zwischen ›nervösen‹ und ›normalen‹ Kindern und Erwachsenen keine scharfe Grenze ziehen darf, ... daß infolgedessen fortwährend viele Individuen aus der Klasse der Gesunden in die der nervös Kranken übergehen und eine weit geringere Anzahl den Weg auch in umgekehrter Richtung macht ...« (Ges. W. Bd. VII, S. 376)

Er muß sich der Schwäche seiner Erklärung bewußt gewesen sein, weil er seine Schüler wiederholt aufforderte, Kinder zu analysieren, eine Aufgabe, die sich Melanie Klein zu eigen gemacht hatte. Seine Methode der Psychoanalyse lieferte ihm das Werkzeug für eine delikate psychische Operation, die ihm zur Diagnose und Behandlung seiner Patienten diente. Krafft-Ebing hatte diesen Vorteil nicht, aber seine einfachen Fallgeschichten sind vielleicht überzeugender, weil sie nicht in das Korsett einer Theorie gepreßt wurden. Wie dem auch sei, Freuds Beitrag war bedeutsam wegen der neuen Perspektive, die er unbewußten seelischen Prozessen im allgemeinen und der Bisexualität im besonderen verlieh. Sein Aufsatz *Hysterische Phantasien und ihre Beziehungen zur Bisexualität* (1908) ist ein Meisterwerk. Seine talmudische Argumentationsweise, so verschlungen sie auch sein mag, führte am Ende zu einer luziden Erklärung eines abnormalen Zustandes, das der Ärzteschaft bis zur heutigen Zeit Rätsel aufgegeben hat. Freud nahm die Existenz unbewußter Phantasien an, die einmal bewußt gewesen sind und in enger Verbindung mit hysterischen Symptomen stehen. Er zählte neun ›Punkte‹ auf, um zu zeigen, wie dies funktioniert, und schloß, daß dieses Syndrom mit kindlicher und verdrängter Sexualität zusammenhängen müsse. Der neunte Punkt enthält die Essenz aller vorhergehenden und lautet folgendermaßen: »Ein hysterisches Symptom ist der Ausdruck einerseits einer männlichen, andererseits einer weiblichen, unbewußten sexuellen Phantasie.«
Daraus folgerte er, daß sich eine bisexuelle Disposition am klarsten bei emotionalen Störungen zeige. Dies traf vielleicht für seine Generation zu, verliert jedoch in unserer Zeit an Bedeutung. Das mindert aber nicht sein Verdienst, denn keine psychologische Einsicht ist zeitlos. Die gesellschaftlichen Bedingungen wirken sich zwangsläufig auf die Psyche sowohl des Forschers als auch des Erforschten aus. Freud war noch der viktorianischen Ära mit ihrem ausgeprägten Anspruch ›männlicher‹ Überlegenheit verhaftet. In späteren Jahren erkannte er, durch die Tatsache beeinträchtigt worden zu sein, daß die psychologische Forschung seiner Zeit völlig männerorientiert war, und daß es ihm nicht gelungen war, die weibliche Psyche zu verstehen. Seine Exploration der Bisexualität des Mannes ist originell und tiefschürfend, die der Frau hingegen ist fehlerhaft und konfus. Seine Abhandlung *»Ein Kind wird geschlagen«* (1919) ist ein gutes Beispiel dieser Unausgewogenheit. Er beschäftigt sich hier mit sado-masochistischen Phantasien, die sich in sexuellen Reaktionen auf Bilder von geprügelten Kindern manifestieren. Sein Wissen über

dieses Phänomen hatte er durch die Analyse von vier Frauen und zwei Männern erworben. Auf seine umständliche, weitschweifende Art hatte er herausgefunden, daß sie sämtlich verdrängte Inzestwünsche hegten. Er setzte die sadistischen Phantasien der Mädchen mit ihrer männlichen Komponente und die masochistischen Phantasien der Jungen mit deren weiblichem Element gleich. Er glaubte, daß die Symptomatik des Mannes mit unterdrückten libidinösen Wünschen gegenüber seinem Vater zusammenhänge. Doch die Person, die die Züchtigung vornahm, war im allgemeinen durch die Mutter repräsentiert. Der Junge verwandelte ihr Bild unbewußt in das des Vaters. Diese Umkehrung würde lächerlich erscheinen, hätte Freud nicht hinzugefügt, daß die Mutter das ›normale‹ Liebesobjekt des Jungen sei. Dadurch gewann seine Interpretation etwas an Ausgewogenheit. Man mag an seine Analyse glauben oder nicht. Ich persönlich habe Vorbehalte, weil ich bezweifle, daß verdrängte inzestuöse Libido für sado-masochistische Phantasien verantwortlich sein könnte. Sadistische und masochistische Impulse sind meiner Auffassung nach natürliche Reaktionen jedes Menschen und haben eine konstitutionelle Wurzel.

Obwohl Freud die sadistischen Phantasien von Mädchen mit deren männlicher Komponente gleichsetzte, brachte er ihre libidinösen Wünsche immer mit dem Vater in Verbindung. Das ergibt überhaupt keinen Sinn, da seiner Vorstellung vom weiblichen Ödipuskomplex zufolge sie sich gegenüber ihrem Liebesobjekt (masochistisch) hingebend verhalten sollten. Freud erkannte anscheinend nicht, daß Mädchen ihre Mütter auf dieselbe Weise begehren könnten wie Jungen. Aber es ist ihm zugutezuhalten, daß er seine Studie mit dem Ausdruck der Unsicherheit schloß und praktisch zugab, daß er in der Frage der Bisexualität des Mädchens keine Erklärung wußte. Er kam nie davon los, das Mädchen als einen verstümmelten Jungen zu sehen, der sich andauernd beraubt fühlt und an einem angeborenen Kastrationskomplex leidet. Er stellte nie klar fest, daß auch Jungen dem anderen Geschlecht angehören möchten, obwohl ihm diese Tatsache durch eine psychoanalytische Sitzung bewußt gemacht wurde, über die er in *Analyse der Phobie eines fünfjährigen Knaben* berichtet, dessen Bisexualität nicht besser hätte ausgedrückt werden können als durch den folgenden Dialog, der zwischen ihm und seiner Mutter stattfand:

Ich [die Mutter]: »Was hast du mit der Puppe gespielt?«
Hans: »Ich hab' ihr Grete gesagt.«

Ich: »Warum?«
Hans: »Weil ich ihr Grete gesagt hab'.«
Ich: »Wie hast du dich gespielt?«
Hans: »Ich hab' sie halt so gepflegt wie ein wirkliches Kind.«
Ich: »Möchtest du gern ein kleines Mäderl haben?«
Hans: »O ja. Warum nicht? Ich mag eins kriegen, aber die Mammi darf keins kriegen, ich mag's nicht.«
Ich: »Es bekommt doch nur eine Frau ein Kind.«
Hans: »Ich krieg ein Mäderl.« (S. 322)

Dieser Auszug zeigt nicht nur die Verwirrtheit des Jungen in bezug auf sexuelle Unterschiede, sondern auch seinen Neid auf die Fortpflanzungsfähigkeit der Mutter.
Mit der Zeit erwarb Freud durch Erfahrung und Irrtum größeres Verständnis für Frauen und für die weibliche Bisexualität. Gegen Ende seines Lebens schrieb er die Studie *Über die weibliche Sexualität* (1931), die im wesentlichen eine Apologie für sein Mißverstehen, wenn nicht seine Unwissenheit, hinsichtlich der frühen Bindung des Mädchens an seine Mutter ist, ohne die ihre Bisexualität nicht erklärt werden könnte. Er hatte erkannt, daß die Ursache seiner Unzulänglichkeit seine Zugehörigkeit zum männlichen Geschlecht war, die bei seinen Patientinnen stets eine Vater-Übertragung bewirkte. Er gab zu, daß weibliche Analytiker mit Frauenproblemen besser umgehen können, weil sie den Vorteil haben, Mutterfiguren zu sein.
Sein Unvermögen, klar zu sehen, wo er fehlgegangen war, hatte jedoch einen tieferen Grund als er dachte. Es war die Folge seines Aufwachsens in einer überwiegend von Männern beherrschten Gesellschaft. Seine jüdische Abstammung könnte seine männliche Überheblichkeit noch verstärkt haben. Obwohl er gegen Ende seines Lebens in seinem Verständnis von Frauen gewisse Fortschritte machte, ist es ihm nie gelungen, die weibliche Psychosexualität in ihrer ganzen Komplexität zu erfassen. Aber seine ›Apologie‹ und die Korrektur seiner Ansicht, daß männliche und weibliche Bisexualität analog seien, verdienen Anerkennung. In der erwähnten Studie unterstrich er den Unterschied zwischen den beiden. Obwohl seine Schlußfolgerungen den Makel alter Vorurteile trugen, räumte er ein, daß die ›prä-ödipale‹ Bindung des Mädchens an seine Mutter die des Jungen an Intensität und Leidenschaft übertrifft. Die weibliche und männliche Situation vergleichend schrieb er: »Zunächst ist es unverkennbar, daß die für die menschliche Anlage behauptete Bisexualität beim Weib

viel deutlicher hervortritt als beim Mann.« (*Über die weibliche Sexualität,* Ges. W., Bd. XIV, S. 520)
So weit, so gut, aber er ging bei seiner Erklärung dieser Feststellung fehl. Er meinte, daß Klitoris und Vagina zwei sexuelle Zonen, eine ›männliche‹ und eine ›weibliche‹, repräsentierten, während sich der Mann nur mit der Penisregion begnügen müsse. Erstens ist die Teilung in klitorale und vaginale Zonen artifiziell, weil beide in ihrer Reaktion auf sexuelle Reize interdependent sind. Zweitens ist die Analzone bei Männern gewöhnlich stärker sensibilisiert als bei Frauen und kann selbst als sexuelle Zone dienen. Freud sah Bisexualität und Homosexualität nach einem Schwarz-weiß-Schema. Seiner Auffassung nach bewirkte die ›männliche‹ oder aktive Komponente des Mädchens, daß sie ihre Mutter begehrte, während sie, von ihrem Wunsch nach Unterwerfung getrieben, ihren Vater mit ›weiblichem‹ Charme zu gewinnen suchte. Freud befand sich hinsichtlich der Situation des Mädchens mit beidem im Irrtum. In einer früheren Studie (*Psychologie der lesbischen Liebe,* 1973) habe ich gezeigt, daß die sexuellen Reaktionen von Lesbierinnen sowohl das Gefühl des Mannseins als auch das des Frauseins herausbringen. Die Betonung des einen oder des anderen Gefühls unterliegt periodischen und emotionalen Schwankungen. Manchmal werden jedoch beide mehr oder weniger gleichzeitig ausgelöst, wodurch die lesbische Liebe eine beträchtliche Variationsbreite und Flexibilität erhält. Meine jüngsten Forschungen haben gezeigt, daß das gleiche für die weibliche Bisexualität gilt.
Freud konnte ebenso aufgeklärt wie unsicher sein. Bereits vor langer Zeit äußerte er den fortschrittlichen Gedanken, daß die Worte ›männlich‹ und ›weiblich‹ keine wirkliche Bedeutung haben. Eine Zeitlang zog er es statt dessen vor, zwischen aktiven und passiven Eigenschaften zu unterscheiden, fühlte sich aber auch hinsichtlich dieser Klassifizierung unsicher. Man kann ihm nur zustimmen, daß es fraglich ist, ob irgendeine Unterscheidung zwischen spezifisch männlichen und weiblichen Eigenschaften zu rechtfertigen ist. Leider stieß er nie zur Wahrheit über die Psychosexualität der Frau vor, aber er näherte sich ihr wenigstens an. Er machte Fortschritte, weil er sich nicht scheute, zuzugeben, daß seine früheren Auffassungen falsch gewesen waren. Er war ein lebenslanger Student, wodurch er schließlich trotz der offenkundigen Mängel seiner Lehre zu einem Meister wurde. Seine Entwicklung des Themas der Bisexualität fand in einer Reihe von Studien ihren Niederschlag. In den *Drei Abhandlungen zur Sexualtheorie* gelangen Freud einige ausgezeichnete Formulierungen

zu diesem Thema. So schrieb er auch in einem seiner ›Briefe an Fliess‹: »An jedem sexuellen Akt sind vier Personen beteiligt.« Dies ist in der Tat die Essenz der Bisexualität.
Die gleiche Luzidität zeichnet den folgenden Satz aus den *Drei Abhandlungen zur Sexualtheorie* aus: »Das Sexualobjekt ist also in diesem Falle ... [Homosexualität] nicht das gleiche Geschlecht, sondern die Vereinigung beider Geschlechtscharaktere ...« (Ges. W., Bd. V, S. 44) Man kann sich keine bessere Erklärung des inneren Zusammenhangs zwischen Bi- und Homosexualität vorstellen.
Aber vielleicht die eindrucksvollste seiner verbalen ›Perlen‹ ist folgende:
»Es ist bekannt, daß es zu allen Zeiten Menschen gegeben hat und noch gibt, die Personen des gleichen wie des anderen Geschlechts zu ihren Sexualobjekten nehmen können, ohne daß die eine Richtung die andere beeinträchtigt. Wir heißen diese Leute Bisexuelle ... Wir haben aber gelernt, daß alle Menschen in diesem Sinne bisexuell sind, ihre Libido entweder in manifester oder in latenter Weise auf Objekte beider Geschlechter verteilen. Nur fällt uns folgendes dabei auf. Während im ersten Falle die beiden Richtungen sich ohne Anstoß miteinander vertragen haben, befinden sie sich im anderen und häufigeren Falle im Zustand eines unversöhnlichen Konflikts.« (*Die endliche und die unendliche Analyse,* Ges. W. Bd. XVI, S. 89)
Diese Äußerung trifft meiner Ansicht nach ins Schwarze, obwohl der Konflikt in unserer Zeit weniger unversöhnlich ist.

Freuds Ideen und Forschungen über Bisexualität hätten ohne seine langwährende Freundschaft mit Wilhelm Fliess vielleicht nie Früchte getragen. Andererseits wäre Fliess' Name außerhalb Deutschlands nie bekannt geworden, wenn er Freuds Denken zum Thema Bisexualität nicht in entscheidender Weise angeregt hätte. Aber Fliess war ein unabhängiger Denker und Pionier auf dem Gebiet der Periodizität, einer speziellen Form der Numerologie. Er nahm an, daß zwei entscheidende Tage im Leben jeder Frau und jedes Mannes ihr Schicksal und das ihrer Nachkommen bestimmen. Die Glücks- oder Unglückstage hängen von den Zahlen achtundzwanzig und dreiundzwanzig ab, wovon erstere die Periode der Frau, letztere die des Mannes repräsentiert. Beide Perioden sind aufgrund der angeborenen Bisexualität des Menschen bei beiden Geschlechtern wirksam. In Deutschland erregte diese Theorie über medizinische Kreise hinaus enormes

Interesse. Fliess hatte das Pech, von zwei Zeitgenossen, Weininger und Swoboda, plagiiert und von ausländischen Kollegen bis zum heutigen Tag als »unseriöser« Forscher abgetan zu werden. Ich trete jedoch dafür ein, daß er aus folgenden Gründen ernstgenommen werden sollte: Erstens, der rhythmische Verlauf der Ereignisse geht weit über die biologische Seite des Lebens hinaus. Die ewige Wiederkehr der Zeit bewirkt Zäsuren im inneren und äußeren Leben von Mensch und Tier, und das geschieht in regelmäßigen Intervallen. Zweitens, die Bisexualität ruft im Menschen und in den Tieren Spannungen hervor, ohne die die Evolution und der Dynamismus der Lebewesen erlahmen würden. Nichts existiert ohne Polarität. Es muß eine Zeit zum Handeln und eine Zeit der Ruhe geben, dies ist die *conditio sine qua non* unserer inneren und äußeren Existenz. Die Perioden beider Geschlechter führen den Zeitfaktor in die Bisexualität ein.
Ich weiß nicht, ob Fliess' Berechnungen so bestimmter Tage, wie er sie im Auge hat, gerechtfertigt waren. Aber die fundamentale Idee dahinter ist ein Wegweiser, der in ein fruchtbares Gebiet der Erforschung bio-psychologischer Funktionen führt. Es gibt einen weiteren Aspekt seines Denkens, dem Aufmerksamkeit gezollt werden sollte, nämlich den der Bedeutung von rechts und links. Fliess war überzeugt, daß die Links-rechts-Asymmetrie des menschlichen Körpers die ›männlichen‹ und ›weiblichen‹ Eigenschaften der Person repräsentiere. Diese Bezeichnung ist falsch, aber niemand kann bezweifeln, daß wir zwischen aktiven und expansiven und passiven bzw. meditativen Stimmungen schwanken. Welchen Namen wir ihnen auch geben mögen, diese Reaktionen sind Ausdruck unserer Bisexualität. Ich habe einen persönlichen Grund, Fliess' faszinierende Theorie in das Blickfeld zu rücken. Meine Studien der menschlichen Hand lieferten Indizien, daß die Rechte die rationale und aktive, die Linke hingegen die imaginative und intuitive Seite der Persönlichkeit repräsentiert. Der amerikanische Psychologe Werner Wolff kam zu ähnlichen Schlüssen in bezug auf das menschliche Gesicht. Seine Experimente bewiesen, daß wir in der Tat ›zwei Gesichter‹ haben. Die rechte Hälfte des Gesichts präsentiert die Maske, die wir der Welt zeigen, während die linke das spiegelt, was wir wirklich sind – unser Selbst. In seinem Buch *Vom Leben und vom Tod* (1914) behauptete Fliess, daß die linke Seite des Gesichts bei Männern dem ›weiblichen‹ und bei Frauen dem ›männlichen‹ Element entspreche. Er führte eine Reihe links-akzentuierter Gesichter berühmter Künstler als Beispiele an. Darunter waren Michelangelo, Leonardo da Vinci, Schumann und Goethe. Die beiden

großen Italiener waren überdies Linkshänder. Er bemerkte zu Recht, daß die Bisexualität bei Künstlern am offenkundigsten sei und daß die erwähnten Persönlichkeiten dafür bekannt gewesen seien, Männer und Frauen geliebt zu haben. Fliess' Annahme, daß Linkshändigkeit dem gleichen Schema entspreche, wurde durch meine eigenen Studien nicht bestätigt, wohl aber durch Magnus Hirschfeld.

Man kann nicht über Fliess schreiben, ohne Weininger zu erwähnen, den Philosophen, den er beschuldigte, seine Ideen plagiiert zu haben. Weiningers Buch *Geschlecht und Charakter* (1903) war in Deutschland ein Bestseller, wurde in viele andere Sprachen übersetzt und in der Vergangenheit als wichtiger Beitrag zur Sexualwissenschaft anerkannt. Er benutzte Fliess' ›Gesetz‹ der Periodizität, erwähnte dessen Namen jedoch nur in einer kleingedruckten Anmerkung. Aber er entwickelte diese Theorie im Zusammenhang mit Bisexualität auf eigene Weise und präsentierte sie mit beträchtlichem Elan, wenn auch nicht frei von Sensationslust. Das Buch enthält ebensoviele Einsichten wie irrationale Annahmen. Weininger war ein Desperado und ein Jude, der Juden und Frauen haßte. Seine ›männliche Überlegenheit‹ und sein Antisemitismus äußerten sich in emotionsgeladener Sprache. Sie vernebelten seine Urteilsfähigkeit und schadeten seinem Buch. Seine Äußerungen über Frauen waren so idiosynkratisch und lächerlich, daß man sie nur als schlechten Witz ansehen kann. Er behauptete, daß die Züge jeder ›großen‹ Frau einem ausgesprochen ›männlichen‹ Typus zuzurechnen seien. Es sei der »Mann« in der Frau, der nach Emanzipation dürste. Er vertrat auch die Auffassung, daß die höchste Form der Liebe, die eine Frau erreichen könne, die lesbische Liebe sei. Alle ›weiblichen‹ Eigenschaften waren in seinen Augen verachtenswert. Weininger war ein Mensch der Extreme, und man stößt bei ihm sowohl auf bemerkenswerte Erkenntnisse wie auch auf Naivitäten. Er erklärte, daß jeder Mensch zwischen dem ›männlichen‹ und dem ›weiblichen‹ Pol hin und her pendle. Diese Pendelbewegungen seien bei den verschiedenen Menschen verschieden groß, schwankten jedoch auch bei derselben Person beträchtlich. Manchmal seien sie extrem stark, manchmal minimal, aber sie seien immer vorhanden. Und wenn sie ausgeprägt seien, wirkten sie sich auch auf das Äußere des Menschen aus (beispielsweise auf Mimik und Gestik). Abgesehen von den täglichen Schwankungen sei der Akzent auf ›Männlichkeit‹ oder ›Weiblichkeit‹

auch einer allgemeinen Periodizität unterworfen. Es war Weiningers eigene Idee, den flexiblen Charakter der Bisexualität hervorzukehren, die sich im Nacheinander und nicht gleichzeitig äußere. Obwohl Fliess' Beitrag zur Frage der Bisexualität nichts mit der Psychoanalyse zu tun hat, rechtfertigt sein Einfluß auf Freud meine Anführung seiner Ideen im Zusammenhang mit ihm. Und ich halte es für richtig, in Verbindung damit auch auf Weiningers Arbeit einzugehen, die von Fliess stark beeinflußt war.

Helene Deutsch, eine der bedeutendsten Analytikerinnen ihrer Generation, war sowohl eine große Theoretikerin als auch eine bedeutende Praktikerin. Das Thema der Bisexualität spielte eine beträchtliche Rolle in ihrem Buch *Psychologie der Frau* (1948), mit welchem sie sich als Innovatorin auswies, die ›frischen Wind‹ in das psychoanalytische Denken brachte. Sie war eine der Analytikerinnen, die die Lücke in Freuds bruchstückhaftem Wissen über weibliche Sexualität schlossen. Ihre Betonung des Einflusses weiblicher Bisexualität in der Vorpubertät und Adoleszenz ist von besonderem Interesse. In dieser Periode ist sich das Mädchen, Deutsch zufolge, seiner Geschlechtsidentität nicht ganz sicher; es schwankt, ob es Männer oder Frauen liebt, und pendelt zwischen beiden hin und her. Seine Bisexualität hat Konflikte und in manchen Fällen emotionale Instabilität zur Folge. Liebe und Haß gegenüber der auserwählten Person lösen einander in rascher Folge ab, da es dem Mädchen Schwierigkeiten macht, seine ›männlichen‹ und ›weiblichen‹ Komponenten zu integrieren. Deutschs Verdienst liegt in ihrer gründlichen Beobachtung bisexueller Tendenzen während des ganzen Lebens einer Frau, die sie anhand vieler Fallgeschichten illustrierte.
Ein überaus einprägsames Beispiel ist ihre detaillierte Darstellung von George Sands Bisexualität. Als Kind pflegte sie vor einem Spiegel zu spielen: einmal war sie ihr Vater, dann ihre Mutter. Sie spielte abwechselnd Junge und Mädchen und sah sich entweder als elegant gekleideter Mann oder als verführerische Frau. Diese beiden Rollen behielt sie ihr ganzes Leben lang bei. Deutsch begriff, daß sich die emotionalen Schwierigkeiten bisexueller Frauen nicht immer in den persönlichen Beziehungen äußern, sondern manchmal in allgemeiner Aggressivität und überehrgeizigen Projekten. Sie stellte fest, daß die Richtung, die die Bisexualität bei den verschiedenen Frauen einschlägt, durch Umweltfaktoren beeinflußt wird. Sie hob hervor, daß die Mutter-Tochter-Beziehung der Ursprung des Bedürfnisses eines Mädchens

nach weiblicher Liebe sei. Sie unterstrich die Wünschbarkeit ihrer wechselseitigen Verbundenheit und anerkannte die Natürlichkeit der lesbischen Liebe. Deutsch modifizierte die Vorstellung vom Penisneid des Mädchens, was einen bedeutenden Fortschritt darstellte; sie leugnete nicht sein Vorhandensein, meinte jedoch nicht, daß der Vergleich der Klitoris mit dem Penis die Ursache sei. Sie glaubte an einen ›sekundären‹ Penisneid. Aber in mancher Hinsicht blieb Deutsch altmodisch. Sie behielt die Begriffe ›Männlichkeit‹ und ›Weiblichkeit‹ bei und meinte, daß die weiblichen Eigenschaften durch Passivität und Masochismus gekennzeichnet seien. Ihre Neuformulierung des Penisneids ermangelte einer klaren Definition. Obwohl sie dafür eintrat, den Begriff in Männerneid abzuändern, glaubte sie, daß er auf ›innere‹ Ursachen zurückzuführen sei. Deutsch ging auf dieses Thema in dem Kapitel ›Umwelteinflüsse‹ des erwähnten Buches ein; sie übersah die überwältigenden *gesellschaftlichen* Indizien der weiblichen ›sexuellen Minderwertigkeit‹. Meine Forschungen über weibliche Homosexualität haben gezeigt, daß ›äußere‹ Ursachen, nämlich die gesellschaftliche Benachteiligung der Frau, ihrem Neid auf den Mann zugrundeliegen.

Karen Horney bewies in ihrem Buch *Die Psychologie der Frau* (1977), daß sie von der psychoanalytischen Orthodoxie so unabhängig war wie Helene Deutsch. Man könnte behaupten, daß sie sogar weiter ging, da sie stärker gegen deren dogmatische Ansichten über die kindliche Sexualität rebellierte. Ihre umfassende praktische Erfahrung als Therapeutin und ihr intellektueller Scharfsinn machten bestimmten langgehegten Überzeugungen der psychoanalytischen Schule den Garaus. Sie konterte unter anderem mit folgendem: »Dazu gehört die Meinung Freuds, daß es ›bekannt‹ sei, daß die scharfe Sonderung des weiblichen und männlichen Charakters sich erst nach der Pubertät herstelle ... Es hat vielmehr stets auf mich einen starken Eindruck gemacht, wie ausgesprochen spezifisch weibliche Züge ... bei Mädchen im zweiten bis fünften Lebensjahr zum Ausdruck kommen. Diese Eindrücke waren für mich von jeher schwer zu vereinigen mit Freuds Ansicht von der anfänglich männlich gerichteten Sexualität des kleinen Mädchens.« (ebd., S. 132)
Freuds Konzept des Penisneids wies sie zurück. Es stimme nicht, daß nur Mädchen das andere Geschlecht beneideten. Sie schrieb: »Entsprechende Äußerungen finden wir auch bei Knaben des gleichen Alters in der Form von Wünschen, eine Brust zu besitzen

oder ein Kind zu bekommen.« Und: »Äußerungen dieser Art bleiben bei beiden Geschlechtern ohne Einfluß auf ihre Gesamthaltung.« (ebd., S. 133)
Sie räumte mit der Vorstellung von der angeblichen sexuellen Minderwertigkeit des Mädchens auf. Alle ihre Äußerungen zeichnen sich durch Einfachheit und unbestreitbare Autorität aus. In seiner Abhandlung *Über die Weibliche Sexualität* (1931) sprach Freud von ihr als der Analytikerin, deren Auffassung er nicht teilen könne. Sie zählte zu der kleinen Gruppe von Psychoanalytikern, die Freuds Behauptung in Abrede stellten, daß die sexuellen Empfindungen eines Mädchens auf die Klitoris beschränkt seien. Horney und einer ihrer Kollegen, Josche Hiller, hatten in den ersten fünf Lebensjahren vaginale Masturbation beobachtet. Ihre Befunde wurden durch Professor Liepmann – einen bekannten deutschen Gynäkologen, meinen eigenen Lehrer – bestätigt. Horney rückte das Konzept der Kastrationsangst des Mannes in ein neues Licht, als sie sagte: »Wenn man sich einmal klar macht, daß die männliche Kastrationsangst zu einem wesentlichen Teil eine Antwort des Ichs auf seine Weiblichkeitswünsche darstellt, wird man Freuds Überzeugung, daß die Bisexualität beim Weibe deutlicher hervortrete als beim Mann, doch nicht ganz teilen können . . .« (ebd., S. 124). In dem Kapitel ›Das neurotische Liebesbedürfnis‹ warnte Karen Horney davor, homosexuelle Neigungen mit dem Bedürfnis des Neurotikers, sich anzulehnen und geliebt zu werden, zu verwechseln. Sie wies auf den Unterschied zwischen authentischer Homosexualität und der Abhängigkeit neurotischer Menschen von Angehörigen ihres eigenen Geschlechts hin. Ihre weise Mahnung gilt ebenso für Bisexuelle, die sich aus Gründen, die nichts mit natürlicher Neigung zu tun haben, an das eine oder andere Geschlecht klammern können.
Karen Horney war vermutlich die ›fortschrittlichste‹ Psychoanalytikerin ihrer Generation, während Georg Groddeck das *Enfant terrible* unter den Analytikern war. Seinen Ruf verdankte er eher seiner Persönlichkeit als seiner Theorie. Er war ein ›geborener Psychologe‹, ein Mann der Intuition mit magnetischer Macht über diejenigen, die seine Hilfe suchten. Unbeirrt ging er seinen eigenen Weg, und alles was er schrieb, zeichnete sich durch Authenzität und Originalität aus. In seiner Ablehnung der Vorstellung, daß Heterosexualität ein Anzeichen sexueller Reife sei, ging er weiter als andere Psychoanalytiker. Er vertrat die Auffassung, daß Bisexualität die natürliche Form der Liebe sei, und stimmte seinen Kollegen nicht zu, daß sie sich auf die Kindheit und Pubertät beschränke (oder beschränken sollte). In seinem *Buch*

vom Es (1923) schrieb er: »Der Mensch ist bisexuell sein Leben lang und bleibt es sein Leben lang, und höchstens erreicht dieses oder jenes Zeitalter als Konzession für eine modische Sittlichkeit hier und da, daß bei einem Teil – einem recht kleinen Teil – die Homosexualität verdrängt wird, womit sie aber nicht vernichtet, sondern nur eingeengt ist. Und ebensowenig wie es rein heterosexuelle Menschen gibt, ebensowenig gibt es rein homosexuelle ... Meinerseits möchte ich die Vermutung aussprechen, daß die Frau in ihrer Erotik viel freier der Tatsache der zwei Geschlechter gegenübersteht; es kommt mir vor, als ob sie ein ziemlich gleiches Quantum Liebesfähigkeit für ihr eigenes und für das entgegengesetzte Geschlecht habe ...« (München 1968, S. 237 und 239)

Ich habe seine herausfordernde Behauptung in Interviews mit Teilnehmerinnen meiner Untersuchung und anhand von Autobiographien bestätigen können, mit der Einschränkung, daß sich ihre Liebe zu Frauen qualitativ deutlich von der zu Männern unterschied.

Die Bisexualität wird in der psychoanalytischen Theorie als gegeben angenommen, aber ihr Sinn und Gewicht wurde von verschiedenen Analytikern auf verschiedene Weise gesehen. Ronald Fairbairn verdient in diesem Zusammenhang besondere Erwähnung. Er lehnte Freuds Version des Ödipuskomplexes ab. In seinem Buch *Psychoanalytic Studies of the Personality* (1952) stimmte er dessen Vorhandensein zu, leugnete hingegen eine primäre bisexuelle Bindung an die Eltern. Das erste Bedürfnis des Säuglings sei Sicherheit, und alle seine Impulse seien darauf gerichtet. Die bisexuellen, libidinösen Regungen des Kindes seien sekundär. Sie seien Mittel zu einem Zweck, nämlich sich die Zuneigung beider Eltern zu sichern. Fairbairns Auffassung kommt meiner eigenen sehr nahe, die ich in *Psychologie der lesbischen Liebe* ausführlich dargestellt habe.

Havelock Ellis war ohne Zweifel die schillerndste Persönlichkeit, die sich je mit psychosexuellen Studien befaßt hat, aus dem einfachen Grund, daß sich seine geistigen Interessen weit über das Werk hinaus erstreckten, das ihm den größten Ruhm eintrug, *Studies in the Psychology of Sex.*

Auf seinen späteren Fotos sieht er aus wie ein englischer Rabindranath Tagore. Dies mag ein Indiz seiner primären Berufung sein. Er war in erster Linie ein Dichter, für den das ästhetische Prinzip den Vorrang hatte. Seine Integrität in allem, wofür er eintrat und arbeitete, verlieh seinen Schriften Authentizität und Autorität. Seine Autobiographie weist ihn als facettenreiche Persönlichkeit aus. Er besaß eine ungeheure Neugier für alle geistigen Dinge; entsprechend schwer fiel es ihm, sich in irgendeiner Hinsicht festzulegen. Ein Idealist und Romantiker, war er gegenüber dem Verhalten anderer zu weitaus größeren Konzessionen bereit als gegenüber dem eigenen. Die Persönlichkeit Havelock Ellis' wirkte so prägend auf seine Arbeit, daß man die letztere nicht gerecht bewerten kann, ohne die erstere in Betracht zu ziehen. Er versuchte sich in einer Reihe von Berufen, bevor er Medizin studierte; er war ›Literat‹, bevor er sich für Psychologie zu interessieren begann. Politisch war er progressiv, kämpfte für die Frauenrechte und hatte Verbindung mit Anarchisten. Gleichzeitig las und schrieb er so viel, daß er dabei oft das ihm und seinen Schriften zuträgliche Maß überschritt. Sein Werk ist eine Enzyklopädie sexualwissenschaftlicher Erkenntnisse und läßt keinen Zweifel an seiner Gelehrsamkeit zu. Aber seine Ideen stützten sich weitgehend auf die anderer, was eine Diskrepanz zwischen dem Umfang und der Originalität seiner Bücher zur Folge hatte. Ich sprach von seiner Schwierigkeit, einen festen Standpunkt zu beziehen. Dieser Aspekt seines Charakters spiegelte sich in seinem Werk. Er widersprach sich häufig, insbesondere hinsichtlich des Themas der Bisexualität. Er war sicher, daß Bisexualität eine biologische Anlage sei, schien jedoch im Zweifel, ob sie auch in psychologischer Hinsicht existiere. Nachstehend zwei Beispiele seiner ambivalenten Einstellung: »Wenn wir tatsächlich die sehr vernünftige Ansicht akzeptieren, daß die Grundlage des sexuellen Lebens Bisexualität ist, ... wird es schwierig einzusehen, wie jemand von einer unechten Klasse von Homosexuellen sprechen kann.« (*Sexual Inversion in Men,* S. 86) Zwei Seiten weiter erklärt er: »Die bisexuelle Gruppe führt Unsicherheit und Zweifel mit herauf, weil Homosexuelle durch sozialen Druck bisexuell geworden sein können.« Im selben Kapitel verglich er Bisexualität mit Beidhändigkeit, was seine biologische Auffassung davon bestätigt. Havelock Ellis konnte sich das Konzept des ›psychischen Hermaphroditismus‹ letztlich nicht zu eigen machen, doch er glaubte an Freuds Entdeckung des Zusammenhangs zwischen Bisexualität und neurotischen bzw. psychischen Störungen. Er stimmte Freuds Beobachtung zu, daß die Klitoris in der Kindheit eine größere Rolle spiele als im späteren Leben, und nahm an, daß Lesbierinnen dieses Merkmal beibehielten. Er setzte die lesbische Liebe mit körperlicher Vermännlichung gleich, was seiner biologischen Auffassung von der

Homosexualität entsprach. Andererseits folgte er beinahe Moll, dem berühmten deutschen Psychiater und Erforscher der Sexual-›Pathologie‹, der behauptet hatte, daß Homosexualität heilbar sei, weil homosexuelle Männer aufgrund ihrer Bisexualität dazu gebracht werden könnten, knabenhafte Frauen zu lieben. Ellis räumte ein: »Im Falle von bisexuellen Individuen oder jungen Menschen, deren Homosexualität noch nicht voll entwickelt ist, ist es möglich, daß diese Methode erfolgreich ist.« (ebd., S. 330) Er beleuchtete jeden Aspekt sexuellen Verhaltens und untersuchte auch die Träume der ›Invertierten‹. Dabei stellte er fest, daß die meisten Homosexuellen von Angehörigen ihres eigenen Geschlechts träumen. Diejenigen, für die das nicht zutreffe, seien bisexuell. Seine Beobachtungen wurden durch meine eigenen Forschungen nicht bestätigt. Die Situation ist weitaus komplexer. Eine Untersuchung von 108 Lesbierinnen ergab in vielen Fällen Träume von Beischlaf mit Männern. Ellis präsentierte interessante Informationen über die Periodizität sexuellen Verlangens. Sie entsprachen in etwa der Theorie von Fliess, der, wie Ellis berichtete, nicht der erste Verfechter dieses Gedankens gewesen sei. Bereits im Jahre 1846 habe ein englischer Autor, Laycock, geschrieben, daß das Nervensystem der Frauen im Laufe der Jahreszeiten periodische Veränderungen durchmache, insbesondere während der Tagundnachtgleiche, und daß sich diese Veränderungen vorwiegend sexuell auswirkten. Er erwähnte auch einen Doktor Koster, der ein Buch *Über die Gesetze des periodischen Irreseins und verwandter Nervenzustände* (1882) schrieb. Ellis behauptete, daß der periodische Rhythmus sexueller Aktivität bei Frauen ausgeprägter sei als bei Männern. Ihm entging jedoch das zyklische Auftreten des Gefühls des ›Mann-Seins‹ oder ›Frau-Seins‹ in der Erotik, das auf eine bisexuelle Periodizität hindeutet. Havelock Ellis hatte ein ungewöhnlich tiefes Verständnis für Frauen jeder sexuellen Orientierung, was von seiner Intuition und der ›Frau‹ in ihm zeugt. Seine Vorstellung, daß Lesbierinnen stets ›maskuline‹ Frauen seien, war typisch für seine Generation. Seine Frau, eine unverhohlene Lesbierin des ›maskulinen‹ Typs und eine Frau von überragender Intelligenz, war vermutlich das Modell für seine Einstellung zu Lesbierinnen. Seine Liebe zu ihr mag seinen Glauben an deren geistige Überlegenheit bewirkt haben, eine Überzeugung, die er mit Magnus Hirschfeld teilte. In dem Kapitel ›Sexuelle Inversion bei Frauen‹ des zitierten Buches pries Ellis sie als abenteuerlustiger, intelligenter und sexuell erregbarer als ›normale‹ Frauen. Er glaubte, daß ästhetische Sensibilität ein herausragendes Ingrediens der lesbischen Liebe

sei. Er stimmte Moll zu, daß verheiratete Lesbierinnen aufgrund ihrer größeren Passivität nicht die gleiche Abneigung gegen den Koitus mit dem anderen Geschlecht hätten wie homosexuelle Männer. In *Psychologie der lesbischen Liebe* habe ich gezeigt, daß der wahre Grund die fundamentale Bisexualität des Lesbianismus ist, die anderer Art ist als die der männlichen Homosexualität.
Havelock Ellis war auch ein Tatmensch, der sich für Sexualreformen und Sexualerziehung einsetzte. Und er war sowohl Romancier und Übersetzer literarischer Werke als auch politischer Denker. An seine *Sexualpsychologischen Studien* ging er in ganz anderem Geiste heran als Freud. Obwohl ihm die Psychoanalyse im Grunde fremd war, empfand er große Bewunderung für Freuds Leistungen und zitierte ihn ausführlich in seinen Büchern. Eine Zeitlang war er fast ebenso berühmt wie Freud, aber zuletzt wurde er von ihm in den Schatten gestellt. Ellis' Leben war durch Extreme gekennzeichnet. Einmal wurde er wegen Obszönität strafverfolgt, ein andermal als einer der größten Autoren über sexuelle Fragen gepriesen. Sein Schicksal spiegelt die Extreme seiner Persönlichkeit wider. Es ist unmöglich, ihn in eine Kategorie einzuordnen, aber der Eindruck, den ich von seinen Büchern, insbesondere von seiner Autobiographie gewann, ist, daß er sowohl ein großer Gelehrter als auch ein großer Dilettant war.

Magnus Hirschfeld hatte viel mit Havelock Ellis gemein. Sie teilten viele Ideen über Homosexualität und setzten sich für eine aufgeklärte Sexualerziehung ein. Zusammen mit August Forel gründeten sie die ›Weltliga für Sexualreform‹ mit dem Ziel, eine aufgeklärtere und verständnisvollere Haltung gegenüber sexuellen ›Abnormalitäten‹ zu propagieren. Magnus Hirschfeld war Ellis sowohl im Hinblick auf sein beachtliches sexologisches Wissen als auch seine humanitären Ideale ebenbürtig.
Weniger romantisch, aber ebenso idealistisch wie Ellis, war er einer der berühmtesten und erfolgreichsten Praktiker psychologischer Medizin vor dem Zweiten Weltkrieg. Er gründete das Institut für Sexualwissenschaften in Berlin und behauptete, mehrere tausend Homosexuelle zu kennen, die er mit Rat und Tat unterstützte. Seine Berühmtheit in Deutschland und ganz Europa entsprach derjenigen, die Krafft-Ebing einst genossen hatte. Sein Hauptbeitrag zur sexologischen Literatur war sein Buch *Die Homosexualität des Mannes und des Weibes* (1914), das Ellis als ein Meisterwerk schätzte. Magnus Hirschfeld unterschied sich von Ellis in seiner Einstellung zur Psychoanalyse. Er stimmte voll

mit Freuds Konzept der Bisexualität als eines bio-psychologischen Phänomens überein. Praktisch alle anderen Autoren seiner Zeit glaubten an deren biologische Grundlage und erklärten sexuelle ›Abnormalität‹ als angeborene Veranlagung. Nur Ulrichs und Binet bildeten hier Ausnahmen.
Hirschfeld war von den Untersuchungen Steinachs und Ischlondskys über das System der endokrinen Drüsen stark beeindruckt. Er glaubte, daß Hormone einen entscheidenden Einfluß auf die Homosexualität und andere ›Perversionen‹ hätten, erkannte jedoch auch die Bedeutung psychologischer Faktoren. Selbst progressive Sexologen seiner Epoche klassifizierten sexuelle Neigungen, die nicht auf das andere Geschlecht gerichtet waren, als ›abnormal‹. Hirschfeld stellte fest, daß sexuelle Übererregbarkeit bei Bi- und Homosexualität häufig auftrete. Er nahm Kinsey vorweg, als er schrieb: »Im Falle bisexueller Personen ist der Grad, in dem sie sich zu dem einen oder dem anderen Geschlecht hingezogen fühlen, gewöhnlich sehr unterschiedlich. Der Patient selbst drückt dies in Zahlen aus, also etwa, daß er sich zu 90 Prozent zu dem weiblichen und zu 10 Prozent zu dem männlichen hingezogen fühlt, oder vice versa.« (*Sexualpathologie,*) In *Geschlechtsanomalien und Perversionen,* das Auszüge aus Hirschfelds Büchern enthält, ist er mit folgenden Zitaten vertreten: »Psychischer Hermaphroditismus ist ein Faktor, der von fast allen Experten erheblich unterschätzt wurde«, und: »Die Psychoanalyse hat somit bewiesen, daß alle Homosexuellen beiderlei Geschlechts in ihrer Jugend heterosexuelle Neigungen hatten . . . Es gibt keine Ausnahme zu dieser Regel . . .«
Er widersprach Adlers Theorie, daß beide Geschlechter Mannheit schätzen und Frausein verachten und lehnte auch Adlers Auffassung ab, daß die männliche Homosexualität die Folge sexuellen Scheiterns bei Frauen sei. Hirschfeld hegte eine spezielle Wertschätzung für Iwan Bloch, der die Ansicht vertrat, daß anthropologische Erkenntnisse die pathologische Auffassung von den ›Perversionen‹ verändert hätten. Bloch wies darauf hin, daß Bi- und Homosexualität sexuelle Orientierungen seien, die bei allen Völkern der Welt zu allen Zeiten gang und gäbe gewesen seien. Hirschfeld akzeptierte Bi- und Homosexualität als sexuelle Varianten, klassifizierte sie jedoch immer noch als Anomalien. Leider dauert es lange, bis alte Begriffe wie Inversion, Deviation (Abweichung) und Perversion aussterben. Sie sind trotz unserer ›permissiven‹ Gesellschaft und einer großen Anzahl fortschrittlicher Bücher über Sexologie selbst heute noch in Gebrauch. Hirschfeld differenzierte zwischen echter und Pseudo-Homose-

xualität und erklärte letztere durch Bisexualität. Ebenso wie Kinsey teilte er die Homosexuellen in verschiedene Gruppen ein, aber im Unterschied zu diesem klassifizierte er jemanden als bisexuell, wenn dessen homo- und heterosexuelle Komponenten etwa gleich stark akzentuiert waren. Es ist bemerkenswert, daß Magnus Hirschfeld im Anschluß an sein Institut das erste deutsche Ehevermittlungsbüro gründete. Es diente ähnlichen Unternehmungen in anderen Ländern als Vorbild. Damit wurde er zum Wegbereiter einer Organisation, die einem möglichst weiten Kreis von Menschen bei der Partnersuche behilflich sein wollte. Die heutigen ›Eheanbahnungsinstitute‹ und computerisierten Bekanntschaftsvermittlungen könnten von ihm lernen, denn sein System schloß Menschen aller Art ein, die so genannten typischen ebenso wie die atypischen – um diese falschen, aber allgemein verständlichen Begriffe zu verwenden. Aber er sprach sich gegen die Heirat von ›Schwulen‹ aus, da sich diese selten als erfolgreich erwiesen hatte.

Hirschfelds Ansicht, daß Bi- und Homosexuelle häufig eine herausragende Rolle in der Kunst und Literatur spielen, war allgemein bekannt. Eine Gruppe dieser ›Außenseiter‹ hatte sich um ihn versammelt; sie betrachteten ihn nicht nur als verständnisvollen Arzt und Humanisten, sondern auch als echten Freund.

Alfred Kinsey und seine Mitarbeiter führten die umfassendste statistische Untersuchung über das Sexualverhalten von Männern und Frauen durch, die bis dahin je gemacht worden war. Die Resultate wurden in den Büchern *Das sexuelle Verhalten des Mannes* (1955) und *Das sexuelle Verhalten der Frau* (1963) veröffentlicht. Es ist paradox, daß ich über Kinsey und sein Team, die die vollständigste Arbeit produzierten, nur einen mageren Beitrag bringen kann. Aber es ist ein Faktum, daß die Bisexualität in Kinseys Klassifzierungsschema keine Rolle spielte und in seinen beiden Büchern auf einer einzigen Seite abgehandelt wurde. Das einzige, was Kinsey über dieses Thema schrieb, war: »Es gibt aber außerdem, sowohl bei Männern wie bei Frauen, eine beträchtliche Anzahl von Personen, die im Laufe ihres Lebens sowohl zu homosexuellen wie zu heterosexuellen Reaktionen und/oder Betätigungen neigen ... Diese Gruppe wird in der wissenschaftlichen Literatur als bisexuell bezeichnet.« (zweites angeführtes Buch, S. 361).

Kinsey erklärte, daß er davon abgesehen habe, die Bisexualität in sein Klassifizierungsschema der Sexualität einzubeziehen, weil der »Durchschnittsleser« die Bedeutung des Wortes nicht verstehen würde. Und er war der Ansicht, daß auch viele Akademiker nicht darüber Bescheid wüßten. Die Menschen neigten dazu, die Klassifikation der Phänomene zu polarisieren, argumentierte er, und aus diesem Grund habe er sich darauf beschränkt, nur die Homosexualität zu messen und sie je nach dem Anteil an hetero- und homosexuellen Komponenten einzustufen. Seine früheren Mitarbeiter und andere Forscher sind seinem Vorbild gefolgt und haben dasselbe Modell benutzt.

Hirschfeld und Moll glaubten zu Recht, daß die pathologische Auffassung von den sexuellen Varianten durch anthropologische Befunde modifiziert worden sei. Es besteht kein Zweifel daran, daß die Psychologie von der Anthropologie viel lernen kann, wie Margaret Mead zum Beispiel gezeigt hat.

Margaret Mead studierte in den zwanziger Jahren in der Südsee primitive Gesellschaften. In *Kindheit und Jugend in Samoa* (1970) bereicherte sie unser Wissen über deren Sexualleben um einen wichtigen Beitrag. Es ist interessant zu erfahren, daß die physische Erscheinung bestimmter Männer und Frauen an Charakteristika des anderen Geschlechts erinnerte. Aber dieser äußere Eindruck täuschte. In Bali hatten beispielsweise beide Geschlechter große Ähnlichkeit miteinander. Manche der Männer waren klein und schmächtig ohne ausgeprägte Muskelbildung. Dennoch waren sie stolz auf ihre Männlichkeit und in der Regel auch heterosexuell, wie von ihnen erwartet wurde. In ihrem Buch *Mann und Weib* (1954), hob Mead hervor, daß uns der balinesische Mann feminin erscheinen würde, daß aber unsere Kriterien der ›Männlichkeit‹ und der ›Weiblichkeit‹ unter den Balinesen und anderen ›primitiven‹ Gruppen nicht anwendbar seien. Dasselbe gilt für die Frauen. Manche Frauen waren so groß wie die Männer oder noch größer, von athletischem Körperbau und besaßen eine ebenso kräftige Muskulatur wie die Männer. Ihre Brüste und Hüften waren kaum entwickelt. Sie wiesen auch keine ›femininen‹ Persönlickeitsmerkmale auf. Sie verhielten sich leidenschaftlich und aggressiv und liebten Abenteuer. Dennoch fehlte es ihnen keinesfalls an starken mütterlichen Impulsen und an sexuellem Verlangen nach dem Mann.

Mead warnte den Leser davor, verschiedene ›rassische‹ Typen mit sexueller Orientierung zu verwechseln. In kleinen und primitiven Gemeinschaften seien die Lebensabläufe vorgezeichnet und die sexuellen Rollen genau definiert. Zwischen den Stämmen bestünden jedoch beträchtliche Unterschiede hinsichtlich ihrer Zuweisung und Wertschätzung der Geschlechtsrollen. In den meisten dieser Gemeinschaften nahm die Frau einen hohen Rang ein, wenn sie dem Mann nicht ebenbürtig oder gar überlegen war. Aber es kann keinen Zweifel an den Manifestationen von Bisexualität in einer Reihe von Stämmen geben, die sich in ihren Sitten, in ihrem Glauben und in ihrem Erziehungssystem äußerte. Bei einem der Stämme Neuguineas wurden Jungen und Mädchen gleich behandelt. Die Jungen entwickelten die gleiche Zärtlichkeit gegenüber Säuglingen wie die Mädchen, und ihr Benehmen war völlig ›feminin‹. Obwohl die Jungen ihre ›bisexuelle‹ Welt mit dem Beginn der Pubertät im Alter von 13 oder 14 Jahren verlassen mußten, blieben sie bis an ihr Lebensende von nostalgischer Sehnsucht nach ›Weiblichkeit‹ erfüllt. Aber die Männer, die die Jünglingsinitiation durchführten, wachten über sie und verboten ihnen, ihren früheren Gewohnheiten zu frönen. Homosexualität war streng verboten. Doch für viele der jungen Männer wurde sie zu einem unwiderstehlichen Bedürfnis, dem sie heimlich nachgaben.

In anderen ›primitiven‹ Gesellschaften stieß Margaret Mead immer wieder auf Menschen, die nicht dem sexuellen Stereotyp entsprachen. Sie hatten Empfindungen, Interessen und Einstellungen, die eigentlich dem anderen Geschlecht zugeschrieben wurden. Und wenn ihr Identitätsgefühl stark genug war, verliehen sie diesen trotz der Regeln ihres Gemeinwesens Ausdruck. Ihre sexuelle Identität stand im Widerspruch zu ihrer Geschlechtsidentität, das verunsicherte sie. Sie hatten das Gefühl, außerhalb der großen Mehrheit ihrer Stammesgenossen zu stehen. Obwohl sich letztere im täglichen Leben an ihre Geschlechtsrollen anpaßten, verschaffte sich ihre fundamentale Bisexualität bei den Initiationsriten dramatischen Ausdruck. Mead schrieb dieses Phänomen dem Neid der Männer auf das weibliche Geschlecht zu. Die Männer dieses Stammes litten an einer tiefsitzenden Unsicherheit: ». . . die zugrunde liegende Struktur dieses Einweihungskults . . . stellt . . . [einen] solch strikten Gegensatz zu unseren abendländischen Ideen über die Beziehung zwischen den Geschlechtern dar. Nach unserer abendländischen Lebensanschauung können Frauen, die aus des Mannes Rippe gemacht sind, höchstens erfolglos danach streben, die überlegenen Kräfte und höheren Anlagen des Mannes nachzuahmen. Das Grundthema des Initiationskults ist dagegen, daß die Frauen kraft ihrer Fähigkeit, Kinder hervorzubringen, die Geheimnisse des Lebens bewahren. Die Rolle des Mannes ist ungewiß, undefinierbar und vielleicht unnötig ... Männer können die männlichen Kinder von den Frauen wegholen, sie als unvollständig brandmarken und dann die Knaben zu Männern machen ... Diese Imitationen der Geburt gehen manchmal mehr, manchmal weniger öffentlich vor sich. Die Neulinge werden von dem Krokodil verschluckt, das die Männergruppe darstellt, und kommen neugeboren am anderen Ende wieder heraus. Sie werden in einem ›*Uterus*‹ [Hervorhebung C. W.] untergebracht und von männlichen ›Müttern‹ mit Blut ernährt, gemästet, mit der Hand gefüttert und gepflegt. Hinter dem Kult liegt der Mythos, daß all dies von den Frauen eigentlich einmal gestohlen worden ist ...« (*Mann und Weib,* S. 119)

In *Kindheit und Jugend in Samoa* erwähnte Margaret Mead Bi- und Homosexualität bei Mädchen aber nur am Rande. Sie beschäftigte sich hauptsächlich mit der Variationsbreite des sexuellen Verhaltens der Männer. Ihre Beobachtungen bestätigen die Entdeckung fortschrittlicher Psychoanalytiker (vorwiegend Frauen), daß der Mann die Frau in sexueller Hinsicht beneidet. Die Manifestationen der Bisexualität in primitiven Sozietäten zeugen von ihrer Universalität unabhängig von Rasse, Hautfarbe und kultureller Evolution.

In ihren Studien primitiver Stämme der Südseeinseln hat Margaret Mead bewiesen, daß sich deren Ideen von ›Männlichkeit‹ und ›Weiblichkeit‹ drastisch von denjenigen der westlichen Welt unterscheiden.

Davor hatte bereits Freud gezögert, die menschlichen Eigenschaften nach der Geschlechtszugehörigkeit zu unterscheiden. Er versuchte, die Worte ›männlich‹ und ›weiblich‹ durch eine sinnvollere Terminologie zu ersetzen, war jedoch mit seinen Bemühungen unzufrieden. Seit meiner Studie über die lesbische Liebe habe ich mich von der Annahme geschlechtsgebundener Charakteristika, einer geistigen Zwangsjacke, ein für allemal befreit. Manche psychologischen Schulen nehmen immer noch an, daß es ›männliche‹ und ›weibliche‹ Eigenschaften gibt, und stützen ihre Theorien der Bi- und Homosexualität auf diese Annahme.

Es ist merkwürdig, daß das Konzept der Bisexualität, das für das Verständnis der sexuellen Varianten grundlegend ist, nie voll und ganz erfaßt wurde. Die unterschiedlichen Interpretationen, die es erfahren hat, reflektieren die Unsicherheit über ihr wahres Wesen. Ich glaube, daß die irrige Annahme ›männlicher‹ und ›weiblicher‹ Attribute Schuld an dem Unvermögen hat, ihre Bedeutung zu verstehen. Es ist unvorstellbar, daß die Bisexualität mit der Summe von Eigenschaften gleichzusetzen ist, die entweder amorph oder gar nicht vorhanden sind. Leider sind die alten Bezeichnungen nur schwer aus dem Vokabular sowohl der Fachleute wie auch der Laien auszurotten. Ich habe mich daher genötigt gesehen, sie zu verwenden, setze sie aber stets in Anführungszeichen.

Inzwischen werden die Bemühungen, die Bedeutung der Bisexualität zu erfassen, fortgesetzt. Beträchtliche Fortschritte in Richtung auf eine Klärung des Begriffes wurden in den letzten fünfundzwanzig Jahren durch das Studium des *Transsexualismus* erzielt. Harry Benjamin, ein amerikanischer Psychiater, prägte dieses Wort und studierte als erster dieses Phänomen. Krafft-Ebing hatte siebzig Jahre zuvor durch die Veröffentlichung der Autobiographie eines Arztes (Fall 129) ein Beispiel davon gegeben. Der Transsexualismus wirft auf die Bisexualität vielleicht ein klareres Licht als andere sexuelle Varianten. In seinen Buch *The Transsexual Phenomenon* (1966) berichtet Benjamin über seine Behandlung einer großen Zahl von Transsexuellen. Er trat zunächst immer für konservative Therapie ein und gab nur im Falle von Suizidgefahr ihrem Wunsch nach einer Operation statt.

Transsexuelle sind Menschen, die glauben, daß ihr Geist bzw. ihre Seele in einem Körper des falschen Geschlechts gefangen sei; dieses falsche Geschlecht wollen sie mit allen Mitteln loswerden. Männliche Transsexuelle möchten als Frauen leben und umgekehrt. Manche geben sich mit hormoneller Behandlung zufrieden, aber viele bestehen auf chirurgischer Umwandlung. Männer, die wie Frauen fühlen und reagieren, und vice versa, erleben am eigenen Leibe den brisanten Konflikt zwischen sexueller Identität und Geschlechtszugehörigkeit. Es ist nicht die fragwürdige ›Männlichkeit‹ bzw. ›Weiblichkeit‹, was ihnen zu schaffen macht, sondern das Gefühl, dem anderen Geschlecht anzugehören.

Benjamin räumte ein, daß die Ätiologie des Transsexualismus noch unklar sei. Er glaubte an ein Zusammenspiel teils biologischer und teils psychologischer Ursachen. Er stellte fest, daß dieser Zustand bei Männern wesentlich häufiger sei als bei Frauen. Er beschrieb ihn als die Kulmination des Transvestitismus (des Wunsches, Kleider des anderen Geschlechts zu tragen).

Der von Benjamin ausgehende Anstoß zum Studium einer extremen Ausformung eines transsexuellen Verlangens wurde von einer Reihe von Forschern in Amerika aufgegriffen.

John Money und Anka Erhardt von der Johns Hopkins Universität umfaßten in ihrer Arbeit das ganze Spektrum der menschlichen Sexualität unter besonderer Berücksichtigung der Bisexualität und des Transsexualismus. Sie waren biologisch orientiert und interpretierten psychologische Reaktionen in den beiden letztgenannten Bereichen im Lichte genetischer und hormoneller Einflüsse.

Der Psychiater und Psychoanalytiker Robert Stoller erzielte vermutlich die größten Fortschritte in Richtung auf eine Theorie der Bisexualität im allgemeinen und des Transsexualismus im besonderen. In seinen Büchern *Sex and Gender* (1968) und *The Transsexual Experiment* (1975) wies er nach, daß die Bisexualität bei diesem Konflikt der Geschlechtsidentität eine wesentliche Rolle spielt. Im ersten Buch schrieb er, daß bisexuelle Mütter die tiefere Ursache des Transsexualismus bei Jungen seien. Als Psychoanalytiker betrachtete Stoller die Mutter-Kind-Beziehung als entscheidend für die Entstehung einer andersgeschlechtlichen Identität. Gleichzeitig nahm er an, daß pränatale Einflüsse auf das Nervensystem des Kindes dieses für diese spezielle Form des psychosexuellen Hermaphroditismus prädisponieren könnten. Stoller hegte große Bewunderung für Freuds Theorie der Bisexualität, die er als Grundlage für seine eigenen Gedanken zu diesem Thema akzeptierte. Leider benutzte er nach wie vor die Begriffe ›Männlichkeit‹ und ›Weiblichkeit‹ zur Beschreibung ihrer Merkmale: Aber er stimmte Freuds Auffassung nicht zu, daß ›Männlichkeit‹ das Ideal eines jeden Jungen und der ›Weiblichkeit‹ überlegen sei. Stoller fehlte jedes Verständnis für weibliche Bisexualität in der Kindheit, hingegen hatte er einen ausgezeichneten Blick für deren Ausprägung bei einer erwachsenen Frau, wovon sein Buch *Splitting* (1974) zeugt. Er schildert darin den Fall einer Frau G., die er sieben Jahre lang analysiert hatte. Sie erlebte sich abwechselnd als Frau und als Mann. Sie glaubte einen Penis zu haben, wenn sie in eine Frau verliebt war, fühlte sich jedoch als normale Frau, wenn sie einen Mann liebte. Sie war verheiratet und hatte mehrere Kinder, doch ihre homosexuelle Seite schien stärker zu sein.

In *Splitting* beschrieb Stoller Frau G.s Bisexualität noch als eine Mischung von ›Männlichkeit‹ und ›Weiblichkeit‹. In *Sex and Gender* hatte er jedoch bereits die Begriffe *›sense of maleness‹* (Gefühl, ein Mann zu sein) und *›sense of femaleness‹* (Gefühl, eine Frau zu sein) geprägt, die er für wesentliche Merkmale einer fundamentalen Geschlechtsidentität hielt. Mit der Einführung dieses Konzepts hatte Stoller in bezug auf das Verständnis der Bisexualität einen großen Schritt vorwärts gemacht.

Abgesehen von einzelnen Forschern leistete auch ein Kollektiv von Transvestiten und Transsexuellen, die Mitglieder der Beaumont Society sind, einen signifikanten Beitrag zu unserem Wissen über Bisexualität. Einer ihrer Vertreter, selbst ein Transvestit, gab folgende Definitionen: »Der Transvestit empfindet sich selbst sowohl als ›er‹ als auch als ›sie‹, oder er wechselt von der einen zu der anderen Identität, wie es der Gelegenheit oder seinem Wunsch entspricht«, und: »Während der Transsexuelle in seinem (tatsächlichen oder imaginären) Sexualverhalten entweder neutral oder weiblich ist, bleibt der Transvestit gewöhnlich vollkommen *heterosexuell*« (aus einem Artikel unter ›Vermischtes‹ im *Guardian,* September 1973).
Die Beaumont Society ist überzeugt, daß bei Transvestiten die Bisexualität in der Persönlichkeit liegt, ohne sich in ihrer sexuellen Orientierung auszudrücken. Diese Auffassung, daß die Transvestiten im allgemeinen heterosexuell seien, wird jedoch weder von Dr. Randall (Leiter der Klinik für sexuelle Identität am Charing Cross Hospital) noch durch meine Untersuchung bestätigt. Wie dem auch sei, die Beaumont Society, die nur für Männer zuständig ist, lehnt homosexuelles Verhalten bei ihren Mitgliedern ab. Sie wurde in Amerika als eine ›internationale Stiftung zum vollen Ausdruck der Persönlichkeit‹ einschließlich der männlichen und weiblichen Reaktionen jedes Individuums gegründet.
In den letzten fünfzehn Jahren hat sich die Schule der Entwicklungspsychologie mit der Erforschung der ›Männlichkeit‹, ›Weiblichkeit‹ und der psychischen Androgynie befaßt. Die Entwicklungspsychologie lehrt, daß die Reifungsprozesse des Gehirns die Selektion der Reize bedingen, von denen das Kind in den verschiedenen Phasen seiner Entwicklung Gebrauch machen kann. H. Wallon und J. Piaget waren die Gründungsväter dieser Schule, und beide schrieben ausführlich über die Korrelation zwischen Gehirnreifung, psycho-motorischer Funktion und Umwelt. Ihre Anhänger setzten verschieden starke Akzente auf den biologischen oder den sozialen Faktor, aber die meisten waren sich einig, daß die Umwelt das ›letzte Wort‹ hat.
John Nash versuchte in einer Abhandlung mit dem Titel ›Geschlechtsunterschiede und deren Ursachen‹ (in *Developmental Psychology,* 1975) ›männliches‹ und ›weibliches‹ Verhalten näher zu beleuchten. Er erörterte zunächst den biologischen Aspekt, wobei er von einem ›männlichen‹ und einem ›weiblichen‹ Gehirn spricht, was meiner Ansicht nach von Anfang an Verwirrung stiftet. Nash hob hervor, daß sowohl Milieueinflüsse als auch kulturelle Gegebenheiten entscheidende Faktoren für das Ver-

ständnis der ›Männlichkeit‹ bzw. ›Weiblichkeit‹ seien. Es ist zu bedauern, daß er und andere Autoren derselben Schule weiterhin diese überholten Begriffe benutzen. Aber man muß ihm seine Anmerkung zugutehalten, daß die bisherigen Messungen keine greifbaren Resultate ergeben hätten. Und er stellte klugerweise die Frage, ob es bezüglich der psychischen und emotionalen Reaktionen Geschlechtsunterschiede gebe. Er legte großes Gewicht auf die unterschiedliche Haltung der Mutter gegenüber ihren männlichen und weiblichen Kindern, welche die Differenz in deren Verhaltensmustern zur Folge haben könnte. Aufgrund der Vorliebe der Mutter für den Mann wird der Junge im allgemeinen besser behandelt. Er beginnt das Leben mit einem Vorsprung, der seine größere Aggressivität und seine Unternehmungslust erklären könnte. Die Fügsamkeit, Rezeptivität und das mangelnde Selbstbewußtsein des Mädchens, Attribute, die als ›weiblich‹ gelten, könnten in Wirklichkeit das Ergebnis einer ungünstigeren Stellung gegenüber der Mutter sein. Er erwähnte, daß die Hoffnungen und Zielvorstellungen beider Geschlechter das Resultat elterlicher Präferenzen seien.
Die beiden amerikanischen Psychologen A. Heilbrun und D. Fromme beschäftigten sich in einer Abhandlung mit dem Titel ›Elternidentifizierung in der späten Adoleszenz‹ mit der Tendenz junger Menschen, den Lebensstil eines oder beider Elternteile nachzuahmen. ›Männlichkeit‹ wird in der amerikanischen Kultur hoch geschätzt, und Jungen, die sich mit einem ›männlichen‹ Vater identifizieren, werden stark belohnt. Dieses Schema der Identifizierung mit dem gleichgeschlechtlichen Elternteil war im Falle der jungen Mädchen nicht anwendbar. Die Autoren zitierten mehrere Forschungsberichte, aus denen hervorging, daß Frauen, die sich mit ihren Müttern identifizierten, weitgehend fehlangepaßt waren. Heilbrun und Fromme maßen ›Männlichkeit‹ bzw. ›Weiblichkeit‹ bei 400 Studenten im Hinblick auf diese Eigenschaften ihrer Eltern. Dabei unterließen sie es, die Zahl männlicher bzw. weiblicher Studenten anzugeben. Ihre Wahl erwachsener Versuchspersonen rechtfertigten sie mit dem Hinweis, daß die Verhaltensmuster ›männlich/weiblich‹ sich im Laufe von zwanzig Jahren nicht veränderten, wie sie sagten. Ihr interessantestes Ergebnis war, daß die Identifizierung mit dem gleichgeschlechtlichen Elternteil von der Stellung in der Reihenfolge der Geschwister abhing. Älteste und einzige Kinder identifizierten sich in der Regel, wie es von ihnen erwartet wurde, nicht jedoch die jüngeren Geschwister. Mädchen, die sich dagegen sträubten, ihre Mütter zum Vorbild zu nehmen, waren besser

angepaßt als diejenigen, die sich mit der Mutter identifizierten. Bei den Jungen traf das Gegenteil zu. Die ›maskulinen‹ Mädchen wiesen weniger Angst und andere negative Emotionen auf als die ›femininen‹, während die ›femininen‹ Jungen unter verschiedenen emotionalen Störungen litten.

Obwohl ich mit der Prämisse – dem Vorhandensein geschlechtsgebundener Charakterzüge – nicht übereinstimme, ist diese Abhandlung für mein Thema von Bedeutung. Sie erbringt den Nachweis, daß *androgyne* Mädchen eine größere Chance haben, ihre Persönlichkeit voll zu entwickeln als diejenigen, die dem ›weiblichen‹ Stereotyp entsprechen (*Journal of Genetic Psychology,* 1965).

Sandra Bem von der Stanford University untersuchte die psychische Androgynie (den psychischen Hermaphroditismus). Ihre zwei Abhandlungen zu diesem Thema behandeln die ›Männlichkeit-Weiblichkeit‹-Wertungen aus einer neuen Perspektive. Obwohl sie diese irreführenden Begriffe benutzt, basieren ihre Vorstellungen von psychischer Bisexualität auf überaus gründlicher Forschungsarbeit und weisen in die richtige Richtung. In ihrer Arbeit über ›Die Messung psychischer Androgynie‹ (1974) bewertete sie Androgynie als eine Funktion der subjektiven Einschätzung ihrer Probanden von ihrer eigenen ›Männlichkeit‹ bzw. ›Weiblichkeit‹. Es verdient Anerkennung, daß Sandra Bem die Polarisierung in ›männlich‹ und ›weiblich‹ kritisiert, da diese die Bedeutung der Androgynie verdunkle. Die Androgynie-Skala gibt den Grad an ›Männlichkeit‹ und ›Weiblichkeit‹ wieder, die sich die Versuchsperson in ihrer Selbstbeschreibung beimaß. Bem schreibt: »Von einer androgynen Geschlechtsrolle kann man bei gleich starker Inanspruchnahme männlicher und weiblicher Attribute sprechen.«

Sie verlieh der Hoffnung Ausdruck, daß ihre Arbeit die Erforscher von Geschlechtsunterschieden ermutigen werde, die Annahme in Frage zu stellen, Geschlechtsstereotypen korrelierten mit psychischer Gesundheit. Ihrer Auffassung nach wird die androgyne Persönlichkeit vielleicht künftig humanere Maßstäbe psychischer Gesundheit setzen.

In ›Geschlechtsrollenanpassung. Eine Konsequenz der psychischen Androgynie‹ (1975) entwickelte Bem das Thema ihrer ersten Abhandlung weiter. Sie zeigte sich von dem Argument der Frauenbewegung beeindruckt, daß stereotype Geschlechtsrollen weder die psychische Gesundheit des Individuums noch die der Gesellschaft fördern. Der *wirklich* androgyne Mensch, der im Ausdruck sowohl seiner ›weiblichen‹ als auch seiner ›männlichen‹

Seiten flexibel ist, paßt sich an die jeweils entstehenden Lebenssituationen an. Sie erwähnte einen Artikel von Cosentino und Heilbrun (1964), der bestätigte, daß androgyne Frauen im Hinblick auf Selbständigkeit, Selbstvertrauen und Intelligenz besser abschnitten als ihre stereotypen Geschlechtsgenossinnen. Hohe ›Männlichkeitswerte‹ bei Männern korrelierten mit starker Angst und ausgeprägtem Neurotizismus.
Die zwei Hauptergebnisse von Tests, die Bem mit androgynen und stereotypen Männern und Frauen durchführte, waren folgende: Erstens, ›feminine‹ und androgyne Männer neigten mehr zu spielerischer Betätigung als ›normale‹ Männer, die nicht wußten, wie sie reagieren sollten. Zweitens, ›feminine‹ Frauen waren nicht spielerischer als androgyne und ›maskuline‹ Frauen. Dieses Resultat widersprach den Erwartungen. ›Feminine‹ Frauen zeigten weniger Neigung zu spielerischer Aktivität, da es ihnen an Spontaneität mangelte. Sie drückten sich mit offensichtlicher Gehemmtheit und Ängstlichkeit vor unerwarteten Aufgaben. Der androgyne Typus erfreute sich der Vorzüge beider Welten. Die Abhandlung endet mit den Worten: »Es ist durchaus möglich, daß das androgyne Individuum, wie die Frauenbewegung fordert, eines Tages einen neuen und humaneren Maßstab psychischer Gesundheit setzen wird.«
Bem und einige andere Entwicklungspsychologen haben die gesellschaftliche Bedeutung der Androgynie unterstrichen und ihre Signifikanz für die psychische Gesundheit der Gesellschaft hervorgehoben.

II.
Biologische Faktoren

Die lange gehegte Ansicht, daß Bisexualität eine angeborene Veranlagung sei, geriet unter dem Einfluß der Psychoanalyse ins Wanken. Aber die Psychologen haben niemals das Vorhandensein eines biologischen Faktors bezweifelt. Sie konnten ihn jedoch vor den jüngsten Fortschritten in der Genetik, Gehirnforschung und Endokrinologie, die zu einem größeren Verständnis der Interaktion zwischen anlagebedingten Tendenzen und Umwelt beitrugen, nicht identifizieren. Die Entdeckung der Chromosomen war ein Wendepunkt in der Biologie. Sie bewirkte rapide Fortschritte in der Genetik und Sexualwissenschaft.

Zwei Geschlechtschromosomen entscheiden darüber, ob sich ein Embryo zu einem Mädchen oder zu einem Jungen entwickelt. Insgesamt gibt es sechsundvierzig Chromosomen, davon sind zwei Geschlechtschromosomen, das Resultat der Befruchtung durch entweder männliche oder weibliche Keimzellen. Sie werden durch ein X oder Y gekennzeichnet. Ein Mädchen entwickelt sich, wenn beide Geschlechtschromosomen X sind, ein Junge entsteht, wenn eines X und das andere Y ist. Die Differenzierung in den Geschlechtsdrüsen wird durch geschlechtsbestimmende Gene und einen Hormonfaktor bewirkt. Das X-Chromosom ist größer als das Y-Chromosom. Ein weiterer auffallender Unterschied zwischen ihnen ist, daß für die Bildung von Eierstöcken zwei X notwendig sind, für die Entwicklung von Hoden jedoch nur ein X. In den ersten beiden Monaten seiner Existenz kann sich der Embryo potentiell zu dem einen oder anderen Geschlecht entwickeln. Erst in der siebenten Woche wird die undifferenzierte Geschlechtsdrüse durch die Bildung der Wolffschen und Müllerschen Gänge strukturiert. Beim Jungen entwickelt sich der Wolffsche Gang und der Müllersche atrophiert, während beim Mädchen der umgekehrte Prozeß stattfindet. Aber die Atrophie des einen oder anderen Ganges ist nicht absolut, eine Situation, die für das Fortbestehen von Überresten des anderen Geschlechts verantwortlich ist: beispielsweise der Klitoris bei

Frauen und der Prostata sowie der Brustwarzen bei Männern. Die endgültige Entwicklung zu dem einen oder anderen Geschlecht findet erst im dritten Monat statt. Die Hodensekretionen des Fötus sind für die Entstehung der männlichen Genitalstruktur nötig, während die Entwicklung der weiblichen Genitalien nicht von Absonderungen der fötalen Eierstöcke abhängig ist. *Das weibliche Geschlecht ist deshalb biologisch gesehen das primitivere.* Die größere Anfälligkeit und niedrigere Lebenserwartung des Mannes könnte das Resultat dieses genetischen Unterschiedes zwischen den Geschlechtern sein.

Normalerweise bestehen die Geschlechtschromosomen aus XX oder XY, aber es können auch andere Kombinationen auftreten, als könnte unsere genetische Konstitution mit zwei Noten viele verschiedene Weisen spielen. Kombinationen, die vom Normalen abweichen, werden als Chromosomenaberration bezeichnet. Sie bewirken geschlechtliche Anomalien verschiedenen Grades, die sowohl für die Eltern als auch für die Kinder beträchtliche psychische und soziale Schwierigkeiten mit sich bringen. Ich werde kurz einige dieser pathologischen Abweichungen beschreiben, weil sie im Gegensatz zur *normalen* Bisexualität, die das Erbe jedes Menschen ist, mit einer *angeborenen* Disposition zur Bisexualität einhergehen. Pathologische Bedingungen verdeutlichen erst den Normalzustand. Nachstehend eine knappe Zusammenfassung der wichtigsten pathologischen Syndrome.

Das Klinefelter' Syndrom, bei dem drei statt zwei Geschlechtschromosomen vorhanden sind, XXY, ist durch einen zwergenhaften männlichen Körper mit unterentwickelten Genitalien, emotionalen Infantilismus und geistige Retardierung gekennzeichnet. Beim Turner' Syndrom fehlt ein X-Chromosom. In seltenen Fällen sind zwei X vorhanden, wobei eines Strukturfehler aufweist. Das Turner' Syndrom hat einen zwergenhaften weiblichen Körper mit bestimmten angeborenen Defekten wie netzförmiger Hals, Fettleibigkeit und infantile Geschlechtsorgane zur Folge.

Zwei weitere abnormale Kombinationen sind XXX und XYY. Sie sind nicht so selten wie die oben genannten. Man könnte vielleicht erwarten, daß die erste Kombination eine Superfrau hervorbringt, aber die davon betroffenen Frauen sind oft steril und geistig zurückgeblieben. Auch die zweite Chromosomenaberration hat schwere Folgen. Die davon betroffenen Männer sind sehr hochgewachsen und sehen besonders viril aus. Sie leiden an Verhaltensstörungen mit einer Tendenz zur Kriminalität.

Mit der bemerkenswertesten Chromosomenanomalie haben wir es bei der *physischen* Bisexualität bzw. dem physischen Hermaphroditismus zu tun. Die Geschlechtsdrüsen der Hermaphroditen enthalten sowohl Hoden- als auch Eierstockgewebe. Es ist deshalb nicht überraschend, daß Hermaphroditen die doppelte oder eine noch größere Anzahl von Geschlechtschromosomen aufweisen, nämlich XX, XY oder XX, XXY. Aber es sind auch noch andere Kombinationen möglich. Hermaphroditen besitzen sowohl männliche als auch weibliche Geschlechtsdrüsen. Ihre äußere Erscheinung und die Form ihrer äußeren Genitalien weisen eine beträchtliche Variationsbreite auf. Manche wirken körperlich eher weiblich, andere eher männlich, aber es ist immer ein Uterus vorhanden.

Das endokrine System ist von entscheidender Bedeutung sowohl für die embryonale als auch für die postnatale Entwicklung. Hormonale Einflüsse können den normalen Verlauf der fötalen Entwicklung begünstigen oder hemmen. Das gesamte Repertoire der endokrinen Funktionen ist noch nicht vollständig erforscht, aber man weiß, daß zwischen den endokrinen Drüsen, dem autonomen und dem Zentralnervensystem eine innere Verbindung besteht. Hormonelle Sekretionen der Geschlechtsdrüsen, der Nebennieren und der Hypophyse spielen eine entscheidende Rolle für den Aufbau der psychosexuellen Konstitution eines Menschen. Es ist von besonderem Interesse, daß die Hoden, die Eierstöcke und die Nebennieren sowohl androgene als auch östrogene (männliche und weibliche) Geschlechtshormone absondern. Die androgenen Hormone sind sowohl bei Männern als auch bei Frauen für die Entwicklung der Muskulatur, des Haarwuchses und des Geschlechtstriebs verantwortlich. Der Ausstoß männlicher und weiblicher Hormone unabhängig vom Geschlecht ist eine eindeutige Deklaration in der Sprache der Biologie, daß die Bisexualität ein Bestandteil der menschlichen Natur ist.

Die Nebennieren haben bei der prä- und postnatalen sexuellen Entwicklung besondere Funktionen inne. Die Hormone der Hypophyse bewirken deren Vergrößerung im embryonalen Zustand und in der Pubertät, wodurch sich ihre gesteigerte Aktivität während dieser kritischen Perioden erklärt. Die Hypophyse spielt deshalb für die psychosexuellen Funktionen eine Schlüsselrolle.

In seinem *Textbook of Endocrinology* (5. Auflage, 1974) weist Williams darauf hin, daß psychosexuelle Charakteristika in direkter Beziehung zu der potentiellen Bisexualität des Embryos stehen. Untersuchungen in Amerika, Westeuropa und Rußland haben ergeben, daß die Sexualentwicklung des Fötus in ›Nuklei‹, sogenannten Sexualzentren im Hypothalamus, einem Teil des Zwischenhirns, repräsentiert ist. Sie bilden sich während der

Periode der sexuellen Differenzierung in männlich oder weiblich. Die bemerkenswerteste Forschungsarbeit auf diesem Gebiet wurde meiner Ansicht nach von Professor G. Dörner (Humboldt-Universität, Berlin) geleistet. Das Hauptmotiv seiner Forschung war die Suche nach dem Ursprung der Homosexualität mit Blick auf die Möglichkeit einer präventiven Therapie (1969). Er wies anhand seiner Untersuchung von etwa tausend Ratten (1976) als erster nach, daß das Sexualverhalten männlicher Tiere durch verschiedene Manipulationen des Hormonspiegels feminisiert werden kann. Dies kann sowohl durch Kastration geschehen als auch durch die Einpflanzung weiblicher Geschlechtsdrüsen in die Hypothalamusregion des Zwischenhirns oder Injektionen von Östrogen oder Androgen. Die Folge war eine Umkehrung der spezifischen Sexualzentren. Statt eines männlichen entwickelten die Tiere ein weibliches Sexualzentrum und wiesen bald nach der Geburt entweder homo- oder bisexuelles Verhalten auf. Dörner glaubte, daß das Verhalten von Ratten auch auf den Menschen übertragbar sei. Aber kann man wirklich von Ratten und Menschen im gleichen Atemzug sprechen? Ich bin kein Biologe und kann nicht umhin, dies mit einem Fragezeichen zu versehen.
Tatsache ist, daß klinische Forschungen Mascias, Moneys, Erhardts und anderer Dörners Behauptung verifiziert haben. Beim Menschen haben bestimmte endokrine Störungen in der pränatalen Phase bleibende Auswirkungen auf die relevanten Sexualzentren in der Hypothalamusregion. Sie führen zu pseudohermaphroditischen Zuständen, beispielsweise zum Syndrom der Androgenunempfindlichkeit. Dies ist eine hereditäre Störung, bei dem das von den Hoden des Fötus produzierte Androgen (männliche Hormon) keine Wirkung auf das korrespondierende Sexualzentrum in der Hypothalamusregion ausübt. Die inneren Genitalien sind unreif, aber männlich, während die äußeren Genitalien weiblich erscheinen. Dies ist vermutlich auf einen Mangel an Testosteron (männliches Hormon) im pränatalen Stadium zurückzuführen.
Der normale Verlauf der pränatalen Entwicklung kann auch durch eine Reihe anderer endokriner Anomalien in Richtung auf Pseudo-Hermaphroditismus beider Geschlechter abgeändert werden. Die Ursachen sind Androgenmangel verschiedenen Grades bei Jungen und Androgen- oder Östrogenüberschüsse bei Mädchen. Dörner erwähnte, daß in diesen Fällen bei beiden Geschlechtern identische Sexualzentren in der Hypothalamusregion gebildet wurden (1973). Je nach dem Ausmaß der hormonellen Störung in der pränatalen Phase können viele verschiedene

Schattierungen von Pseudo-Hermaphroditismus auftreten. Die milderen Formen werden vielleicht nie diagnostiziert, können aber dennoch für die subjektive Wahrnehmung der Geschlechtsidentität eines Menschen von Bedeutung sein. Pseudo-Hermaphroditismus kann auch auf die in der Plazenta zirkulierenden Hormone der Mutter zurückzuführen sein. Der Beitrag der Schwangeren zu einer möglichen hormonellen Störung des Embryos kann entweder durch deren eigene endokrine Gegebenheiten oder durch eine Veränderung ihrer hormonellen Balance durch medikamentöse Behandlung hervorgerufen werden. Mascia, Money und Erhardt erwähnten Fälle von Maskulinisierung weiblicher Säuglinge durch Progestin (weibliches Hormon), die der Mutter zur Verhütung eines Abortus verabreicht worden waren. Die pränatal androgenisierten Mädchen wiesen Anzeichen der Entwicklung eines männlichen statt eines weiblichen Sexualzentrums in der Hypothalamusregion auf. Ihre äußeren Geschlechtsorgane waren maskulinisiert, die Klitoris mehr oder weniger hypertrophiert. In manchen Fällen ging die Vermännlichung so weit, daß ein Penis und ein leerer Hodensack produziert wurden. Doch die Ovarien funktionierten normal und der Körper verweiblichte in der Pubertät. Die Menstruation war normal, wiewohl sie im allgemeinen verspätet einsetzte. Die Behandlung der Mutter mit Injektionen männlicher Hormone vor Erkennung ihrer Schwangerschaft hatte ähnliche Resultate zur Folge. In jüngster Zeit stellte Ingeborg Ward fest, daß sich die Androgenproduktion der Mutter durch Streß während der Schwangerschaft vermindern kann, was zu einer Verweiblichung des männlichen Kindes führt. Wards Befund eröffnet neue Perspektiven hinsichtlich der hormonellen Einflüsse auf den Embryo, da er auf die Bedeutung des emotionalen Zustands der Schwangeren verweist. Money und Erhardt untersuchten Mädchen, deren Vermännlichung entweder auf Injektionen von Gestagen (weibliche Hormone zur Verhütung von Frühgeburten) oder auf eine Erbanlage zurückzuführen war. In beiden Fällen wurden die Nebennierendrüsen überstimuliert und produzierten zuviel Androgen (männliches Hormon). Beide Befunde werden als *adrenogenitales Syndrom* bezeichnet. Die Folge ist Vermännlichung der äußeren Geschlechtsorgane verschiedenen Grades, aber die inneren Genitalien sind immer weiblich. Kinder mit der erblichen Variante weisen ein höheres Maß an Virilisierung auf und ihr Pseudo-Hermaphroditismus ist ausgeprägter als bei den nicht-erblichen Fällen. Ihre Geschlechtszuweisung ist deshalb von besonderer Bedeutung. Wenn sie einer regelmäßigen Kortisonbehandlung sowie einer feminisierenden Operation der äußeren Genitalien unterzogen werden, können sie einen weiblichen Körper entwickeln und sogar menstruieren, wenn auch gewöhnlich viel später als normal. Money und Erhardt stellten fest, daß das Verhalten der Mädchen beider Kategorien sich nicht signifikant voneinander unterschied. Sie studierten insgesamt fünfundzwanzig Mädchen, zehn von der einen und fünfzehn von der anderen Gruppe. Sie wurden mit entsprechenden Kontrollgruppen verglichen. Zum Unterschied von diesen hielten sie sich alle für ›Wildfänge‹. Einige von ihnen wären lieber Jungen gewesen, aber sie waren über ihre weibliche Geschlechtszugehörigkeit nicht wirklich unglücklich. Sie waren energisch, betätigten sich gerne im Freien und fühlten sich über Puppenspielen erhaben.

Diese Untersuchung ist insofern besonders interessant, als die Verfasser behaupten, daß nur ›vermännlichte‹ Mädchen Wildfänge *(tomboys)* seien. Dies hat sich weder durch meine frühere Untersuchung von Lesbierinnen noch bei den bisexuellen Frauen meiner letzten Studie bestätigen lassen. Achtunddreißig von fünfundsiebzig bisexuellen Frauen wiesen als Kinder wildes, jungenhaftes Verhalten auf und wollten dem anderen Geschlecht angehören. Aber die Situation änderte sich, sobald sie erwachsen waren. Nur fünf wollten als Erwachsene Männer sein, und dies nur aus Gründen eines besseren beruflichen und gesellschaftlichen Status (siehe Tabelle 12, 13). Die betreffenden Frauen unterschieden sich in ihrer Erscheinung nicht von anderen Frauen, aber sie zeichneten sich durch eine bemerkenswerte Dynamik, Freiheit des Ausdrucks und Unvoreingenommenheit im sozialen und persönlichen Bereich aus. Ebenso irrig ist die Behauptung von Money und Erhardt, maskulinisierte Mädchen hätten eine besonders hohe Intelligenz. Von einer Stichprobe von zehn Mädchen hatten sechs einen IQ von über 110. Die Verfasser führten dieses Resultat auf die Wirkung des Androgens auf die Großhirnrinde zurück, aber ›eine Schwalbe macht noch keinen Sommer‹, und ein hoher IQ bei 60% einer Stichprobe von zehn Personen kann keinen Anspruch auf Signifikanz erheben. Mir ist nicht klar, wie ein Überschuß von fötalem Androgen bei Männern oder Frauen für einen hohen IQ verantwortlich sein könnte. Ich frage mich nur immer wieder, wo dann alle diese potenzstrotzenden männlichen Schwachköpfe herkommen, die sichtlich mit einem Überschuß an prä- und postnatalen Androgenen gesegnet sind. Wie ist darüber hinaus zu erklären, daß sich bedeutende Frauen verschiedener Rassen, die keine Gelegenheit zur Hyper-Androgenisierung hatten, durch außergewöhnliche Intelligenz und Fähigkeiten auszeichnen? Man braucht nur an Dame Kathleen Lonsdale, Indira Gandhi, Margaret Thatcher oder Shirley Williams zu denken, um nur eine kleine Auswahl zu nennen, dann wird sich einem die Frage aufdrängen, ob sie ihre hervorragende Intelligenz einem Androgenüberschuß verdanken. Sie unterscheiden sich in ihrer äußeren Erscheinung bzw. ihrem Ausdrucksverhalten nicht von anderen Frauen. Die Behauptung, erhöhte Androgenmengen steigerten die geistigen Fähigkeiten einer Frau, ist unhaltbar. Sie erinnert an Weiningers verrücktes Postulat, alle intelligenten und bemerkenswerten Frauen wie Sappho, George Eliot, Helene Blawatsky und die Malerin Rosa Bonheur sähen wie Männer aus und unterschieden sich von diesen praktisch nicht. Es ist ein Faktum, daß pränatale genetische und hormonelle Störungen häufiger zu geistigen Defekten als zu überdurchschnittlicher Intelligenz führen.

Eine weitere hormonelle Störung in der pränatalen Phase betrifft nur Frauen. Dies ist das Stein-Leventhal'Syndrom, das durch einen Überschuß von Androgenen gekennzeichnet ist, das zu Hirsutismus (männlicher Behaarungstyp bei Frauen) und Fettsucht führt. Diese Affektion ist vermutlich auf eine Dysfunktion der Ovarien zurückzuführen, die zahlreiche Zysten bilden. Eine hypertrophierte Klitoris und eine tiefere Stimme verstärken noch die Virilität dieser Frauen.

Das Cushing' Syndrom wird durch eine Überfunktion der Nebennierenrinde verursacht. Sowohl Männer als auch Frauen sind in ihrer äußeren Erscheinung wie auch in ihrem Blutkreislauf und anderen Funktionen davon betroffen. Das auffallendste Merkmal ist Fettleibigkeit. Ein Androgenüberschuß ruft bei Frauen Hirsutismus und häufig eine hypertrophierte Klitoris hervor. Das Vollmondgesicht und die Stammfettsucht männlicher wie weiblicher Patienten kontrastiert mit dünnen Armen und Beinen. Sie haben einen ausgeprägten Bewegungssinn und sind oft gute Tänzer.

Auch das Fröhlich' Syndrom betrifft beide Geschlechter und weist gewisse Ähnlichkeiten mit dem Cushing' Syndrom auf. Hauptcharakteristika sind die infantilen Genitalien in Verbindung mit einem feisten Gesicht und Rumpf. Jeder kennt diese von ihren Spielkameraden oft unbarmherzig gehänselten dicken Kinder. Dennoch erfreuen sie sich meist der Zuneigung ihrer Umgebung. Durch ihr ausgeglichenes Temperament und ihr gewinnendes Wesen machen sie sich bei allen beliebt. Sie sind Spätentwickler, aber ihre endokrine Dysfunktion unterscheidet sie nicht wesentlich von anderen Menschen. Sie leben und lieben in der Regel nicht anders als die Mehrheit.

Das letzte zu erwähnende Krankheitsbild ist das Kallman' Syndrom, das nur beim Mann auftritt und erblich ist. Degenerationsprozesse in der Hypothalamusregion, die zu einer Dysfunktion der Hypophyse führen, verursachen einen unterentwickelten, kleinen Penis und das Fehlen des Geruchssinns. Letzteres ist wahrscheinlich auf die enge Nachbarschaft der Geruchs- und Sexualzentren in der Hypothalamusregion zurückzuführen. Es wäre zu erwarten, daß bei all den abnormalen Zuständen, die ich beschrieben habe, das Sexualverhalten den biologischen Gegebenheiten entsprechen würde, in Einklang mit der aus pathologischen Ursachen erworbenen physischen Disposition zur Bi- und Homosexualität. Aber dies trifft keinesfalls zu. Die mit genitalen Anomalien geborenen Kinder werden seitens ihrer Eltern und mit Unterstützung der Ärzte einer gewaltsamen Gehirnwäsche unterzogen. Es wird alles unternommen, um sie in ihrer äußeren Erscheinung und in ihrem psychosexuellen Verhalten zu ›normalen‹ Stereotypen zu machen. Sie werden gezwungen, etwas zu werden, das sie von Natur aus nicht sind.
Sowohl hinsichtlich der normalen als auch der abnormalen Entwicklung hat uns die Embryologie über die allumfassende sexuelle Einheit am Beginn unseres Lebens aufgeklärt. Sie hat uns gelehrt, daß Anatomie nicht Schicksal ist, sondern durch die suggestive Gehirnwäsche seitens der Familie und der Gesellschaft außer Kraft gesetzt werden kann. Die krassen Abnormalitäten, die ich beschrieben habe, weisen auf Potentiale hin, die in jedem von uns verborgen sind. Und auch die ›normalen‹ endokrinen Funktionen weisen bei den verschiedenen Individuen viele unterschiedliche Schattierungen auf. Die endokrine Konstitution kann z. B. einem Menschen persönlichen Magnetismus und Energie verleihen und ihn zur Lebensfreude prädisponieren. Die Glücklichen, die über so günstige Anlagen verfügen, haben eine gute Chance, die Gehirnwäsche durch ihre Umwelt ohne Schaden zu überstehen. Wo kämen sonst all die Rebellen her, die sich von der Majorität nicht nur in ihrer Sexualität, sondern insofern auch in ihrer Ideologie und ihren gesellschaftlichen Einstellungen unterscheiden, als sie ihren natürlichen Neigungen gehorchen.
Obwohl der Einfluß der endokrinen Drüsen entscheidend sein kann, stimme ich nicht mit Magnus Hirschfeld und Forschern unserer Zeit wie John Lorraine, Griffiths und anderen überein, die davon ausgehen, daß die Hormone allein den Schlüssel zum psychosexuellen Verhalten darstellen. Die endokrinen Verhältnisse können über die konventionellen Normen den Sieg davontragen und für das Verhalten bestimmend werden, aber eine

unkonventionelle Lebensweise wird nur unter dem psycho-endokrinen Diktat einer starken Persönlichkeit gewählt werden. Alle anderen werden ihre Bedürfnisse unterdrücken und sich den Regeln der Normalität beugen: Menschen, die ihr Leben aus erster Hand leben, sind die Ausnahme, nicht die Regel. Obwohl die Gesellschaft in vieler Hinsicht toleranter geworden ist, sind Vorurteile gegen sexuelle Spielarten nach wie vor virulent, abgesehen von einer fortschrittlich denkenden Minorität von Fachleuten und Laien. Sie kämpfen für die Rechte sexueller Minderheiten, in Einklang mit ihren individuellen Bedürfnissen zu leben und ihr *wahres Selbst* zu sein.

Corinne Hutt behauptete in ihrem Buch *Males and Females* (1972), daß zwischen Männern und Frauen wesentliche Unterschiede in ihren perzeptiven, intellektuellen, sensorischen und anderen Funktionen bestünden. Ihre detaillierte Untersuchung schien die Überlegenheit des Mannes auf vielen Gebieten zu bestätigen. Hutt zufolge zeichnen sich die Männer durch überlegene Intelligenz, Energie, Kreativität und optisch-räumliches Vorstellungsvermögen aus. Frauen besitzen hingegen größere verbale und manuelle Fähigkeiten, ein feineres Gehör, einen besseren Geruchssinn und andere kleinere Vorzüge. Summa summarum wird der Frau der Platz angewiesen, den sie immer innehatte – als das zweite Geschlecht. Hutts Buch übersieht den entscheidenden Punkt: den Einfluß der elterlichen Erwartungen, die stereotype Einstellungen repräsentieren, welche von einer Generation zur nächsten weitergegeben werden. Die von Hutt postulierten überlegenen Qualitäten des Mannes könnten die Folge elterlicher Bevorzugung und/oder der Art und Weise sein, wie die Mutter den Jungen im Arm hielt und ihm ihre besondere Zuneigung zeigte, während sie sich ihrer kleinen Tochter gegenüber distanzierter verhielt.
In der englischen Sprache werden Kinder beiderlei Geschlechts als ›he‹ (er) bezeichnet. Das Mädchen steht von Anfang an im Schatten des Jungen. Dies ist der symbolische Ausdruck der Negierung, wenn nicht der völligen Auslöschung des weiblichen Kindes, ein unheilbares Trauma für seine Identität und Selbstachtung. Hutt stellt ihrer Analyse der unterschiedlichen Fähigkeiten von Männern und Frauen eine Schilderung der unterschiedlich verlaufenden zerebralen Lateralisierung voran. Die rechte Gehirnhälfte kontrolliert die nonverbalen Fähigkeiten und das räumliche Orientierungsvermögen, während die verbalen und

sprachlichen Funktionen in der linken Hemisphäre vertreten sind. Wie Hutt schreibt, wiesen die Mädchen eine frühere Reifung des Gehirns auf als die Jungen und waren diesen in ihrer Reaktion auf akustische Reize überlegen. Dieser Befund erklärte die größeren verbalen und sprachlichen Fähigkeiten des Mädchens. Jungen schnitten in bezug auf das räumliche Vorstellungsvermögen besser ab. Money und Kinsey hatten beobachtet, daß Männer stärker als Frauen auf erotisches Anschauungsmaterial reagieren. Ihr Befund entsprach Hutts Beobachtung, daß visuell-räumliche Fähigkeiten beim Mann höher entwickelt sind als bei der Frau. Es stellt sich die Frage, ob diese Unterschiede, falls sie wirklich existieren, angeborene Eigenschaften oder konditionierte Reaktionen sind. Das Gehirn des Neugeborenen ist genügend formbar, daß sich prä- und postnatale Erfahrungen unauslöschlich darin einprägen. Die Vorliebe der Eltern für den Jungen, die magnetische Anziehung und gefühlsbetonte Nähe, die die Mutter mit ›ihm‹ verbindet (natürlich gibt es Ausnahmen), könnten beim Mädchen eine bessere Entwicklung des Gehörs fördern, einfach weil es gezwungen ist, konzentrierter zuzuhören. Wenn eine Situation nicht von Grund auf sicher ist, erhöht sich die Spannung und Aufmerksamkeit. Empfindlichkeit gegenüber Geräuschen (insbesondere Lärm) hängt mit Angst und mit dem Gleichgewichtssinn zusammen. Letzterer wirkt sich auf das räumliche Vorstellungsvermögen aus. Das Sehvermögen ist das Mittel der *Objekt*wahrnehmung, der Betrachtung der *äußeren* Welt. Innerer Frieden und das Gefühl der Sicherheit ermutigen den Geist, nach außen zu schauen. Ich argumentiere deshalb, daß die Höherentwicklung des Gehörssinns beim Mädchen und der visuell-räumlichen Fähigkeiten beim Jungen durch Umwelteinflüsse, vor allem die Mutter-Kind-Beziehung, konditioniert ist. Hutt stellte fest, daß Frauen bei verbalen Intelligenztests wie zu erwarten besser abschnitten als Männer und daß sie über ein besseres Kurzzeitgedächtnis verfügten. Männer hatten hingegen ein leistungsfähigeres Langzeitgedächtnis und erzielten bessere Resultate bei der Lösung arithmetischer Probleme. Obwohl das Gehirn des Mädchens früher reift und anfangs bessere Leistungen erbringt, wird es in einem späteren Stadium von dem des Jungen überholt. Hutt zufolge hält sich die Intelligenz der Frauen innerhalb der Durchschnittswerte, während die der Männer eine viel größere Bandbreite aufweist. Ihre Intelligenzquotienten umfaßten sowohl die niedrigsten als auch die höchsten Werte, vom Schwachsinnigen bis zum Genie. Sie konnten sich hinsichtlich ihres Talents für schlagfertige Antworten und leichtes Geplauder nicht mit der

Frau messen, übertrafen diese jedoch im logischen und abstrakten Denken und ihrer Kreativität. Dieses Bild der Frauen als Bürger zweiter Klasse umfaßt jedes konventionelle Vorurteil, das man sich denken kann. Es wirkt nur noch komisch in diesen Jahren der Frauenrevolution, die Hutt und andere Erforscher sogenannter angeborener männlicher und weiblicher Fähigkeiten gelehrt haben sollte, *relevante* Fragen zu stellen. Vor allem hätte Hutt die Stichhaltigkeit der Intelligenzmessungen in Frage stellen sollen. Die Signifikanz des IQ ist zweifelhaft, da Emotionen, insbesondere Angst, die geistigen Leistungen beeinträchtigen und die Resultate verfälschen können. Das gleiche gilt für den Wechsler-Test und für nonverbale Tests.

Hutts Ergebnisse implizierten, daß Frauen besser zuhören und kommunizieren können als Männer. Ihre Gabe für beides läßt sich durch die Tatsache erklären, daß Bürger zweiter Klasse mit gesellschaftlichen Minderheiten eine gute Beobachtungsgabe, flüssigen verbalen Ausdruck und beträchtliches Kommunikationstalent gemein haben. Sie werden von klein auf konditioniert, ›wachsam‹ zu sein und negativen Einstellungen zuvorzukommen. Hutts Buch wurde 1972 veröffentlicht, sie muß sich bewußt gewesen sein, daß die geistigen und sonstigen Leistungen der Frauen inzwischen unerhörte Fortschritte gemacht haben und daß dies der allgemeine Trend war und sich nicht auf eine kleine Elite beschränkte. Sie erwähnte die von Money, Erhardt und anderen aufgestellte Behauptung, daß Intelligenz positiv mit dem Androgenspiegel korreliere. Diese Behauptung hatte zu der Annahme einer geringeren Hirnkapazität der Frauen beigetragen. Aber sie hatte diese Behauptung mit Recht in Frage gestellt.

Kreativität ist dem weiblichen Geschlecht sowohl von früheren wie auch von zeitgenössischen Autoren abgesprochen worden, und Hutt ist keine Ausnahme. Ihrer Ansicht nach sind kreative Frauen ohnehin selten, und den wenigen, die in Kunst oder Literatur hervortraten, fehlte es an wahrer Größe. Hutt behauptete, Kreativität hänge von zwei Aspekten des Denkens ab: Flüssigkeit und Originalität der Reaktion. In einem von ihr und Bhavani entworfenen Test erzielten Jungen in beiden Punkten höhere Werte als Mädchen. Die Verfasser meinten, daß abgesehen von den geistigen Gaben innerer Antrieb und Ehrgeiz eine Rolle bei der Kreativität spielten. Sie begriffen nicht, daß ihr Mysterium in der Kraft der Emotionen und der Phantasie liegt. Flüssigkeit und Originalität der Antworten auf Fragen haben meiner Ansicht nach keine direkte Relevanz zur Kreativität. Die Antworten der getesteten Versuchspersonen könnten das Produkt ›lateralen Denkens‹ gewesen sein, welches de Bono zufolge gelehrt werden kann. Hutts Erklärung, weshalb so wenige Frauen kreativ seien, entspricht nicht den Tatsachen. Die lange Reihe großer englischer Romanautorinnen von George Eliot bis Virginia Woolf widerlegt ihre Behauptung auf dem Gebiet der Literatur; es hat genial begabte Malerinnen gegeben – Gonscharowa, Soutine, Modersohn-Becker, um nur einige zu nennen; und seit Ethel Smythe hat keine geringe Anzahl von Komponistinnen die Welt der Musik mitgeformt. Zwar ist nicht zu leugnen, daß es bisher weniger schöpferische Frauen als Männer gegeben hat. Dies ist nicht auf einen Mangel an schöpferischen Gaben zurückzuführen, sondern auf die Stellung der Frauen in der Gesellschaft bzw. den untergeordneten Status, der ihnen mehr als zweitausend Jahre lang zugewiesen war.

Innerer Antrieb und Ehrgeiz erhöhen den schöpferischen Drang. Aggressive Impulse, aktiviert durch die von den Nebennieren erzeugten Androgene, sind angeblich die Ursache von beidem. Nachdem der Androgenspiegel bei Männern höher ist als bei Frauen, schien die Schlußfolgerung logisch, daß Männer hinsichtlich ihrer Motivation und ihres Ehrgeizes überlegen seien. Aber die Vorstellung, daß sich die Geschlechter bezüglich ihrer Aggressivität unterscheiden, ist sowohl vergröbernd als auch zweifelhaft. Hutt erkannte, daß der Begriff der Aggressivität nicht klar definiert werden kann, da er von äußeren Variablen abhängt. Sie untersuchte deshalb das Kampfverhalten männlicher und weiblicher Ratten in der Hoffnung, dadurch Aufklärung über das aggressive Verhalten der Menschen zu bekommen. Sie stellte fest, daß männliche Ratten aggressiver sind als weibliche. Kastration erwachsener Weibchen änderte nichts an ihrem Kampfverhalten, wohingegen bei der Geburt oder in der Kindheit kastrierte Männchen nur noch wenig Kampfgeist aufwiesen. Weibchen, die bei der Geburt oder in der Kindheit mit Androgenen behandelt worden waren, fielen durch erhöhte Aggressivität auf. Obwohl Hutt davor warnte, Befunde wie die genannten auf Menschen zu übertragen, deutet ihre Klassifizierung männlicher und weiblicher Fähigkeiten darauf hin, daß sie deren Relevanz für das menschliche Verhalten trotzdem akzeptierte. Sie war sich nicht darüber im klaren, daß bezüglich jeder experimentellen Situation vor dem Element der Subjektivität, das dem Forscher anhaftet, gewarnt werden muß. Es ist eine bekannte Tatsache, daß ein unbewußtes Vorurteil nicht eliminiert werden kann und möglicherweise die Untersuchung beeinflußt. Auch Hutts Experimente könnten davon betroffen gewesen sein. Auf jeden Fall sind ihre Versuchser-

gebnisse über das Verhalten von Ratten aus folgenden Gründen für den Menschen bedeutungslos: Erstens, wie die Untersuchungen von Money und Erhardt ergaben, sind Mädchen mit einer durch Progestin (ein Schwangerschaftshormon) hervorgerufenen Vermännlichung zwar voll Energie und Elan, aber nicht sonderlich aggressiv. Zweitens ist eine durch Ehrgeiz angefeuerte Aggressivität für jede Art von Erfolg notwendig. Sie ist bei Frauen genauso evident wie bei Männern. Bei ersteren mag sie sich auf subtilere Art äußern, aber sie ist deshalb nicht weniger stark und effektiv. Und drittens und letztens hängen aggressiver Antrieb und Ehrgeiz nicht notwendigerweise miteinander zusammen. Ehrgeiz ist eine Form von Exhibitionismus. Menschen mit geringer Energie neigen ebensosehr zu ehrgeizigen Plänen und Handlungen wie kraftvollere Persönlichkeiten, wenn nicht mehr.
Um zu verstehen, daß die Menschen bisexuell sind, ist es notwendig, stereotype Eigenschaften von Männern und Frauen nicht als gegeben hinzunehmen. Abgesehen von morphogenen Daten können wir über die Unterschiede zwischen ihnen nichts wissen. Männer und Frauen müssen als Individuen betrachtet werden, die ihre bio-psychischen Charakteristika aus derselben Quelle beziehen. Die Bisexualität wäre eine Illusion, wenn es einen fundamentalen Unterschied in der emotionalen und mentalen Grundausstattung des Mannes und der Frau gäbe. Die meisten Forscher haben die Geschlechtsunterschiede im Lichte der konventionellen Klischeevorstellungen studiert. Obwohl die Entwicklungspsychologen zwischen stereotypem und nonkonformistischem Verhalten unterschieden, drangen auch sie nicht zur Wurzel des Problems vor. Sie akzeptierten die Begriffe von ›Männlichkeit‹ und ›Weiblichkeit‹, die in die Irre führen, weil sie das Ergebnis von Konditionierung sind. In meiner detaillierten Erörterung der Huttschen Untersuchung habe ich zu zeigen versucht, daß die Eigenschaften, die ihrer Ansicht nach von grundlegenden Unterschieden zwischen den Geschlechtern zeugen, in Wirklichkeit konditionierte Reaktionen sein können.
Bisexuelle Menschen lehnen stereotype Geschlechtsrollen und -attribute ab. Sie spüren, daß es Aspekte gibt, die sie sowohl mit dem Mann als auch mit der Frau verbinden, und daß die Bisexualität die umfassende Entwicklung eines Menschen gewährleistet. Kate Millett verlieh der gleichen Idee Ausdruck, als sie in ihrem Buch *Flying* (1975) schrieb: »Homosexualität ist die Erfindung einer heterosexuellen Welt, die mit ihrer eigenen Bisexualität klarzukommen versucht.«
Ich stimme nur mit zwei von Hutts Befunden überein: die Unter-

schiede des Tast- und Geruchssinns bei Männern und Frauen. Die Empfindlichkeit für Berührungen hängt von Hauteigenschaften ab, die bei den Geschlechtern offensichtlich verschieden sind. Dieser Sinn ist bei Frauen höher entwickelt. Selbst extreme klimatische Bedingungen und weiblicher Hirsutismus kann daran nichts ändern. Berührung und Schmerz gehen ebenso Hand in Hand wie Berührung und Lustempfinden. Die Toleranzschwelle für beides ist bei Frauen niedriger als bei Männern, was das intensivere Schmerz- und Lusterleben der Frau erklärt. Zu allen Zeiten hat diese Sensibilität in der Liebeskunst eine Rolle gespielt, wenn die Frauen, sei es aktiv oder passiv, die führende Rolle innehatten.

Die größere Geruchsempfindlichkeit der Frauen ist auf ihren höheren Östrogenspiegel zurückzuführen. Duft kann aphrodisierend wirken. Seine Anziehungskraft ist dieselbe wie in der Tierwelt, und die besondere Empfänglichkeit der Frau für Gerüche ist ein weiteres Anzeichen dafür, daß das weibliche Geschlecht das primitivere ist. Vielleicht verrät sich hierin auch die Wahrheit, daß die sexuellen Bedürfnisse der Frau stärker als die des Mannes sind, weil sie in ihrer Verwandtschaft zur animalischen Natur bis in die Tiefen ihres Seins reichen.

Die bisexuelle Natur des Menschen, insbesondere der Frau, ist von bestimmten militanten Mitgliedern der Frauenbewegung hervorgehoben worden. Ihr Wunsch, daß das Pendel in Richtung Matriarchat schwingen möge, ist verständlich. Dies könnte jedoch sowohl für Frauen als auch für Männer eine Gefahr enthalten. Das emotionale Matriarchat der Frauen besteht seit der großen Zeit der ägyptischen Königin Nofretete und vermutlich schon länger. Ich unterstütze die Frauenbewegung, lehne aber den weiblichen Chauvinismus ebenso ab wie den männlichen. Frauen und Männer gemeinsam – nicht weibliche Überlegenheit gegenüber den Männern – ist die conditio sine qua non einer ausgewogenen Gesellschaft. Frauen sind immer die Hüterinnen der Weisheit und Humanität gewesen, was sie zu natürlichen, aber meist geheimen Herrscherinnen macht. Die Zeit ist reif, daß sie sich offen an der Lenkung des Gemeinwesens beteiligen, aber gemeinsam mit den Männern und nicht gegen sie.

III.
Geschlechtsidentität und sexuelle Orientierung

Ein subtiler Unterschied zwischen sexueller Identität und Geschlechtsidentität hat zu einer semantischen Verwirrung geführt. Manche Autoren, darunter Green und Money, werfen beides in einen Topf, es muß jedoch ein Unterschied gemacht werden, da der erste Begriff eine viel begrenztere Bedeutung hat als der zweite. Sexuelle Identität ist das Bewußtsein, entweder dem männlichen oder dem weiblichen Geschlecht anzugehören. Es ist die erste Stufe bei der Bildung der Geschlechtsidentität, die sich ihrerseits mit der Entfaltung der Persönlichkeit entwickelt.
Geschlechtsidentität spiegelt das erotische und sexuelle Selbstbild eines Menschen und ist deshalb ein integraler Bestandteil seiner Phantasie. Sie ist natürlich von grundlegender Bedeutung für das persönliche Identitätsgefühl, das durch sie entweder gestärkt oder geschwächt werden kann. Dies erklärt die Bedeutung der Geschlechtsidentität für die psychische und physische Gesundheit. Eine unsichere Geschlechtsidentität kann zu einem Zustand quälender Angst und sogar Selbstentfremdung führen. Die Rolle, die die Geschlechtsidentität in der Phantasie und in menschlichen Beziehungen spielt, hat sie zu einem zentralen Anliegen der psychologischen Forschung und Therapie gemacht.
Obwohl die Geschlechtsidentität in der Regel einen direkten Einfluß auf die sexuelle Orientierung hat, sollte sie nicht damit verwechselt werden. In ihrem Buch *Männlich, weiblich. Die Entstehung der Geschlechtsunterschiede* (1975) begehen Money und Erhardt genau diesen Irrtum, wenn sie von einer homosexuellen Geschlechtsidentität sprechen.
Die Geschlechtsidentität ist entweder bewußt männlich oder weiblich oder eine Mischung aus beidem. Die letztgenannte Situation repräsentiert den *natürlichen* menschlichen Zustand. Aber durch die Einwirkung von Familie und Gesellschaft wird entweder die männliche oder die weibliche Komponente unterdrückt und kann sich nur in den Träumen oder Tagträumen zeigen.

Der Unterschied zwischen sexueller und Geschlechtsidentität wird in spektakulärer Weise durch den Transsexualismus illustriert, dem durch die Untersuchungen von Benjamin, Stoller, Money, Green und anderen wachsende Aufmerksamkeit zuteil wurde. Die Unabhängigkeit der Geschlechtsidentität vom biologischen Geschlecht könnte nicht eindringlicher vor Augen geführt werden als durch die Transsexuellen, die darauf bestehen, daß sie in einem falschen Körper leben. Sie wünschen etwas zu werden, das die Natur nicht für sie vorgesehen hat.
In geringerem Maße sind wir alle in der gleichen Lage, da niemandes Geschlechtsidentität als wirklich natürlich zu bezeichnen ist. Familie und Gesellschaft oktroyieren dem Kind ihre konditionierten und konditionierenden Ideen auf und beeinflussen oder verformen die Art und Weise, wie es sein Selbstbild wahrnimmt. Es ist ein trauriges Faktum, daß die Mehrheit der Menschen niemals im Einklang mit ihrer eigenen Natur lebt. Nur eine Minderheit entgeht der Stereotypisierung durch Eltern und Gesellschaft und lebt authentischer als der Rest. Sogar die sexuelle Identität hat ihre Wurzeln in den Suggestionen der Eltern, insbesondere der Mutter. Die ständig wiederholten Äußerungen: ›du bist ein kleiner Junge‹, ›du bist ein kleines Mädchen‹, machen dem Kind sein eigenes Geschlecht nur zu deutlich bewußt. Wenn die Eltern ein Kind des anderen Geschlechts vorgezogen hätten, kann die Geschlechtsidentität durch ihre Wünsche beeinflußt werden. Dies beweist, wie entscheidend die ersten Umwelteinflüsse sind. Die Natur hat dabei nur wenig mitzureden, aber sie vermittelt uns die grundlegende Erkenntnis, daß der Mensch im wesentlichen ein von seiner Kultur geformtes *Artefakt* ist. Eines der aufschlußreichsten Beispiele, wie sowohl die sexuelle als auch die Geschlechtsidentität durch Umwelteinflüsse verändert werden können, wurde von Money und Erhardt berichtet und hat in der Geschichte der Sexualwissenschaft Berühmtheit erlangt (ebd., S. 118). Es geht um einen Knaben, der seinen Penis bei der Beschneidung durch einen Kunstfehler – eine Verbrennung – einbüßte und dann operativ in ein Mädchen ›verwandelt‹ wurde. Die Eltern folgten dem Rat der Fachleute, das Kind entsprechend zu behandeln. Sein Name wurde geändert, und er wuchs in jeder Hinsicht als Mädchen auf. Seine Reaktionen, Einstellungen und Vorlieben wurden völlig ›weiblich‹, ebenso sein Aussehen. Umkehrung der Geschlechtsidentität kann Menschen zustoßen, die weder psychisch noch physisch abnormal sind. Ich kenne zwei Lesbierinnen, die unter großen emotionalen Belastungen in ihrer späten Adoleszenz an Geschlechtsverwirrung litten und sich da-

mals selbst für Hermaphroditen hielten. Dies sind keine vereinzelten Fälle. Die Einbildungskraft kann Menschen einen Streich spielen, die von ihrem Wunschdenken getrieben werden, für wirklich zu halten, was nur in ihrer Phantasie existiert.

Stoller benutzte die irrelevanten Begriffe ›Männlichkeit‹ und ›Weiblichkeit‹ als Bezugspunkte bei seiner Definition der Geschlechtsidentität, was von vielen anderen Autoren wiederholt wurde. In jedem Menschen, ob Mann oder Frau, sind die Anlagen zur Aktivität und Passivität, zur Extraversion und Introversion, Spontaneität und Reserve, Impulsivität und Geduld, Brutalität und Zärtlichkeit usw. vorhanden. Diese menschlichen Eigenschaften haben keine Geschlechtszugehörigkeit. Sie sind in ein und derselben Person austauschbar, was dem Konzept der Geschlechtsidentität Elastizität verleiht. Einer meiner Probanden, ein fünfundzwanzigjähriger verheirateter Mann, war sich der Diskrepanz zwischen seiner eigenen Geschlechtsidentität und den von der Gesellschaft erzwungenen ›männlichen‹ und ›weiblichen‹ Rollenklischees voll bewußt. Ich zitiere aus seiner unredigierten Autobiographie, die ich am Ende dieses Buches ungekürzt veröffentliche:

Es war unser Ziel ..., eine Situation herbeizuführen, in der sowohl die Männer als auch die Frauen kochten und putzten oder ein Regal reparierten und die Wohnung ausschmückten. Wir wollten einen Ort schaffen, wo unsere Tochter erfahren sollte, daß sie nicht gut kochen lernen mußte, um einen Mann zu kriegen. Einen Ort, wo ihr klar werden sollte, daß Frauen die Freiheit brauchen, ihre eigene Arbeit zu tun und sich nicht bloß um die Kinder und das Haus zu kümmern. Einen Ort, wo sie die Stärke von Frauen und die Zärtlichkeit von Männern erleben konnte. Einen Ort, wo die Realität existieren konnte, wo die Menschen ungeachtet ihres eigenen Geschlechts sie selbst sein konnten. Einen Ort, wo Menschen, die ihre Sexualität selbst gewählt hatten, zusammensein konnten. Einen Ort, wo sich auch Leute um sie kümmerten, die nicht ihre biologischen Eltern waren ... Jetzt, wo sich eine gerechtere Verteilung der Verantwortung für die Kindererziehung im Haushalt entwickelt hat, ist es besser geworden, und Bronnie ist eine Freude. Seit ich ein Kind habe, gehe ich stärker aus mir heraus ... Ich beginne zu begreifen, wie wir zu Vorurteilen und Schuldgefühlen konditioniert werden. Wie wir zu Stereotypen gemacht werden, bis wir nicht mehr imstande sind, wir selbst zu sein. Bronnie wird ständig von den Leuten und den Medien unter Druck gesetzt, ein süßes, hübsches, unschuldiges kleines Mädchen zu sein, das die Männer um den Finger wickelt. Es macht mich ganz krank zu sehen, wieviel Macht die Gesellschaft über unsere Kinder hat ... Ich habe mich einer Männergruppe angeschlossen, die es sich zum Ziel gesetzt hat, die Barrieren der sexistischen Stereotypisierung zu beseitigen.

Innere und äußere Ereignisse können die Geschlechtsidentität von Erwachsenen eine Zeitlang modifizieren. Menschen, die sich als vorwiegend männlich oder weiblich empfinden, können unter bestimmten Umständen ihr erotisches Selbstbild ändern. Psychische Schocks und körperliche Krankheiten können beispielsweise den andersgeschlechtlichen Teil von ihnen ans Licht bringen. Dies ist ein therapeutischer Prozeß. Ein Mann, der sich selbst immer für aggressiv und viril (einen ›richtigen‹ Mann) hielt, kann unter dem Einfluß einer schweren Krankheit oder einer anderen traumatischen Erfahrung passiv und rezeptiv werden, um innere Spannungen freizusetzen und Konflikte zu lösen. Bekanntlich können ungünstige Umstände bewirken, daß ein unabhängiger Mensch sich anzuklammern beginnt und sich seine emotionalen Reaktionen ins Gegenteil verkehren. Dieser Prozeß wird im allgemeinen als Regression bezeichnet, aber meiner Ansicht nach ist er das Gegenteil davon: nämlich der Versuch, sich als ganze Person zu verwirklichen.

In der Regel wird die sexuelle Orientierung von der Geschlechtsidentität bestimmt. Menschen, die sich ihrer zweigeschlechtlichen Identität bewußt sind, lieben gewöhnlich Menschen beiderlei Geschlechts, aber dies ist nicht notwendigerweise so. Dies beweisen unter anderem die männlichen Transvestiten. Sie sind sich ihrer natürlichen Bisexualität bewußt, aber die meisten von ihnen führen ein heterosexuelles Leben. Einige der Probanden, die an meiner Untersuchung teilnahmen, gestanden jedoch auch homosexuelle Neigungen ein.

Als Beispiel einer modifizierten sexuellen Orientierung ohne Veränderung der Geschlechtsidentität möchte ich einen männlichen Probanden Ende fünfzig anführen. Er hatte seit langer Zeit jedes bisexuelle Verlangen eingebüßt und war ausschließlich homosexuell geworden. Aber eines Tages wurde seine frühere Zuneigung zu Frauen aufs neue entfacht. Er schrieb mir etwa ein Jahr, nachdem ich ihn interviewt hatte: »Ein interessantes Streiflicht auf meinen Zustand, das für ihre Forschung wertvoll sein könnte: Ich habe vor kurzem ein weibliches Mitglied meiner Gruppe besser kennengelernt. Die Überraschung und das Ent-

zücken unserer gegenseitigen Anziehung hat eine weitere Überraschung bewirkt – die Schwächung meiner heterosexuellen Hemmungen.« Diese Erfahrung hat ihm sichtlich viel bedeutet. Sein Brief drückte Staunen und Freude über diese Entwicklung aus, die er als ein Geschenk des Himmels betrachtete. Einige Monate davor hätte er nicht geglaubt, solcher Gefühle fähig zu sein, wie er sie jetzt empfand. Seine homosexuellen Aktivitäten hatten in ihm Schuldgefühle und Depressionen hervorgerufen. Er machte das männliche Klimakterium durch, das lange verschwundene Emotionen wiedererweckte. Dies ist eine Zeit, in der endokrine Veränderungen sowohl die Sinne als auch die Phantasie anstacheln und zu neuen Abenteuern reizen.
Stoller glaubte an eine Kerngeschlechtsidentität, deren Hauptcharakteristikum ein Gefühl des Mannseins bzw. des Frauseins sei. Er unterschied zwischen Kerngeschlechtsidentität und Geschlechtsidentität als solcher, eine Unterscheidung, die meiner Ansicht nach unnötig, wenn nicht ungerechtfertigt ist. Das Gefühl oder Bewußtsein des Mann- und Frauseins in jedem Menschen zählt zu den Grundzügen der *natürlichen* Geschlechtsidentität. Es sollte an die Stelle der fragwürdigen Begriffe von ›Männlichkeit‹ bzw. ›Weiblichkeit‹ treten. Das Gefühl des Mannseins oder Frauseins macht sich in erster Linie unter dem Eindruck endokriner Einflüsse bemerkbar. Nehmen wir zum Beispiel eine Frau. Bei vielen Gelegenheiten wird ihr auf angenehme oder unangenehme Weise ihr Frausein ins Bewußtsein gerufen, sowohl in ihrer Phantasie als auch in ihren Lebenserfahrungen. Während ihrer monatlichen Perioden wird sie entweder mit Erleichterung oder Mißvergnügen an ihr Frausein erinnert, und bei der Entbindung ist sie zwangsläufig ganz davon absorbiert. Das soll nicht heißen, daß sie nicht auch zu jedem anderen Zeitpunkt, provoziert durch sexuelle Anziehung, erotische Vorstellungen, Eindrücke und Gefühle, von dem Bewußtsein, eine Frau zu sein, durchdrungen sein könnte. Auch beim Mann macht sich das Gefühl des Mannseins nicht nur durch libidinöse Wünsche und Erektionen bemerkbar, sondern wird auch durch perzeptive emotionale und imaginative Prozesse geweckt, die ihrerseits die endokrinen Funktionen stimulieren. Das Gefühl des Frau- oder Mannseins ist nicht der ausschließliche Besitz des einen oder anderen Geschlechts, sondern gehört beiden. Warum? Weil die bio-psychische Bisexualität die entscheidende Voraussetzung dafür ist, daß eine Frau das Gefühl des Mannseins und ein Mann das Gefühl des Frauseins erlebt. Das Bewußtsein von beidem ist subjektiv und weist bei beiden Geschlechtern individuelle Unterschiede auf. Solche Er-

fahrungen können verbal nicht kommuniziert werden, aber ihre Wirkung kann durch imaginative Einfühlung begriffen werden. Das von einer Frau erlebte Gefühl des Mannseins kann sich von dem eines Mannes unterscheiden und umgekehrt. In keinem der beiden Fälle können diese Empfindungen aufgrund ihrer subjektiven Qualität als faktisch verifiziert werden, dennoch existieren sie. Man könnte natürlich fragen, ob sie fiktiv sind. Aber das würde ihre Bedeutung nicht notwendigerweise entwerten. Man kann mit Recht argumentieren, daß Fiktionen informativer sein können als Fakten. Sie können sogar wissenschaftliche Entdekkungen vorwegnehmen. Wie wir wissen, kann die Science-fiction von heute die Realität von morgen werden. Vielleicht ist das Konzept des Unbewußten selbst eine Fiktion. Aber wo wären wir ohne die Theorien Freuds und Jungs, die so viel zu unserem Verständnis des Menschen und seiner Geschichte beigetragen haben? Man könnte sich auch fragen, ob bestimmte Schulen der Psychologie, die Anspruch auf Wissenschaftlichkeit erheben, nicht bloß Fiktionen unter dem Mantel der Wissenschaft sind. Die Wahrheit ist: wir wissen es einfach nicht. Wir sollten aber die Schöpferkraft der Phantasie, die jeden Aspekt des Lebens durchdringt, nicht unterschätzen. Es ist durchaus sinnvoll, den Menschen als eine Symbiose von Biologie und Fiktion zu betrachten. Den größten Teil unseres Lebens verbringen wir durch die Instanz der Phantasie in Fiktionen. Die fortgeschrittene Technologie unseres Zeitalters hat uns weitgehend vom täglichen Existenzkampf befreit und es uns ermöglicht, uns auf den Schwingen der Phantasie mit geistigen Fragen auseinanderzusetzen.

Das neue Verständnis der Geschlechtsidentität in seinen manchmal phantastischen Formen ist nicht nur durch Forschungen, sondern auch durch phantasiereiche Einfühlung gewonnen worden. Ein bemerkenswertes Beispiel davon liefert Stoller in *The Transsexual Experiment,* wo er beschreibt, wie er in plötzlicher Erleuchtung die Geschlechtsidentität transsexueller Jungen begriff. Er erkannte, daß ein kleiner Junge weit größere Schwierigkeiten hat, sein Mannsein zu akzeptieren, als das kleine Mädchen mit der eigenen Geschlechtsidentität. Er will nicht anatomisch anders sein als seine Mutter, mit der er in symbiotischer Existenz verbunden ist. Nicht so das kleine Mädchen, das Stoller zufolge keinen Konflikt dieser Art kennt. Stollers Gedanke, daß der Mann anfangs kein Mann sein möchte, könntc der Ausgangspunkt zu einem globalen Verständnis der menschlichen Psychosexualität werden. Seine Befunde wurden durch Margaret Mead bestätigt, die berichtete, daß in manchen primitiven Gemein-

schaften erwachsene Männer Frauen sein wollten. Sie beneideten die Frauen um ihre Fähigkeit, Kinder zu bekommen, die in ihren Augen ein Zeichen der Überlegenheit war. Obwohl Stoller eine Wahrheit erkannt haben mag, ist ihm eine andere verschlossen geblieben. Seine ›Fiktion‹ führte ihn in eine Sackgasse, was die Bisexualität des Mädchens betrifft. Ich habe in *Psychologie der lesbischen Liebe* ein ganz anderes Bild der Situation gezeichnet. Das Mädchen empfindet dieselbe Sehnsucht nach Vereinigung mit der Mutter wie der Junge. Es identifiziert sich mit ihr nicht als Frau, weil es dadurch für seine Mutter, die sich eher zum Mann hingezogen fühlt, an Anziehung verlöre. Die Bisexualität des Mädchens wird durch den Wunsch nach vollständiger Vereinigung mit der Mutter erweckt, was ich als ›emotionalen Inzest‹ bezeichnet habe. Das mangelnde Verständnis Stollers für die Bisexualität des Mädchens ist die Folge eines blinden Flecks, den die meisten männlichen Psychiater aufweisen. In *Frauen – das verrückte Geschlecht?* (1974) behauptet Phyllis Chessler zu Recht, daß sie außerstande sind, die weibliche Psyche zu verstehen. Aber Stollers Einsicht in die Geschlechtsidentität transsexueller Jungen machte nur zu deutlich, daß Bisexualität der Ausgangspunkt des gesamten psychosexuellen Lebens ist.
Voll etablierte Geschlechtsidentität stellt sich spät ein. Sie ist besonders unsicher in der Adoleszenz, wenn die hormonellen Einflüsse überwältigend sind. Dies kann junge Menschen veranlassen, psychosexuelle Beziehungen aufzunehmen, die nicht mit ihrer wirklichen Geschlechtsidentität in Einklang stehen. Im Gegensatz zu anderen Autoren schrieben Gagnon und Simon in *Sexual Conduct, the Social Sources of Human Sexuality* (1974), daß sich die *sexuelle* Identität erst in der Adoleszenz herstelle und das Leben eines Menschen dauerhaft beeinflussen könne. Sie trugen jedoch nicht zur Klärung des Themas bei, weil sie die relativ kurze Dauer der Pubertät außer acht ließen. Wenn Gagnon und Simon recht hätten, dann würde eine große Anzahl von Menschen in ihren emotionalen und sexuellen Beziehungen niemals in Einklang mit ihrer Geschlechtsidentität leben.
Signifikante Befunde I. Wards haben gezeigt, daß emotionaler Streß die Produktion von Androgenen vermindert. Das Gegenteil ist in Perioden erhöhten Wohlbefindens der Fall. Eine Steigerung des Androgenoutputs erhöht die Vitalität, die Erotik und den Sexualtrieb und beflügelt die Phantasie. Es ist wichtig, sich bewußt zu machen, daß die Geschlechtsidentität sowohl durch die Umwelt als auch durch die Phantasie genährt werden muß, um ihre Stabilität zu erhalten. Die Phantasie kann sowohl durch die

Umwelt und durch persönliche Beziehungen als auch durch Literatur und Kunst angereichert werden. Man muß sich daran erinnern, daß die Einbildungskraft des Kindes eine wichtige Rolle bei der Entwicklung der Geschlechtsidentität spielt. Kinderverse, Märchen, Bilderbücher und jetzt das Fernsehen regen die Phantasie der Kinder an, führen zu Heldenverehrung und produzieren Idole, die für sie und ihr erotisches Selbstbild zu Vorbildern werden.
Die Geschlechtsidentität kann in jedem Alter durch gegenseitige Liebe, Leistungen jeder Art und die Verfolgung erhoffter Ziele an Kraft zunehmen, selbst wenn sich der Weg als lohnender erweist als das Ziel. Aber für manche Menschen haben Mißgeschicke eine stimulierendere Wirkung als die Glücksfälle des Lebens. Die Geschlechtsidentität bisexueller Menschen kann beispielsweise durch die eher isolierte Position gestärkt werden, in der sie sich sowohl gegenüber Heterosexuellen als auch gegenüber Homosexuellen befinden.
Die durch das Bedürfnis nach Selbsterhaltung und Territorialgewinn motivierte Gesellschaft brauchte eine eindeutige Dichotomie zwischen Männern und Frauen, wodurch Bi- und Homosexualität unerwünscht wurden. Die Arbeitsteilung zwischen den Geschlechtern wurde eine Notwendigkeit. Die Zeiten haben sich geändert, aber die alten Ideen sind noch nicht durch geeignete moderne ersetzt worden. Familie und Gesellschaft fahren fort, die Geschlechtsidentität in Einklang mit überholten Stereotypen zu formen. Ohne deren Einmischung wäre die zweigeschlechtliche Identität die Norm und Bisexualität eine Selbstverständlichkeit. Dies ist im ›Paradies‹ der Kindheit, bevor die der Geschlechtsidentität aufgezwungenen Tabus bewußt werden, nach wie vor der Fall. Ohne die Verdrängung der andersgeschlechtlichen Seite des Individuums wäre die Geschlechtsidentität immer männlich/weiblich. Eine vage Ahnung ihres andersgeschlechtlichen Teils bleibt auch bei jenen erhalten, die sich als ausschließlich heterosexuell bezeichnen. Eine solche blasse Erinnerung kann jedoch nicht mit ›unbewußtem Gewahrsein‹ (awareness), gleichgesetzt werden, einem psychoanalytischen Begriff, der einen Widerspruch in sich selbst darstellt. Wir sind unseres Unbewußten nicht gewahr, außer bei jenen Gelegenheiten, wenn es sich uns durch Versprechen, eine verräterische Geste oder in Vorahnungen und unerwarteten Situationen aufdrängt. Es stimmt, daß mehr und mehr Menschen erkennen, daß der Mensch nicht durch sein anatomisches Geschlecht allein definiert werden kann, aber die Mehrheit hält an engstirnigen Auffassungen fest.

Es wäre zu erwarten, daß sich diejenigen, die sich ihrer zwiegeschlechtlichen Identität *bewußt sind,* bisexuell verhalten, aber das ist nicht immer der Fall. Geschlechtsidentität und sexuelle Orientierung können aus folgenden Gründen divergieren:

1. Die konventionellen Sitten, die Garanten gesellschaftlicher Billigung, üben einen starken Anpassungsdruck aus. Wer aus der Reihe tanzt, riskiert seine finanzielle Sicherheit und seinen Platz in der Gesellschaft.
2. Die Rebellion gegen elterliche Erwartungen kann Gefühle der Schuld und Entfremdung von der Familie hervorrufen.
3. Eine machtvolle Ursache der psychosexuellen Selbstverleugnung ist das Bedürfnis, mit seiner unmittelbaren Umgebung in Einklang zu stehen. Die Furcht vor der Isolierung, die andernfalls drohen könnte, ist für viele unerträglich. Als Gegengewicht sind Organisationen sexueller Minderheiten ins Leben gerufen worden. Aber sie sind in erster Linie für Homosexuelle da. Dieser Punkt wurde in den Interviews mit den Versuchspersonen dieser Studie häufig angeführt. Bei mehreren Konferenzen sexueller Minderheitsgruppen diskutierten bisexuelle Mitglieder unter sich über diese Schwierigkeit, und bei dem C.H.E.-Treffen in Sheffield (1975) wurde ernsthaft die Gründung einer getrennten Organisation erwogen, aber es kam nicht dazu.
4. Ein weniger leicht faßlicher Grund liegt in der Natur der männlich/weiblichen Geschlechtsidentität selbst. Die beiden Komponenten können durch Beziehungen, Änderungen der Hormonfunktionen und die Launen der Jugend und des Alters Akzentverschiebungen erfahren. Solche Veränderungen können fassungslos machen und mit Angst verknüpft sein.

Viele Menschen, die sich ihrer zwiegeschlechtlichen Identität bewußt sind, mögen zwar den Wunsch nach physischen Beziehungen zu beiden Geschlechtern haben, aber sie gestatten sich nicht, ihn zu erfüllen. Sie introjizieren ihre unerfüllten Wünsche und träumen und phantasieren über ›verbotene‹ Gefühle, passen sich dabei aber äußerlich den Klischeevorstellungen an. Sie übernehmen eine konventionelle Geschlechtsrolle, die mit authentischem Leben unvereinbar ist.

Die Furcht vor Isolierung und sozialem Statusverlust kann die intimen Beziehungen von Bisexuellen schwächen. Eine Frau, die an meiner Untersuchung teilnahm, schrieb mir in einem Brief gerade über dieses Thema:

Ich nahm an einer Konferenz über menschliche Sexualität teil und hielt dort ein kurzes Referat über Bisexualität, so wie ich sie

verstehe. Diese Erfahrung ... half mir die Dinge in meinem Bewußtsein weiter zu klären. Ich frage mich, ob Ihre Forschungen zwei spezielle Arten der bisexuellen Erfahrung zu Tage gefördert haben: es gibt Menschen, die behaupten, eine gefestigte Geschlechtsidentität zu haben, und die sich von beiden Geschlechtern angezogen fühlen; und es gibt Menschen mit unsicherer Geschlechtsidentität, die feststellen, daß diese Verwirrung ihre Reaktion auf andere beeinflußt ..., sie reagieren nicht auf das Mannsein oder Frausein anderer Menschen.
Letzteres entspricht meiner eigenen Erfahrung. Meine hetero/homosexuelle Psyche neigt im Umgang mit anderen zur Asexualität. Bei meinen Gesprächen mit den verschiedensten Teilnehmern der Konferenz war ich von der scheinbar gefestigten Geschlechtsidentität ausschließlich hetero- und ausschließlich homosexueller Menschen beeindruckt. An der bisexuellen Front habe ich nicht den gleichen Eindruck gewonnen, und ich frage mich, ob dort eine gleitende Skala der Ungewißheit hinsichtlich der Geschlechtsidentität zu konstatieren ist.
Bei der Konferenz benutzte ich die Bezeichnung ›Junge-Mädchen‹ zur Beschreibung meines Selbstbildes. Dies schien viele Frauen zu interessieren – von denen jedoch nicht alle die damit verbundenen Probleme und Implikationen sehen konnten ... Ich unterhielt mich damit, sie und ihre Gespräche zu studieren. Zwei, die über ihre Probleme als Mütter sprachen, diskutierten, ob sie ihre Teenager-Kinder sich selber überlassen könnten, um eine Teilzeitarbeit anzunehmen. Das war ein großes Problem für sie. Der Unterschied zwischen uns wurde mir überdeutlich bewußt, weil mir ein solcher Konflikt unbekannt ist. Es war auch interessant zu sehen, wie intelligente Menschen durch einen ›konventionellen‹ sexuellen Status eingesperrt werden können ...
Die Schreiberin drückt die Schwierigkeit bestimmter bisexueller Frauen aus, sich von einem konventionellen sexuellen Status zu befreien. Paradoxerweise befinden sich Transsexuelle in der gleichen Lage. Aber von allen sexuellen Varianten weisen sie in ihrem Nonkonformismus den größten Mut auf. Es ist unmöglich, der Konvention krasser zuwiderzuhandeln, als sie es tun. Doch ihr Mut ist durch einen überaus konventionellen Gedanken motiviert. Dieser besagt: Transsexuelle wollen Männer oder Frauen auf die für die Gesellschaft ›normale‹ Weise lieben. Hinter ihrer Abneigung gegen die Homosexualität verbirgt sich die Furcht, außerhalb der akzeptierten Mann-Frau-Beziehung zu stehen. Obwohl sie die unliebsame Tatsache nicht ändern können, daß sie als Männer bzw. Frauen geboren wurden, behaupten sie, eine

vorwiegend gegensätzliche Geschlechtsidentität zu haben. Die Tatsache, daß sie mit ihrem Mann- bzw. Frausein in einem solchen Konflikt leben, bewirkt eine Dichotomie zwischen den männlichen und weiblichen Aspekten ihrer Persönlichkeit. Mit ihrer psychologischen Komplexität haben sie Psychiater und Forscher vor große Probleme gestellt. Ihre Situation stellt ein Paradox dar. Das Bewußtsein einer transsexuellen Frau ist von ihrem Gefühl des Mannseins durchdrungen und das eines transsexuellen Mannes ist vom Gefühl des Frauseins durchdrungen. Dieser Zustand verdeutlicht die Bisexualität durch den Kontrast zwischen sexueller und Geschlechtsidentität. Ich hatte keine Gelegenheit, weibliche Transsexuelle und Transvestiten zu studieren, da sich auf meinen Aufruf keine meldeten. Ich kann mich daher nur mit dem männlichen Aspekt dieser beiden Zustände befassen.

Der Transsexuelle wünscht die Geschlechtsumwandlung, um in Einklang mit der Konvention bleiben zu können. Männliche Transvestiten weisen eine Dichotomie zwischen ihrer bisexuellen Geschlechtsidentität und ihrer sexuellen Orientierung auf, aber sie entsprechen der Konvention, indem sie ein heterosexuelles Leben führen und sich nicht gestatten, Männer körperlich zu lieben. Ihr Gefühl des Frauseins muß überwältigend stark sein, weil sie ein zwanghaftes Bedürfnis verspüren, ihm vollen und sichtbaren Ausdruck zu verleihen. Die der Beaumont Society angehörenden Transvestiten treffen sich mit ähnlich veranlagten Männern, die ebenfalls Frauenkleider tragen. Sie entledigen sich der Bürde, Männer zu sein, indem sie als Frauen zusammenkommen, um miteinander zu plaudern, aber auch ernsthaft über ihre spezielle Situation und deren Schwierigkeiten zu sprechen. Selbst in ihrem eigenen Milieu ziehen sie es vor, traditionell ›weibliche‹ Aufgaben wie Kochen, Nähen, Stricken etc. zu übernehmen.

Die Tatsache, daß viele männliche Transsexuelle durch operative Eingriffe und Hormonbehandlungen in Pseudo-Frauen verwandelt wurden, hat die Legalisierung ihrer neuen Identität notwendig gemacht. In der westlichen Welt ist die Entwicklung in diese Richtung gegangen. Die Regierungen der USA und europäischer Staaten haben anerkannt, daß die Geschlechtsidentität, in der sich ein Mensch am besten verwirklichen kann und sich anderen gegenüber am wohlsten fühlt, als ihm zustehendes Recht akzeptiert und legalisiert werden sollte. Es steht außer Zweifel, daß transsexuelle Männer, wie mir von Teilnehmern meiner Untersuchung bestätigt wurde, nur dann ›sie selbst‹ sind, wenn sie sich wie Frauen kleiden und verhalten. Einer erwähnte, daß er sich sexuell als Frau fühlte, wenn er von einem Mann geschlagen wurde. Er sagte:

In späteren Jahren wurde mir klar, daß viele Männer, die ihre ›Maskulinität‹ zur Schau stellen, in Wirklichkeit von ihren Frauen beherrscht werden. Der Unterschied zwischen diesen Männern und mir ist der, daß sie, wenn sie von ihren Frauen bestraft werden, mit sexueller Erregung und einer Erektion des Penis reagieren; der Bisexuelle oder Transsexuelle (und ich betrachte mich selbst als einen vorwiegend weiblichen Transsexuellen) reagiert im Grund wie eine Frau, wenn ihm der Hintern versohlt wird. Ich hatte das weibliche Bedürfnis nach der Aufmerksamkeit eines Mannes als Ehepartner.

Der folgende Bericht illustriert den Extremfall der transsexuellen Position, wenn die weibliche Geschlechtsidentität vollkommen dominiert und das subjektive Gefühl, ein Mann zu sein, auf ein Minimum reduziert ist.

Meine Mutter wünschte sich ein Mädchen, und ich wurde bis zum Alter von viereinhalb Jahren wie ein Mädchen gekleidet und von allen für ein kleines Mädchen gehalten. In der Schule hatte ich kein Interesse an den Unternehmungen der Jungen, sondern spielte immer mit den Mädchen. Bei ihnen fühlte ich mich frei und glücklich. Ich wünschte mir nur, Kleider, Röcke usw. tragen zu können. In meiner späteren Schulzeit zog ich mir so oft wie möglich die Kleider meiner Mutter an. Während des Krieges beim Militärdienst hatte ich meine beste Zeit bei der Truppenbetreuung, als ich aufgefordert wurde, als das sechste Mädchen in der Revuetruppe einzuspringen, da dieses schwanger geworden war und nach Hause fahren mußte und kein anderes Mädchen aufzutreiben war. Ich war damals achtzehn und wurde nach sehr kurzer Zeit von beiden Geschlechtern als Mädchen behandelt. Wie in vielen Lagern gab es nur einen Umkleideraum für jedes Geschlecht. Ich reiste als Mädchen herum und benutzte den gleichen Umkleideraum wie die Mädchen. Oft wurden wir nach der Vorstellung in das Offizierskasino eingeladen. Ich kann Ihnen nicht sagen, wie aufregend es für mich war, als Frau behandelt und sogar um ein Rendezvous gebeten zu werden!

Nach dem Krieg ging ich nach Australien, wo ich einen Mann kennenlernte, mit dem ich einige Zeit als Frau zusammenlebte. Wieder war es aufregend für mich, schöne Unterwäsche, Kleider und alles, was eine Frau braucht, zu haben. Ich besorgte das Kochen, die Hausarbeit, und wir fuhren oft nach Sidney ins Theater oder zum Essen. Wir freundeten uns auch mit anderen

Paaren an. Natürlich kam wie in jeder Beziehung zwischen Männern und Frauen Sex ins Spiel. Ich übernahm immer die Rolle der Frau. Mein Freund schlief fast jede Nacht mit mir. Manchmal befriedigte ich ihn oral, aber meistens drang er anal in mich ein. Oft wünschte ich, wenn ich seinen Samenerguß in mir spürte, daß er mich schwanger machen könnte. Seit vielen Jahren wünsche ich mir, eine Schwangerschaft zu erleben und ein Kind zur Welt zu bringen. Ich möchte kein Vater sein, aber ich sehne mich so danach, eine Mutter sein zu können. Ich finde es wunderschön, einem Kind das Leben zu schenken.
Im Jahre 1957 mußte ich in dieses Land zurückkehren. Meine Mutter, die letztes Jahr starb, war bei schlechter Gesundheit. Sie wußte, daß ich eine richtige Frau sein wollte, weil ich mich, so oft es ging, als Frau anzog und schminkte. Seit ihrem Tod habe ich soweit wie möglich versucht, als Frau zu leben. Nach der Arbeit ziehe ich mir ein Kleid oder einen Rock an, schminke mich, koche für mich selbst, mache die Hausarbeit usw. Ich bin mit ein oder zwei Männern befreundet, die mich zu Drinks einladen und nachher mit mir in den Bungalow zurückkehren (ich lebe jetzt allein), um mit mir ins Bett zu gehen. Alle sind verheiratet. Ich habe noch keinen alleinstehenden Mann gefunden. Ich habe zwei Freundinnen, die eine ist heterosexuell, die andere lesbisch.
Vorige Woche verbrachte ich drei wunderschöne Tage in London. Ich kenne ein Hotel, wo ich als Frau absteigen kann und keine Männerkleider tragen muß. Vorigen Samstag schlenderte ich durch die Kaufhäuser, sah mir die Kleider und die Kosmetika an und aß dann mit einem anderen Mädchen zum Mittag.
Ich hätte gerne eine Hormonbehandlung, um meinen Busen zu vergrößern und meine Haut und Haare zu beeinflussen, aber am liebsten würde ich mein Geschlecht wechseln, um eine richtige Frau zu werden. Wenn ich wie ein Mann gekleidet bin und dessen Rolle spiele, fühle ich mich immer irgendwie – ich glaube, unwohl ist das richtige Wort. Ich kann mich nur entspannen und die Dinge aufnehmen, meine ganze Aufmerksamkeit auf die Umgebung richten, wenn ich eine Frau bin.

Es mag seltsam erscheinen, daß viele Transsexuelle verheiratet und Väter sind. Aber das war bei den meisten der Fall, die an meiner Studie teilnahmen. Und es mag für viele vielleicht noch erstaunlicher sein, daß drei von ihnen glücklich verheiratet waren. Einer war geschieden, aber hatte wieder geheiratet. In ihren sexuellen Beziehungen mit Frauen nahmen diese Probanden beim Liebesakt die traditionellen weiblichen Stellungen ein, ohne jedoch dabei Erfüllung zu finden. Der folgende Satz in der Autobiographie eines der Befragten veranschaulicht dies: »Wenn ich mit einer Frau schlafe, habe ich das Gefühl, daß sie davon die Befriedigung hat, nicht ich.«

Genetische oder hormonelle Abnormitäten sind bei männlichen Transsexuellen gewöhnlich nicht vorhanden. Einer meiner Probanden war in der Adoleszenz über die Entwicklung seiner Brüste begeistert gewesen, obwohl er wußte, daß sie bei Jungen dieses Alters nicht ungewöhnlich ist.

Abgesehen von der relativ kleinen Zahl von Transvestiten und Transsexuellen, die durch die Beaumont Society mit mir Kontakt aufnahmen, waren sich alle anderen Befragten der Tatsache bewußt, daß ihre bisexuellen Neigungen Hand in Hand mit ihrer zweifachen Geschlechtsidentität gingen. Sie liebten beide Geschlechter, und die meisten von ihnen hatten sowohl hetero- als auch homosexuelle Beziehungen. Ich habe mich ausführlich mit dem Transsexualismus befaßt, weil er für mein Thema überzeugendes Beweismaterial liefert. Die meisten Autoren glauben, daß männliche Transsexuelle in Wirklichkeit Homosexuelle seien, die es nicht über sich bringen, anders denn als Frau mit einem Mann zusammenzuleben. Ich bin nicht überzeugt, daß das der Fall ist. Homosexuelle Männer und Frauen werten ihr somatisches Geschlecht nicht ab – ganz im Gegenteil. Die Konventionalität der Transsexuellen bedeutet keinesfalls, daß sie Feiglinge sind. Wie könnte sich jemand, dem es an Mut fehlt, der Quälerei der Geschlechtsoperationen und anderer Behandlungsformen unterziehen, um am Ende physisch auffallender zu sein als jeder Homosexuelle? Das widerspricht jeder Logik.

Ob Psychoanalytiker dieses Rätsel lösen können, wie Stoller und andere meinen, ist ungewiß. Aber transsexuelle Menschen machen einem bewußt, daß es kaum oder gar nicht sinnvoll ist, verschiedene Kategorien sexueller Neigungen und sexuellen Verhaltens einzuführen.

Ich habe bereits erwähnt, daß die Unsicherheit bezüglich des Charakters der Bisexualität zu einer ähnlichen semantischen Verwirrung geführt hat, wie die bezüglich der sexuellen und der Geschlechtsidentität. Freud setzte die Bisexualität mit der Homosexualität gleich, und er war nicht der einzige, der diesen Fehler machte. Der Endokrinologe Williams, die Soziologen Humphreys, Gagnon und Simon wie auch andere Verfasser ersetzten die Bezeichnung Bisexualität durch Ambisexualität. Aber diese beiden Worte beziehen sich auf verschiedene Syndrome. Das Wort Ambisexualität bedeutet einen mühelosen Wechsel von hetero- zu homosexuellen Beziehungen. Es impliziert Wandelbarkeit, wenn nicht Instabilität des psychosexuellen Verlangens und Verhaltens. Dies trifft auf die Bisexualität keinesfalls zu, bei der die Liebe zu den beiden Geschlechtern nicht austauschbar ist. Hetero- und homosexuelle Beziehungen existieren Seite an Seite. Sie sind unterschiedlicher Natur, und viele der Befragten erklärten, daß sie sich gegenseitig ergänzen und stärken.

Die Frage, ob Bi- und Homosexualität biographisch oder biologisch bedingt sind, kann noch nicht beantwortet werden. Nur in Fällen genetischer oder hormoneller Dysfunktion kann man eine Prädisposition zu dem einen oder anderen annehmen. Menschen mit Klinefelter' Syndrom und solche, deren Geschlechtschromosomen ein zusätzliches Y aufweisen (XYY) sind häufig homo- oder bisexuell. Dies kann aber auch deshalb sein, weil sie aufgrund der für die erste Gruppe charakteristischen niedrigen Intelligenz und dem Mangel an Voraussicht bzw. infolge der unkontrollierbaren Impulsivität der zweiten Gruppe nur schwach in die Gesellschaft integriert sind.

Das hormonelle Gleichgewicht schwangerer Frauen weist individuelle Unterschiede auf, was sich auf den Hormonspiegel des Embryos und folglich auch auf seine psychosomatische Konstitution auswirken könnte. Die Konzentration der Geschlechtshormone kann nunmehr in jedem Alter durch die Analyse des Blutplasmas leichter bestimmt werden. Kolodny und Mitarbeiter (1971) untersuchten den Testosteronspiegel bi- und homosexueller Studenten sowie einer heterosexuellen Kontrollgruppe. Das Ergebnis war in fünfundsiebzig Prozent der Fälle negativ, aber die übrigen fünfundzwanzig Prozent, die ausschließlich homosexuell waren, wiesen einen niedrigeren Testosterongehalt auf als die Probanden der Kontrollgruppe mit den geringsten Werten. Die Spermienzahl betrug in vier Fällen null. Money und Erhardt, die sich mit diesen Ergebnissen auseinandersetzten, ließen die Frage offen. Sie argumentierten, daß diese Befunde auf ein neues Syndrom bei primären Homosexuellen hindeuten könnten oder daß sie eine Folge negativer Emotionen, insbesondere der Depression und Angst, sein könnten.

Bi- und Homosexuelle sind niemals völlig in die heutige Gesellschaft integriert; sie sind stets bereit, erotische Signale zu senden und zu empfangen. Ihr erotisches Interesse wird rasch erweckt, und sie sind sexuell stark ansprechbar. Ihre Funktionsfähigkeit steht außer Zweifel; sie brauchen keine Sexualtherapie, wie Dr. Singer-Kaplan in *The New Sex Therapy* (1975) feststellte: »*Die sexuellen Varianten,* die auch als Abweichungen (Deviationen) und Perversionen bezeichnet werden, sind durch eine gute und lustbetonte Funktionsfähigkeit charakterisiert. Männer, die unorthodoxe Formen der Sexualität praktizieren, können ausgezeichnete Erektionen und genußreiche, kontrollierte Ejakulationen haben. Und die sexuell ›abartige‹ Frau kann leicht erregbar sein, schnell feucht werden und mehrfacher Orgasmen fähig sein« (S. 249). Dörner irrte sich, als er Bi- und Homosexualität als sexuell minderwertig bezeichnete. Auch die verbreitete Meinung, daß Bi- und Homosexualität mit bestimmten Charaktermängeln einhergehen, ist nicht zu rechtfertigen. Dieser Vorwurf ist insbesondere gegen Männer erhoben worden, die den passiven Analverkehr anderen genitalen Aktivitäten vorziehen. Aber ihre sexuelle Passivität sollte nicht als Anzeichen indifferenter Haltungen auf anderen Gebieten bzw. moralischer Laxheit im allgemeinen mißverstanden werden. Es gibt keinen Grund für die Annahme, daß nonkonformistisches Sexualverhalten jedweder Art eo ipso die ethischen Normen des Betreffenden widerspiegelt; man sollte sich daher vor Schlußfolgerungen auf deren Charakter und Persönlichkeit hüten. Ich habe diesen Punkt durch die Interviews mit meinen Probanden zu verdeutlichen versucht; daß diese Auffassung unhaltbar ist, zeigte ich unter anderem am Beispiel eines Mannes, der beim Analverkehr die Position des Einführenden bevorzugte. Er war sexuell generell aggressiv, in seinen menschlichen Beziehungen hingegen rücksichtsvoll und sensitiv. Und er war kein Einzelfall.

In einer Reihe von Fällen wählten männliche und weibliche Probanden heterosexuelle Personen als Objekte ihrer sexuellen Zuneigung. Das Element der Frustration, das mit einer heterogenen Partnerwahl einhergeht, wirkte sichtlich nicht entmutigend auf sie – eher im Gegenteil. Man könnte vermuten, daß sie durch masochistische Tendenzen motiviert wurden, aber das war weder zu beweisen noch zu widerlegen. Eine wahrscheinlichere Erklärung könnte ihr Bedürfnis nach Selbstbehauptung sein. Die Eroberung einer Person ›vom anderen Ufer‹ ist eine Bestätigung der eigenen Verführungskräfte und schmeichelt dem Ego. Die Tatsache, daß bisexuelle Männer und Frauen heterosexuelle Partner gewinnen konnten, mag verwirrend erscheinen, wenn man sich nicht klar macht, daß sexuelle Kategorisierung ein künstliches Unterfangen ist. Die homosexuelle Seite existiert bei jedermann, ob sie nun anerkannt, verdrängt, verachtet oder verleugnet wird. Triebstarke Heterosexuelle neigen dazu, auf ihrer Suche nach Lustgewinn ›alles zu probieren‹. Ihre sexuelle Vielseitigkeit läßt sie auch in Bereiche vordringen, die charakteristisch für homosexuelle Liebespraktiken sind. In *Psychoanalytische Neurosenlehre* (1945, Neuauflage 1974), wies Fenichel auf eine physiologische Erklärung für das Lustempfinden des Mannes beim Analverkehr unabhängig von dessen sexueller Orientierung hin, als er schrieb: »Merkwürdig selten wird in der analytischen Literatur davon Kenntnis genommen, daß der männliche Genitalapparat, seiner ›bisexuellen‹ Natur entsprechend, (ebenfalls) zwei Zentren besitzt. Fragt man Männer, bei denen passive anale und urethrale Bestrebungen stärker sind als aktive phallische, an welcher Stelle sie die intensivsten Empfindungen verspüren, antworten sie mit ziemlich gleichmäßiger Häufigkeit: an der Wurzel des Penis, im Perineum oder im Rektum.«

Die meisten ›normalen‹ Männer und Frauen würden die Möglichkeit homosexueller Beziehungen entschieden von sich weisen, obwohl sie sich vage bewußt sein mögen, daß auch sie geistig-psychische und emotionale Charakteristika des anderen Geschlechts besitzen. Manche heterosexuelle Männer brüsten sich sogar, ein gewisses Maß an ›Femininität‹ aufzuweisen, in dem Glauben, daß dies ihren Charme und ihre verführerische Anziehung erhöhe. Aber sie machen sich dabei etwas vor. Man darf nicht vergessen, daß die Begriffe ›Maskulinität‹ und ›Femininität‹ aus irreführenden Motiven durch Familie und Gesellschaft entstandene Kunstprodukte sind. Deshalb täuscht sich ein Mann, der Frauen liebt und hofft, aufgrund seiner ›weiblichen Sensibilität‹ für sie anziehender zu sein, über die Authentizität seines Zieles. Er simuliert lediglich ein Klischee, das ihm sicher nichts einbringen wird, weil es nichts mit wirklichem Gefühl von Frausein zu tun hat. Wenn er sich seiner männlich/weiblichen Geschlechtsidentität nicht bewußt ist, kann er nicht überzeugend genug wirken, um diese Charade durchzuhalten. Dasselbe gilt für heterosexuelle Frauen. Wenn sie ›Männlichkeit‹ zur Schau stellen, in der Hoffnung, dadurch die Anziehungskraft ihrer ›Weiblichkeit‹ zu erhöhen, dann ist dies bloße Schauspielerei und Nachahmung eines konventionellen Klischees, das wenig oder nichts mit wirklichem Mannsein zu tun hat. Ihr Verhalten wäre nur dann authentisch, wenn sie sich ihrer ursprünglich männlich/weiblichen Geschlechtsidentität bewußt wären.

IV.
Mein Verfahren

Eine methodische Studie der Bisexualität ist ein neues Unterfangen, bei dem ich auf keine Vorbilder zurückgreifen konnte. Eine Reihe von Abhandlungen über ›Männlichkeit‹ und ›Weiblichkeit‹ bei beiden Geschlechtern, auf die ich bereits eingegangen bin, ist in den letzten zehn Jahren in den Vereinigten Staaten veröffentlicht worden. Sie beschäftigen sich nur mit den psychologischen Charakteristika der Androgynie. Die Verfasser benutzten die konventionellen Begriffe von Männlichkeit und Weiblichkeit, die bereits seit vielen Jahren überholt sind. Sie unterließen es auch, eine mögliche Korrelation zwischen Bisexualität (Androgynie) und sexueller Orientierung zu untersuchen. Ihre Ansätze boten auch keine klare Definition der Androgynie und deren weiterer Implikationen für das *sexuelle* Verhalten. Zwischen ihren Studien und meiner Untersuchung besteht daher lediglich eine lose Verbindung.

Es verstand sich von selbst, daß ich als Probanden für meine Untersuchung Durchschnittsbürger und nicht klinische Fälle brauchte. Ich mußte daher versuchen, durch Organisationen sexueller Minderheiten sowie durch Zeitungen und Zeitschriften bisexuelle Menschen zu erreichen. Die Erkenntnis, daß wir aufgrund nachhaltiger Gehirnwäsche eigentlich gar nicht objektiv wissen, was wir sind – und schlimmer noch, wer wir sind –, bestimmte schließlich die Formulierung meiner Inserate. Die subjektive Natur der psychosexuellen Identität in Rechnung stellend, erklärte ich in meinen Anzeigen, daß ich dankbar wäre, wenn Männer und Frauen, die sich selbst für bisexuell *halten,* mit mir Kontakt aufnähmen. In diesem Stadium unserer mentalen Evolution ist das einzige, worüber wir etwas aussagen können, was wir zu sein *glauben.* Es war mir bewußt, daß es sehr schwierig werden könnte, genügend Versuchspersonen für meine Studie zu finden. Weit mehr Menschen betrachten sich herkömmlicherweise als homo- denn als bisexuell, weil die Homosexualität im Gegensatz zur Bisexualität leichter definiert werden kann. Bisexuelle sind nicht nur weniger auffallend als Homosexuelle, sondern es ist auch schwerer, an sie heranzukommen. Manche benutzen Tarnmethoden, um von ›gewöhnlichen‹ Bürgern ununterscheidbar zu sein, und ich fürchtete, daß sie zögern könnten, an einer Untersuchung über ein so kontroverses Thema teilzunehmen. Ich wußte, daß die ›schwule‹ Presse nicht nur von homo-, sondern auch von bi- und heterosexuellen Personen viel gelesen wird. *Gay News* war das erste Blatt, in dem ich inserierte. Durch meine Verbindungen mit Albany Trust, Kenric und Sappho erschienen auch in den Informationsblättern der beiden erstgenannten Organisationen und in der Zeitschrift von Sappho Suchmeldungen nach geeigneten Probanden. Auch die Beaumont Society veröffentlichte mein Inserat in ihrer Monatsschrift. Diese Aufrufe waren an die bisexuellen Mitglieder der genannten Minderheitenorganisationen gerichtet. Die Tatsache, daß viele Bisexuelle diesen Gruppen nicht beitreten, veranlaßte mich schließlich, auch in progressiven Zeitschriften wie *Spare Rib* und *Time Out* zu inserieren. Das erstgenannte Blatt berichtete zweimal mit besonders guten Resultaten über meine Forschungsarbeit, und das letztere, das von einem breiten Spektrum von Menschen gelesen wird, erwies sich ebenfalls als sehr produktiv. Die von allen Seiten erfolgende Reaktion auf meine Appelle war besser, als ich erwartet hatte. Die potentiellen Probanden wurden gebeten, von mir Fragebogen anzufordern und ein Interview zu vereinbaren. Nachdem ich die erste Gruppe von Interessenten interviewt hatte, erhielt ich Anfragen durch persönliche Empfehlung, eine sich selbst propagierende Methode, Probanden zu bekommen. Insgesamt bewarben sich zweiundachtzig Frauen und neunundachtzig Männer um Teilnahme an meiner Untersuchung. Eine Anzahl von Interessenten mußte abgelehnt werden, weil sie nicht die notwendigen Voraussetzungen erfüllte. Vier Männer und drei Frauen beantworteten den Fragebogen nicht und konnten anhand der angegebenen Adresse bzw. Telefonnummer nicht identifiziert werden. Fünf Männer und vier Frauen hielten die vereinbarten Termine nicht ein. Fünf Männer erwiesen sich als ausschließlich homosexuell und mußten aus diesem Grund aus dem Projekt ausscheiden. Transvestiten und Transsexuelle, die für eine Untersuchung der Bisexualität so wichtig sind, nahmen durch das Informationsblatt der Beaumont Society mit mir Kontakt auf. Sie entsprachen meinem Ersuchen um nicht-medizinische Probanden, weil sie weder in psychiatrischer noch sonstiger ärztlicher Behandlung waren. Sie zeichneten sich durch Pünktlichkeit bei der Beantwortung der Fragebogen und der Einhal-

tung ihrer Gesprächstermine aus. Es stellte sich heraus, daß sie alle einer vorgerückteren Altersgruppe angehörten.
Ich hatte eine gleiche Verteilung von Männern und Frauen angestrebt und behielt schließlich in jeder Gruppe fünfundsiebzig Vp übrig. Bisexualität wird von vielen Fachleuten und Laien nach wie vor als Deviation, wenn nicht als Perversion angesehen. Doch ein Vergleich bisexueller Probanden mit einer ›normalen‹ Kontrollgruppe wäre angesichts ihrer eigenen heterosexuellen Seite sinnlos. Dasselbe gilt für eine homosexuelle Vergleichsgruppe, da auch die Homosexualität ein Teil der Bisexualität ist. Aus diesen Gründen konnten keine Kontrollgruppen benutzt werden. Durch die Fragebögen, Autobiographien und Interviews wurde mir bald deutlich, daß zwischen männlichen und weiblichen Bisexuellen beträchtliche Unterschiede bestehen. Diese Unterschiede sind von großem Interesse und wurden ausnahmslos statistisch ausgewertet. Da zu dieser Untersuchung keine Kontrollgruppen herangezogen werden konnten, wurden die männlichen und weiblichen Teilnehmer hinsichtlich der Unterschiede und Ähnlichkeiten ihrer Bisexualität miteinander verglichen. Das Reservoir der Probanden war, bedingt durch den Charakter der Untersuchung, limitiert. Ich war von ihrer Initiative, sich zu melden, abhängig. Daher hatte ich es mit ›selbstgewählten‹ Versuchspersonen zu tun, was die Frage offenläßt, ob diese Männer und Frauen, die ich studierte, tatsächlich repräsentativ für die bisexuelle Gesamtpopulation waren. Dies ist ein Nachteil jeder empirischen Studie, selbst wenn Kontrollgruppen verwendet werden können, da die Anzahl der Probanden und Vergleichspersonen immer begrenzt ist. Dadurch können wertvolle Informationen durch das Netz fallen, da es unmöglich ist, bei einer solchen Studie mit absoluter Gerechtigkeit vorzugehen, ohne jedes Mitglied der *Gesamtpopulation* einzubeziehen, das mit dem Thema der Untersuchung zu tun hat. Es besteht jedoch Grund zur Annahme, daß Untersuchungen idiosynkratischer Art (und Bisexualität ist im Rahmen unserer Gesellschaft idiosynkratisch) mit kleinen Stichproben durchgeführt werden können. Sie enthüllen gemeinsame Charakteristika bereitwilliger und regelmäßiger als Menschen, die sich anpassen. Das allgemein übliche Minimum für eine statistische Untersuchung ist fünfzig, aber manche Forscher halten auch geringere Zahlen für vertretbar, wenn jede Vp tiefenintensiv studiert wird. Ich wählte einen dreistrahligen Ansatz, bestehend aus einem Fragebogen, einer autobiographischen Skizze und einem Interview.
Ich interviewte alle Vp persönlich, nachdem sie mir den ausgefüll-

ten Fragebogen und eine Autobiographie geschickt hatten. Die Mehrheit sandte den Fragebogen umgehend zurück und legte die Autobiographie entweder gleich bei (wenn sie kurz war) oder ließ sie nach einem Intervall von zwei bis vier Wochen nachfolgen. Ich kam dadurch in den Besitz von Aufzeichnungen, die in ihrer Länge zwischen einer und achtzig Seiten variierten. Es ist bekannt, daß Antworten auf Fragebögen mit Vorsicht zu genießen sind, wenn es um persönliche und intime Daten geht. Ich glaube nicht, daß der ›Social Acceptability Test‹ wirklich zur Überwindung dieser Schwierigkeit geeignet ist. Ich achtete insbesondere auf abweichende oder widersprüchliche Äußerungen in den Fragebögen und bei den Interviews. Beide waren in einer Reihe von Fällen zu konstatieren. In einem der Fälle half das Interview dem Betreffenden, sich aus seiner Deckung hervorzuwagen und zu erkennen, warum er im Fragebogen einige falsche Antworten gegeben hatte. Er versicherte mir in einem späteren Brief, daß sein Selbstvertrauen durch unsere Begegnung zugenommen habe. Aus den genannten Gründen betrachtete ich die Fragebögen eher als Illustration denn als Erklärung des vorhandenen Materials. Kernstück des Verfahrens waren die Autobiographien und die Interviews. Aber Fragebögen vermitteln auf einen Blick Informationen, die im Text oft weitschweifig mitgeteilt werden. Die Statistiken entsprachen dem üblichen Verfahren, beginnend mit objektiven Informationen über demographische Daten, Einzelheiten über die Familie, den Beruf usw. Es folgten Daten über Einzelheiten der Familienbeziehungen. Sie waren ›rückblickend‹ geschrieben und selbstverständlich subjektive Einschätzungen. Dennoch waren sie von beträchtlichem Interesse, weil daraus hervorging, wie die Befragten *glaubten,* empfunden zu haben. In einem besonders relevanten Abschnitt des Fragebogens wurde um Informationen über bisexuelle Gefühle und Praktiken in verschiedenen Altersstufen unter Berücksichtigung dauerhafter Beziehungen und flüchtiger Kontakte ersucht. Ich fragte auch, ob die Vp ihre Bisexualität als vorteilhaft für sie empfänden und wie sie gegenüber Minderheitsgruppen eingestellt seien. Besonderen Wert legte ich auf Informationen über Träume und Phantasien bezüglich sexueller Neigungen und Praktiken. Dies sind einige Beispiele der Fragen, die ich stellte. Die statistischen Daten wurden in einunddreißig Tabellen zusammengefaßt. In einer Vorbemerkung dazu wird erläutert, wie sie zu lesen sind.
Die Probanden kamen aus allen Teilen Englands; es muß vielen erhebliche Mühe und Kosten bereitet haben, mich in London zu besuchen. Zu meiner Überraschung wollten nur einige wenige,

die aus Orten wie Bristol, Bath, Manchester und Leeds angereist waren, ihre Kosten ersetzt haben. Diese Einstellung mag auf die Hoffnung zurückzuführen sein, durch das Interview Verständnis oder vielleicht gar Trost zu finden. Aber ich weiß, daß die meisten Teilnehmer kamen, weil sie bei einem Vorhaben mithelfen wollten, das ihnen am Herzen lag. Die Interviews dauerten nie weniger als eineinhalb Stunden, und manche zogen sich über drei Stunden hin. Nach dem Treffen ergab sich oft noch eine Korrespondenz. Die Autobiographien hatten mich schon vor unserem Zusammentreffen mit meinen Besuchern bekanntgemacht und mir einen Eindruck von ihrer früheren und gegenwärtigen Lebensweise sowie ihrem Verhältnis zu anderen und zu sich selbst vermittelt. Während Diskrepanzen zwischen den Antworten auf die Fragebögen in den meisten Fällen durch das Interview aufgeklärt werden konnten, betrachtete ich die autobiographischen Skizzen als eigenständige Informationsmittel. Ihre Niederschrift hatte wahrscheinlich eine therapeutische Wirkung. Ihr Inhalt wurde nur auf ausdrücklichen Wunsch der Interviewten erörtert.
Von den einunddreißig statistischen Tabellen wurde eine, Tabelle A, nach Rücksprache mit Dr. Jonckheere und Dr. Caudrey vom University College in London ›freihändig‹ gestaltet. Sie betrifft das soziale Milieu der Probanden und ihrer Eltern. Die Einteilung fünf soziale Schichten, wie sie vom englischen Standesamt unterschieden werden, die vorgeben, eine Klassifizierung nach geistigen und physischen Fähigkeiten vorzunehmen, ist heute nicht mehr sinnvoll, da wir diese Klassenschranken überwunden haben. Der Unterschied zwischen der früheren Arbeiterklasse und der Mittelschicht ist praktisch aufgehoben. Wir sind alle arbeitende Menschen – mit Ausnahme der reichen Müßiggänger. Ich hielt es deshalb für ratsam, die Vp und ihre Eltern nach ihrem Beruf zu klassifizieren, ohne einen prinzipiellen Unterschied zwischen akademischen und nicht-akademischen Berufen zu machen. Tabelle A illustriert das breite Spektrum jeder Berufsgruppe.
Die Kategorie ›Bildungswesen‹ umfaßt Universitätsprofessoren, Lehrer und Studenten aller Art.
›Kunst und Kultur‹ schließt Schriftsteller, bildende Künstler, Musiker (Komponisten, Orchestermusiker, Solisten etc.), Journalisten, Schauspieler etc. ein.
›Öffentlicher Dienst‹ umfaßt Angestellte unterschiedlicher Ränge und Verantwortlichkeiten, weil sie der gleichen Sache dienen (oder es doch sollten).
In der Kategorie ›Wirtschaft‹ sind sowohl Selbständige als auch Angestellte aller Art zusammengefaßt.

Zu den ›Heil- und Pflegeberufen‹ zählen alle Gruppen, die im Dienste der Gesundheit des Individuums bzw. der Gesellschaft stehen: Ärzte, Laborassistenten, Oberschwestern, Schwestern, Sozialarbeiter, Bewährungshelfer, Geistliche etc.
›Arbeiter‹ wurden in gelernte und ungelernte unterteilt.
›Hausarbeit‹ *ist* ein Beruf, wenn nicht eine Berufung, und wurde daher als separate Beschäftigung angeführt.
Die männlichen und weiblichen Gruppen wiesen hinsichtlich ihrer Berufszugehörigkeit einen bezeichnenden Unterschied auf. Die männlichen Probanden repräsentierten vermutlich einen Querschnitt der Gesamtgesellschaft, während die weiblichen Teilnehmer einem engeren Teilbereich angehörten. Dies könnte durch die immer noch beschränkte Auswahl an Berufen erklärt werden, die den Frauen offenstehen, vielleicht aber auch durch eine Neigung zur Selbstbeschränkung, von der immer noch viele betroffen sind.
Ich möchte auf die Tabelle 1 hinweisen, die die Altersangaben der Befragten enthält. Sie weisen für die beiden Gruppen signifikante Unterschiede auf. Dies war auf die Tatsache zurückzuführen, daß die männlichen Vp, die durch Vermittlung der Beaumont Society teilnahmen, alle älteren Jahrgängen angehörten. Dr. Caudrey stellte bei seiner Analyse vergleichbarer Variablen in den gleichen Altersgruppen jedes Geschlechts diese Altersdifferenzen speziell in Rechnung.
Obwohl die Anwendungsweise der benutzten Tests im Anhang erklärt wird, hat Dr. David Caudrey folgende Definitionen beigesteuert, die für den mit statistischen Begriffen nicht vertrauten Leser hilfreich sein könnten.

1. *Kendall's S-Test* wird als die Zahl definiert, die sich aus Daten errechnet, welche den Assoziationsgrad zwischen zwei Variablen ausdrücken, deren Werte *geordnet werden können.* Je näher S bei Null ist, desto geringer der Zusammenhang zwischen den beiden Variablen.
2. *Der Chi-Quadrat-Test* (χ^2) wird als die Zahl definiert, die sich aus Daten errechnet, welche den Assoziationsgrad zwischen zwei Variablen ausdrücken, deren Werte *nicht geordnet werden können.* Je näher Chi-Quadrat bei Null ist, desto geringer der Zusammenhang zwischen den beiden Variablen. Die errechnete χ^2-Statistik muß mit einem gegebenen, in statistischen Tabellen angeführten Signifikanzlevel verglichen werden. Ein Signifikanzlevel von einem Prozent bedeutet beispielsweise, daß der χ^2-Wert in weniger als einem von hundert Fällen aufgetreten wäre, wenn die Hypothese richtig ist.

Der Chi-Quadrat-Test ist mithin eine unverkürzte Methode, χ^2 (Chi) zur zweiten Potenz, also zum Quadrat auszudrücken. S und χ^2 entsprechen zwei Variablen in der Algebra. Sie können viele verschiedene Werte repräsentieren, aber sie ermöglichen es, eine Zahl (oder Variable) rasch aus einer Flut unbearbeiteter Daten zu isolieren.

V.
Frühe Einflüsse

Frühe Einflüsse formen die späteren Erfahrungen. Sie spielen eine bedeutsame Rolle bei der Entstehung des Identitätsgefühls eines Kindes. Sexuelle Identität, die seine früheste Form ist, legt die Grundlage für die Geschlechtsidentität. Man kann darüber diskutieren, ob die Familie oder die genetische und endokrine Ausstattung einen größeren Einfluß auf ihre Entwicklung ausübt. Die Familie ist sicherlich in Fällen sexueller Anomalien der entscheidende Faktor. Personen mit Abnormitäten ihrer Geschlechtsorgane haben kaum die Freiheit, selbst zu ihrer sexuellen und geschlechtlichen Identität zu finden. Das ganze Bemühen der Eltern und ihrer ärztlichen Ratgeber ist darauf gerichtet, sie zu ›normalisieren‹. Sie haben keine Chance, herauszufinden, wer sie wirklich sind, da sie einer intensiven Gehirnwäsche, manchmal verbunden mit chirurgischer Behandlung, unterzogen werden. Aber diese Gehirnwäsche wird auch dem normalen Kind zuteil, um zu erreichen, daß es sich den konventionellen Tabus der von der Gesellschaft vorgeschriebenen männlichen und weiblichen Verhaltensklischees anpaßt. Obwohl starke Persönlichkeiten einen Weg finden mögen, um dieser Stereotypisierung zu entgehen, können auch sie sich von diesen frühen Einflüssen nie ganz freihalten. Auf der anderen Seite fördert eine kleine Minderheit von Eltern emotionale Haltungen, die mit der Konvention nicht in Einklang stehen. Man braucht nur an Mütter zu denken, die aufgrund ihrer eigenen bisexuellen Disposition ihre Jungen wie Mädchen behandeln oder umgekehrt. Stoller, Green und andere haben gezeigt, daß sie dadurch bei ihren Kindern Transsexualismus hervorrufen können.

Ein weiterer Punkt verdient sorgfältige Beachtung; die Tatsache, daß die Familie *nicht* eine abstrakte Einheit ist, sondern eine Gruppe von Individuen, deren Reaktionen und Verhalten voneinander so verschieden sein können wie die Arktis von den Tropen. Der Fehler, die Familie als homogene Einheit zu betrachten, kann zu falschen Annahmen und Generalisierungen

führen. Familien sind Gruppierungen von Individuen, deren Persönlichkeiten nicht berechenbar sind.
Mit diesem geistigen Vorbehalt versuchte ich herauszufinden, wie sich die familiäre Situation bei den Nachkommen auf die Entwicklung dauerhafter Bisexualität auswirkt.

Die im eigenen Heim herrschende Atmosphäre durchtränkt das emotionale Klima der ganzen Familie und ist entweder ein förderndes oder hemmendes Element für den Wachstumsprozeß. Glücklich verheiratete Paare üben natürlicherweise aufeinander und auf ihre Kinder eine tonisierende Wirkung aus. Das Gegenteil trifft gewöhnlich auf unglückliche Ehen und in Fällen der Trennung und Scheidung zu. Ich habe die eheliche Situation der Eltern meiner Probanden untersucht. Die Zahl der glücklich verheirateten Eltern war bei den männlichen und weiblichen Befragten praktisch identisch. Sie lag relativ hoch, während die Zahl der Trennungen und Scheidungen relativ niedrig war. Eine Reihe von Probanden beantwortete diese Frage nicht. Der Grund ihres Schweigens mag ein Gefühl der Gleichgültigkeit oder Spannung zwischen den Eltern gewesen sein, welches sich der Qualifizierung entzog (Tabelle 7 a).
Die traumatische Erfahrung des Todes eines Elternteils, insbesondere der Mutter vor dem achtzehnten Lebensjahr des Kindes, ist ein Ereignis, das unkalkulierbare Folgen für die emotionelle Zukunft des Kindes hat. Es bestand kein siginifikanter Unterschied zwischen den beiden Gruppen hinsichtlich der Todesfälle des einen oder anderen Elternteils. Der Tod des Vaters war in doppelt so vielen Fällen zu verzeichnen wie der der Mutter (Tabelle 3).
Auch die Zahl der Stiefeltern unterschied sich in den beiden Gruppen nicht signifikant. Die Zahl der Stiefväter lag höher als die der Stiefmütter (Tabelle 8). Das konventionelle Image des ›bösen‹ Stiefvaters konnte nicht in jedem Fall bestätigt werden. Manche erwiesen sich als liebevoll, während andere das Kind vernachlässigten oder es sogar schlecht behandelten. Ich habe erwähnt, daß die glückliche Ehe der Eltern den Kindern gewöhnlich das Gefühl der Sicherheit und Lebensfreude vermittelte. Zwei weibliche Vp wiesen jedoch darauf hin, daß sie unter der idealen Ehe ihrer Eltern litten, die so ineinander aufgingen, daß sich die Kinder überflüssig und vernachlässigt fühlten und mit Eifersucht reagierten.
Auch hinsichtlich der Anzahl von Geschwistern und der eigenen Position des Probanden in der Familie ergaben sich in den beiden

Gruppen keine signifikanten Unterschiede. Am häufigsten handelte es sich um das älteste, das jüngste oder ein einziges Kind. In den übrigen Fällen rangierten sie an gleicher Stelle zwischen älteren und jüngeren Geschwistern (Tabelle 5 und 6).

Nach diesen Ergebnissen schien die strukturelle Zusammensetzung der Familie nicht vom üblichen Muster abzuweichen. Es erhebt sich die Frage, ob individuelle Haltungen entweder der Eltern oder der Geschwister ein konditionierender Faktor für ihr sexuelles Verhaltensmuster sein konnten. Die Antwort ist sowohl ja als auch nein. Es stimmt zwar, daß in einer Reihe von Fällen Charakter und Gewohnheiten eines der beiden Elternteile bisexuelle Reaktionen gefördert hatten, aber das waren Ausnahmen. Die Mehrheit der Eltern hatte die übliche stereotype Einstellung zu Jungen und Mädchen, dennoch entwickelten ihre Kinder dauerhaftes bisexuelles Verhalten. Nicht alle Vp stammten aus vollständigen Familien. Eine beträchtliche Anzahl hatte die Geborgenheit einer vollzähligen Familie entbehren müssen. Dies war entweder auf den Tod eines Elternteils, elterliche Scheidung oder Trennung oder ihre eigene außereheliche Geburt zurückzuführen. Es schien mir angezeigt, mir die ›deprivierte‹ Gruppe, insbesondere die unehelich Geborenen, näher anzusehen, da anzunehmen war, daß sie für Belastungen und Frustrationen anfälliger sein würden. Aufgrund ihrer exponierten Stellung war zu erwarten, daß sie zu früh reif werden und einen höheren Grad an sexueller Bewußtheit entwickeln würden.

Fünf der weiblichen und drei der männlichen Vp waren außereheliche Kinder. Die Annahme schien nahezuliegen, daß ihre spezielle Situation ihre Reaktion und ihr Verhalten beeinflussen würde. Aus so wenigen Fällen lassen sich keine definitiven Schlußfolgerungen ziehen, dennoch könnte man eine Verbindung zwischen dem ›abnormalen‹ Milieu und ihrem unkonventionellen Verhalten annehmen. Aus diesem Grund gehe ich auf jede der weiblichen und auf zwei der männlichen außerehelich geborenen Vp individuell ein.

Zwei der fünf Frauen wurden von wohlhabenden Ehepaaren adoptiert. Beide waren rassisch gemischt. Die eine war halb jüdischer, halb italienischer Abstammung, die andere hatte indianisches Blut. Die eine wurde kurz nach der Geburt, die andere im zweiten Lebensjahr adoptiert. Beide erfuhren erst in ihrer späten Adoleszenz von ihrer außerehelichen Geburt. Die erste war zwanzig Jahre alt, als sie mich besuchte. Ihr ganzes Gehabe war von Heimlichtuerei gekennzeichnet. Sie war die einzige Teilnehmerin, die mir ihren Namen nicht verriet. Aber sie ›öffnete‹ sich bei unserer Begegnung und erzählte mir, daß sie das Glück habe, von reichen Leuten aufgezogen zu werden, die sie heiß liebten. Sie war Studentin und hatte ›eigentlich keinen Grund zur Klage außer‹, daß ihre Adoptivmutter sie mit ihrer Zuneigung erdrückte. Die Adoptivmutter war eine intelligente, aber frustrierte Frau, die gegen ihren Mann und alle übrigen Männer eine Abneigung hegte. Sie ›fraß ihre Tochter auf‹. Sie interessierte sich für Literatur und Kunst, Interessen, die Ruth mit ihr teilte. Der Adoptivvater war hingegen ein Materialist, dem nur an Besitz und Geld gelegen war, obwohl er seine Frau und seine Tochter auf Händen trug. Er versorgte sie mit allen materiellen Dingen, die sich ein Konzernchef leisten kann. Ruth empfand intensive Abneigung gegen ihn und identifizierte sich mit der Mutter. Doch sie fühlte sich durch beide eingeengt, und dieses Mißbehagen mag sie motiviert haben, selbst zu erkunden, wie Männer und Frauen in Wirklichkeit sind. Sie deutete ihre bisexuelle Tendenz als direkte Folge ihrer ungewöhnlichen Situation: »Ich mußte selbst herausfinden, wie die Männer wirklich sind. Ich habe das nicht als Evangelium betrachtet, was mir meine Mutter erzählte.«

Sie begann im Alter von siebzehn Jahren, Beziehungen zu Männern aufzunehmen. Erst im letzten Jahr hatte sie sich in eine Frau verliebt. Sie hatte nicht mit ihr geschlafen, aber sie hielten sich an den Händen, sooft sie zusammenkamen, und kein anderer Mensch hatte sie mit einem solchen Gefühl der Zufriedenheit erfüllt. Ruth war sich bewußt, daß sie in einem Grad emotional gestört war, welcher Psychotherapie erforderte. Diese half ihr, sich von ihrer allzu liebenden Mutter und ihrem herrischen Vater zu distanzieren. Sie hielt es für wahrscheinlich (aber war sich nicht ganz sicher), daß sie sich in einen der sechs Männer verliebt hatte, mit denen sie geschlafen hatte. Sie wußte jedoch mit Sicherheit, daß ihre Gefühle für ihn ganz anderer Art waren als die für ihre Freundin. Ruth hatte nicht den Wunsch herauszufinden, wer ihre wirklichen Eltern waren; das Leben war auch so schon schwierig genug für sie. Sie mußte ihr Intimleben, insbesondere den lesbischen Aspekt, vor der Welt ihrer Eltern geheimhalten.

Die zweite Adoptivtochter war Brenda, eine Frau mittleren Alters, die zweimal verheiratet gewesen war. Sie hatte Stil und Eleganz und sah gut aus. Einige Jahre zuvor hatte Brenda etwas über ihre eigentlichen Eltern in Erfahrung gebracht. Ihre Mutter, eine begabte Malerin, war arm, aber verschwenderisch gewesen. Sie hatte sie als Säugling vernachlässigt. Eine Zeitlang hatte sie sie in Pflege gegeben und im Alter von zwei Jahren ließ sie sie adoptieren. All dies hatte Brenda von ihrer Adoptivmutter erfah-

ren. Ihr Vater war bereits gestorben, als sie seine Spuren entdeckte. Er hatte in Südafrika gelebt und dort geheiratet. Er hatte sich nie die Mühe gemacht, etwas über seine Tochter in Erfahrung zu bringen.
Die emotionale Situation in Brendas Adoptivfamilie glich der des erstgenannten Falles. Sie konnte ihren ›Vater‹ nicht ertragen, hing dagegen sehr an ihrer ›Mutter‹, einer Frau von beträchtlicher Intelligenz, die ihre ganze Liebe auf sie konzentrierte. Die Tatsache, daß sie als Säugling bei verschiedenen Pflegeeltern gewesen war, verstärkte vielleicht noch ihre Anhänglichkeit an ihre Mutter. Ein Jahr, bevor sie in das Haus kam, hatten ihre ›Eltern‹ einen Jungen adoptiert, mit dem sie nie Kontakt aufnahm. Er erwies sich in jeder Hinsicht als Enttäuschung und versagte bei allem, was er unternahm. Brenda verdächtigte ihre Mutter lesbischer Neigungen, die diese jedoch unterdrückte. Sie schliefen bis zu ihrem fünfzehnten Lebensjahr im selben Bett. Sie erzählte mir, daß es mit ihrem ›Mutterkomplex‹ zusammenhing, daß sie bald danach für eine schöne verheiratete Frau zu schwärmen begonnen habe. Sie fühlte sich von ihrer körperlichen Schönheit angezogen, gestand ihr jedoch nie ihre Liebe, welche alle Elemente des ästhetischen Entzückens aufwies, die Sappho in ihren Gedichten besungen hat.
Im Alter von einundzwanzig Jahren verliebte sich Brenda in den Mann, den sie heiratete, von dem sie sich ein Jahr später jedoch wieder scheiden ließ. Sie heiratete ein zweites Mal, einen Mann, zu dem sie sich physisch und gefühlsmäßig hingezogen fühlte. Aber sein Beruf zwang ihn zu häufiger Abwesenheit von zu Hause, was zu ihrer zweiten Scheidung führte.
Ihre ersten Erfahrungen und deren Folgen hatten in ihr das Gefühl erzeugt, einem Verhängnis ausgeliefert zu sein, mit der Folge, daß sie sich vor weiteren Bindungen fürchtete. Sex langweilte sie. »Ich bin eine Romantikerin« und »ich hasse Promiskuität«, erklärte sie mir. Sie liebte sowohl Männer als auch Frauen, aber gegenwärtig zog sie es vor, mit einer Frau zusammenzuleben. »Ich muß eine Frau haben – aus freier Wahl«, sagte sie. Sie machte sich auch nicht viel aus sexuellem Kontakt mit Frauen. Dieser intuitive und intelligente Mensch, eine Malerin wie ihre eigene Mutter, hatte viele glückliche und unglückliche Erlebnisse hinter sich, aber sie war nie über die Erinnerung an ihren unglücklichen Start ins Leben hinweggekommen. Sie glaubte, ihre Bisexualität hänge mit einer nie endenden Suche nach ›Sicherheit‹ durch eine Beziehung mit einem Mann oder einer Frau zusammen.

Die dritte Vp, Audrey, hatte, was nach jedermanns Meinung wie eine ›normale‹ Familie aussah. In der Tat hatte sie einen liebevollen Vater und eine ziemlich kalte Mutter. Und als sie noch nicht zwei Jahre alt war, mußte der Vater die Familie verlassen, weil er in einem anderen Land eine Frau hatte. Zwei Jahre später heiratete ihre Mutter nochmals. Audrey, ihre ältere Schwester und ihr jüngerer Bruder wußten nicht, daß ihr Stiefvater nicht ihr eigentlicher Vater war. Sie entdeckte die Wahrheit durch Zufall. Ihr Stiefvater behandelte sie schlecht, und ihre Mutter zog ihren Bruder vor. Das Bild des ›guten‹ richtigen Vaters blieb ihr als vage, unbewußte Erinnerung erhalten. Sie hatte ein gutes Verhältnis zu ihren zwei Geschwistern, was sie etwas für den Mangel an elterlicher Zuwendung entschädigte.
Von ihrem zwölften Lebensjahr an schwärmte Audrey für Mädchen. Ungefähr zu dieser Zeit begannen ihr Stiefvater und zwei seiner Freunde sexuelle Annäherungsversuche zu machen. Zwischen siebzehn und neunzehn verliebte sie sich vorübergehend in mehrere junge Männer. In ihren Zwanzigern heiratete sie einen Mann, den sie sehr bewunderte und in den sie verliebt zu sein glaubte. Gegenwärtig empfand sie eine tiefe gefühlsmäßige und sinnliche Liebe zu einer Frau, aber sie blieb ihrem sehr verständnisvollen Mann treu, mit dem sie viel gemeinsam hatte. Er war auf ihre lesbischen Neigungen nicht eifersüchtig. Sie wußte nicht, ob die Familienkonstellation in ihrer Kindheit ihre bisexuellen Bedürfnisse beeinflußt hatte, aber sie war sicher, daß die sexuellen Erfahrungen mit ihrem Stiefvater und seinen Freunden ihre Sehnsucht nach der Liebe einer Frau verstärkt hatten.
Peggy war ein außereheliches Kind, aber ihre Eltern heirateten, als sie sieben Monate alt war, wodurch sich ihr Fall von den vorherigen unterscheidet. Sie hatte ihre richtigen Eltern, aber das Stigma der Unehelichkeit wirkte sich negativ auf die Mutter-Tochter-Beziehung aus. Auch ihr Vater schien ein Vorurteil gegen sie zu haben, weil sie ›nicht geplant‹ war. Beide Eltern behandelten sie gleichgültig, ihr Vater manchmal grausam. Zwei weitere, in der Ehe geborene Kinder hatten ein weitaus besseres Leben. Ebenso wie Audrey erregte Peggy das sexuelle Interesse des besten Freundes ihres Vaters, der sie bei Ausflügen in seinem Auto mehrfach belästigte, als sie zwischen neun und zwölf Jahre alt war. Sie begann ihn zu hassen, aber als sie ihrer Mutter davon erzählte, unternahm diese nichts, um ihn davon abzuhalten. Peggy entwickelte starke emotionale Bindungen an zwei Frauen. Beide hätten vom Alter her ihre Mutter sein können. Die sinnliche und emotionale Freundschaft mit der ersten dauerte sechs

Jahre, und die zweite bestand nach wie vor. Trotz ihrer frühen sexuellen Erlebnisse mit einem älteren Mann begann sie sich von ihrem vierzehnten Lebensjahr an in Männer zu verlieben. Anfang der Dreißig verliebte sie sich aus ganzer Seele in einen sehr intelligenten Mann. Sie lebten zusammen, aber er verließ sie nach einem Jahr. In ihrer ersten Enttäuschung heiratete sie. Weder ihr Liebhaber noch ihr Mann hatte sie von ihren lesbischen Freundschaften abgehalten. Sie war überzeugt, daß ihre frühen Erlebnisse und die Vernachlässigung durch ihre Mutter zu ihren bisexuellen Bedürfnissen beigetragen hatten.

Die letzte der fünf Frauen, die zweiundzwanzigjährige Renée, sah wie sechzehn aus. Sie war das unwillkommene Produkt einer Liebesgeschichte ihrer Mutter mit einem dem Alkohol verfallenen Charmeur. Ihre Mutter hatte eine unglückliche Ehe, war aber von ihrem Mann weder getrennt noch geschieden. Renée verbrachte die ersten vier Jahre ihres Lebens bei Verwandten ihrer Mutter, die sie ihre uneheliche Abkunft spüren ließen. Im Alter von drei Jahren wurde sie einmal wegen Ungehorsam eingesperrt und leidet seit damals an Klaustrophobie. Von ihrem Stiefvater wurde sie geliebt, ebenso von ihrem Stiefbruder, der sechs Jahre älter war als sie. Die ganze Familie schlief in einem Raum, und sie mußte mit ihrem Bruder, der sie küßte und streichelte, ein Bett teilen. Im Alter von achtzehn Jahren verliebte sie sich in ein etwas älteres französisches Mädchen, das ihre Leidenschaft erwiderte. In den letzten fünf Jahren hatte sie mit einem Mann zusammengelebt, der nicht an ihren Lesbianismus glauben wollte und ihn nie erwähnte. Ihre Bindung an ihn war eine Mischung aus Freundschaft und Dankbarkeit. Da sie unter schweren Angstanfällen litt, fühlte sie sich zu unsicher, um auf eigenen Füßen zu stehen. Er war imstande, ihre seelische Erregung auf ein erträgliches Maß zu dämpfen. Sie hatte ihre Mutter, die von Kindheit an versucht hatte, ihr Angst vor Sex zu machen, nie gemocht. Gegenwärtig liebte sie eine andere Frau, die ebenfalls mit einem Mann zusammenlebte. Obwohl sie im Augenblick ein stärkeres Verlangen nach Frauen als nach Männern empfand, glaubte Renée nicht, daß sie dies daran hindern würde, sich in einen Mann zu verlieben. Sie war sicher, daß die negative Einstellung ihrer Mutter zur Sexualität und ihr ständiges Nörgeln ihre Hinwendung zu Frauen bewirkt hatten. »Aber die Bisexualität muß noch andere, wesentliche Gründe haben«, sagte sie zu mir. »Wir sind dazu bestimmt, Menschen, nicht ein Geschlecht zu lieben. Wir sind alle potentiell bisexuell.«

Charles, ein verheirateter Mann in mittleren Jahren mit zwei

Kindern, war der illegitime Sohn einer Hausangestellten; seinen Vater hatte er nie kennengelernt. Bis zu seinem fünften Lebensjahr wohnte er mit seiner Mutter in einer Reihe von Einzimmerwohnungen. Danach wurde er in verschiedene karitative Institutionen geschickt und landete schließlich im Alter von elf Jahren als einer von 500 Jungen in einem Internat. Dort war er unglücklich und voll Angst. Mit dreizehn entdeckte er die Onanie, die er nicht mit Sex in Verbindung brachte, obwohl seine sexuelle Neugier erwacht war. Als er vierzehn war, wurde er von einem älteren Jungen mißbraucht, und kurz danach übte ein einundzwanzigjähriger Mann Analverkehr mit ihm aus. Er war rücksichtsvoll und freundlich zu Charles, der sich aufgrund seines Bedürfnisses nach Freundschaft ihm sexuell nicht verweigerte. Von da an hatte er auch mit anderen Jungen Analverkehr, was ihm jedoch Schmerzen verursachte. Er ließ es, bis er viel älter war, mehr über sich ergehen, als es zu genießen. Aufgrund seiner Abhängigkeit von Männerfreundschaft war es ihm nicht möglich gewesen, sich dem zu entziehen. Mit achtzehn trat er in die Armee ein und verliebte sich in eine Frau, die er ein Jahr später heiratete. Von diesem Alter an wurde er ein praktizierender Bisexueller. Er hatte gelernt, sich als Homosexueller passiv und als Heterosexueller aktiv zu verhalten. Diese beiden Formen sexueller Liebe ergänzten sich in seinen Augen. Er fand, daß die eine durch die andere verstärkt wurde, da sich beide nach anderen Gesetzen vollzogen. Seine außerehelichen Beziehungen waren höchst erfolgreich und glücklich. Sein natürliches Verlangen und seine Vorliebe waren auf Frauen gerichtet, aber er traute ihnen nicht, während er fest an die Männerfreundschaft glaubte. Seine Jugenderfahrungen waren für diese unterschiedlichen Einstellungen, die ständige Konflikte zur Folge hatten, verantwortlich. Er glaubte an die Umstände als auslösende Faktoren aktiver Bisexualität, wofür sein eigenes Leben ein Beispiel zu sein schien.
Phil, ein vierundzwanzigjähriger Student der Philosophie, wurde außerehelich geboren und später legitimiert. Er war das einzige Kind gebildeter Eltern, die ihn liebten und verwöhnten. Er genoß alle Vorzüge eines glücklichen Familienlebens und hatte unter den Umständen seiner Geburt nie zu leiden gehabt. Dennoch lehnte er sich gegen jede Form von Konvention auf und machte, was er wollte, ohne von seinen bürgerlichen Eltern beeinflußt zu werden. Er war fünf Jahre an der Universität gewesen, war aber gegenwärtig arbeitslos. Gegen seinen erzwungenen Müßiggang hatte er nichts einzuwenden; im Gegenteil, er genoß ihn. Phil war ein Spätentwickler, der seine erste sexuelle Erfahrung im Alter

von einundzwanzig Jahren mit einer bisexuellen Frau hatte. Durch sie lernte er homosexuelle Männer kennen und ging mit einigen von ihnen Verhältnisse ein. Gleichzeitig schlief er auch mit Frauen. Er war fest überzeugt: »Wenn man bisexuell ist, ist es nicht genug, daß man die schwule Seite auslebt; das hieße doch nur, einen Teil seiner Persönlichkeit, der oft abgelehnt wird, zu verleugnen.« Er hob hervor, daß er es für notwendig halte, seinen ausschließlich homosexuellen Freunden gegenüber offen in bezug auf seine heterosexuelle Seite zu sein: »Der Homosexuelle mag den Bisexuellen nicht, weil dieser Frauen liebt, der Heterosexuelle haßt ihn, weil er Männer liebt.« Phil äußerte auch einige kluge Gedanken über den Bisexuellen in der Gesellschaft, indem er der Wahrheit über die Einstellungen in den beiden ›sexuellen Lagern‹ auf den Grund ging und betonte, daß es die oberste Pflicht des Menschen sei, er selbst zu sein.

Phils Einstellung verdeutlichte die Notwendigkeit einer ausgewogenen Betrachtungsweise der sexuellen Erfahrungen der ganzen ›deprivierten‹ Gruppe beim Vergleich mit den Befragten, die aus einem normalen Familienmilieu stammten. Von den 150 Vp hatten fünfzehn Männer und zwanzig Frauen in der Kindheit traumatische sexuelle Erlebnisse gehabt, während dreizehn Männer und siebzehn Frauen ähnliche Erfahrungen in der Pubertät machten (Tabelle 9). Sechsundzwanzig Männer und zwanzig Frauen stammten aus unvollständigen Familien. Zehn der ersteren und zwölf der letzteren hatten in ihrer Jugend (Kindheit und Adoleszenz) sexuelle Traumen erlitten. Achtzehn Männer und fünfundzwanzig Frauen aus normalen Familien hatten ähnliche Erfahrungen gemacht. *Statistisch gesehen* zeigen diese Zahlen, daß die familiären Umstände wenig mit dem Auftreten früher sexueller Traumen zu tun haben. Obwohl sowohl männliche als auch weibliche Befragte mit fast gleicher Häufigkeit solchen Erfahrungen ausgesetzt waren, schienen die Frauen davon stärker betroffen gewesen zu sein. Die Belästigungen waren immer von älteren Männern ausgegangen. Die Mädchen waren heterosexueller und die Jungen homosexueller Pädophilie ausgesetzt gewesen. Die meisten der Frauen, denen man zu nahe getreten war, hatten das Gefühl, als ob es irgendwie ihre Schuld gewesen sei. Manche gestanden, ein Gefühl des Vergnügens vermischt mit Schrecken empfunden zu haben. Eine erzählte mir: »Ich haßte es, aber ich setzte mich immer wieder derselben Situation aus.« Die Verführer planten ihr Vorgehen sorgfältig. Sie begannen in der Regel damit, die Brüste und Genitalien zu liebkosen, und endeten mit der Masturbation der Klitoris, in manchen Fällen gefolgt von

Cunnilingus oder Eindringen des Fingers in die Vagina. Manche Männer exhibierten sich und führten die Hand des Mädchens an ihren Penis. Voller Geschlechtsverkehr wurde nur in einem Fall versucht. Die plötzliche Konfrontation mit Exhibitionisten wurde als traumatischer Schock erlebt.
Die ersten sexuellen Erfahrungen der Jungen erfolgten oft in Form von Analverkehr. In manchen Fällen wurden sie von ihren Lehrern mißbraucht, in anderen wurden sie von Männern auf der Straße angesprochen. Gegenseitige Masturbation zwischen Schulkameraden wurde nie als traumatisch empfunden.
Abgesehen von anderen möglichen Auswirkungen wurden sich die betroffenen Jungen und Mädchen durch diese Erlebnisse ihrer eigenen Sexualität und körperlichen Anziehung bewußt. Bei den Mädchen erwachte dadurch die Bisexualität. Ihre heterosexuelle Seite entwickelte sich aus dem Konflikt zwischen Ablehnung des Mannes und Verlangen nach ihm. Ihre homosexuelle Komponente entfaltete sich durch den Widerwillen gegen den Mann und ein echtes Bedürfnis nach der Liebe einer Frau. *Die frühen traumatischen sexuellen Erfahrungen der weiblichen Vp waren immer heterosexuell, die der Männer homosexuell gewesen.* Die männlichen Probanden schilderten den Analverkehr als anfangs schmerzhaft, aber mit der Zeit fanden sie Gefallen daran. Es besteht kaum Zweifel daran, daß sich ihre homosexuelle Seite durch anale ›Vergewaltigung‹ entwickelt hatte.
Manche Autoren halten Frauen für bisexueller als Männer. In *Hormones and Brain Differentiation* (1976) schreibt Dörner: ». . . Personen, die von ihren Genen und Keimdrüsen her Frauen sind, weisen physiologisch größere bisexuelle Verhaltenspotentiale auf als ihre männlichen Entsprechungen. Diese Tatsache kann zumindest teilweise durch die Androgensekretion der Nebennieren und Ovarien während der Differenzierungsperiode des Hypothalamus und/oder durch die paradoxen organisatorischen Wirkungen des Östrogens erklärt werden, die zu einer ambisexuelleren Differenzierung des Gehirns führen« (S. 207).
Er sah die Ursache der weiblichen Bisexualität in den biologischen Gegebenheiten. Die meisten Psychologen sind hingegen der Auffassung, daß psychologische Einflüsse ebenso wirksam, wenn nicht dominierend sind. Zunehmend werden auch soziale Faktoren in Rechnung gestellt, um zu erklären, warum die Sexualität der Frau flexibler ist als die des Mannes. Die Ergebnisse meiner Untersuchung mögen unserem Verständnis einen weiteren Aspekt hinzufügen.
Wenn das sexuelle Bewußtsein von Mädchen erstmals von einem

Mann erweckt wird, macht sowohl die männliche als auch die weibliche Seite ihrer Natur einen Schock durch, der eine Trennung zwischen sexuellen und emotionalen Vorlieben zur Folge hat. Die homosexuelle Seite der Frau äußert sich eher in sexuellen Handlungen, die stärker durch das Gefühl als durch die Sexualität als solche motiviert sind, während ihre heterosexuellen Reaktionen eher physisch als emotional bedingt sind. Passiver Analverkehr erhöht die Sensibilität der Analzone des Jungen und stärkt mithin seine weibliche Seite. Frühe sexuelle Erfahrungen, seien diese traumatisch oder nicht, bahnen den Weg zum Bewußtsein zwiegeschlechtlicher Identität und begünstigen bisexuelle Verhaltensmuster. Jungen sprechen in der Regel rasch und mühelos auf homosexuelle Vergnügungen an, während Mädchen gewöhnlich zunächst ein emotionales sowie ein sensuelles Bedürfnis nach Frauen entwickeln, welches sexuelle Befriedigung keineswegs ausschließt.

Inzestuöse Handlungen, im Fragebogen separat angeführt, wurden in der Mehrheit der Fälle als natürlich und bereichernd betrachtet, wenn sie zwischen Geschwistern stattfanden. Inzest mit einem Elternteil, in vier Fällen verzeichnet, hatte mit Ausnahme eines männlichen Probanden einen überaus schädlichen Effekt.

In den beiden Gruppen gab es sieben Fälle von Inzest zwischen Jungen, nur einen Fall von Inzest zwischen Mädchen und vier Fälle von heterosexuellem Inzest. Sexuelle Neugier hatte zu sexueller Exploration und in einigen Fällen zu einer dauerhaften Bindung geführt (Tabelle 10 a, b). Eine der Frauen hatte die physische Vereinigung mit ihrem Bruder nur in ihrer Vorstellung erlebt, wurde durch diese sehnsüchtigen Phantasien jedoch dauerhaft geprägt. Sie glaubte, daß das Verlangen nach ihrem Bruder viel mit ihrer Bisexualität zu tun hat.

Zwei Frauen waren von ihrem Vater sexuell mißbraucht worden; beide haßten ihn, wurden gezwungen zu schweigen und lebten in ständiger Angst und Schuldgefühlen. Ein Mann unterhielt eine sexuelle Beziehung zu seiner Mutter mit dem entgegengesetzten Ergebnis (Tabelle 10 c, d). Er war überzeugt, daß dadurch sein Vertrauen zu seiner Attraktivität für beide Geschlechter zugenommen habe. Er glaubte an seine erotische Unfehlbarkeit und war sicher, daß ihn seine Erfahrung von allen sexuellen Hemmungen befreit habe. Der ungewöhnliche Inzest zwischen Vater und Sohn war einmal vertreten. Der Betreffende teilte in seiner autobiographischen Skizze nur die nackte Tatsache mit und machte auch während des Interviews keine weiteren Angaben dazu. Inzestuöse Handlungen mit anderen Jungen wurden von den Befragten als natürlich und sehr lustvoll bewertet. Nur ein Proband, der im Alter von sechs Jahren von zwei älteren Brüdern anal mißbraucht worden war, hatte den Akt als schmerzhaft und verstörend empfunden. Doch in seinem späteren Leben wünschte er diese Erfahrung und übernahm bei seinen homosexuellen Begegnungen stets die passive Rolle. In seinen heterosexuellen Beziehungen verhielt er sich jedoch aktiv und aggressiv. Es sei darauf hingewiesen, daß bei den männlichen Probanden die frühe Homosexualität Seite an Seite mit heterosexuellen Gefühlen existierte. Ihre Reaktionen auf beide Geschlechter wurden durch ihre Beantwortung der folgenden Frage anschaulich illustriert: Haben Sie sich vor Ihrem fünfzehnten Lebensjahr für bisexuell gehalten? Die gleiche Frage wurde selbstverständlich auch den weiblichen Vp gestellt (Tabelle 14). Sowohl die männlichen als auch die weiblichen Probanden waren sich fast in gleicher Zahl vor ihrem fünfzehnten Lebensjahr ihrer Bisexualität bewußt. Etwaige Unterschiede waren statistisch nicht signifikant. Der dramatische Beginn der Homosexualität bei männlichen Probanden, ausgelöst durch anale Verführung, überschattete die Tatsache, daß sie auch auf Mädchen sexuell reagierten. Diese frühen Erlebnisse hatten für beide Geschlechter eine starke emotionale Tönung, ob es nun zum physischen Kontakt gekommen war oder nicht. Sie gingen in ihren Autobiographien und bei den Interviews nostalgisch darauf ein.

Frühe sexuelle Kontakte zwischen Geschwistern wirkten sich auf deren sexuelle Orientierung aus. Aber weder positive noch antagonistische Gefühle zwischen ihnen beeinflußten ihr späteres Gefühlsleben, trotz der Tatsache, daß Mädchen oft eine enge Beziehung mit ihren jüngeren Schwestern hatten (Tabelle 18, 19). Abgesehen von anderen Ähnlichkeiten wich die Zahl der älteren und jüngeren Geschwister in den beiden Gruppen nicht erheblich voneinander ab (Tabelle 16).

Beim Studium des elterlichen Einflusses auf die Bisexualität wurde klar, daß die weiblichen Vp in vielen Fällen das Lieblingskind beider Eltern gewesen waren. Männliche Probanden waren stark im Vorteil, wenn sie das älteste Kind waren, wohingegen erstgeborene Frauen oft schon früh mit der Verantwortung für jüngere Geschwister belastet wurden. Frauen befanden sich, selbst wenn sie das Lieblingskind ihrer Mutter waren, aufgrund ihres nagenden Verdachts, daß die Mutter einen Jungen vorgezogen hätte, in einer paradoxen Situation. Dies war vermutlich der Grund, weshalb viele der weiblichen Probanden als Kinder gewünscht hatten, Jungen zu sein (Tabelle 12). Andererseits hatte eine beträchtliche Anzahl von Müttern gewünscht, daß ihre Söhne dem anderen Geschlecht angehörten, was die Zahl der in dieser Studie erfaßten Transsexuellen und Transvestiten erklären könnte. Die Männer waren jedoch von den Wünschen ihrer Mütter weniger beeinflußt als die Frauen, die sich auch noch mit einem anderen Paradox herumzuschlagen hatten. Ihre Väter zogen sie zwar ihren Brüdern vor, wünschten jedoch noch häufiger als ihre Mütter, daß sie Jungen wären (Tabelle 12). Ambivalente Einstellungen der Eltern zum Geschlecht ihrer Kinder weckten bei diesen die ›instinktive‹ Erkenntnis ihrer eigenen Bisexualität. Sowohl Money und Erhardt als auch Dörner haben irrtümlicherweise angenommen, daß Wildheit bei Mädchen ein Zeichen von ›Männlichkeit‹ und ein Charakteristikum von Bisexualität und Lesbianismus sei. Dies ist weit davon entfernt, richtig zu sein. ›Männliches‹ Verhalten bei Mädchen ist in vielen Fällen ein Protest gegen Privilegien, die dem Jungen eingeräumt werden. Schon Helene Deutsch, Karen Horney und andere haben gezeigt, daß Mädchen und Frauen von ihrem Ehrgeiz und ihrem Wettbewerbsdrang dazu getrieben werden, die Männer nachzuahmen, um zu beweisen, daß sie ebenso leistungsfähig sind wie diese. Männliches Verhalten bei der Frau ist kein Indikator ihrer sexuellen Orientierung. Es ist allgemein bekannt, daß bi- und homosexuelle Frauen aufgrund ihres Äußeren und ihres Verhaltens nicht von anderen Frauen zu unterscheiden sind. Viele ihrer männlichen Pendants verraten sich hingegen durch idiosynkratische Gesten und Haltungen, die als Protest gegen Rollenklischees und als Ausdruck ihres Wunsches, sie selbst zu sein, zu verstehen sind. Aber diese Protestäußerungen können zu einer Gefahr werden und zur Entstehung von homosexuellen Klischeebildern beitragen.

Die Liebe einer Mutter stärkt in der Regel das Gefühl der persönlichen und geschlechtlichen Identität des Kindes, sofern die Mutter nicht ihre emotionalen oder sexuellen Probleme auf das Kind projiziert. Der Mangel an mütterlicher Liebe braucht es aber andererseits nicht zu schwächen. Die meisten Mütter gaben den weiblichen Vp zwar liebevolle Zuwendung, ließen jedoch eine leichte Voreingenommenheit zugunsten ihrer Söhne erkennen. Neunzehn weibliche, aber nur fünfzehn männliche Vp waren von ihren Müttern entweder mit Gleichgültigkeit behandelt oder vernachlässigt worden. Die Haltungen der Väter waren das genaue Gegenteil davon. Sie verhielten sich zu ihren Töchtern häufiger liebevoll als zu ihren Söhnen und behandelten sie selte-

ner mit Indifferenz. Der Unterschied der elterlichen Einstellungen zu den Kindern beiderlei Geschlechts war jedoch zu geringfügig, um statistisch signifikant zu sein (Tabelle 21).
Emotionale Konstellationen zwischen Menschen entziehen sich der objektiven Bewertung, insbesondere wenn sie rückblickend in Erinnerung gerufen werden. Wie ich bereits erwähnte, ging es mir nicht um die Realität der Erlebnisse meiner Vp, sondern um das, woran sie sich erinnerten und was sie davon hielten. Ihre Erinnerungen an die elterlichen Einstellungen waren zwangsläufig durch die Unzuverlässigkeit des Gedächtnisses und ihre eigene emotionale Voreingenommenheit gefärbt.
Sowohl männliche als auch weibliche Vp antworteten auf die Frage »Wer war das Lieblingskind Ihrer Mutter?« meistens, daß sie ihren Geschwistern vorgezogen wurden. Sie glaubten, daß ihre Position ihr Bewußtsein ihrer persönlichen und ihrer Geschlechtsidentität gestärkt habe. Wie zu erwarten war, wiesen die Mütter im allgemeinen die Tendenz auf, Jungen und nicht Mädchen zu ihren Lieblingskindern zu machen (Tabelle 22 a).
Die Bevorzugung durch den Vater ging in die entgegengesetzte Richtung und entsprach dem heterosexuellen Stereotyp. Sie zogen ihre Töchter vor, die sich dieser Situation ebenso bewußt waren wie ihre Brüder (Tabelle 22 b).
Die Bevorzugung eines Sohnes durch die Mutter spielt sich auf einer anderen Ebene ab als die der Tochter. Eine besondere Intimität und ein unbewußter Magnetismus verbindet Mutter und Sohn. In extremen Fällen führt ihre Bindung zu vollständiger Identifizierung, die den Jungen unter Umständen zu einem Transsexuellen werden lassen kann. Ein Mädchen erfreut sich selten einer vergleichbaren Intimität, selbst wenn sie das Lieblingskind ist. Aber ihr Bedürfnis, die einzige zu sein, die wirklich wichtig ist, kann ihr ganzes Leben überschatten und sie daran hindern, die Abhängigkeit von ihrer Mutter zu überwinden. Sie wird später versuchen, entweder ihrem Mann oder Geliebten oder einer anderen Frau gegenüber eine ähnliche Stellung zu erlangen. Die Alternative ist, daß sie die entgegengesetzte Position einnimmt und gegen das Mutterimage durch betonte Unabhängigkeit und Auflehnung in persönlichen Beziehungen und im sozialen Verhalten protestiert. Frauen dieser Art können extrem ehrgeizig und wütend antihomosexuell sein.
Die folgenden Skizzen sind Beispiele von Beziehungen zwischen Müttern und ihren Lieblingssöhnen.
John, mit seinen neunzehn Jahren einer der jüngsten Teilnehmer, stammte aus einer Arbeiterfamilie. Er hatte drei Schwestern, und

es war nicht überraschend, daß er das Lieblingskind seiner Mutter war. Sein Vater zog eine seiner Schwestern vor und sprach kaum je mit ihm. Er war ein Alkoholiker und von Eifersuchtsanfällen geplagt, die er an dem Jungen ausließ, den er oft körperlich züchtigte. Die Mutter war eine intelligente Frau, die keinen Beruf ausübte. Sie widmete ihren Kindern viel Zeit und las John von jüngster Kindheit an aus Büchern vor. Verwöhnt von ihr und seinen Schwestern, die er liebte, wuchs er heran. Er identifizierte sich vollständig mit den weiblichen Mitgliedern der Familie, und diese Intimität beeinflußte alle seine späteren Beziehungen. Er verabscheute seinen Vater und versuchte, ihn zu ignorieren. Schon vor seinem fünfzehnten Lebensjahr verliebte er sich in Mädchen, fühlte sich jedoch auch zu älteren Jungen hingezogen. Er reagierte auf beide Geschlechter mit derselben emotionalen Intensität. »Ich liebe Menschen ungeachtet ihres Geschlechts«, sagte er zu mir.

Herbert war, soweit seine Erinnerung reichte, stets der Augapfel seiner Mutter gewesen. Sie zog ihn seinem Bruder und seinen zwei älteren Schwestern vor. Er war ihr jüngstes Kind, und sie behandelte ihn wie eine Puppe. Sie betonte sein mädchenhaftes Aussehen, indem sie sein lockiges Haar lang wachsen ließ und ihn niedlich herausputzte. Er blieb bis zu ihrem Tode – er war damals dreiundvierzig – ihr ›Kleiner‹. Herbert hätte transsexuell werden können, erzählte er mir, aber seine frühe Verliebtheit in eine seiner Schwestern verhinderte dies wahrscheinlich. Sie hatten eine inzestuöse Beziehung, als er vierzehn und sie sechzehn war. Als er etwa zwölf Jahre alt war, übten zwei Lehrer mit ihm Analverkehr aus. Er wagte sich nicht zu widersetzen, obwohl er starke Schmerzen dabei hatte. Aber ebenso wie im Falle anderer Jungen wurde diese ›Übung‹ durch Wiederholung für ihn schließlich zu einem willkommenen Erlebnis. Seine Bisexualität war in der Pubertät geweckt worden, aber er hatte das Gefühl, mehr hetero- als homosexuell zu sein, da er lieber mit Frauen als mit Männern schlief. Dennoch fand er den männlichen Körper aufregender als den weiblichen. Er identifizierte sich immer noch mit Frauen und wünschte sich manchmal, eine schöne Dame zu sein. Am glücklichsten wäre er jedoch, wenn er wieder ein Baby sein könnte, das von einer liebevollen Mutter verwöhnt wird. Mit anderen Worten, er hatte sich nie von ihr losgelöst. Er war mit einer Frau verheiratet, die achtzehn Jahre älter war als er. Obwohl seine psychische Vergangenheit die eigentliche Wurzel von Herberts Bisexualität zu sein schien, deuteten sein gesamtes Äußeres und seine Hände auf einen hormonellen Faktor, vermutlich eine Dysfunktion der Hypophyse, hin. Er war von kleinem Körperbau, hatte ein Kindergesicht und war dick.

Roy, ein dreiundzwanzigjähriger Tänzer, war der Sohn einer alten Mutter (sie war bei seiner Geburt über vierzig gewesen) und sowohl deren Liebling als auch der geliebte ›kleine Bruder‹ von drei Schwestern. Sie alle verwöhnten ihn, aber sein robuster Vater, ein Fabrikarbeiter, hatte eine Abneigung gegen den verzärtelten Jungen. Der Vater war seiner Frau, die ihn in jeder Hinsicht in den Schatten stellte, geistig nicht gewachsen. Sie wollte ihrem Sohn eine gute Bildung verschaffen und besuchte selbst Abendkurse. Roy nahm sich seine Mutter zum Vorbild, er verfügte jedoch leider nicht über die geistigen Fähigkeiten, die seine Mutter bei ihm vermutete, und ging mit fünfzehn Jahren von der Schule ab. Sein Interesse galt dem Ballett und dem Theater, und er war ein begabter Tänzer, aber am wichtigsten waren ihm die menschlichen Beziehungen. Er gehörte der Gruppe ›Männer gegen Sexismus‹ an und bezeichnete sich selbst als religiös und idealistisch. Er liebte und vergötterte Frauen und konnte mit ihnen koitieren, zog jedoch Zärtlichkeiten und Liebkosungen vor. »Sex ist eine zu anstrengende Arbeit«, waren seine Worte. Vor Homosexualität hatte er stets Angst. Seine homosexuellen Kontakte beschränkten sich stets auf heterosexuelle Männer. Roy wirkte zwar äußerlich kräftig, er bewegte sich jedoch mit der trägen Grazie eines androgynen Jünglings. Er erzählte mir, daß er in seiner Kindheit mehr darüber gelernt habe, eine Frau als ein Mann zu sein, und daß er seit damals unter emotionalen Konflikten gelitten habe.

Die beiden folgenden Beispiele der Vorliebe einer Mutter für ihre Tochter verdeutlichen den Unterschied in der Bevorzugung eines Sohnes bzw. einer Tochter.

Carmen, eine neunundvierzigjährige Frau, wuchs unter ungewöhnlichen Umständen auf. Ihre Mutter hatte bereits zwei Söhne aus erster Ehe. Carmen war ein heißersehntes Kind und wurde der Liebling ihrer Mutter. Man hätte annehmen können, daß diese Bevorzugung gegenüber zwei Stiefbrüdern, die sechs bzw. sieben Jahre älter als sie waren, ihr ein sicheres Selbstwertgefühl gegeben und jeden Gedanken an Rivalität mit dem Mann zerstreuen hätten können, um so mehr, als auch ihr Vater sehr an ihr hing. Aber dem war nicht so, wahrscheinlich aufgrund einer unglückseligen Bemerkung ihrer Mutter. Carmen schrieb in ihrer Autobiographie: »Obwohl ich ein ausgesprochenes Wunschkind war, bin ich sicher, daß meine Eltern enttäuscht waren, ein Mädchen zu bekommen. Ich hörte einmal meine Mutter sagen, daß sie einen Jungen vorgezogen hätte.« Aufgrund des Berufs ihres Vaters zog die Familie häufig um, als Carmen noch sehr klein war. Der Vater war ein ranghoher Marineoffizier. Die Familie war wohlhabend, und während ihre Mutter als Kriegshelferin tätig war, blieb Carmen in der Obhut einer Kinderschwester. Ihre ganze freie Zeit widmete die Mutter jedoch ihrer Tochter. Die Familie wurde schließlich wieder vereinigt, und Carmen gedachte ihrer Brüder nie als Stiefbrüder. Sie war lebhaft, abenteuerlustig und intelligent und fühlte sich in ihrem konventionellen Milieu emotional eingeengt. Doch sie hing mit fast verzweifelter Liebe an ihrer Mutter und fühlte sich trotz ihrer Bevorzugung niemals sicher. Sie schrieb: »Oft umarmte ich sie und fragte sie: ›Du liebst mich doch, Mami, oder nicht?‹« Dann empfand sie Reue, weil sie ihrer Mutter durch ihre Zweifel wehgetan hatte. Sie besuchte ein Gymnasium für Jungen und Mädchen und schwärmte wie üblich für bestimmte Lehrerinnen. Ihr erstes sexuelles Erlebnis hatte sie im Alter von etwa vierzehn mit einem sechzehnjährigen Jungen. Zur selben Zeit hatte sie eine starke gefühlsmäßige und sinnliche Beziehung zu einem schönen gleichaltrigen Mädchen. Carmen betrachtete sich selbst als Rebellin und weigerte sich, ihre Zukunft auf den Ideen und Wertvorstellungen ihrer aristokratischen Familie zu errichten. Gegen Ende ihrer Schulzeit wurde sie von Ruhelosigkeit erfaßt. An der Universität wurde sie Kommunistin. Zur selben Zeit entdeckte sie ihre lesbischen Neigungen, zu denen sie sich offen bekannte.

Hermione, eine einundzwanzigjährige Studentin, stammte aus einer liberalen und ziemlich unkonventionellen Familie. Sie hatte einen älteren Bruder, war jedoch immer der Liebling ihrer Mutter gewesen. Ihre Mutter vergötterte sie, und sie lernte nie das Gefühl der Unsicherheit in bezug auf diese Liebe oder der Rivalität mit einem Mann, ob Bruder oder Vater, kennen. Die Leidenschaftlichkeit ihrer Mutter wurde durch die ruhige Zuneigung ausbalanciert, mit der ihr Vater sie umgab. Hermione war ›Herrin‹ im Hause; sie wurde nie kritisiert und wurde von ihrer Mutter gründlich verwöhnt. Sie war außergewöhnlich intelligent, mit einem IQ von etwa 150, aber ihre Nervosität hatte stets Grund zur Beunruhigung gegeben. Sie war exaltiert und hatte keine klare Vorstellung, was sie mit ihrem Leben anfangen sollte. Ihre ersten sexuellen Erfahrungen machte sie mit zwei Mädchen, aber im Alter von sechzehn Jahren verliebte sie sich in einen jungen Mann und schlief mit ihm. Von dieser Zeit an betrachtete sie sich als bisexuell. Ihre psychische Labilität führte zu einem Nervenzusammenbruch, der eine psychiatrische Behandlung notwendig machte. Ihre Gefühle gegenüber ihrer Mutter waren ambivalent. Sie war völlig abhängig von ihr, aber fürchtete sich, von ihr aufgefressen zu werden. Sie kehrte stets zu ihr zurück, sobald sie mit dem ›Leben‹ nicht mehr fertig wurde.

In zwei anderen Fällen, in welchen die Mütter ihre Töchter den Söhnen vorzogen, entstanden Konflikte, weil die Kinder fürchteten, die glückliche Ehe ihrer Eltern zu stören. Möglicherweise war eine Verschiebung des Konflikts die eigentliche Ursache ihres Mißbehagens: die unbewußte Furcht, daß ihre Mutter sie noch mehr geliebt hätte, wenn sie dem anderen Geschlecht angehört hätten. Das Gefühl der weiblichen Minderwertigkeit ist so tief eingewurzelt, daß es sich trotz äußerer Bezeugungen des Gegenteils hält.

Die beiden letzten Beispiele betreffen weibliche Befragte, deren Eltern keines ihrer Kinder bevorzugten.

Janes Eltern behandelten sie und ihren jüngeren Bruder mit uneingeschränkter Liebe und Zuwendung, ohne einen von beiden zu bevorzugen. Sie schrieb in ihrer autobiographischen Skizze: »Wir waren beide Wunschkinder und hatten das unerhörte Glück, in einer sehr liebevollen, stabilen Familie aufzuwachsen. Meine Eltern gaben das lebende Beispiel einer guten Ehe. Sie waren jene Art von Menschen, bei denen andere Hilfe, Trost und Gesellschaft suchen.« Jane und ihr Bruder wurden schon früh von ihren Eltern voll aufgeklärt. Zu den Freunden der Familie zählten mehrere Homosexuelle, die von allen als normal betrachtet wurden. Jane hatte in ihrer frühen Adoleszenz romantische Beziehungen zu Mädchen und hegte die übliche Schwärmerei für eine Lehrerin, in ihren Augen jedoch mehr als ein jugendliches Strohfeuer, da diese Zuneigung mehr als fünf Jahre anhielt. Männer betrachtete sie als Brüder, eine Einstellung, die sich erst änderte, als sie ihre Familie verließ, um an die Universität zu gehen. Dort verliebte sie sich in einen Studienkollegen, mit dem sie auch ins Bett ging. Diese Affäre dauerte ein Jahr. Jane erschien mir als einer jener glücklichen Menschen, die von ihren Eltern nur einem Minimum an Gehirnwäsche unterzogen worden waren und die sich daher so viel Natürlichkeit bewahrt hatte, wie dies bei einem Menschen unserer Zeit überhaupt nur möglich ist. Die Bisexualität war in ihren Augen nicht ein Problem, sondern ein natürlicher Zustand.

Patricia stammte aus einem ähnlichen Milieu wie Jane. Ihr Bruder war zwei Jahre jünger als sie, beide waren gewollte und sehr geliebte Kinder, ohne daß eines bevorzugt worden wäre. Der einzige, aber gravierende Unterschied in ihrem frühkindlichen

Milieu waren die ziemlich engstirnigen gesellschaftlichen Einstellungen ihrer Eltern. Dies könnte erklären, warum Patricia bis zu ihrem siebzehnten Lebensjahr dieses Verhaltensmuster beibehielt und sich als heterosexuell betrachtete. Sobald sie jedoch vom Elternhaus weggezogen war und das College besuchte, entdeckte sie ihre Bisexualität, und es fiel ihr nicht schwer, ihre lesbischen Neigungen zu akzeptieren. Sie war der Ansicht, daß ihre Eltern, deren Liebe und Vertrauen sie seit ihrer Kindheit genossen hatte, ihr die Freiheit einräumten, sich so zu akzeptieren, wie sie war, obwohl sie ihrem konventionellen Kodex nicht entsprechen konnte.

Die beiden letzten Fälle waren insofern Ausnahmen, als beide Eltern ihren Kindern aktiv geholfen hatten, sich die Freiheit zu nehmen, sie selbst zu sein.

In der Regel fand die intime Bindung an die Mutter keine Entsprechung in der Beziehung zum Vater. Abgesehen von der *natürlichen* Dominanz der Mutterfigur sind die sozialen Bedingungen in einer männerbeherrschten Gesellschaft für eine vergleichbare Nähe zwischen Vater und Kind ungünstig. Es stimmt nicht, daß ein Mann nicht dasselbe Potential für ›mütterliche‹ Fürsorge und Zärtlichkeit gegenüber den Kindern besitzt, aber es fehlt ihm die Gelegenheit, es zu entwickeln, solange nicht alle Aufgaben des Lebens von beiden Geschlechtern gleichermaßen geteilt werden. Erst dann werden sich die mütterlichen und väterlichen Einflüsse überschneiden, und der Vater wird eine viel engere Beziehung zu seinem Kind herstellen können. Einige der jüngeren männlichen Teilnehmer hatten dieses Ziel bereits verwirklicht (siehe VIII, Autobiographie 7).

Auf jeden Fall üben die frühen elterlichen Einstellungen und die Umweltbedingungen einen entscheidenden Einfluß auf die Entwicklung der späteren Beziehungen aus.

VI.
Spätere Beziehungen

Freud verhalf der kindlichen Erotik zu ihrem Recht. Aber er erklärte nicht, daß die ›Libido‹ des Kindes gegenüber den Eltern bloß ein Schutz gegen die Angst ist, von ihnen verletzt zu werden: ein Mittel, um sich einzuschmeicheln, und ein Zeichen der Dankbarkeit für geleistete Dienste. Die ersten ›erotischen‹ Regungen sind Schreie des ›Hilf mir, füttere mich, schütze mich‹. Die ersten angeblich sexuellen Äußerungen des Kleinkindes sind die giftigen Früchte der Angst. Freuds ›Oedipuskomplex‹ illustriert de facto die Angst des Kindes vor dem Verlust seines Sicherheitsankers – der Mutter –, den es durch Bezeugungen der Liebe und des Verlangens zu verhindern sucht. Nicht Libido, sondern Prostitution ist das Kennzeichen der ersten Beziehungen. Während unser Gefühlsleben mit Prostitution beginnt, fängt unser Sexualleben mit Masturbation an, dem ABC sexuellen Wissens, auf dem unser späteres Liebesleben zum Großteil basiert. Mit seinen autistischen Gesten entdeckt das Kleinkind die lustspendenden Genitalien, die erogene Zone par excellence. Dies ist ein Lebensabschnitt, in dem die sexuelle Befriedigung noch nicht mit Nebenabsichten befrachtet ist. Aber der ›Garten Eden‹ wird bald verlassen, wenn das Kind lernt, die Masturbation zu Heilzwecken zu benutzen. Autosexuelle Aktivität beginnt bereits in den ersten zwei Lebensjahren. Die Benutzung der Onanie als ›Droge‹ folgt im Alter von etwa drei Jahren. Sie wirkt als Tranquilizer zum Abbau von Spannungen und Angst und als Antidepressivum zur Milderung von Frustrationen und Enttäuschungen. Die Selbstbefriedigung kann auch die Hypnose ersetzen, indem sie die Funktion der Hypophyse stimuliert, deren Wachstumshormone das Einschlafen erleichtern. Es ist bekannt, daß die Frauen sogenannter ›primitiver‹ Kulturen ihre kleinen Kinder in den Schlaf masturbieren.

Selbsterforschung führt zur Sexualentdeckung, die ihrerseits zur Selbsthilfe führt.

Ein Kind ist mutter- und ich-zentriert, und die Grenzen zwischen beiden sind unscharf. Diese Symbiose bleibt dem Menschen, wenn auch weniger offenkundig, bis an sein Lebensende. Psychoanalytiker, die egozentrische Menschen als narzißtisch bezeichnen, haben den berühmten griechischen Mythos trotz Melanie Kleins faszinierender Interpretation, die den Irrtum richtigstellte, mißverstanden. Jung trug der bisexuellen Natur des Menschen mit seinem ›Animus‹ und seiner ›Anima‹ Rechnung. Er enthüllte eine essentielle Wahrheit über das Wesen der Liebe: die Suche nach dem andersgeschlechtlichen Aspekt des eigenen Selbst im Liebesobjekt, woraus hervorgeht, daß jede Liebe Eigenliebe ist. Die Masturbation des Kindes ist keine Raupe, aus der sich nach Durchlaufen einer homo- oder bisexuellen Phase der Schmetterling der Heterosexualität entwickelt. Die wirkliche Situation ist anders. Wir behalten die Masturbation unser ganzes Leben lang als wesentlichen Bestandteil unserer erotischen Beziehungen bei. Nur durch das Erlebnis der erregbaren und lustspendenden ›Stellen‹ des eigenen Körpers kann man die Punkte finden, die bei anderen ähnliche Reaktionen auslösen. Akte der Selbstbefriedigung nehmen den größeren Teil des menschlichen Liebeslebens ein, selbst wenn im Stadium der Reife gelungene und erfüllte Beziehungen hergestellt worden sind. Die Masturbation und Sensualität sind die Pfadfinder bei der Erkundung der erogenen Zonen. Der Hautkontakt zwischen Menschen ist sowohl Selbstzweck als auch ein Vorspiel zur vollen orgastischen Befriedigung. Die Wonne des Berührens und Berührtwerdens findet ihr Echo in den Emotionen, die sich in Worten äußern wie: ›sich von jemandem gerührt fühlen‹ und ›jemandem ans Herz rühren können‹. Die Kunst der Liebe hat ihre Wurzel in der Sensibilität des Tastsinns, der die Spielwiese bi- und homosexueller Freuden ist. Heterosexuelle Personen mögen dies lediglich als ein hors d'œuvre betrachten, aber kein Liebesakt, der diesen Namen verdient, kann darauf verzichten. Langeweile und Unzufriedenheit wären die Folge stereotyper Sexualpraktiken. Die Kunst des Liebens würde zu einer mechanischen Übung werden, wenn die Phantasie nicht jedes erotische Erlebnis neu gestalten würde. Die Neugier, die das Unbekannte entdecken und das Unvertraute erobern möchte, beflügelt die Phantasie und fungiert in den intimen Beziehungen beider Geschlechter als ihr Helfer. Die Neugier ist ein guter Lehrer, aber es gäbe keine Lernerfolge, wenn das Gehirn nicht mit einem Potential vorstrukturierten Wissens ausgestattet wäre, wie uns Chomsky lehrte. Ich glaube an diese Theorie und bin der Auffassung, daß alles Wissen von angeborenem Vorwissen abhängt, nicht nur im geistigen, sondern

auch im emotionalen Bereich. Wir können jeder und alles in unserer Phantasie sein, die ein feines Ohr für unterschwellige Erinnerungen und die unbewußten Regungen unser pränatalen Vergangenheit hat. Der Unterschied zwischen Bi- und Heterosexualität liegt in der Verdrängung der homosexuellen Komponente in letzterer. Der Unterschied zwischen Bi- und Homosexualität besteht hingegen im Ausschluß der heterosexuellen Komponente, aus biographischen und/oder hormonellen Gründen. Die Bisexualität ebnet die Geschlechtsunterschiede weitgehend ein und läßt die androgyne Natur des Menschen hervortreten. Homosexualität folgt im wesentlichen den gleichen Verhaltensmustern und unterscheidet sich von der Bisexualität nur durch die Betonung exklusiver Praktiken. Und in einem gewissen Sinn folgen Heterosexuelle in derselben Linie. Jegliche Sexualität entstammt der gleichen Quelle und bedient sich ähnlicher Ausdrucksmittel. Die Kategorisierung psychosexuellen Verhaltens vernebelt, statt zu klären. Letzten Endes haben wir den sexuellen Entdeckungen des Kindes nicht viel hinzuzufügen. Wir bleiben Kinder, nicht nur im Herzen, sondern auch in bezug auf unsere Sexualität. Das Kind benutzt Sex als Droge, und dasselbe gilt auch für den Erwachsenen. Sex ist in jedem Lebensabschnitt ein Fluchtmittel und eine Methode zum Abbau von Spannungen und zur Einleitung des Schlafes. Die Erwachsenen benutzen die Sexualität häufiger als Mittel zum Zweck denn als spontane Kommunikation von Liebe und Begierde. Der Wille zur Macht, der Wunsch zu erobern und das Eroberte festzuhalten bewirken, daß sich der Mensch im Erwachsenenalter aus genau demselben Grund prostituiert wie in der Kindheit. ›Bleib bei mir‹, ›umarme mich‹ und ›schau mich an‹ lauten die emotionalen Appelle der Erwachsenen wie der Kinder. Auch die Menschen, für die diese Appelle bestimmt sind, unterscheiden sich nicht von den Liebesobjekten des Kindes. Die Männer rufen nach der Mutter in der Geliebten und die Frauen tun dasselbe, selbst wenn der Liebespartner die Züge eines Mannes trägt.
Unter einer intimen Beziehung stellt sich jeder etwas anderes vor. Für viele bedeutet sie Sex, für andere Liebe und für manche Freundschaft, aber der gemeinsame Nenner ist emotionale Verbundenheit. Hinter jeder Beziehung steht die Vergangenheit: die Erfahrungen der Kindheit und Jugend. Wer in einer engen Beziehung der sexuellen Intimität den Vorrang einräumt, macht sie zu einem Spiegelbild der Selbstliebe und Masturbation; wer in der emotionalen Bindung das Wesentliche einer intimen Beziehung sieht, übernimmt damit aufs neue die aktive oder passive Rolle

der Mutter-Kind-Beziehung. Ob intime Beziehungen ich- oder mutterzentriert sind, sie stellen immer eine Regression in die Kindheit dar, deren Schatten als Fluch oder Segen auf ihnen lastet. Das Bild des Vaters wird dabei im allgemeinen nur undeutlich, wie durch ein dunkles Glas wahrgenommen. Die Art und Weise, wie Menschen ihre intimen Gefühle für das eine oder andere Geschlecht erleben, ist eine Frage der Gewichtung. Emotionale und sexuelle Bindungen gehen nicht notwendigerweise Hand in Hand, was für bisexuelle Menschen von besonderer Relevanz ist. Die Liebe zum eigenen Geschlecht hat andere Ingredienzien als die zum anderen, und die intimen Beziehungen der weiblichen und männlichen Befragten verliefen nach unterschiedlichen Mustern. Die Männer waren emotional an Frauen gebunden und von diesen abhängig (Tabelle 11). Sie liebten sie auch sexuell, aber das Schwergewicht lag auf ihrer mütterlichen Fürsorge. Die Frauen empfanden oft ein überwältigendes emotionales Bedürfnis nach anderen Frauen, das sich von ihren Gefühlen für Männer unterschied. Die Bindung an ihre männlichen Geliebten und Partner basierte in den meisten Fällen auf mütterlicher Liebe und Zuwendung. Aber sie verliebten sich in Männer und unterschieden sich insofern von Lesbierinnen. Manche fühlten sich sexuell stärker zu ihren männlichen als zu ihren weiblichen Partnern hingezogen. Eine so komplexe Situation rief nicht selten Schwierigkeiten in den Beziehungen zu beiden Geschlechtern hervor. Dies könnte zu psychischen Störungen beigetragen haben (Tabelle 21). In ihrer Jugend hatten die männlichen Probanden weit häufiger homosexuellen Inzest begangen als die weiblichen Vp. Die leichte Erregbarkeit durch homosexuelle Signale hielt bis ins Erwachsenenalter an und machte Sex mit anderen Männern unwiderstehlich. Ihre homoemotionalen Bindungen waren hingegen weit weniger intensiv und entbehrten oft der Stabilität. Dies traf jedoch nicht auf einige der kultivierteren Intellektuellen zu, die homosexuelle Promiskuität ablehnten und sich neben ihrer Ehe bzw. ihren eheähnlichen Beziehungen eine dauerhafte Bindung an einen anderen Mann wünschten. Die Gefühle und Emotionen der männlichen Befragten für ihre weiblichen Partner waren im großen und ganzen geradezu felsenfest. Jeder Gedanke an Trennung löste Angst, wenn nicht Panik bei ihnen aus. Der Abhängigkeit der Männer von den Frauen entsprach eine ebenso große Unabhängigkeit der Frauen von den Männern, worin sich die frühen Bindungen beider Geschlechter an die Mutter spiegeln. In der Regel hatte sich der Mann in ihrer schützenden Liebe sicher gefühlt, während es der Frau nicht

gelungen war, ein Gefühl der Unsicherheit gegenüber der Mutter zu überwinden. Sie hatte um ihre Liebe kämpfen müssen und dabei so etwas wie Selbstgenügsamkeit entwickelt. Die frühe Mutter-Kind-Bindung war meiner Ansicht nach verantwortlich für die unterschiedliche Einstellung, mit der die männlichen und weiblichen Befragten an Liebe und Ehe herangingen. Die Frauen fürchteten nicht für sich selbst, falls die Bindung mit ihrem Partner zerbrechen sollte, sondern sie fürchteten für *ihn* und konnten den Gedanken nicht ertragen, ihre Kinder zu verlassen. Sie waren aus ihren frühen Rivalitätsgefühlen gegenüber dem Mann herausgewachsen und damit auch aus dem Wunsch, dem anderen Geschlecht anzugehören (Tabelle 13). Sie hatten den Kampf aufgegeben, etwas zu sein, was sie nicht waren, und zeugten damit von dem Bedürfnis aller Menschen, sich in ihrer eigenen Haut wohlzufühlen, was das größte Geschenk der Natur ist. In ihrem Kampf um persönliche Freiheit wurden sie durch den Kampf der Frauenbewegung um kollektive Freiheit unterstützt. Obwohl sie sich selbst als Frauen akzeptierten, und zwar äußerst nachdrücklich, waren sie sich gleichzeitig ihrer zwiegeschlechtlichen Identität und ihres Bedürfnisses, sowohl Frauen als auch Männer zu lieben, bewußt. Ihre Reaktionen demonstrierten die psychologischen und gesellschaftlichen Auswirkungen auf die Bisexualität und stellten ein überzeugendes Argument gegen eine rein genetische Theorie dar. Ihre individuellen Lebenserfahrungen mögen ihnen geholfen haben, ihr Frausein uneingeschränkt zu akzeptieren. Obwohl sie sich von den Lesbierinnen durch ihre Fähigkeit unterschieden, sich in Männer zu verlieben, teilten sie mit diesen die Homoemotionalität ihrer intimen Bindungen. Dies könnte der Grund sein, weshalb sie keinen eigenen Status erlangt haben, sondern mit homosexuellen Frauen identifiziert wurden.
Die meisten der befragten Frauen waren homoemotional, während sich die meisten Männer als bi-emotional erwiesen. Wenige männliche Teilnehmer hatten eine emotionale Vorliebe für eines der beiden Geschlechter. Die emotionale Bindung der Frauen an andere Frauen und ihre emotionale Präokkupation mit diesen war ein bemerkenswertes Ergebnis der Untersuchung und stand in Gegensatz zu den Resultaten, die sich bei den männlichen Teilnehmern ergaben (Tabelle 11 a, b).
Ich hatte jede Vp gefragt, was sie unter ›sich verlieben‹ verstehe. Nicht alle äußerten sich klar dazu, aber alle, die sich klar ausdrükken konnten, gaben dieselbe Antwort: man denkt Tag und Nacht an diesen Menschen, man möchte, daß er da ist und will wissen, welche Gefühle er einem entgegenbringt und womit er sich bei

Tag oder bei Nacht beschäftigt. Sie hatten damit den Kern der emotionalen Präokkupation, so wie ich selbst sie verstehe, erfaßt. Obwohl sich die Frauen physisch und emotional in Männer verlieben konnten, übertraf ihre homoemotionale Faszination bei weitem die Gefühle, die sie für den Mann empfanden. *Bisexuelle Frauen sind gefühlsmäßig stärker an andere Frauen gebunden als an Männer.* Ihre Vorliebe wurzelt in der frühen Mutter-Tochter-Beziehung und wird durch ein Gefühl sexueller Minderwertigkeit intensiviert, für das sie bewußt oder unbewußt die Mutter verantwortlich machen. Die weiblichen Befragten lehnten die Männer nicht emotional ab, aber sie waren von ihnen weniger tief berührt als von ihrem eigenen Geschlecht.

Man sollte sich daran erinnern, daß das Wort Emotion dasselbe Schicksal erlitten hat wie das Wort Liebe und viele andere. Diese wurden zu vagen Bezeichnungen, die für verschiedene Menschen verschiedene Bedeutungen haben. Emotion ist eine bewegende Kraft, die Körper und Seele in Erregung versetzt. Diese ›Regungen‹ können sanft oder überaus heftig sein und sanfte oder stürmische Gefühle auslösen. Emotionen haben viele Gesichter, ebensoviele, wenn nicht mehr, als Liebe. Sie können seicht oder tief sein, aber nichts, was das Leben für einen Augenblick verändert, geschieht ohne innere Bewegung. Selbst das routinemäßigste sexuelle Verlangen hat ein emotionales Ingrediens. Nicht alle Beziehungen haben eine sexuelle Komponente, aber sie haben immer ein emotionales Element. Die Männer- und die Frauengruppe unterschied sich hinsichtlich ihrer emotionalen Bindungen und Präokkupationen ebenso stark wie hinsichtlich ihrer Einstellung zur Sexualität. Aber es gab auch männliche und weibliche Befragte, die, bedingt durch ihre Individualität und ihre spezielle Spielart geistig-psychischer und emotionaler Androgynie, die ›Plätze tauschten‹. In diesem Sinne könnte man vielleicht bestimmte homosexuelle Männer als Lesbierinnen und ihre weiblichen Pendants als ›Tunten‹ klassifizieren. Dasselbe gilt für Bisexuelle.

Männliche und weibliche Vp wurden gefragt, ob sie die Bisexualität für einen emotionalen Vorteil hielten oder nicht. Dies wurde in beiden Gruppen von einer Mehrheit bejaht (Tabelle 23). Auf der entsprechenden Tabelle ist diese Frage mit einer anderen nach der Anzahl der männlichen und weiblichen Liebespartner, die die Vp hatte, in Beziehung gesetzt. Ihre Antworten waren unabhängig von der Zahl der Partner, ob diese nun dem eigenen oder dem anderen Geschlecht angehörten. Die Statistik korrelierte auch das Alter der Befragten mit der Anzahl der Liebespartner

beiderlei Geschlechts. Die männlichen Probanden hatten signifikant mehr homosexuelle Partner als die weiblichen, und die Frauen hatten mehr heterosexuelle Partner als die Männer (Tabellen 16, 17).
Ein unerwartetes Ergebnis dieser Untersuchung war die Tatsache, daß in beiden Gruppen über die Hälfte aller Vp verheiratet war. Die Ehen der männlichen Probanden waren vorwiegend glücklich, die der weiblichen weniger häufig. Ihre Trennungs- und Scheidungsquote lagen höher als die der Männergruppe (Tabelle 7 b). Mehr Männer als Frauen waren verheiratet, was auf die größere Anzahl älterer Männer in unserer Stichprobe zurückzuführen sein könnte. Ihre emotionale Abhängigkeit von den Frauen könnte erklären, weshalb sie sich so gut für die Ehe eigneten. Sie brauchten den Anker eines ›geregelten‹ Lebens mit einer Mutterfigur im Hintergrund. Viele sehnten sich nach bürgerlicher Respektabilität als Gegengewicht zu ihrer gesellschaftlichen Unsicherheit. Die Ehe diente ihnen als Zuflucht vor der Außenwelt und als ausgleichendes Element ihres Innenlebens. Den weiblichen Vp fiel es leichter, allein zu leben. Sie wünschten sich Unabhängigkeit, weil sie das Bedürfnis hatten, auf eigenen Füßen zu stehen. Der Einfluß der Frauenbewegung machte sie unkonventioneller und unabhängiger von den Meinungen anderer. Beide Gruppen waren sich einig in ihrer Einstellung zur Elternschaft und in ihrer Liebe zu ihren Kindern. Keine der Frauen und nur zwei der Männer empfanden ihnen gegenüber Gleichgültigkeit (Tabelle 7 c). Sie hatten sich an die Struktur der Kernfamilie ebenso weitgehend angepaßt wie ihre Eltern. In dieser Hinsicht existierte kein Generationsunterschied (Tabelle 7 a). Dennoch muß es beträchtliche Unterschiede im Lebensstil zwischen den beiden Generationen gegeben haben. Dies trat insbesondere bei den Frauen klar zutage, die sich von ihren Müttern in ihrer Einstellung zur Ehe unterschieden. Ihrem eigenen Eindruck nach waren sie weniger häufig glücklich verheiratet.

Konflikte bezüglich der Bisexualität

Die verheirateten Männer wurden routinemäßig nach ihrer Einstellung zu ihren Partnerinnen gefragt. Die älteren Männer sprachen in ihren Autobiographien oft recht herablassend von ihren Frauen. Auf meine Frage, ob ihre Partnerinnen bisexuelle oder lesbische Neigungen hätten, reagierten sie meist schockiert: »Keinesfalls, sie versteht solche Frauen nicht, aber gegenüber der männlichen Homosexualität ist sie etwas toleranter.« Diese Männer betrachteten ihre Frauen als eine Mischung aus Mutter und Haushälterin. Diese altmodische Einstellung zu den als Lebenspartnerinnen gewählten Frauen ließ keinen Zweifel daran, daß viele bisexuelle Männer der älteren Generation einem überholten weiblichen Ideal anhängen. Und nicht alle jüngeren Männer legten eine andere Einstellung an den Tag. Kein Wunder, daß viele ihre homosexuellen Neigungen vor ihren Frauen zu verheimlichen suchten. Manche wollten es vor ihnen geheimhalten, daß sie an meiner Forschungsarbeit teilnahmen, und gaben mir deshalb ihre Privatadresse nicht. Sie inszenierten ihre homosexuellen Abenteuer mit Umsicht und einer gewissen Bravour und schienen ihren Familien gegenüber keine Schuldgefühle zu haben. Nur eine sehr kleine Zahl älterer Umfrageteilnehmer lebte in einer Atmosphäre des Verständnisses und der Offenheit gegenüber ihren Frauen. Sie waren in der Regel mit Frauen verheiratet, die älter als sie selbst waren. Nach außen hin wirkten alle diese Männer angepaßt und schienen ein ganz normales Leben zu führen. Sie schienen nicht zu befürchten, ihre Stellung oder ihre Freunde zu verlieren, falls ihre homosexuelle Seite ans Licht käme. Sie führten ein Doppelleben und trugen die Maske bürgerlicher Achtbarkeit. Aber welches Gesicht verbarg sich hinter ihrer Maske? Wenn sie im Laufe des Interviews gelöster wurden und mehr aus sich herausgingen, gestanden sie, in ständiger Angst vor Entdeckung zu leben. Manche gaben zu, Schuldgefühle zu empfinden, und zwar eher ihren Kindern als ihrer Frau gegenüber; andere leugneten Schuldgefühle, aber bekannten, daß sie sich weder innerhalb noch außerhalb ihrer Familie je wirklich ›sicher‹ fühlten. Ihre Leugnung von Schuldbewußtsein konnte die Wahrheit nicht verdecken; sie zeigte sich in der übertriebenen Fürsorge, mit der sie sich um Frau und Kinder kümmerten (Tabelle 20).

Konflikte dieser Art waren bei den Transvestiten und Transsexuellen, die an dieser Untersuchung teilnahmen, noch ausgeprägter. Dieser Zustand hat einen zwanghaften Charakter, und das Leiden der Betroffenen wurde in erster Linie durch die Dichotomie zwischen sexueller und Geschlechtsidentität verursacht. Da es sich vorwiegend um Introvertierte handelte, ergaben sich ihre Konflikte eher aus ihrem Verhältnis zu sich selbst als zu anderen. Alle Transvestiten, die ich interviewte, hatten Konflikte hinsichtlich ihrer homosexuellen Seite. Sie gaben ohne Ausnahme zu, sich sexuelle Beziehungen mit Männern zu wünschen.

Eine Reihe jüngerer Probanden wies eine andere Mentalität auf als die älteren Männer. Drei hatten bisexuelle Frauen, die der Frauenbewegung angehörten. Sechs junge Paare, die in eheähnlichen Beziehungen lebten, betrachteten die Bisexualität als einen Bonus, weil sie einem hilft, die Reaktionen des anderen besser zu verstehen. Dies waren Menschen, die in ihren persönlichen und kollektiven Kontakten nach neuen Lebensformen suchten. Drei andere nicht verheiratete Paare betrieben Gruppensex und experimentierten mit unorthodoxen psychologischen Methoden wie Bewußtseinserhöhung und Bioenergetik. Vier der männlichen Befragten, zwei davon verheiratet, gehörten der Gruppe ›Männer gegen Sexismus‹ an. Zwischen den älteren und jüngeren männlichen Probanden war tatsächlich eine Generationslücke vorhanden, mit der Einschränkung, daß das psychologische Alter nicht immer dem biologischen entsprach. Aber auch die jüngeren Männer waren nicht frei von Konflikten bezüglich ihrer Bisexualität. Abgesehen von wenigen Ausnahmen offenbarten sie ihre sexuelle Orientierung nur gegenüber engen Freunden und Kollegen. Bei einigen ergab sich ein schwerwiegenderer Konflikt aus ihrer Angst um ihre Männlichkeit im allgemeinen und ihrer Furcht vor Impotenz mit Frauen im besonderen. Andere waren hingegen überzeugt, daß ihre homosexuellen Beziehungen ihre heterosexuellen Bindungen festigten und bereicherten. Sowohl ältere als auch jüngere Probanden empfanden sich in unserer Gesellschaft als entwurzelt und äußerten Angst davor, als ›Schwule‹ entlarvt zu werden. Manche hatten Schuldgefühle, andere nicht, aber alle fürchteten sich vor Stigmatisierung.

Schuldgefühle in bezug auf den homosexuellen Aspekt ihrer Bisexualität waren bei den männlichen Befragten häufiger als bei den weiblichen. Bei beiden Gruppen empfanden eine Reihe von Befragten Schuldgefühle in bezug auf die Sexualität im allgemeinen, innerhalb wie außerhalb der Ehe (Tabelle 20). Die Tatsache, daß einige bisexuelle Frauen und Männer darunter zu leiden hatten, ist vielleicht durch ihre Erziehung zu erklären. In manchen Fällen mag ihr schizoider Charakter sie in diese Sackgasse geführt haben.

Ich gewann den Eindruck, daß die Frauen häufiger als die Männer den Mut hatten, in sexuellen Dingen zu ihren Überzeugungen zu stehen. Sie waren weniger abhängig von der öffentlichen Meinung. Ihr Leben war dadurch weniger kompliziert. Es liegt nahe, ihre größere Freiheit darauf zurückzuführen, daß sie von dem Gesetz gegen Homosexualität nicht betroffen sind. Man muß sich nämlich vor Augen halten, daß bisexuelle Personen im allgemeinen mit Homosexuellen in einen Topf geworfen werden.

Bisher ist keine klare Unterscheidung zwischen den beiden Gruppen getroffen worden. Bisexuelle (und homosexuelle) Frauen hatten nie unter den Demütigungen zu leiden, die die Strafverfolgung für die Männer mit sich brachte. Viele der Vp hatten jedoch Bekanntschaft mit den subtilen und oft auch weniger subtilen psychischen, sozialen und sogar physischen Sanktionen gemacht, denen die Lesbierinnen ausgesetzt sind. Die Mimikri eines normalen Familienlebens, plausibler bei bi- als bei homosexuellen Frauen, gewährte jedoch manchen von ihnen einen gewissen Schutz davor, als ›unerwünscht‹ verfolgt zu werden. Legalisiert oder nicht, boten ihre intimen Beziehungen zu Männern einen gewissen Schutzschild. Ihre Liebe zu Frauen blieb der Öffentlichkeit eher verborgen, weil sie eine gewisse Balance zwischen Hetero- und Homosexualität hielten, ohne offenkundige Bevorzugung der einen oder anderen. Manche von ihnen lebten in einem ›Niemandsland‹, wo ihre lesbischen Beziehungen den Angriffen und auch oft der Neugier entzogen waren. Radikale Lesbierinnen warfen ihnen daher vor, sich vor ihrer homosexuellen Verantwortung zu drücken, indem sie diesen Aspekt herunterspielten. Auf die Frauen, mit denen ich zu tun hatte, traf dieser Vorwurf jedoch nicht zu. Sie bekannten sich mindestens ebenso entschieden zu ihrer Loyalität gegenüber den homosexuellen Frauen wie zu ihrer Bindung an Männer. Ich habe bereits erwähnt, daß ihre emotionale Bindung an andere Frauen und ihre Präokkupation mit diesen im allgemeinen stärker waren als ihre Gefühle für Männer, und es erschien daher paradox, daß die Konflikte bezüglich ihrer Bisexualität aus ihrer Unsicherheit gegenüber Lesbierinnen und nicht gegenüber ihren männlichen Liebhabern oder Ehemännern resultierten. Eine Vp, die in einer Wohngemeinschaft lebte, hatte sich in einen Mann verliebt. Aus Furcht vor Mißbilligung durch eine radikal lesbische Freundin, mit der sie ihr Zimmer teilte, wagte sie nicht, eine sexuelle Beziehung zu ihm aufzunehmen. Bisexuelle Männer hatten in zweifacher Hinsicht zu leiden, weil sie sowohl ihre homosexuellen als auch ihre heterosexuellen Partner enttäuschten. Bisexuelle Frauen hatten es leichter, da sie sich weniger vor gesellschaftlicher Ächtung fürchteten und gegenüber ihren Ehepartnern oder männlichen Liebhabern unabhängiger waren. Kein Wunder, daß ihre Konflikte oft anderer Art waren als die der männlichen Probanden. Sie versuchten nicht, ihre Liebe zu Frauen vor ihren Ehemännern zu verbergen, die im großen und ganzen die Situation akzeptierten und in einer Reihe von Fällen sogar förderten. So hießen sie die lesbischen Freundinnen ihrer Frauen in ihrem

Hause und manchmal auch in ihrem Bett willkommen. Sie wünschten sich eine Dreierbeziehung, weil sie nicht von der ›anderen‹ Liebe ihrer Frauen ausgeschlossen sein wollten und die Situation als erregend empfanden. Zweifellos glaubten sie nicht daran, fallengelassen zu werden, wenn es zu einer Entscheidung kommen sollte. Aber Sex zu dritt funktionierte nie auf längere Zeit, und der Ehemann mußte sich gewöhnlich um einen würdigen Abgang bemühen. Obwohl es in einigen Fällen zu Eifersuchtskonflikten kam, gelang es den Ehemännern nicht selten, mit der homosexuellen Freundin ihrer Frau eine echte Freundschaft zu schließen. Von einer solchen glücklichen Lösung zeugt ein Brief, den ich kürzlich von einer der Frauen erhielt. Sie erlaubte mir, daraus zu zitieren: »Ich fühlte mich stark zu einer Frau in der lesbischen Gruppe hingezogen, der ich angehöre, und wir nahmen Ende Dezember eine intime Beziehung auf, die sich für uns beide als wundervoll erwies. Sie ist gekennzeichnet durch tiefe Zuneigung, innige Freundschaft und Freude aneinander. Mein Mann hat diese Entwicklung gelassen hingenommen. Er und sie sind gute Freunde und scheinen sich gegenseitig zu mögen. Wir unternehmen oft Dinge zu dritt, und ich freue mich, daß sie gut miteinander auskommen.« Es herrschte eine Atmosphäre des ›laissez-faire‹, und die homosexuelle Seite der Ehefrau wurde mit vorbildlicher Toleranz akzeptiert. Der Gedanke der männlichen Überlegenheit ist tief im Bewußtsein der meisten Männer verwurzelt und mag ihre Einstellung zu den lesbischen Neigungen ihrer Frauen beeinflussen. Nicht viele können glauben, daß eine andere Frau sie aus dem Ehebett vertreiben könnte, außer denjenigen, die das selbst erlebt haben. Wie männliche Arroganz ein falsches Sicherheitsgefühl hervorrufen kann, ging aus drei Autobiographien hervor. Die Ehemänner hatten keine Ahnung, daß ihre Ehe nur durch die Loyalität ihrer Frauen und deren Liebe zu ihren Kindern, die sie vor Trennung oder Scheidung zurückschrecken ließ, gerettet wurde. Keiner von ihnen hatte sich dem Lesbianismus seiner Frau widersetzt. Eine der Frauen erzählte mir, daß sie aus Vernunftgründen geheiratet habe. Aber mit der Zeit habe sie ihren Mann lieben gelernt, und beide vergötterten ihre Kinder. Nach zehnjähriger Ehe verliebte sie sich, nicht zum erstenmal in ihrem Leben, in eine andere Frau. Die Abneigung ihres Mannes gegen sexuelle Kontakte und sein in sich gekehrtes Verhalten bewirkten, daß sie ihn verlassen und mit ihrer Freundin zusammenleben wollte. Aber aus Liebe zu ihren Kindern und Sorge um ihn war sie außerstande, diesen Schritt zu tun. »Er ist ein so einsamer Mensch. Ich kann es ihm nicht antun«, sagte sie bei dem Interview zu mir. Frühkindliche Einflüsse spielten bei ihrer Entscheidung, bei ihm zu bleiben, eine Rolle. Als sie noch zur Schule ging, hatte ihre Mutter sie dabei ertappt, wie sie ein anderes Mädchen küßte, und sie deshalb streng gerügt. Wegen dieses Vorfalls war es ihr nie gelungen, ihre Schuldgefühle bezüglich ihrer lesbischen Neigung abzuschütteln. Sie machte sich Sorgen, daß ihre Fähigkeit, einen Mann zu lieben, dadurch beeinträchtigt werden könnte, aber sie sagte sich immer wieder, daß sie bisexuell und nicht lesbisch sei, da sie sich bereits vor ihrer Ehe zweimal in einen Mann verliebt hatte. Ich stimmte ihr zu, da ihr Mann anscheinend nicht nur triebschwach, sondern auch ein schlechter Liebhaber war. Als sie heirateten, hatte er über keinerlei sexuelle Erfahrungen verfügt.

Eine andere Frau befand sich aufgrund ihrer heterosexuellen – nicht ihrer lesbischen – Beziehungen in Konflikten. Sie war als Kind sexuell mißbraucht worden und wurde auch von ihrem Vater, der Frauen verabscheute, schlecht behandelt. Ihre Mutter zitterte vor ihrem Mann und kam ihr nie zu Hilfe, wenn er sie drangsalierte. Sie sah gut aus, wirkte anziehend auf Männer und lernte, ihren weiblichen Charme als Waffe der Eroberung und der Rache einzusetzen. Sie hatte viele Liebhaber und genoß es, diese vornehmlich mit ihren Freunden zu betrügen. In der Pubertät hatte sie Mädchen geliebt, die älter waren als sie selbst, aber schließlich war sie so vollauf damit beschäftigt, die Männer zu bestrafen, daß sie gar nicht mehr an ihre früheren Bindungen an Frauen dachte. Nach zwei gescheiterten Ehen hatte sie endgültig genug von den Männern. Sie erzählte mir freudestrahlend, wie untreu sie ihren beiden Männern gewesen war. Sie besuchte jetzt Lesbierinnenklubs, weil sie eine Frau finden wollte, mit der sie zusammenleben konnte. »Ich könnte nur einer anderen Frau treu bleiben«, bemerkte sie. Und: »Ich könnte eine Frau lieben, falls ich überhaupt liebesfähig bin.«

Die Konflikte in den Beziehungen weiblicher Vp betrafen jedoch meistens andere Frauen. Die bisexuellen Frauen rufen in ihren lesbischen Partnerinnen Unsicherheit und Eifersucht hervor, da diese fürchten müssen, wegen deren Bindung an Mann und Kinder fallengelassen zu werden. Dies ist selbst dann der Fall, wenn es gar keinen Grund zur Eifersucht gibt. Die Furcht, daß eine bisexuelle Frau einem Mann den Vorzug geben könnte, ist die Wurzel des Übels.

Die Liebe zum Ehemann und zu einer Lesbierin führte in einem anderen Fall zu Verwirrung in bezug auf die eigene Geschlechtsidentität. Diese Frau war sich nicht sicher, ob ihr Mann recht hatte, der darauf bestand, daß sie heterosexuell sei, oder ihre lesbische Freundin, die erklärte, sie sei im Grunde homosexuell. Sie hatte sich selbst immer für bisexuell gehalten, aber als diese beiden sie mit Argumenten und mit ihrer Leidenschaft bedrängten, wurde sie unsicher.

Der Unterschied zwischen den männlichen und weiblichen Vp in ihren intimen Beziehungen stand außer Frage, ebenso die Verschiedenheit ihrer Konflikte. Es erhebt sich die Frage, ob dies auf Umweltbedingungen oder auf konstitutionelle Unterschiede zurückzuführen ist. Waren sie einer Gehirnwäsche unterzogen worden, welche unterschiedliche Fähigkeiten für den Umgang mit sich selbst und anderen hervorbrachte? Oder waren geschlechtsbedingte Temperamentsunterschiede die Ursache? Ich glaube nicht, daß diese existieren, sondern vermute, daß frühe Umwelteinflüsse, insbesondere seitens der Eltern, die Reaktionen durch falsche Instruktionen prägen. Die emotionale Abhängigkeit der männlichen Befragten von den Frauen und ihre größeren Schuldgefühle bezüglich ihrer Homosexualität sind auf ihre enge Beziehung zu ihren Müttern zurückzuführen, deren Lieblingskinder sie waren. Die ungünstigere Position der weiblichen Vp in Familie und Gesellschaft hatte die entgegengesetzte Wirkung. Sie bewirkte ein Gefühl der Unabhängigkeit und nur selten Schuldgefühle aufgrund der Homosexualität.

Unverbindliche sexuelle Kontakte erwiesen sich aufgrund einer auffallenden Divergenz zwischen den männlichen und weiblichen Vp als besonders interessant. Ich habe bereits erwähnt, daß es wegen der besonderen Umstände der Untersuchung nicht möglich war, die beiden Gruppen altersmäßig aufeinander abzustimmen. Diese Diskrepanz mußtc daher in Rechnung gestellt werden, falls sich das Alter als wichtiger Faktor für die Zahl der homomo- oder heterosexuellen Erfahrungen erweisen sollte. Wie die statistischen Aufstellungen zeigen, hatte das Alter keine Relevanz für die Anzahl solcher Zufallsbegegnungen in den beiden Gruppen (Tabellen 27, 28).

Die männlichen Probanden hatten weit mehr zufällige homosexuelle als heterosexuelle Kontakte, bei den Frauen war die Situation umgekehrt. Diese Ergebnisse könnten vermuten lassen, daß Frauen von Natur aus bisexueller als Männer sind. Aber ich frage mich, wieviel die frühe Konditionierung zu dieser Situation beigetragen hat, welche, frei von Männerherrschaft und ihren psychologischen Konsequenzen, ganz anders aussehen könnte. Beide Gruppen wiesen eine etwa gleiche Anzahl flüchtiger Kontakte

mit dem anderen Geschlecht auf. Aber hinsichtlich der Zahl ihrer homosexuellen Zufallsbekanntschaften bestand eine gewaltige Differenz.
Zufällige homosexuelle Begegnungen sind ›Prostitution‹, mit einem Unterschied; sie sind l'art pour l'art-Handlungen ohne Tauschobjekt oder finanzielle Vergütung. Anonyme Sexualkontakte können ebenso zur Gewohnheit werden wie Drogenkonsum. Andererseits kann es sich um vorübergehende Akte ohne Nachwirkungen handeln. Weshalb ließen sich diese Frauen und Männer überhaupt darauf ein? Die Gründe waren in den beiden Gruppen sehr unterschiedlich.
Zunächst möchte ich auf die weniger schwierige Situation der weiblichen Befragten eingehen. Keine von ihnen hatte mehr als zwanzig homosexuelle ›Abenteuer für eine Nacht‹ hinter sich, und soweit mir bekannt ist, spielte sich keines davon an einem der öffentlichen Orte ab, die in der Regel von den männlichen Befragten benutzt wurden (und werden). Weshalb bestand ein solcher Unterschied zwischen den beiden Gruppen? Vor allem hängt die prompte sexuelle Befriedigung von der schnellen Erregbarkeit und Zugänglichkeit der Genitalien ab. Frauenkleider können in dieser Hinsicht hinderlich sein. Die Männer haben es in diesem Punkt leichter. Aber der Wunsch nach Diskretion und (um ein fast unaussprechbares Wort zu gebrauchen) das Schamgefühl sind in die Frauen ebenso tief eingepflanzt worden wie ihr Gefühl sexueller Minderwertigkeit. Dies könnte ihr Zögern erklären, ihre Genitalien in der Öffentlichkeit zu entblößen. Die sexuelle Begierde der Frau ist ebenso stark und leicht erregbar wie die des Mannes. Aber die Frau wird konditioniert, beim Koitus mit dem Mann eine passivere Rolle zu übernehmen, was sich auf ihre sexuelle Einstellung insgesamt auswirken könnte. Dieses Verhaltensmuster verliert jedoch bei besonders triebstarken bi- und homosexuellen Frauen viel von seiner Bedeutung. Sie neigen häufig dazu, bei sexuellen Begegnungen spontan die Initiative zu ergreifen. Einige der Frauen erklärten ihren Wunsch nach kurzen Abenteuern mit Lesbierinnen durch Einsamkeit oder Enttäuschungen in der Liebe entweder zu einer anderen Frau oder zu einem Mann. Andere machten es, weil sie es aufregend fanden, oder um ihre sexuelle Freiheit zu beweisen. Während ihre homosexuellen ›Abenteuer‹ zahlenmäßig beschränkt blieben, waren ihre unverbindlichen heterosexuellen Kontakte weitaus häufiger. Zwei der Befragten gaben an, über achtzig solcher Kontakte, eine dritte, mehr als dreihundert erlebt zu haben. Die letztgenannte, eine Amerikanerin von auffallender

Schönheit und Intelligenz, hatte als Beruf ›Callgirl‹ angegeben (siehe VIII, Autobiographie 1).

Das Bedürfnis nach anonymen heterosexuellen Kontakten war in den beiden Gruppen praktisch gleich. Der geringere Wunsch der Männer nach anonymem Sex mit Frauen als mit Männern könnte auf die größere Schwierigkeit zurückzuführen sein, ein Mädchen ›herumzukriegen‹. Sex mit Frauen, ob unverbindlich oder nicht, erfordert eine andere Strategie, wie einer der Befragten bemerkte. Aus den Interviews und Autobiographien ging hervor, daß für die homosexuellen Abenteuer andere Gründe eine noch wichtigere Rolle spielten. Schnelle sexuelle Begegnungen sind aufgrund der Anatomie der männlichen Genitalien mit Männern leichter als mit Frauen, aber der Hauptgrund liegt in der physio-psychischen Beschaffenheit des Mannes.

Die Gesellschaft und ihre Gesetze machen es notwendig, daß die homosexuellen Abenteuer an Orten stattfinden, an denen es möglich ist, sich durch Tarnung vor Entdeckung zu schützen. Solche Gelegenheiten existieren in Männertoiletten und Pissoirs. Erstere sind meist durch niedrige Trennwände unterteilt, die den Analverkehr ›über die Wand‹ ermöglichen. Fellatio und gegenseitige Masturbation können am Pissoir rasch und diskret vorgenommen werden. Diese durch verstohlene Zeichen angebotenen Gratifikationen stellen eine moderne Version eines alten Phänomens dar: der männlichen Prostitution. Ihre Wurzeln gehen auf orgiastische Rituale antiker religiöser Zeremonien zurück. Sie spielte bereits in den frühesten Zeiten des Judentums eine Rolle, wie Klimmer in seinem Werk *Die Homosexualität* (Seite 286) gezeigt hat. Religion und Sexualität sind Bettgenossen, die die Lebenslust steigern. In jener Zeit war die männliche Prostitution nicht die verbotene Frucht, zu der sie später wurde, sondern galt als natürlich und wünschenswert. Sie zeichnete sich durch etwas wie Inspiration aus. Der Sexualakt fand in einer Atmosphäre der Ekstase und hypnotischen Trance statt, die für die antiken Formen des Gottesdienstes charakteristisch war. Ein großer zeitlicher Sprung trennt die Tempel der frühen Religionen von den öffentlichen Örtlichkeiten, die heute Gelegenheit zu anonymem Sex zwischen Männern bieten. Es bestehen offenkundige Unterschiede zwischen solchen intimen Begegnungen von damals und heute. In unserer Zeit gelten homosexuelle Akte zwischen Männern in öffentlichen Lokalen als unzüchtig. Die große Mehrheit der Bevölkerung betrachtet sie als schimpflich und widerwärtig. Sie müssen daher mit der Wendigkeit, Diskretion und Gerissenheit von Straftätern inszeniert werden. Das Bewußtsein der Gefahr und die Furcht, von der Polizei ertappt zu werden, machen sie zu furchterregenden Abenteuern. Die Tatsache, daß sich nicht nur bi- und homosexuelle, sondern auch ›normale‹ Männer daran beteiligen, ist ein Beweis ihrer unerhörten Anziehung, aber auch der Unzulässigkeit, eine Unterscheidung zwischen unorthodoxen und ›normalen‹ Sexualpraktiken zu treffen. Kinsey hat gezeigt, daß fünfzig Prozent aller Männer physisch auf ihr eigenes Geschlecht ansprechen. Laud Humphreys machte eine ähnliche Feststellung in *Klappen-Sexualität. Homosexuelle Kontakte in der Öffentlichkeit* (1974). Er hatte seine Beobachtungen in Toiletten und anderen öffentlichen Örtlichkeiten gemacht. Er nannte sich selbst einen ›Forscher als Voyeur‹. Er sah die verschiedensten Männer bei der Fellatio und gegenseitigen Masturbation und beim Analverkehr. Die Zahl der Besucher von Toiletten und Pissoirs ging in die Millionen. Die Zustände, die er schilderte, waren in allen großen amerikanischen Städten dieselben und entsprechen, wie mir männliche Befragte sagten, weitgehend der Situation in England. Was treibt Männer aller Schichten dazu, sich auf Risiken einzulassen, die ihnen persönlich und beruflich schaden könnten? Anonyme homosexuelle Akte an öffentlichen Orten sind in ganz Europa und ganz Amerika strafbar. Angesichts solcher Gefahren müssen starke Motive am Werk sein, damit sich Männer auf so riskante Handlungen einlassen. Ich habe bereits erwähnt, daß leichte Verfügbarkeit von Gelegenheiten schon als solche eine Versuchung darstellt und auch, daß die eigentlich zwingenden Ursachen physio-psychologischer Natur sind.

In Kapitel II habe ich bereits Fenichels physiologische Erklärung der männlichen Neigung zum Analverkehr mit anderen Männern zitiert. Laud Humphreys bemerkt, daß man es nicht für selbstverständlich halten sollte, beim Analverkehr zwischen ausgesprochen passiven und aktiven Rollen zu unterscheiden. Er wies darauf hin, daß ein häufiger Rollentausch stattfinde, was die Austauschbarkeit der Geschlechtsrollen und die spezielle Sensitivität der erogenen Analzone bei Männern beweise. Der Autor R. Redhardt (1952) erwähnte eine Reihe männlicher Prostituierter, die behaupteten, daß Analverkehr hauptsächlich von bisexuellen – und gegenseitige Masturbation von homosexuellen – Männern praktiziert würden. Diese Feststellung wurde von den männlichen Befragten dieser Untersuchung nicht bestätigt. Bei ihnen erfreuten sich auch andere homosexuelle Praktiken als der Analverkehr großer Beliebtheit.

Der Mund ist eine erogene Zone par excellence. Es ist nicht zu leugnen, daß ein primitiver Zusammenhang zwischen Saugen, Essen und Oralerotik besteht. Letztere könnte die Folge der beiden erstgenannten sein. Fellatio ist eine Mischung aus allen dreien, wenn wir die Behauptung einer Reihe männlicher Befragter akzeptieren, daß der Samen, den sie schluckten, für sie eine Nahrung darstellte. Das Saugen am Penis ist für sie die aufregendste sexuelle Handlung. Manche waren aktive, andere passive Partner, wieder andere spielten beide Rollen.

Die Häufigkeit des Analverkehrs in öffentlichen Toiletten mag ›uneingeweihte‹ Leser überraschen, aber nach den schriftlichen und mündlichen Äußerungen der männlichen Probanden kam er an zweiter Stelle nach der Fellatio. Gegenseitige Masturbation wurde im allgemeinen nicht als ebenso erregend empfunden wie die beiden anderen Praktiken und hauptsächlich als Vorspiel zu diesen benutzt. Nur in einer Minderheit von Fällen diente sie als ›Hauptmahlzeit‹. Da die Zeit meistens drängt, haftet den Sexualakten an öffentlichen Orten immer etwas von einer Ausnahmesituation an. Die Partner müssen über ihre Schultern schauen, wenn sie keinen zuverlässigen Aufpasser wie Laud Humphreys haben, der ihnen Warnsignale gibt. Zwischen den Signalen der Einladung und dem Akt selbst verstrich kaum ein Augenblick. Viele hörten niemals die Stimme ihres Partners und manche sahen ihn nicht einmal, wenn sie beim Analverkehr die passive Rolle spielten.

Die psychologischen Ursachen der Vorliebe für anonyme Sexualkontakte können persönliche Idiosynkrasien oder individuelle Erfahrungen sein. Es ist unmöglich, diese hier zu erörtern. Ich erwähne deshalb hier nur das kollektive, zwanghafte Bedürfnis nach sexueller Befriedigung durch unbekannte Personen. Solche Handlungen sind gefahrvolle Abenteuer, die ein verstohlenes Vergnügen gewähren, welches an Kinderstreiche erinnert. Vielleicht verliert die gemeinsam bestandene Gefahr ihren Schrecken, vielleicht macht das ›geteilte‹ Geheimnis alles um so aufregender. Von Kindheit an erwecken diejenigen, die ein Geheimnis haben, die Neugier und stellen wegen des Interesses und der Unruhe, die sie bei anderen erregen, etwas Besonderes dar. Das Element des Sensationellen, welches das Abenteuer für die Jugend so unentbehrlich macht, verliert auch für den Erwachsenen nicht seinen Zauber. Die Aufregung, die das heimliche sexuelle Vergnügen gewährt, kann in keinem Verhältnis zu dem tatsächlichen Erlebnis stehen, wenn das Leben freudlos und voller Frustrationen ist und allgemein zu der eigenen Natur in Widerspruch steht. In den ›Untergrund‹ zu gehen, ist an sich schon aufregend, aber es besteht auch ein praktischer Grund dafür: sexuelle Bedürfnisse auf der Suche nach einem geeigneten Ort, wo sie befriedigt werden können. Die Gesellschaft hat den ›unorthodoxen‹ Sex in den Untergrund verbannt, und der Protest gegen den brutalen Arm des Gesetzes verleiht einem Abenteuer Reiz, das den konventionellen Normen ins Gesicht schlägt. Niemand kann ermessen, wie tief das jahrhundertelang praktizierte kollektive Unrecht im Bewußtsein bi- und homosexueller Menschen verwurzelt ist, trotz eines etwas größeren Verständnisses für ihre sexuellen Bedürfnisse unter den sozial Fortschrittlichen. Männer sind für ihre Besuche bei weiblichen Prostituierten niemals bestraft worden; viele haben sich ihrer Taten gerühmt. Männer mit dem Verlangen nach homosexueller Befriedigung müssen sich hingegen wie Verschwörer, unter dem Damoklesschwert des Gesetzes, treffen. Sie mußten eine Zeichensprache erfinden, um sich den Gleichgesinnten zu erkennen zu geben. Das Gefühl ihrer geheimen Bruderschaft hat Ähnlichkeit mit dem Bund der Freimaurer. Aber da endet auch schon der Vergleich. Ihr Gemeinschaftsgeist kann sich nicht auf ein organisiertes Gemeinwesen stützen. Ihre flüchtige Vereinigung ist in Minuten vorüber, ohne sichtbare Spuren zu hinterlassen. Doch es ist die Gesellschaft, die ihre sexuelle Heimlichtuerei produziert hat.

Obwohl flüchtige homosexuelle Akte oft auch in Autos, Hotels oder privaten Räumen stattfinden, spielen sie sich doch vorwiegend in einer ›gefährlichen‹ Umgebung ab. Abgesehen von öffentlichen Toiletten werden auch Saunen, Parks und stille Seitenstraßen dazu benutzt. Die ›Faszination‹ der erwähnten Vorgänge ist inzwischen hinreichend bekannt. Aber Neugier, gemischt mit Haß und Neid, liegt ständig auf der Lauer, und die Polizei, unterstützt von Spießern, ist bereit zuzuschlagen. Wenn die Drohung gerichtlicher Verfolgung keine Rolle mehr spielte, würde dann das Verlangen nach anonymem Sex abnehmen? Ich glaube nicht daran, solange sich bi- und homosexuelle Männer als nicht gleichberechtigt fühlen müssen. Wenn sie nicht mehr auf öffentliche Orte angewiesen wären, würden sie ihren Abenteuern wahrscheinlich sowohl offener als auch diskreter nachgehen.

Die männlichen Befragten der höheren Altersgruppen neigten mehr zu ›öffentlichem‹ Sex als die jüngeren Männer, weil die meisten von ihnen ein bürgerliches Leben mit Frauen führten, die ihrer Homosexualität ablehnend gegenüberstanden. Eine Reihe von jüngeren Befragten äußerte den Wunsch, nicht mehr auf die sexuellen Heimlichkeiten an öffentlichen Orten angewiesen zu sein. Sie wollten denselben Status und dieselben Möglich-

keiten für die homosexuellen Liebe wie für die Heterosexualität. Die flüchtigen sexuellen Begegnungen männlicher und weiblicher Vp wiesen Ähnlichkeiten im heterosexuellen Verhalten und Differenzen im homosexuellen Verhalten auf. Aber der erstaunliche Unterschied in der homosexuellen Variante zeugt von der größeren sexuellen Unruhe und dem größeren Wagnis des Mannes. Die juristischen und gesellschaftlichen Gegebenheiten sind teilweise dafür verantwortlich, aber das Ausmaß des Unterschiedes bleibt dennoch rätselhaft. Sechzehn Männer gaben bis zu achtzig solcher Kontakte an, sieben bis zu dreihundert und drei mehr als dreihundert. Mehrere Befragte antworteten, daß es unmöglich sei, sie alle zu zählen, da sie viele Hunderte solcher Abenteuer erlebt hätten, und zwei erklärten, an über dreitausend solcher Akte beteiligt gewesen zu sein. Die höchste Zahl flüchtiger homosexueller Abenteuer betrug bei den Frauen zwanzig. Außerdem ist daran zu erinnern, daß sich siebenunddreißig Frauen, aber nur dreizehn Männer niemals auf solche flüchtigen Abenteuer einließen. Jene Frauen, die dies taten, waren nicht gezwungen, öffentliche Orte zu benutzen. Ihre ›Abenteuer für eine Nacht‹ spielten sich meist in privater Umgebung, fern von den neugierigen Blicken der Voyeure ab. Sie riskierten in jeder Hinsicht weniger als die Männer.
Es wäre zu erwarten gewesen, daß der bisexuelle Mann häufiger und intensiver an emotionalen Schwierigkeiten leidet als die Frau. Aber dies war nicht der Fall.
Psychische Störungen waren unter den Befragten nicht selten. Die Psychoanalyse behauptet, daß die Einstellungen der Eltern eine gewichtige Rolle bei ihrer Ätiologie spielen. Ich untersuchte deshalb, ob die Eltern einen Einfluß auf die emotionalen Störungen der Befragten hatten. Angstzustände und Depressionen waren die vorherrschenden Formen bei beiden Gruppen. Sie traten bei den weiblichen Vp häufiger auf, die sich jedoch seltener in Psychotherapie begaben als die Männer. Den Statistiken zufolge waren die elterlichen Einstellungen nicht die Ursache der Symptomatik (Tabelle 21 a).
Zehn Frauen und acht Männer hatten wegen ernster psychischer Schwierigkeiten in Kliniken behandelt werden müssen, aber keiner der Befragten hatte je an Psychosen gelitten. Die Betreffenden waren entweder zur Beobachtung nach einem Selbstmordversuch oder aufgrund eines ›Nervenzusammenbruchs‹ in speziellen Abteilungen eines Krankenhauses behandelt worden. Die Eltern-Kind-Beziehung blieb anscheinend bei den Frauen ohne Auswirkung auf die Situation, doch litten die Männer etwas

weniger häufig als die Frauen an schweren psychischen Störungen. Die liebevollere Einstellung der Mutter zu den männlichen Kindern scheint sich in dieser Hinsicht günstig ausgewirkt zu haben (Tabelle 21 b). Die Väter hatten keinen Einfluß auf die Situation. Die Tatsache, daß die Haltung der Eltern bei den leichteren Störungen keine und bei den schwereren nur eine geringfügige Rolle gespielt hatte, deutet auf Anpassungsprobleme oder vielleicht auf frühe sexuelle Traumen als mögliche Ursachen hin. Die Anpassung an die Gesellschaft ist für bisexuelle Menschen kein geringes Problem. Sie benötigen einen starken Glauben an sich selbst und beträchtlichen Mut, um ›gegen den Strom zu schwimmen‹. Es war deshalb nicht überraschend, daß bei einigen im Laufe dieses Prozesses Störungen auftraten. Beziehungsschwierigkeiten im Erwachsenenalter mögen ein zusätzlicher Faktor gewesen sein.

Die jüngsten Ergebnisse der Gehirnforschung haben die Traumdeutung in Mißkredit gebracht. Man nimmt jetzt an, daß die Traumbilder ohne Sinn und tiefere Bedeutung sind. Das in Schlaf versunkene Hirn greift sie völlig willkürlich auf. Diese Abwertung unserer Traumwelt versetzt Freud, Jung und ihre Anhänger in die Lage von Croupiers, die ein Glücksspiel leiten. Aber die Wissenschaft kann bisher weder erklären, warum man sich an bestimmte Träume erinnert, noch weshalb es immer wiederkehrende, stark emotional geladene Träume gibt. Dazu zählen besonders sexuell gefärbte Träume. Es lag nahe, sexuelle Träume mit sexuellen Phantasien zu vergleichen. Wie zu erwarten war, träumten beide Gruppen am häufigsten von beiden Geschlechtern. Bei den männlichen Probanden stimmte die sexuelle Orientierung im Traum in zweifacher Hinsicht mit den Objekten der sexuellen Phantasien überein. Je häufiger sie im Traum sexuelle Begegnungen mit Frauen hatten, desto öfter stellten sie sich in der Phantasie heterosexuellen Koitus und Cunnilingus vor. Weibliche Vp, deren Traumobjekte Frauen und Männer waren, dachten in ihren Tagträumen am häufigsten an Cunnilingus, was nicht überraschend ist. Kein Zusammenhang wurde in beiden Gruppen zwischen der Phantasie von gegenseitiger Masturbation und den sexuellen Traumobjekten gefunden (Tabelle 29). Die enge Verbindung zwischen den heterosexuellen Träumen der männlichen Probanden und ihren Koitusphantasien veranschaulicht meiner Ansicht nach eher ihr starkes emotionales als ihr sexuelles Bedürfnis nach Frauen. Von besonderem Interesse ist, daß die

weiblichen und männlichen Vp einander hinsichtlich ihrer sexuellen Träume über Frauen und Phantasien von Cunnilingus weitgehend glichen. Tagträume von Analverkehr und Fellatio bezogen auf ›Traumliebhaber‹ waren in den beiden Gruppen so verschieden, wie zu erwarten war. Aber die Frauen stellten sich relativ häufig Fellatio vor, was ihrer Bisexualität entspricht. In ihren Träumen begehrten sie Männer wie auch Frauen (Tabelle 29). Fellatio wird auch von vielen heterosexuellen Frauen als lustvoll empfunden, was erneut die fundamentale Einheit der menschlichen Sexualität unterstreicht.
Eine weitere statistische Untersuchung galt einer möglichen Korrelation zwischen den Liebesobjekten in Träumen und Phantasien über Personen, in die die Befragten verliebt waren, flüchtige Bekannte und ›Traumfiguren‹. In keiner der beiden Gruppen drehten sich die sexuellen Träume und Phantasien um flüchtige Bekannte und ›Traumfiguren‹, aber die Frauen gaben sich wesentlich häufiger als die Männer Phantasien über Personen hin, in die sie gerade verliebt waren (Tabelle 30). Die konventionelle Auffassung, daß der Romantizismus der Frauen die Ursache ihrer ständigen Beschäftigung mit dem/der Geliebten sei, wurde durch meine Vp nicht bestätigt. Die eigentliche Ursache ihres Bedürfnisses, ihre Phantasie und ihre sehnsüchtigen Gefühle um ihre Liebesobjekte kreisen zu lassen, reichte tief in die frühe Kindheit zurück, als dem kleinen Mädchen das Gefühl gegeben worden war, von seiner Mutter weniger stark geliebt zu werden als Vater oder Bruder. In einem Rundfunkvortrag über die Mutter-Kind-Beziehung berichtete Dr. Miriam Rosenthal von der Hebräischen Universität in Jerusalem kürzlich über eine experimentelle Studie, die meine Auffassung bestätigt, daß bestimmte Geschlechtsunterschiede auf die unterschiedliche Behandlung weiblicher und männlicher Kleinkinder durch die Mutter zurückzuführen sind. Im Gegensatz zu bestimmten amerikanischen Untersuchungen, in denen die Behauptung aufgestellt wurde, daß viele Geschlechtsunterschiede angeboren seien, demonstrierte Dr. Rosenthal, wieviele davon die Folge des unterschiedlichen Verhältnisses der Mutter zu Sohn und Tochter sind. Um ihre eigenen Worte zu zitieren: »Wir stellten fest, daß achtzig Prozent der Mütter von Jungen angaben, das Stillen ihres Kindes sehr zu genießen, zehn Prozent waren neutral und zehn Prozent reagierten negativ darauf. Bei den Müttern von Mädchen sprachen nur fünfundvierzig Prozent von tiefer Befriedigung und neununddreißig Prozent äußerten neutralere Gefühle. Ich glaube, daß damit zum erstenmal dokumentiert wurde, daß Mütter ihre erst drei Tage alten

Söhne bereits als Geschlechtswesen betrachten.« (*Listener,* 18. November 1976)

Ich habe bereits die ausgeprägten Schuldgefühle männlicher Probanden bezüglich ihrer Homosexualität sowie ihre emotionale Abhängigkeit von Frauen erwähnt. Die psychoanalytische Auffassung, daß beide in einer frühen Mutter-Sohn-Bindung wurzeln, scheint mir eine schlüssige Erklärung. Männliche Vp träumten häufiger von heterosexuellen Partnern als weibliche Befragte, was darauf hindeuten könnte, daß bisexuelle Männer eine stärkere heterosexuelle Seite haben als bisexuelle Frauen. Dies widerspricht jedoch dem dokumentarischen und statistischen Datenmaterial dieser Untersuchung. Es müßte daher als Zeichen der emotionalen Verletzbarkeit der Männer und ihrer daraus resultierenden Abhängigkeit vom stärkeren weiblichen Geschlecht interpretiert werden. Die Geschichte der Verfolgung unorthodoxen Sexualverhaltens verdeutlicht ihre Unsicherheit. Bisexuelle Männer befinden sich zwischen Szylla und Charybdis und suchen daher bei Frauen Trost und Schutz.

Sowohl persönliche als auch kollektive Beziehungen hängen weitgehend von dem Verhältnis ab, das man zu sich selbst hat. Bisexuelle Menschen werden häufig von ›normalen‹ Bürgern gemieden und von Homosexuellen verachtet. Wie sahen die Befragten ihre eigene Situation in Hinblick auf ihr Verhältnis zu sich selbst, zu anderen und zur Gesellschaft? Hing ihre Selbstachtung von der Zustimmung und Bestätigung durch andere, insbesondere durch ihre weiblichen oder männlichen Partner ab? Hatte die Zahl ihrer Partner beiderlei Geschlechts etwas mit der Möglichkeit zu tun, daß sie die Bisexualität als vorteilhaft für sie empfinden könnten? Alle Befragten stimmten darin überein, daß ihnen die Bisexualität gesellschaftlich nicht zum Vorteil gereichte. Aber die Männer waren überzeugt, daß ihr Sozialprestige direkt proportional mit der Zahl ihrer heterosexuellen Partner zunehme (Tabelle 26).

Ich fragte alle Beteiligten, ob sie den Eindruck hätten, daß ihr Gefühlsleben durch ihre Liebe zu beiden Geschlechtern bereichert werde. Manche waren unsicher, aber das allgemeine Gefühl schien positiv zu sein. Die Majorität, die diese Frage bejahte, betrug etwa sechzig Prozent. Die Zahl der hetero- oder homosexuellen Liebhaber hatte in beiden Gruppen keinen Einfluß auf das Urteil (Tabelle 23).

Man könnte annehmen, daß eine Erweiterung des Wahrnehmungsvermögens und des menschlichen Verständnisses die natürliche Folge der Bisexualität sei. Es bedarf kaum der Erwähnung, daß die chauvinistische Männerherrschaft das Verständnis für den Menschen einschränkt und das gesamte menschliche Verhalten deformiert. Sie verfälscht das Denken, weil es in eine bestimmte Richtung gedrängt wird. Eine ähnliche Gefahr für die Ausgewogenheit des Verhaltens und des Urteils würde sich aus einer fanatischen Vorherrschaft der Frauen ergeben. Eine bisexuelle Gesellschaft, in der keines der beiden Geschlechter *exklusive* Ansprüche erhebt, wäre am besten geeignet, die Menschheit von den Übeln der Welt, in der wir leben, zu befreien.

Ich hatte gehofft, daß meine Interviewpartner diese Auffassung ohne Einschränkung zum Ausdruck bringen würden, und die Mehrheit tat dies auch. Abgesehen von diesem allgemeinen Konsens meinten sowohl die *weiblichen* als auch die *männlichen* Befragten, in direkter Proportion zu der Zahl ihrer weiblichen Geliebten geistigen und psychischen Gewinn davongetragen zu haben (Tabelle 24).

Die Frage, ob sich die Bisexualität positiv auf die Kreativität auswirke, wurde von beiden Gruppen bejaht, wobei das Urteil der Frauen noch wesentlich eindeutiger ausfiel. Die Zahl der weiblichen Geliebten hatte in der Frauengruppe einen Einfluß auf die Stellungnahme. Die Frauen hatten den Eindruck, daß ihre Liebe zu anderen Frauen ihre eigenen kreativen Impulse und Leistungen sehr gefördert habe. Dies zeigte klar, daß sie insgesamt eine engere Bindung an Frauen als an Männer hatten (Tabelle 25). Ihr kameradschaftliches Verhältnis, ihre geistige und künstlerische Inspiration verband sie mit Frauen in einer eigenen Welt. Sie empfanden ihre lesbische Seite als ausgesprochenen Vorteil unter diesem und den meisten anderen Aspekten ihres Lebens.

Bisexuelle leben in einer zwielichtigen Welt. Die Heterosexuellen werfen ihnen vor, ›ihren Kuchen zu essen und ihn gleichzeitig zu behalten‹. Die Homosexuellen bezichtigen sie der Heuchelei, weil sie sich nicht zu *ihnen* bekennen und damit vermeiden, sich selbst treu zu sein, kurz ›sich drücken‹. Angesichts dieser Haltung ist es schwierig zu verstehen, warum homosexuelle Gruppen sie überhaupt einladen, bei ihnen mitzumachen. Tatsache ist, daß sie sie widerwillig akzeptieren und nur in der Hoffnung dulden, sie früher oder später zu bekehren. Dies gilt jedoch nicht für alle Mitglieder solcher Organisationen, was zur Folge hat, daß die Bisexuellen innerhalb dieser Gemeinschaften eine Randexistenz führen. Sie wissen, daß sie nicht damit rechnen können, je vollständig integriert zu werden. Jeder, der einer sexuellen Minderheit angehört, nimmt es übel, nicht als Bürger erster Klasse betrachtet zu werden, der wie jeder andere seine Pflichten gegenüber der Gesellschaft erfüllt. Da sie ständig beweisen wollen, daß jegliches Mißtrauen ihnen gegenüber unbegründet ist, gehen bisexuelle Personen vielleicht noch ein oder zwei Schritte weiter als andere. Sie können leicht vermeiden aufzufallen, speziell wenn sie verheiratet sind. Sie befinden sich anderen sexuellen Varianten gegenüber insofern im Vorteil, als ihnen ihre natürliche Mimikri zweifellos in der Welt weiterhilft. Aber dies mildert nicht ihre inneren Konflikte, die durch ihre nach außen hin normale Situation eher verschärft als vermindert werden. Sie müssen Täuschungsmanöver anwenden, um ihre homosexuellen Bedürfnisse zu befriedigen, und laufen Gefahr, schärfer verurteilt zu werden als diejenigen, die kein Geheimnis daraus machen. Die Mehrheit der männlichen und weiblichen Befragten gab mir zu verstehen, daß sie sich weder in der konventionellen Gesellschaft noch in der unkonventionellen Welt sexueller Minderheitsgruppen zuhause fühlten. Sie saßen stets zwischen zwei Stühlen und waren auf ihre persönlichen Beziehungen angewiesen. Dennoch versuchten viele, trotz aller Widerstände bei der C.H.E. (Campaign for Homosexual Equality) oder der Gay Liberation Front Trost zu finden. Auch eine Anzahl weiblicher Befragter gehörte diesen Organisationen an, aber die meisten von ihnen waren Mitglieder der beiden Lesbierinnengruppen Sappho und Kenric, die ihnen ein freundlicheres Milieu boten. Die Mitgliedschaft in sexuellen Minderheitsgruppen und die Häufigkeit der Integration in diese gehen aus der folgenden Tabelle hervor:

	Mitglieder		*Integriert*		
	Ja	*Nein*	*Ja*	*Nein*	*Keine Antwort*
Männer 75	41	34	15	23	3
Frauen 75	34	41	16	15	3

Ich zweifle nicht daran, daß Sappho und Kenric ihren bisexuellen Mitgliedern gegenüber tolerant sind. Ich kenne ihre Haltung aus eigener Erfahrung, da ich beiden angehöre. Eine geringere Anzahl von Frauen als von Männern trat sexuellen Minderheitsorganisationen bei, aber mehr Frauen als Männer fühlten sich wirklich akzeptiert. Abgesehen von den großen Gruppen verdienen auch Integroup und Friend besondere Erwähnung. Die erstere dient als Bindeglied zwischen sexuellen Varianten und Heterosexuellen, die zweite bietet homo- und bisexuellen Frauen und Männern einen Beratungsdienst und eine Bekanntschaftsvermittlung an. Der Albany Trust berät Personen jeglicher sexueller Orientierung. C.H.E., Friend und Sappho haben in ganz England Zweigstellen. Sie haben eine homosexuelle Gemeinschaft ins Leben gerufen, die eine Gesellschaft in sich ist. Darüber hinaus gibt es im ganzen Land Telefondienste für Homosexuelle, die Freundschaft und Hilfe bieten. Die Sappho-Gruppe in Swindon bezeichnet sich selbst als homosexuelle *und* bisexuelle Vereinigung und beweist damit einen vorbildlichen Sinn dafür, wie sich Minderheitsgruppen verhalten sollten. C.H.E. ist es gelungen, immer mehr Mitglieder in ihre Gemeinschaft aufzunehmen und auf vielen Gebieten Dienstleistungen zu bieten. Insbesondere bemüht sie sich um Verbesserung der Kommunikation unter ihren eigenen Mitgliedern und mit der Gesamtgesellschaft. Die Schottische Minderheitsgruppe arbeitet eng mit C.H.E. zusammen und hat Zweigstellen für Frauen in Edinburgh und Glasgow. Das Hauptziel aller dieser Gruppen ist es, die Isolierung der sexuellen Nonkonformisten durch Schaffung eines homogenen Kollektivs zu überwinden, in dem sich ihre Mitglieder entspannen und sie selbst sein können.

Disharmonie in den Reihen der sexuellen Nonkonformisten widerspricht ihrem eigenen Interesse und ist in der Tat destruktiv. Die Situation ist ebenso bedauerlich, wie sie in dem gegenwärtigen gesellschaftlichen Klima verständlich ist. Die Menschen haben das gleiche Revierverhalten wie andere Säugetiere: Sie werden aggressiv, und zwar äußerst heftig, wenn eine andere Spezies in ihr geheiligtes Gebiet eindringt. Besitzdenken und Eifersucht sind die natürlichen Folgen von Revieransprüchen. Beim Kampf um Territorium können Invasoren und Verteidiger einander vernichten, aber die kollektive Identität würde aufs Spiel gesetzt, wenn nicht ständig über deren Integrität gewacht würde. Dies ist das Dilemma, welches das Bedürfnis nach Selbsterhaltung mit sich bringen kann. Ein fataler Irrtum tritt jedoch ein, wenn die tatsächlichen Grenzen des Territoriums entweder nicht bekannt sind oder ignoriert werden. Dies ist die Situation zwischen den Bi- und den Homosexuellen. Zweifellos ist das Bedürfnis der Homosexuellen, ihr Revier zu definieren und zu verteidigen, weitaus größer als das der Bisexuellen. Die Homosexuellen fordern eine eindeutige Abgrenzung von denjenigen, die sich mit ihnen noch nicht vollständig identifiziert haben. Sie werden entweder aggressiv oder ziehen sich von all jenen zurück, die ihre ›Territorialansprüche‹ in Frage stellen könnten. Und sie sind keinem günstig gesinnt, dessen Identifizierung über ihre eigene Domäne hinaus bis in die heterosexuelle Welt reicht, die für sie einen feindlichen Geruch hat. Der Bisexuelle hat andererseits eine größere Affini-

tät zu ihnen als zu den Heterosexuellen, weil auch er in psychosexueller Hinsicht unorthodox ist. Ihm/ihr wird oft vorgeworfen, zu dem Mittel der Verstellung zu greifen, um seine/ihre Identität zu verbergen, ein Vorwurf, den er/sie als ungerechtfertigt und beleidigend zurückweist. Die Bisexuellen sind überzeugt, daß die Grenzen der psychosexuellen Territorien falsch abgesteckt wurden und einer Korrektur bedürfen. Dies war die vorherrschende Meinung der männlichen und weiblichen Teilnehmer; besonders die Frauen betonten dies mit Nachdruck. Viele Homosexuelle, die nüchtern über diese Frage nachgedacht haben, sind zu demselben Schluß gekommen. Ich hatte Gelegenheit, dies zu verifizieren, als ich in meiner Eigenschaft als Kuratorin des Albany Trusts einige Seminare leitete, an denen eine Anzahl von Homosexuellen teilnahm.
In den letzten sechs Jahren hat die Schwulenpresse als Bindeglied zwischen Menschen unorthodoxer sexueller Orientierung gedient, die in direktem Kontakt unterschiedliche Auffassungen vertreten würden. *Gay News* ist eine Zeitung, die in vierzehntägigem Abstand erscheint. Sie versucht, die verschiedenen sexuellen Varianten einander näherzubringen und das Gefühl der Isolierung dieser Menschen zu mildern. Das Blatt enthält Privatanzeigen, Hinweise auf Beratungsdienste und andere nützliche Informationen. Es verfolgt eine progressive und aggressive Politik und enthält Beiträge unserer bedeutendsten Schriftsteller und Kommentatoren. Die Zeitschrift *Sappho* verbindet Lesbierinnen und bisexuelle Frauen auf internationaler Ebene. Sie kündigt wichtige Veranstaltungen, Treffen und Diskussionen an. *Sappho* bietet nicht nur Informationen über Fragen der Sexualität, es ist auch ein aktives feministisches Organ. Kenric ist eine Lesbierinnenorganisation, die sich in erster Linie um die Vermittlung gesellschaftlicher Kontakte zwischen ihnen bemüht. Sie hat gegenwärtig etwa fünfhundert Mitglieder. In ihrem monatlich erscheinenden Informationsblatt werden Veranstaltungen, Vorlesungen von Theaterstücken oder Gedichten und Diskussionen über homosexuelle Themen angekündigt. Alle diese Publikationen dienen dem Zweck, die Menschen in Kontakt miteinander zu bringen und ihnen das Gefühl des ›Dazugehörens‹ zu geben. Ihr Nutzen liegt in der Stärkung des kollektiven Identitätsgefühls von Individuen, deren Situation in der Gesellschaft zumindest unbehaglich, wenn nicht schlimmer ist.
Die Gesellschaft hat die Menschen nach ihrer sexuellen Orientierung katalogisiert und hat es nie verstanden, daß es nur eine *menschliche Sexualität* mit mannigfachen Ausdrucksmöglichkei-

ten gibt. Sie hat der Heterosexualität den obersten Rang eingeräumt und andere sexuelle Orientierungen als widerwärtig diffamiert. Die Gesellschaft erkennt nicht, daß vielleicht sogar ihr eigener Fortbestand von denjenigen abhängt, die sie in den Augen ihrer Mitbürger herabzusetzen sucht. Ich bin überzeugt, daß die Atombombe uns alle zerstören wird, wenn wir nicht rechtzeitig eine alternative – das heißt, eine bisexuelle Gesellschaft entwickeln. Die Heterosexuellen, die dem Diktat der konventionellen Normen entsprechen, sind die Stützen der Gesellschaft, mit der sie sich identifizieren. Bisexuelle und Homosexuelle ringen hingegen darum, sich von den Fesseln ihrer konditionierenden Macht zu befreien, und kommen dadurch authentischem Verhalten näher. Aufgrund ihrer Rebellion sind sie darauf eingestellt, das Leben aus zweiter Hand abzulehnen, das die gesellschaftlichen Konventionen vorschreiben. Es ist nicht überraschend, daß man viele von ihnen in der vordersten Front des Kampfes um eine neue Gesellschaft findet, eine Gesellschaft, in der Authentizität das oberste Prinzip ist. Aber andere sind so in defensives Verhalten verstrickt, daß sie das Streben nach individueller Freiheit zugunsten eines kollektiven Verhaltens, das einen erfolgreicheren Kampf gegen die grausame und subtile Verfolgung durch ›normale‹ Menschen gewährleistet, aufgeben. Sie sind aufgrund ihrer immer noch prekären Position durchaus in der Lage zu erkennen, daß die Rollenzuweisung, die jeden Verhaltensaspekt regelt, die Gesellschaft wie eine ansteckende Krankheit erfaßt hat, daß sie von einer kranken Gesellschaft umgeben sind, die durch Heuchelei und Falschheit auf dem Weg zur Selbstzerstörung ist. Ihre eigene Randposition macht sie besonders sensibel für die schizoiden Mängel unserer Gesellschaft, in der keiner weiß, was der andere denkt oder fühlt, und in der die Beziehungen ihre wesentlichen Qualitäten – Solidität und Vertrauen – verlieren. Freilich ist es nicht das alleinige Privileg bisexueller und homosexueller Menschen, sich dieses Dilemmas bewußt zu sein, aber ihre spezielle Disposition ermutigt sie zu einer größeren Flexibilität in der Erprobung neuer Wege, da sie weniger zu verlieren haben und sich weniger vor Veränderungen fürchten. Nur in einer bisexuellen Gesellschaft können sich die Menschen von den sexuellen Trennmauern befreien, hinter denen sie sich bisher verschanzten, und begreifen, daß wir alle, nur durch äußere Aufmachung unterschieden, im selben Boot sitzen.

VII. Interviews

Einem Fremden die Tür zu öffnen und ein Gesicht zum erstenmal zu sehen, ist ein leichtes Schockerlebnis. Man weiß nie, wie der Besucher auf einen wirken wird und vice versa. Erste Begegnungen von Bedeutung wirken auf mich wie eine *Liebkosung* oder wie ein Schlag. Erste Eindrücke können entscheidend für den Verlauf eines Interviews sein, und die Angst vor dem Scheitern lauert stets im Hintergrund. Die folgenden drei Interviews sind stark gekürzte Fassungen meiner Gespräche mit zwei Männern und einer Frau.

1

Ein sorgfältig gekleideter Mann trat ein. Seine Augen sahen müde aus, und er warf mir kaum einen Blick zu. Hinter seinem gleichgültigen Gehabe verbarg sich vermutlich sein Unbehagen bezüglich des Interviews, das er lange Zeit zu vermeiden gesucht hatte. Er hatte mehrere Verabredungen abgesagt, bevor er sich endlich überwinden konnte, mir (oder sich selbst?) ins Auge zu sehen. Er ging mit kleinen, gehemmten Schritten, und nachdem er sich seines eleganten Mantels mit Pelzkragen entledigt hatte, lautete seine erste Frage: »Kann ich Ihre Toilette benützen?« Diese Einleitung eines Treffens war mir bereits vertraut. Sie kam bei Männern häufiger vor als bei Frauen. Handelte es sich in diesem Fall um akute Angst oder war es ihm bloß nicht gelungen, sein Bedürfnis unterwegs zu befriedigen? Ich tippte auf Angst. Ich hielt mich im Schatten schweigender Erwartung, bis er begann: »Es hat sehr lange gedauert, bis ich Ihren Fragebogen beantwortet und diesen Besuch arrangiert hatte. Aber heute ist es mir endlich doch gelungen.«

F: Wie ist es Ihnen gelungen? Ich weiß, daß Sie mit dem Zug kommen mußten.

A: Eine Freundin hat mich eingeladen, das Wochenende bei ihr in Highbury zu verbringen, und ich konnte die beiden Besuche verbinden. Vielleicht erhoffe ich mir von Ihnen eine Ermutigung für meinen anderen Besuch? Wissen Sie, ich bin an einem Wendepunkt. Es ist möglich, daß meine Freundin meine Zukunft beeinflussen wird.

F: Können Sie mir sagen, in welcher Weise?

A: Vielleicht mache ich ihr einen Heiratsantrag. Es wird davon abhängen, wie wir miteinander auskommen – drei Tage unter dem gleichen Dach. Ich muß jetzt heiraten, oder ich werde es nie tun. Ich bin fast fünfzig.

F: Haben Sie vorher nie an Heirat gedacht?

A: Ich hatte Angst vor Frauen, obwohl meine erste Liebe ein Mädchen war. Ich war zwölf und sie vierzehn. Ich wollte sie heiraten. Aber zwei Jahre später begann ich mit homosexuellen Kontakten, denen ich nicht widerstehen konnte, obwohl ich sie emotional nicht befriedigend fand. Mit meinen Schwestern habe ich mich nie vertragen, bevor ich achtzehn war.

F: Erzählen Sie mir über sie und Ihre Mutter.

A: Meine Mutter ist eine Neurotikerin, die mich verwöhnte. Ich muß in sie verliebt gewesen sein, da ich sie heiraten wollte, als ich etwa sechs Jahre alt war. [Er zögerte.] Ich traf sogar Vorbereitungen für die Hochzeit. Ist es nicht ziemlich merkwürdig, wenn sich ein sechsjähriger Junge so verhält?

F: Jetzt stellen Sie mir eine Frage. Ich glaube, daß der Zeitpunkt solchen Verhaltens von den Beziehungen in der Familie und vielleicht gewissen Imponderabilien abhängt. Hat Ihre Mutter Sie Ihren Schwestern vorgezogen, weil Sie ihr einziger Sohn waren?

A: Sie hat eigentlich das Gegenteil getan, wenn Sie wissen, was ich meine, aber wahrscheinlich wissen Sie das nicht. Sie hat mich wie ein Mädchen behandelt, als wünschte sie, daß ich eines sei. Dennoch zog sie mich meinen Schwestern vor. Ich war das jüngste Kind, ihr Kleiner, das könnte etwas damit zu tun gehabt haben, und ich habe mir oft gedacht, daß sie eine unterdrückte Lesbierin ist, was ihr Verhalten mir gegenüber erklären könnte. Meine älteste Schwester ist acht Jahre und die zweite vier Jahre älter als ich. Ich hatte als Kind beiden gegenüber feindselige Gefühle. Aber später liebte ich meine älteste Schwester. Sie war die erste Frau, die ich wirklich kennenlernte. Als Kind brauchte ich meine Mutter, aber ich fühlte mich bei ihr nicht sicher, weil sie selbst unsicher war. Dennoch liebte ich sie.

F: Lieben Sie sie und Ihre älteste Schwester immer noch?

A: Meine Mutter starb vor vier Jahren. Meine Schwester und ich sind gute Freunde. Sie sieht sehr gut aus und ist intelligent. Vielleicht hat sie mir die Augen für die Anmut und Schönheit von Frauen geöffnet. Ich könnte mich in eine Frau verlieben.

F: Nun, haben Sie sich verliebt?

A: Ja und nein. Ich bin mir nicht sicher. Jedenfalls bin ich nicht in Männer verliebt gewesen, obwohl ich sie sexuell anziehend finde. Meine Mutter hätte mich zu einem Homosexuellen machen können.

F: Warum glauben Sie, daß Sie keiner sind?

A: Ich weiß, daß ich bisexuell bin. Ich hatte drei erfolgreiche physische Beziehungen mit Frauen, von denen eine über drei Jahre dauerte, und meine Gefühle für sie waren stärker als meine Gefühle für Männer. Ich fühle mich Frauen näher. Ich glaube, daß man in Wirklichkeit ›Menschen‹ liebt, ob es nun Männer oder Frauen sind. Sex hat nur begrenzte Bedeutung. [Er verschränkte seine Hände jetzt fest ineinander und schien unter ziemlicher Spannung zu stehen. Er starrte auf den Teppich.]

F: Habe ich recht, wenn ich aus dem eben Gesagten schließe, daß Sie auch einen Mann lieben könnten? Widersprechen Sie sich da nicht selbst?

A: Ich weiß es wirklich nicht. Theoretisch könnte ich, aber ich glaube nicht, daß es je geschehen wird.

F: Haben Sie Schuldgefühle bezüglich Ihrer Homosexualität?

A: Nein, das nicht, aber ich fühle mich unbehaglich. Ich hatte viele Kontakte, aber meistens mit Leuten, die nicht zu mir paßten.

F: Ich weiß, daß Sie der C.H.E. angehören. Sie sagten mir auch, daß Sie eher am Rande blieben, aber die Organisation schätzten und ihre Ziele unterstützen wollten. Was macht Ihnen denn Schwierigkeiten an Ihrer homosexuellen Seite?

A: Ich glaube, daß es emotional ein Nachteil ist. Aber vielleicht glaube ich das nur, weil ich nie einen geeigneten Partner gefunden habe, einen Mann, mit dem ich leben könnte. Ich weiß es einfach nicht. Aber ich bin sicher, daß ich eine Frau lieben kann. Können Sie mir die Schwierigkeiten erklären, die ich mit meinen zwei ›Seiten‹ habe?

F: Ich würde es nicht wagen, Ihnen eine Antwort zu geben, selbst wenn ich glaubte, eine zu wissen. Ich frage mich allerdings, wie sich Ihre gesellschaftliche Position und Ihr Beruf auf die Wahl Ihrer Freunde und Liebespartner auswirken?

A: Eine gute Frage. [Zum erstenmal richtete sich sein Blick auf mich.] Ich bin ehrgeizig und sehr abhängig von derMeinung anderer. Ich glaube nicht, daß ich ein Feigling bin, aber ich bin von den Konventionen der Gesellschaft beeinflußt. Mit einer Frau an meiner Seite würde ich einen ›richtigen Eindruck‹ machen. Ich würde mich sicherer fühlen. Ich bin ein Künstler. Ich liebe die Bewegungen, die Haltung und die Anmut der Frauen. Nein, ich liebe Frauen und nicht Männer. Ich bin ein Romantiker, und Liebe ist wichtiger für mich als irgendeine Art von Bedürfnisbefriedigung.

F: Glauben Sie, daß Sie aus der Ferne lieben könnten, ohne erhört zu werden?

A: Zweifellos könnte ich das. Ich habe davon geträumt, und einmal habe ich mich in die Fotografie eines Mädchens verliebt, die mir eine meiner Studentinnen zeigte. Sie war ihre Freundin. Aber was ist die Liebe zu einem Menschen? [Er blickte jetzt wieder zu Boden, seine Hände waren gefaltet, er wirkte entspannt, obwohl es auch eine Pose sein konnte.] Worauf es ankommt, ist die universelle Liebe. Die meisten Individuen sind ja im Grunde nicht viel wert. Idioten.

F: Sie halten nicht viel von den Menschen! Haben Sie sich aufgrund Ihrer Enttäuschung über die Menschen der Religion zugewandt?

A: Das könnte etwas damit zu tun haben. In den letzten Jahren habe ich mehr Trost und ›Liebe‹ in Gruppen gefunden, die sich mit transzendentaler Meditation beschäftigen und an die Lehren der östlichen Religionen glauben, statt an persönliche Beziehungen. Ich glaube an den Bewußtseinswandel, durch den man die Zeitlosigkeit des Seinszustands erfährt. Ich glaube an die schweigende Kommunikation. Das erweitert das Bewußtsein. Es verändert Wahrnehmungen und Beziehungen.

F: Wenn Sie all das gefunden haben, können Sie nicht einsam sein, was auch immer passiert?

A: Ich bin dessen nicht sicher. Ich lebe auf verschiedenen Ebenen, in zwei oder mehr Welten.

F: Teilt Ihre Freundin, mit der Sie dieses Wochenende verbringen werden, Ihren Glauben?

A: Ja. Sie ist ein spiritueller Mensch. Ich habe sie im Ausland in einem der Kurse über transzendentale Meditation kennengelernt.

F: Können Sie mir etwas über sie erzählen?

A: Sie ist Sportlerin und Schriftstellerin. Sie spielt sehr gut Tennis, und sie gewann einen Wettbewerb im Schauspringen. Als ich sie kennenlernte, erschien sie mir sehr männlich, aber später entdeckte ich, daß sie auch ein zärtlicher und mütterlicher Mensch ist. Sie liebt die Häuslichkeit nicht. Ich schon. Ich koche gut und kenne mich mit dem Garten aus. Ich bastle gerne im Haus herum. Diese Dinge entspannen mich nach der anstrengenden Lehrtätigkeit. Manchmal arbeite ich das ganze Wochenende. Ich möchte alles perfekt haben.

F: Sagen Sie mir, wie können Sie Ihre Spiritualität mit Ihrem beruflichen Engagement und Ihrer Sinnlichkeit vereinbaren? [Er stand unvermittelt auf, ging auf und ab, sah mich mit weit offenen Augen an.]

A: Ja, ich versuche die drei Quellen des Lebens miteinander zu verbinden. Ich kann mich jeder widmen, ohne die anderen zu vernachlässigen. Meine Batterien nervlicher Vitalität lade ich durch transzendentale Meditation auf. Die Kraft, die ich für meine Arbeit brauche, schöpfe ich aus dieser nervlichen Energie; meine physischen Kräfte erneuern sich durch die Haus- und Gartenarbeit. Ich bin sinnlich von Natur aus, und weil ich ein Künstler bin. Sinnlichkeit schärft das spirituelle Bewußtsein.

F: Ich würde gerne wissen, in welcher Weise Ihre Bisexualität Ihre Einstellung zu anderen Menschen und Ihre persönlichen Beziehungen beeinflußt?

A: Alle Menschen sind bisexuell. Heterosexuelle sind Menschen, die ihre Homosexualität unterdrücken. Ich liebe *Menschen,* nicht Männer oder Frauen, wie ich Ihnen sagte. Aber es gibt Unterschiede in der Reaktion, ich meine, in meiner Reaktion. Ich spreche auf Männer unmittelbar stärker an als auf Frauen, teils weil ich mehr Erfahrung mit Männern habe und gewohnheitsmäßig reagiere. Frauen sind eine Ganzheit. Sie verlieren sich im Liebesakt. Für Männer bedarf der Sex keiner Anstrengung. Sie erleben ihn visueller und ihre Kopulationsbewegungen gleichen einander. Für Frauen gilt das nicht. Sie sind anders. Sie engagieren sich stärker. Sie sind weich; sie geben mir ein Gefühl des ›Davonschwebens‹. Und sie sind sehr besänftigend, das macht den Sex mit ihnen befriedigend. Aber das sensuelle Vorspiel ist nicht so gut mit ihnen wie mit Männern. Ich wünsche mir jetzt unbedingt Sex mit Frauen. Und ich wünsche mir ihre Freundschaft.

Er wartete keine weitere Frage ab, sondern bat, nochmals die Toilette benützen zu dürfen. Ich werde nie mit Sicherheit wissen, ob ich ihn ›kennengelernt‹ habe oder nicht. Er schüttelte mir nicht die Hand und unternahm auch keinen anderen Versuch, mir persönlich näherzukommen. Ich glaube, er war froh über den Besuch, da er mit einem Ausdruck der Entspannung wegging.

2

Als Mrs. B. an meiner Türschwelle stand, lächelte sie mich mit ihren Augen und Lippen an, ihre erwartungsvolle Freude auf diesen Besuch bezeugend. Wir begrüßten uns mit Händedruck; ihre Hand war warm und umschloß die meine mit dem festen Griff einer extravertierten Persönlichkeit, die sich auf alles einläßt, was ihren Weg kreuzt. Ein intuitiver Gesamteindruck beschränkt sich nicht auf die Ebene des Bewußtseins, sondern schöpft auch aus tieferen Quellen. Er ist mit einem Porträt zu vergleichen, das auf einen Blick die Ganzheit eines Menschen enthüllt, während die Beschreibung in Worten nur stückweise in der linearen Abfolge der Zeit vorankommt. Mrs. B. erschien mir als sportliche Schönheit, eine Frau von bemerkenswerter Vitalität, die unter einem dünnen Schleier von Schüchternheit, bedingt durch Bescheidenheit und Achtung für andere, große Lebenslust ausstrahlte.
Auch ihre Reaktion auf mich muß positiv gewesen sein, denn sie schien sich sofort zu entspannen und erwartungsvoll meinen Fragen entgegenzusehen.

F: Sie sehen so gesund und sportlich aus. Halten Sie sich am liebsten im Freien auf, obwohl Sie, wie ich weiß, durch Ihren Beruf gezwungen sind, drinnen zu arbeiten?
A: Sie haben recht. Mein Leben ist auf körperliche Aktivität eingestellt. Ich bin seit meinem siebzehnten Lebensjahr Rennfahrerin gewesen. Ich habe Ihnen in meiner autobiographischen Skizze mitgeteilt, daß ich im Alter von Siebenundzwanzig einen schweren Autounfall hatte, der mich zwang, das Rennfahren als Karriere aufzugeben.
F: Fahren Sie immer noch Auto oder hat Ihre Verletzung Ihr Leben und Ihren Geschmack verändert?
A: Nein, nein, ich fahre sehr gerne und sehr viel, aber ich darf nicht zum Rennfahren zurückkehren. Ich habe einen befriedigenden Job, der mir gelegentliche Auslandsreisen ermöglicht. Aber im großen und ganzen ist es eine Büroarbeit.

F: Welche Kompensationen haben Sie in den letzten zehn Jahren in Ihrem Leben gefunden?

A: Sehr viele. Ich habe einen wundervollen Chef. Er ist sehr intelligent und ein liebenswerter Mensch, und ich habe eine Reihe von Mitarbeitern unter mir, mit denen ich sehr gut auskomme. Durch meine Arbeit bin ich mit vielen Ausländern in Kontakt. Ich lerne viel von ihnen, und ich mag sie. Meinen Mann habe ich wahrscheinlich durch den Unfall kennengelernt. Als ich genügend weit genesen war, empfahl mir mein Arzt, Golf zu spielen, und ich lernte ihn auf dem Golfplatz kennen.

F: Ich weiß, daß Sie eine gute Ehe führen, wenn auch mit beträchtlichen Problemen. Können Sie mir mehr darüber und über Ihren Mann erzählen? Ich weiß nur, daß er ein brillanter Mathematiker und verständnisvoller Mensch ist.

A: Ja, ich werde Ihnen gern davon erzählen. Ich glaube, daß meine erste Reaktion ihm gegenüber eine beschützende war. Er wirkte einsam und schien vor jedem Angst zu haben. Er verliebte sich in mich, vielleicht weil wir solche Gegensätze sind. Auch ich verliebte mich in ihn, aber erst nach der Heirat. Als einziger Sohn in einer fünfköpfigen Familie wurde er verwöhnt. Er weiß, daß er ein Egoist ist, aber seine Liebe zu mir macht ihn rücksichtsvoll und verstehend, zum Teil, glaube ich, aus Angst, mich zu verlieren. Ich bin nicht mehr in ihn verliebt, aber ich schlafe noch genauso gern mit ihm wie am Anfang. Und ich fühle mich frei, mein eigenes Leben zu leben.

F: Meinen Sie damit, daß ihn weder Ihre Freundinnen noch Ihr Beruf stören?

A: Ja. Er weiß, daß ich Frauen liebe, und er scheint nicht eifersüchtig zu sein. Aber ich weiß nicht, was sich darunter verbirgt; er ist reserviert und behält alles für sich. Stolz? Ich möchte dem lieber nicht nachspüren.

F: Haben Sie Gelegenheit, Frauen zu treffen? Vielleicht wollen Sie mir erzählen, wie Sie Ihre lesbische Seite entdeckten.

A: Ich habe mich im Alter von zwölf Jahren in eine Freundin verliebt. Ich war von diesem Alter an auch mit vielen Jungen befreundet, bis ich meinen Mann kennenlernte. Während dieser Zeit verliebte ich mich in eine Reihe von Frauen, aber es kam niemals zu einem körperlichen Kontakt, erst mit einundzwanzig, als ich eine Affäre mit einer verheirateten Frau hatte, die über zwei Jahre dauerte. Während dieser Zeit verlobte ich mich. Aber die Verlobung wurde bald danach aufgelöst, als ich erkannte, daß wir nicht zueinander paßten. Danach ging ich mit vielen Männern aus und hatte vier ernste heterosexuelle Beziehungen, bevor ich heiratete. Gleichzeitig liebte ich drei Frauen und ging mit ihnen ins Bett. Aber es war die emotionale Bindung, die mich an sie fesselte; ich mache mir *im Grunde* nichts aus Sex mit einer Frau. Aber meine emotionale Beziehung zu ihnen ist stärker als zu jedem Mann.

F: Ich würde gern etwas über Ihre Kindheit erfahren, insbesondere über Ihre Mutter. Wie war Ihre Beziehung zu ihr?

A: Ich vergötterte meine Mutter und idealisierte sie bis zu meinem achtzehnten Lebensjahr. Sie ist intelligent und sieht sehr gut aus. Aber als ich erkannte, daß sie mich unterdrückte und mir jede Beziehung zu anderen übelnahm, verachtete ich sie. Sie war so possessiv.

F: War die Ehe Ihrer Eltern unglücklich? Sie erwähnten, daß sie häufig stritten, aber Sie bemerkten auch, daß ihre Ehe sowohl glücklich als auch unglücklich gewesen sei. Können Sie das näher erklären?

A: Sie sind beide starke Persönlichkeiten, die manchmal in Konflikt miteinander gerieten. Jetzt sind sie glücklich. Ich habe das Gefühl, daß meine Mutter eine starke homoemotionale Seite hatte; sie ist sich dessen natürlich nicht bewußt. Sie mag Männer nicht und versuchte, mich gegen das männliche Geschlecht einzunehmen. Ich war zweifellos ihr Lieblingskind, während mein Vater wahrscheinlich meine jüngere Schwester vorzog. Aber ich bin dessen nicht sicher, weil er immer distanziert war und seine Gefühle, falls er welche hatte, nie demonstrativ zeigte. Ich konnte weder meinem Vater noch meiner Mutter gegenüber je ich selbst sein, aus verschiedenen Gründen.

F: Wie hat sich das auf Ihre späteren Beziehungen ausgewirkt, falls überhaupt? Haben Sie irgendwelche Vorstellungen davon?

F: Ich kann nur Vermutungen anstellen; ich weiß es nicht sicher. Die Abneigung meiner Mutter gegen Männer weckte meine Neugier in bezug auf sie. Mein Vater war distanziert, aber er ist ein toleranter Mann, der, wie ich vermute, begriff, daß mich die Possessivität und Emotionalität meiner Mutter verwirrte. Vielleicht machte mir die Veränderung meiner Gefühle für sie meine Bisexualität bewußt. Vielleicht suchte ich nach einer Frau, einer älteren, bei der ich Ruhe finden konnte, aber ich wollte auch Männer kennenlernen.

F: Haben Sie sich in Männer *und* Frauen verliebt?

A: Ja, aber auf verschiedene Weise. Ich konnte mit beiden Geschlechtern emotionale Beziehungen haben, aber mit Männern dauerte es nie lange (abgesehen von meinem Mann), während ich meine Freundinnen immer noch liebte, nachdem die erste Leidenschaft vorüber war. Es ist so anders. Ich empfinde bei Frauen eine Ruhe, die ich bei einem Mann nie finden könnte. Aber vielleicht geht es den meisten Frauen so?

F: Vielleicht haben Sie recht, obwohl viele Frauen das vielleicht nicht zugeben. Der Wunsch, in Gegenwart eines anderen man selbst sein zu können, ist sicherlich den meisten Menschen gemein. Es ist der Wunsch nach Ganzheit und innerer Harmonie.

A: Sie drücken es so klar aus. Ja, das ist meine eigentliche Sehnsucht in jeder Beziehung. Die meisten meiner Freundinnen sind Künstlerinnen. Sie sind um so vieles freier als andere. Obwohl ich über Dreißig und fast schon in den mittleren Jahren bin, wünsche ich mir immer noch neue Erfahrungen.

F: Emotionaler und sexueller Art?

A: Nicht nur – ich möchte die ganze Welt bereisen – Indien, Australien, Europa, alles.

F: Was würde aus Ihrer Ehe werden, wenn Sie das täten?

A: Mein Mann würde vielleicht stumm leiden, aber er ist zu tolerant, um mich davon abzuhalten. Das könnte er auch gar nicht. Im Augenblick möchte ich in London sein. Ich habe erst vor zwei Jahren Sappho entdeckt und bin in die Homosexuellenszene eingedrungen. Ich glaube, daß sie der Frauenbewegung einen großen Dienst erweisen. Jedenfalls handelt es sich um eine natürliche lesbische und bisexuelle Gemeinschaft. Ich gehe zu ihren Treffen für verheiratete Frauen. Das bedeutet mir sehr viel.

F: Fühlen Sie sich dort wirklich integriert, da es sich doch in erster Linie um eine Lesbierinnenorganisation handelt?

A: Ja, durchaus. Sie sind sich dessen bewußt, was Sie, Frau Dr. Wolff, in Ihrem Buch *Psychologie der lesbischen Liebe* als ›Homoemotionalität‹ bezeichnet haben, und darin liegt der Unterschied zwischen ihnen und gemischten Homosexuellengruppen. Verheiratet oder nicht, bisexuell oder homosexuell, sie akzeptieren einen, wenn man diese tiefe emotionale Liebe zu Frauen empfindet.

F: Haben Sie Schuldgefühle in bezug auf Sex, insbesondere in bezug auf Homosexualität?

A: Nicht in bezug auf meine Liebe zu Frauen. Ich bin religiös und habe meinen Eheschwur geleistet, treu zu sein. Ich habe Schuldgefühle in bezug auf außerehelichen Sex und Untreue gegenüber dem eigenen Mann – mit einem anderen Mann. Aber mein Mann empfindet meine Liebe zu meinem eigenen Geschlecht weder als Bedrohung für ihn noch als Treulosigkeit. Und ich denke genauso. Diese beiden Arten von Liebe sind verschieden und kommen nicht in Konflikt miteinander.

F: Welcher Konfession gehören Sie an?

A: Ich glaube an die fundamentale Lehre, nicht an Konfessionen. Nominell gehöre ich der anglikanischen Kirche an, aber ich bin keine Kirchgängerin.

F: Aber was ist nun mit Ihrem Wunsch, die Welt zu sehen? Wann glauben Sie, etwas davon verwirklichen zu können?

A: Ich bin ziemlich fatalistisch und warte, daß sich diese Frage von selbst beantwortet. Ich mache auch jetzt schon kurze Europareisen. Erst vor einigen Wochen war ich in Amsterdam. Wenn das kein Abenteuer war! . . .

F: Bitte erzählen Sie mir davon!

A: Mit Vergnügen. Ich war neugierig auf die C.O.C. von Amsterdam, deshalb bin ich auf ein Wochenende hingefahren, ganz allein. Ich reise gern allein, weil das alles offenläßt. Am ersten Tag, einem Sonntag, habe ich meine Handtasche mit allem, was darinnen war – Reisepaß, Geld, etc. – verloren. Ich hatte absolut nichts. Ich fuhr zum Frauenhaus der C.O.C. und wurde dort vollständig aufgenommen. Sie haben sich um alles gekümmert. Ein schönes holländisches Mädchen lud mich ein, in seiner Wohnung zu übernachten, und wir teilten alles, was sie hatte. Sie war eine wirklich emanzipierte Frau, intelligent und unerhört großzügig. Sie begleitete mich zur Botschaft, wo ich die nötigen Papiere bekam. Sie bestand darauf, mir das Geld für meine Rückreise zu geben. Das Zusammensein mit ihr war ein wundervolles Erlebnis.

F: Haben Sie einen Schreck gekriegt, als Sie den Verlust Ihrer Sachen bemerkten?

A: Nein, ich bin nicht erschrocken, sondern habe sogar die Herausforderung irgendwie genossen. Es gefällt mir, wenn etwas Unerwartetes geschieht und ich mich aus eigener Kraft aus einer Klemme befreien muß. Und ich vertraue auf mein Glück. Wie Sie sehen, ist es mir gelungen, und ich hatte noch dazu ein wundervolles Erlebnis.

Nach diesem aufregenden Bericht fragte ich Mrs. B., ob sie mir irgendwelche Fragen stellen wolle, und sie sagte:
»Ja, ich würde sehr gerne wissen, weshalb Sie diese Untersuchung machen, und noch viel mehr.«
»Ich hatte den Eindruck, daß eine Studie dieser Art notwendig sei, und sie stellte auch eine Ergänzung meiner Forschungsarbeit über weibliche Homosexualität dar. Es war ein weiterer Schritt auf dem Weg zu einer umfassenderen Erkenntnis der emotionalen und sexuellen Möglichkeiten des Menschen. Ich zweifle nicht daran, daß diese in gewissem Maße noch verborgen sind, weil selbst emanzipierte Frauen und Männer nicht imstande sind, ganz aus dem Schatten der Konvention zu treten. Aber was möchten Sie noch von mir hören?«
»Erzählen Sie mir von sich, irgend etwas.«
»Dies ist nicht so einfach. Ich kam vor dem Krieg nach England und habe die Lebensgeschichte eines Menschen, der sein eigenes Land verlassen mußte. Das erwies sich aber schließlich als Segen.«
Wir sprachen noch einige Zeit miteinander, es war jetzt ein zwangloser Gedankenaustausch. Sie hatte etwa zwei Stunden bei mir verbracht, als sie plötzlich aufstand, mit offenen Armen auf mich zuging, und, mich an den Schultern fassend, sagte:
»Sie müssen müde sein. Ich werde jetzt gehen, aber ich würde Sie gerne wiedersehen.«

3

Der eintretende junge Mann hatte das offene Gesicht und die direkte Redeweise eines Kindes. Er schüttelte mir kräftig die Hand und sagte, bevor er sich setzte:
»Ich habe mich auf diesen Augenblick gefreut, Frau Dr. Wolff.«
Wir waren uns auf den ersten Blick nahegekommen. Mit seiner modischen Kleidung, seinen Armbändern und Amuletten wirkte er wie einer Modeanzeige für den modernen jungen Mann entstiegen. Aber er schien sich in seiner auffallenden Aufmachung so wohl zu fühlen, daß in diesem Fall die Kleider nicht den ›Mann machten‹.
Alan erzählte mir von seinem Job als Personalchef in einem großen Industriekonzern, ein Job, der ihm gefiel, weil er dabei viele Männer und Frauen kennenlernte, die er sympathisch fand und denen er manchmal helfen konnte.

F: Nehmen Sie persönlichen Anteil an den Leuten, die Sie auf ihre Eignung hin prüfen müssen?

A: Ja, durchaus. Ich bin ein ›persönlicher‹ Mensch und versuche zu helfen, aber natürlich nicht gegen die Interessen der Firma. Manchmal komme ich in Konflikt, weil ich politisch links bin und das ganze kapitalistische System hasse. Ich entnehme Ihrer Frage, daß Sie etwas Ähnliches erwartet haben.

F: Ich hatte den Eindruck, daß Sie Menschen mögen, daß Sie auf andere freundlich zugehen. Ist das auf Ihr Temperament zurückzuführen oder hat Ihr familiäres Milieu etwas damit zu tun?

A: Ich war der Liebling meiner Mutter. Ich habe zwei Brüder, aber keine Schwestern. Unsere Familie hatte einen starken Zusammenhalt, und unsere Eltern brachten uns immer Liebe und Verständnis entgegen, aber Gefühle wurden nicht offen gezeigt. Die enge Beziehung zu meiner Mutter gab mir Selbstvertrauen und den Glauben an die fundamentale Anständigkeit der Menschen. Eine ziemlich gefährliche Einstellung, die ich bereits in der Schule verlernen mußte.

F: Was passierte?

A: Ich wurde dazu erzogen, mich abseits zu halten und für alles, was ich sagte oder tat, verantwortlich zu fühlen. Es fiel mir nicht leicht, mich an die ungestümen Jungen in der Schule zu gewöhnen. Sie rühmten sich ihres sexuellen Wissens und ihrer Abenteuer. Zu Hause wurde nie über sexuelle Dinge gesprochen, und ich fühlte mich ihnen gegenüber wie ein Fisch auf dem Trockenen. Mir mißfielen auch ihre Erzählungen von wirklichen oder eingebildeten Liebesaffären mit Mädchen. Ich hatte das Gefühl der Unzulänglichkeit, und sie betrachteten mich als einen Außenseiter, den sie hänselten und verachteten.

F: Ohne Ausnahme?

A: Ein Junge, ein sensibler Bursche, schloß mit mir Freundschaft, als wir etwa vierzehn waren. Wir ›machten‹ damals nichts, vielleicht weil ich in ein Mädchen verliebt war, das ein Jahr älter als ich war und mit dem ich eine sexuelle Beziehung hatte. [Er erzählte mir keine Einzelheiten.] Aber das dauerte nur ein Jahr, und nachdem es vorüber war, wurde ich mit meinem Freund intim, aber ohne Analverkehr.

F: Haben Sie sich damals für bisexuell gehalten?

A: Ich weiß nicht recht. Ich habe nie darüber nachgedacht; es erschien mir natürlich, mit Männern und Frauen zu schlafen. Aber ich weiß, daß ich die Gesellschaft von Mädchen vorzog.

Das ist immer noch so. Mit sechzehn, nach meinem Abgang von der Schule, hatte ich eine feste Beziehung mit einem entzückenden Mädchen. Wir sprachen nie über Homosexualität, aber ich las viel darüber. Zwei Jahre später verliebte ich mich sehr heftig in ein Mädchen, das ich bereits als Kind gekannt hatte.

F: Spielten Männer damals keine Rolle mehr?

A: Nein. Damals wollte ich normal sein und heiraten. Ich hatte dann noch eine andere Freundin, die sehr intelligent war und meine Liebe zu erwidern schien. Dennoch träumte ich oft in masochistischer Weise von einem männlichen Liebhaber. Ich wollte von ihm geschlagen und getreten werden. Andererseits sah ich mich in meiner Phantasie als sadistischen Liebhaber von Frauen.

F: Sie schrieben mir, daß Sie an die Universität gingen, um Soziologie zu studieren. Wie ging es Ihnen dort?

A: Alles hat sich verändert. Ich genoß mein Studentenleben und bekannte mich offen zu meiner Bisexualität. Es machte mir nichts aus, daß es außer meinen Eltern alle wußten. Sie hatten damals viele Probleme, und ich wollte ihnen nicht noch weitere machen. Sie hätten sicher keine Einwände gegen meine Lebensweise erhoben, aber wahrscheinlich hätten sie sich Sorgen um mich gemacht. Ich besuchte öffentliche Toiletten, wo ich Gefallen am Analverkehr fand. Und ich hatte viele sexuelle Kontakte mit Männern, die nur eine Nacht dauerten.

F: Können Sie Ihre Homosexualität mit Ihrer Liebe zu einer Frau in Einklang bringen?

A: Ich habe eine Frau gefunden, die mich voll und ganz versteht und allem Anschein nach nicht eifersüchtig ist. Ich wollte sie nach meinem Studienabschluß heiraten, aber sie wollte sich nicht binden. Sie war dagegen, die Liebe zu legalisieren. Ich liebe sie immer noch.

F: Gibt es einen bestimmten Frauen- oder Männertyp, von dem Sie sich besonders angezogen fühlen?

A: Ich habe eine Abneigung gegen ›rauhe Männer‹ und gegen feminine Frauen. Ich liebe intelligente Menschen beiderlei Geschlechts. Nein, ich fühle mich nicht zu einem bestimmten Typus hingezogen. Ich liebe Menschen, nicht ihr Geschlecht.

F: Es interessiert mich, inwiefern Sie die Beziehungen zu den beiden Geschlechtern als ähnlich oder verschieden empfinden.

A: Ich habe vergessen, Ihnen zu erzählen, daß mehrere Männer mich fesselten und mit mir Analverkehr hatten, als ich fünfzehn war. Ich haßte das und genoß es gleichzeitig.

F: Wurden Sie vergewaltigt oder wollten Sie das?

A: Ich wurde vergewaltigt, aber ich muß es unbewußt provoziert haben. Diese Vorfälle könnten der Grund gewesen sein, warum ich später bisexuell wurde. Aber als Student lebte ich mich in beiden Richtungen voll aus ... Sie haben mich nach Unterschieden in meinen Reaktionen auf Männer und Frauen gefragt. Ich finde es leichter, eine Frau zu lieben als einen Mann, aber mühsamer, mit ihr eine sexuelle Beziehung zu haben. Meine Kontakte mit Männern sind kurz und meist unpersönlich. Aber mein Ideal ist es, eine Frau und einen Mann zu lieben und ihnen treu zu sein. Vielleicht habe ich sie schon gefunden. Ich finde Männer sexuell und Frauen emotional aufregender.

F: Kommen Sie bezüglich der zwei verschiedenen Arten von Liebe in Konflikt?

A: Bisher nicht. Aber ich muß sicher sein, daß meine Partner nicht aufeinander eifersüchtig sind. Ich hasse Szenen. Ich verabscheue emotionale Possessivität und jede andere Form davon.

F: Entsprechen die zwei Menschen, die Sie lieben, diesem Ideal?

A: Bisher ja. Mein Freund und ich sind Mitglieder der Gruppe ›Männer gegen Sexismus‹, und wir sind einer Meinung in bezug auf Possessivität. Er mag meine Freundin sehr und sie ihn auch. Es gibt keine Eifersucht.

F: Was halten Sie von den homophilen Organisationen? Ich weiß, daß Sie Mitglied von C.H.E. und G.L.F. sind.

A: Beide haben mir in der Vergangenheit, bevor ich mich offen zu meiner Bisexualität bekannte, sehr geholfen. Aber inzwischen hat sich die Situation verändert. In meinen Augen ist die C.H.E. zu männerbeherrscht und die G.L.F. zu chauvinistisch. Das ist der Grund, weshalb ich der Gruppe ›Männer gegen Sexismus‹ beigetreten bin.

F: Sie haben während des ganzen Gesprächs Ihre Brüder nicht erwähnt. Weshalb?

A: Ich stamme aus einer Arbeiterfamilie. Wir lebten in beschränkten Verhältnissen. Meine Brüder sind jünger als ich. Sie leben immer noch bei den Eltern. Wir wurden dazu erzogen, die Intimsphäre des anderen zu respektieren und unsere Gefühle für uns zu behalten. Ich hatte zu keinem meiner Brüder je eine enge Beziehung, aber wir würden einander helfen, wenn es nötig wäre. Ich habe nie daran gedacht, sie mit meinen Vorstellungen über Sex bekannt zu machen. Ich habe Ihnen ja gesagt, daß ich meine Eltern nicht mit meinen Problemen belasten möchte, die sich auch auf die Jungen ausgewirkt hätten.

F: Bekennen Sie sich, abgesehen von Ihrer Familie, offen zu Ihrer Bisexualität?

A: Ja. Niemand hat mich deshalb anders behandelt. Auch in unserer Firma wissen die Leute Bescheid. Sie sind tolerant, und viele sind politisch ebenso progressiv wie ich.

F: Glauben Sie, daß sich die Einstellung zur Bi- und zur Homosexualität verändert hat?

A: In bestimmten Kreisen ja. Progressive Leute denken im allgemeinen in jeder Hinsicht fortschrittlich. Ich weiß, daß das auf viele meiner Arbeitskollegen zutrifft.

F: Glauben Sie an die Möglichkeit einer bisexuellen Gesellschaft?

A: Ja, absolut. Es ist der richtige Weg zu einem besseren Leben für alle.

Er erhob sich und sagte:
»Ich bin froh, daß Sie diese Arbeit machen. Darf ich eines Tages wiederkommen?«
»Ja.«

VIII.
Autobiographische Dokumente: Wie sie sich selbst sahen

Die folgenden autobiographischen Berichte von fünf Frauen und vier Männern sind weitgehend unredigiert, aber ›Ingrids‹ Beitrag mußte gekürzt werden. Sie stammen von Menschen aus verschiedenen Bevölkerungsschichten und verschiedenen Alters, die sich aus persönlicher, intimer Kenntnis mit den verschiedenen Aspekten der Bisexualität auseinandersetzen. Ein amerikanisches Paar, das mich auf der Ferienreise hier besuchte, sandte mir nach seiner Rückkehr Auszüge aus seinen Tagebüchern. Diese sind von besonderem Interesse, da die Verfasser eine Liebesbeziehung haben. Der Beitrag der Frau ist einzigartig, da sie nicht nur Männer und Frauen gleichermaßen liebt, sondern aufgrund ihres Berufs als Callgirl auch über eine spezielle Kenntnis der Sexualität verfügt. Alle anderen Beteiligten verfaßten ihre Lebensläufe in einsamer Selbstreflexion, bevor sie mich kennenlernten. Sie nahmen aus unterschiedlichen Gründen an dieser Untersuchung teil. Ihr Hauptmotiv war natürlicherweise der Wunsch, über ihre eigene Bisexualität zu sprechen, die ihren Lebensstil, ihre Emotionen und ihren Sexualtrieb geprägt hatte. Aber sie handelten nicht nur aus Eigeninteresse, sie hatten auch starke soziale und pädagogische Motive. Jeder von ihnen war betroffen über den zweitklassigen Status, der sexuellen Nonkonformisten zugewiesen wird, und wollte deshalb bei einem Forschungsprojekt mitwirken, welches geeignet schien, das Verständnis der ›normalen‹ Menschen für sie zu fördern. Die verschiedenen Berichte, seien sie lang oder kurz, sprechen aufgrund der persönlichen Erfahrungen und Reflexionen, die sie enthalten, für sich selbst.

1. Aus den Tagebüchern Ingrids

11. August 1974
Mein Gott – jetzt sind es schon drei Wochen, genau drei Wochen heute abend. Ich warte ständig darauf, daß die Leidenschaft nachzulassen beginnt – daß sie sich in Luft auflöst. Aber das

geschieht nicht – sie ist immer noch da, und ich bin nicht sicher, ob das bloß ein Wunsch von mir ist, aber ich glaube tatsächlich, daß diese Leidenschaft noch nicht voll aufgelodert ist. Ich habe das Gefühl, daß sie ihren Lauf nimmt und daß bald – sehr bald etwas Explosives geschehen wird . . . zumindest hoffe ich das. O Gott, ich könnte es nicht ertragen, wenn alles jetzt hier zu Ende ginge. Mein Verstand sagt mir, daß das nicht passieren wird, aber meine Gefühle sind nicht so zuversichtlich.
Heute abend vor drei Wochen – als ob es vor Minuten gewesen wäre. Und am Abend vorher – Kerzen, gedämpftes Licht – wir vier saßen da in freudiger Erwartung – Huhn und Wein und alles andere verleibten wir uns ein wie Formalitäten. Ich trank mein letztes Glas Sherry mit dem physischen Bewußtsein eines Körpers ganz in meiner Nähe . . . ich schloß kurz meine Augen, und als ich sie wieder öffnete, warf ich einen verstohlenen Blick auf seine linke Hand.
Woher kamen diese Gefühle? Es war solange her gewesen. Ich konnte mich gar nicht mehr daran erinnern . . .
Ruby in einem langen blauen Gewand – Worte drangen ständig von ihr her – formten sich zu Wendungen, Sätzen, ganzen Geschichten – endlos. Worte – bloßes Geflatter – Zungenschlag. In meinem inneren Ohr hörte ich Seufzer, tiefes Atmen und Stöhnen der Lust. Sie kamen von innen. In mir – tief in meinem Körper. Mein Körper, der sich in Einsamkeit hin und her wirft – einen neuen, vertrauten, aber bis jetzt noch unberührten anderen sucht. Ben – zu meiner Linken – seine Hände bewegen sich, seine Augen schließen sich, sein Mund spricht – nichts davon haftet in der Erinnerung. Ich weiß nicht mehr, wie er seine Hände bewegte oder wie er seine Augen schloß – nur daß er es tat. Ich erinnere mich nicht an seine Worte. Hat er überhaupt gesprochen? Das einzige, woran ich mich erinnere, sind seine offenen Augen, die mich verführerisch anstarren – nackte Augen. Erinnerungen an Männer in *el parque el México* – ihre dunklen Augen, die sagen ›okay, Baby, es ist alles vorbei – jetzt komme ich, mit jeder Faser – ich komme in dich‹ . . . auch Bens Augen sagten das, eine flüchtige Sekunde lang. Ich schlug die Augen nieder, vielleicht hätte ich das nicht tun sollen, denn als ich den Blick wieder hob, sahen mich die erschrockenen Augen eines kleinen Jungen an. Die Kerzen brannten herunter. Wir rauchten einen Gute-Nacht-Joint. Ein Schauder lief über meine Schultern. Ich vermied es, nach rechts zu sehen. Ben erhob sich – sein Gähnen hatte bereits seit Stunden den Raum erfüllt – er verfrachtete es jetzt ins Schlafzimmer.

Ich ging hinein, um ihm Gute Nacht zu sagen. Das einzige, was ich hörte, waren Entschuldigungen. Sie waren nicht das, wonach ich mich sehnte. Meine Ohren suchten etwas ganz Anderes. Zurück im Eßzimmer – ich schubste Ruby sanft in Richtung Schlafzimmer und murmelte etwas über Ben.
Sie drehte sich um, und ich ging in die entgegengesetzte Richtung – direkt in die Arme, in die ich mich den ganzen Abend gewünscht hatte. Mein Körper wollte in diesem anderen Körper einfach verschwinden. Ich wollte Adrians Arme fester um mich spüren. Plötzlich sagte er es – morgen abend – morgen abend. Ich antwortete etwas Nichtssagendes, aber mein Körper jubelte.
Wie lange hatten wir einander begehrt?
Unten in meinem Schlafzimmer fielen Ruby und ich trunken ins Bett. Ich begann Ruby zu streicheln, aber mein Kopf drehte sich und ich konnte nicht mehr. Sie wollte es mir machen, aber ich überredete sie einzuschlafen. Ich wollte mit meinen Phantasien allein sein.
Am nächsten Morgen ging ich ins Geschäft, als Ruby noch schlief. Dort traf ich ihn zufällig. Wir redeten kurz über den vergangenen Abend und noch kürzer über den kommenden. Ich konnte es nicht begreifen. Wir hatten uns auch schon vorher zufällig im Geschäft getroffen, auch auf der Straße und im Flur. Warum *jetzt?* Was ging vor?
Den ganzen Tag lang am Strand stellte ich mir vor, wie es sein würde. Ruby lag neben mir auf der Decke. Die Sonne war heiß, der Himmel sehr blau. Ab und zu berührte Rubys Zehe die meine. Ein angenehmes Gefühl. Manchmal ließ ich meinen Fuß ihr Bein entlang gleiten. Wir sahen einander an und lächelten . . . Es war angenehm.
Aber als Ruby in eine Art Halbschlaf versank, wie das beim Sonnenbaden passiert, schloß ich meine Augen und die Bilder begannen zu kommen.
Meine Fersen gruben sich in den Sand. Ich sah ihn über mir, wie er sich langsam zu mir herunterbeugte. Zuerst kam seine Zunge, ich nahm sie in meinen Mund und saugte sie tief in meinen Mund ein. Sein Körper senkte sich auf meinen. Scharfe Empfindungen schossen in mir hoch. Er hob seinen Körper noch einmal hoch und ich breitete meine Beine aus und hob erwartungsvoll meine Hüften . . .
Ich öffnete die Augen. Da war das leuchtende Blau des Meeres mit Hunderten von Segelbooten am Horizont, der von einem großen Frachtschiff auf dem Weg zum offenen Meer beherrscht wurde. Neben mir grub ein winziges blondes Kind mit seiner

Schaufel im Sand. Seine blasse, fettleibige Großmutter saß in einem Klappstuhl und redete sinnlos auf es ein.
Ich wandte mich Ruby zu. Sie lag in ihrer schönen Körperlichkeit ausgestreckt da, mein winziger rosa Bikini deckte kaum ihre Blößen. Ihre Augen waren geschlossen und ihre Gedanken schienen friedlich.
»Ruby«, sagte ich auf dem Nachhauseweg. Wir gingen die Chandlerstreet hinunter und wollten eben in die Berkeley einbiegen. »Ruby, ich möchte dir etwas sagen. Ich weiß, daß es dich aufregen wird. Ich weiß, daß du dich verraten fühlen wirst. Aber ich möchte dir gegenüber ehrlich sein. Ich möchte, daß du weißt, was los ist. Ruby, ich werde heute mit Adrian zusammensein.«
Sie nahm es sehr kühl auf. Warum sollte sie sich darüber aufregen. Sie intellektualisierte die ganze Sache, lächelte und wünschte mir viel Spaß. Wir bogen in die Graystreet ein. An meiner Tür steckte ein Zettel. Ich weiß, auch sie wußte, daß er von Adrian war . . . seither ist sie nicht mehr ›stolz‹ gewesen.
Während ich mich duschte und anzog, war ich von wohliger Zufriedenheit erfüllt. Ich hatte meinen Körper unter Kontrolle. Ich fühlte mich ruhig, und die Erwartung, die mich tief durchströmte, wurde durch diese äußere Ruhe niedergehalten. Ich fühlte mich ausgeruht und voller Sehnsucht.
Adrian klopfte an die Tür. Er war angezogen und sah in seiner weißen Hose fabelhaft aus. Er fragte mich, ob ich ausgehen und ein paar Drinks mit ihm nehmen wolle. Ich antwortete, ich sei müde, wir würden oben etwas trinken. Was ich in Wirklichkeit meinte und eigentlich sagen hätte sollen, war: ›Ah Lieber. Heute nacht gehörst du ganz mir. Ich will dich nicht mit anderen teilen. Ich möchte dich ganz *für mich*. Ich möchte mit dir allein sein.‹
Wir saßen oben und redeten. Viele Drinks wurden eingegossen und getrunken. Das Glas war kaum leer, und schon wurde es aufs neue gefüllt. Adrian stand auf und ging ins Bad.
»Willst du noch einen Drink?« fragte er. Ich verneinte.
»Wenn du noch etwas möchtest, gieß dir noch ein Glas ein, wir können dann unsere Gläser mit ans Bett nehmen.«
Ich lächelte. Wie hübsch er das gesagt hatte! Und ich lächelte die ganze Nacht lang, und Adrian sagte mir hübsche Dinge. Wir liebten uns zweimal, und ich schlief in seinen Armen ein . . .

31. August 1974
Die überwältigende Traurigkeit, die ich mit Adrian so oft empfunden hatte, kehrte zurück und ich begann zu weinen. Ich hatte noch nie in Adrians Gegenwart geweint, und ich fühlte mich

merkwürdig. Ich war hin- und hergerissen zwischen dem Wunsch, woanders zu sein, behaglich schlafend, und dem Wunsch, daß er aufwachen und mich trösten möge.
Es dauerte ziemlich lange, bis Adrian aufwachte und mich tröstete. Ich spürte, daß es ihn quälte. Er glaubte sofort, es liege daran, daß er etwas falsch gemacht habe, und wollte wissen, was. Wie konnte ich erklären, warum ich weinte? Ja, indirekt hatte es mit dem Trinken zu tun, aber nicht unmittelbar. Deshalb sagte ich, wir würden am Morgen darüber reden.
Ich habe einfach Angst um ihn. Manchmal, wenn ich ihn anschaue, erinnert er mich an einen alten Mann. Wie kann man jemandem *das* sagen? Wie sagt man: ›Manchmal sehe ich dich am Rand einer Katastrophe und fühle mich hilflos.‹ Ich erinnere mich an den Sommer, als ich zwölf Jahre alt war und mein Vater einen Nervenzusammenbruch hatte. Manchmal, wenn ich Adrian anschaue, muß ich an diesen Sommer denken.
Ich glaube nicht, daß alles schlimmer wird, aber in Adrians Leben ist so vieles in Unordnung. Oft glaube ich, ihm helfen zu können, und habe das Gefühl, daß es Adrian von jetzt an leichter haben wird. Aber dann gibt es wieder Zeiten wie gestern nacht, als ich in diesem Bett lag und mich fragte, was ich eigentlich tun könnte.
Adrian redete – ich weiß nicht einmal mehr, wie es dazu kam – und er sagte: »Oder wirst du fortgehen wie alles andere in meinem Leben?« Ich sagte: »Hör auf«, und sagte es sehr leise. Aber am liebsten hätte ich es geschrien. Ich sagte ihm, daß er das zu oft sagt. Aber kann er etwas dafür, wenn er es ständig fühlt? Und selbst bevor er es heute morgen erwähnte, wußte ich, daß er sich über das Erektionsproblem Sorgen machte. Ich kann ihn nur bis zu einem gewissen Grad ermutigen. Ich weiß, es besteht die Möglichkeit, daß das Problem physiologisch bedingt ist. Aber nach den Umständen zu urteilen, nehme ich an, daß es sich eher um psychische Probleme handelt. Und er hat so viele! Wenn ich darüber nachzudenken beginne ... ich bin sicher, daß sie alle dazu beitragen. Ich bin überzeugt, daß das Trinken eine große Rolle spielt – ebenso wie seine allgemeine Nervosität, Sorgen und Arbeitsdruck. Aber da sind noch so viele andere komplexe Dinge – daß Peggy ihm so wehgetan hat – obwohl es schon lange her ist, weiß ich, daß es ihn noch immer schmerzt. Dann, daß er eine Zeitlang nicht mit Frauen geschlafen hat, und der ganze Schwulentrip. Dieses Gefühl habe ich selbst manchmal, wenn ich dasitze und mich frage, wie ich mich in einer heterosexuellen Beziehung zu verhalten habe. Ich spüre auch, daß Adrian sehr viel daran liegt, daß unsere Beziehung funktioniert, und dieses Gefühl allein

verursacht schon Probleme. Dann ist da natürlich das ganze männliche Egoproblem – eine Vorstellung, die man nicht einfach außer acht lassen kann. Und ich bin nicht die geeignete Frau, ihm in solchen Dingen beizustehen, da ich manchmal sehr einschüchternd wirke. Nicht einschüchternd als Mensch, sondern als Geschlechtswesen. Die Männer haben manchmal Angst, wenn sie mit mir ins Bett gehen, weil sie wissen, daß ich schon viele andere Männer gehabt habe, mit denen ich sie vergleichen kann. Selbst wenn sie nicht wissen, was los ist, ist *das* oft die unbewußte Antwort. Ich möchte Adrian so gern helfen, aber manchmal fühle ich mich erschöpft. Die verbale Kommunikation ist oft ein Problem für mich gewesen, doch ich bin entschlossen, keine Kommunikationsprobleme zwischen uns zu dulden. Ich habe darüber nachgedacht, was Gordon kürzlich zu mir sagte: »Schreibst du ein Tagebuch, das du jemanden lesen lassen kannst?« Ich hatte bisher eigentlich nicht daran gedacht, aber jetzt, wenn ich darüber nachdenke, erinnere ich mich, daß ich manchmal meine Tagebücher Monate und Jahre, nachdem sie geschrieben wurden, Leuten zum Lesen gegeben habe. Sie waren immer interessant, aber es hilft mir nicht viel, wenn ich sie jemandem nach langer Zeit zu lesen gebe. Vielleicht werde ich Adrian dies jetzt lesen lassen.

4. September 1974 – Maine

. . . und jetzt bin ich wirklich allein, aber es macht mir nichts aus. Hier oben in der Mitte eines leeren dunklen Tals in einer gleichfalls leeren schwarzen Nacht. Ein schlafendes Haus – schon so früh am Abend. Auf dem Land gehen die Leute immer früh zu Bett. Es ist kein Geräusch zu hören – völlige Stille. Und die Temperatur ist so stark gefallen, daß die Grillen und Frösche aufgehört haben, ihre Sommergeräusche zu machen.

Ich wünsche mir nur, daß Arme da wären, die mich hielten, aber es ist nur die Nacht da mit ihren stummen schwarzen Armen. Und heute nacht werden nur meine eigenen Finger über meinen Körper gleiten und meinem Fleisch Versprechungen machen, die sie vielleicht nicht halten können.

In mir klingen Erinnerungen an viele andere Male in vielen Jahren an, als Nächte wie diese ein Teil meines Lebens waren und mir dieses Tal tief am Herzen lag. Jetzt habe ich das Gefühl, daß das Tal und seine Nächte nichts mit mir zu tun haben. Ich bin nur ein vorübergehender Gast, und diese Finger auf meiner Brust sind ruhelos, und während sie über meinen Körper gleiten, sind sie mir so fremd wie diese Nacht. Aber je mehr mein Körper fühlt, desto mehr heißt er sie willkommen. Irgendwie sind diese Finger tröstlich.

Das nagende Gefühl der Einsamkeit vom Wochenende ist vergangen. Mein Körper hat jetzt aufgehört zu zittern und fühlt sich nicht mehr von meinem Geist abgetrennt. Eine Art von Ruhe kam gestern nacht über mich, als ich mich in Adrians neuer Wohnung in sein Bett kuschelte.

Ein paar gebrochene Teile in mir fügten sich plötzlich wieder zusammen. Das dumpfe Gefühl in meinem Kopf, das mich niedergedrückt hatte, verschwand. Diese letzte Nacht hatte etwas Beruhigendes, das mich heute befähigt, in dieser dunklen Landschaft allein zu sein, mit meinen eigenen Händen auf meiner eigenen Brust.

Es hat alles etwas mit Armen und Gehaltenwerden zu tun. Ich vermisse solche Arme um mich; ich fühle mich in ihnen geborgen – aber wenn ich fern davon bin, fühle ich mich nicht mehr allein. Denn jetzt weiß ich, wo ich stehe.

5. September 1974

Es fiel mir schwer, heute morgen aufzustehen. Der Nebel war in der Nacht gekommen und hatte uns eingeschlossen. Das Haus war von einer durchdringenden Feuchtigkeit umgeben. Das Radio gab die Temperatur mit drei Grad an, und ich glaube es fast. Heute nachmittag ist der Nebel jedoch verdunstet und das Thermometer auf zwanzig Grad gestiegen – die typischen Herbstlaunen von Maine.

Heute habe ich mich gut gefühlt. Bin mit Christina in Rutland gewesen, sie hat mir in der Akademie die Haare gemacht. Ein völlig veränderter Anblick – kurz und gelockt. Ein aschblonder Afro-Look!

Ich habe sie zum Mittagessen eingeladen und ihr zum Dank ein Parfüm gekauft. Es hat mir gut getan, mit Christina zusammenzusein und mir von ihr die Haare machen zu lassen. Ihr hat es sichtlich auch gefallen, und es hat uns einander nähergebracht.

Ich habe mir immer eine Schwester gewünscht, mit der ich eng befreundet sein könnte. Die Zwillinge und ich hatten aufgrund des Altersunterschiedes und unserer verschiedenen Temperamente und Persönlichkeiten etc. nie eine enge Bindung. Erst im letzten Jahr haben Christina und ich den Punkt erreicht, wo wir ziemlich offen miteinander reden können. Ich habe Christina im letzten Monat viel über mein Leben erzählt. Sie weiß jetzt, wie ich mir meinen Unterhalt verdiene, und wir haben sehr ausführlich über meine Bisexualität gesprochen.

9. September 1974

Die Zeit in Maine ist rasch und ruhig vorübergegangen – Entspannung von der Art, die einen ins Nichts einlullt. Ich bin froh, wieder zurück zu sein, im Clinch mit der Welt.

Es scheint mir, als wartete ich seit Tagen darauf, in Adrians Arme zurückzukehren. Wir haben seit einer Woche nicht mehr miteinander geschlafen (heute ist es genau eine Woche – aber das war ein merkwürdiges Beisammensein. Ich hatte meine Periode, und aus irgendeinem Grund fühlte ich mich nicht sinnlich, so sehr ich ihn auch wollte.)

Die Nacht vor meiner Abreise nach Maine verbrachte ich mit Adrian in seiner neuen Wohnung. Wir schliefen nicht miteinander, aber das schien auch ganz unwichtig. Es genügte mir völlig, in seinem Bett einzuschlafen, während er im Nebenzimmer malte.

Es machte mir großes Vergnügen, für kurze Zeit aufzuwachen, als er ins Bett kam – seinen Körper neben meinem zu spüren. Und es gefiel mir sehr, als der Morgen kam und er alle möglichen Besorgungen hatte und immer wieder verschwand und auftauchte. Ich lag im Bett und versank zwischendurch immer wieder in einen wunderschönen Schlummer. Als ich aufstand, tranken wir Tee und Kaffee und redeten, bis es Zeit für meinen Bus nach Maine war.

Ich phantasierte sehr viel, während ich dort auf dem Lande war. Die einzige reale Person in meinen Phantasien war Adrian. Alle meine sexuellen Phantasien drehen sich sonst um Frauen – unbekannte, sinnliche Frauen, die entdeckt werden wollen.

Adrian hat mehrmals erwähnt, wie furchtbar es für ihn ist, abgelehnt zu werden. Für mich und tausend andere ist es natürlich genauso. Aber ich habe nie viel darüber nachgedacht, bis Adrian in einem sexuellen Zusammenhang davon sprach. Er sprach von dem Schmerz (und der Wut), wenn ihm von Peggy seine sexuelle Lust vorenthalten wurde.

Plötzlich hatte ich Angst. Was wird geschehen, wenn ich in einer meiner Depressionen über meinen ›Callgirl-Beruf‹ die Lust an Sex verliere? Was wird dann geschehen? Wie wird sich Adrian fühlen, wenn ich ihm klarmache, daß der Gedanke an einen Penis oder dessen Anblick mir Ekel verursacht? Und wie wird er sich fühlen, wenn ich ihm im Bett meinen Rücken zukehre? Ich hoffe, daß das nie geschieht, aber ich weiß, daß diese Welle von Geilheit, die mich in den letzten zwei Monaten überfallen hat, nicht andauern kann.

Ich mache mir Sorgen, weil ich mich kenne. Ich weiß, Adrian wird versuchen, mich zu verstehen, aber ich weiß auch, daß es schwierig für uns beide sein wird.

Dann kam mir letzte Woche der Gedanke, daß sich meine Beziehung zu Adrian auch auf meine Fähigkeit auswirken wird, meinem Beruf in der erforderlichen Weise nachzugehen. Bisher ist alles gut gegangen – meine fast platonische Beziehung zu Nanita wirkte sich nie darauf aus, was ich von meinen Kunden dachte oder wie ich sie behandelte. Und auch das Zusammensein mit Ruby war okay. Obwohl Ruby und ich kein extensives Sexualleben hatten, schliefen wir doch miteinander, und es machte mir Spaß (gegen Ende zu sogar noch mehr), und meine Nummernexistenz und mein Privatleben blieben getrennt. Wenn ich keine Lust auf Sex mit Ruby hatte, dann war das auf meinen eigenen schwachen Sexualtrieb zurückzuführen, und nicht darauf, daß ich zu viele Kunden gehabt hätte. Es war okay. Ich konnte das trennen, weil meine Nummern Männer waren und meine Geliebten Frauen.

Einmal machte ich mit einer Frau eine Nummer und schwor mir, daß das nie wieder geschehen würde. Ich habe mir nie geschworen, keinen männlichen Liebhaber mehr zu haben, aber vielleicht hätte ich das tun sollen.

Ich hoffe, irgendwo die Kraft hernehmen zu können, Adrian von meinem ›beruflichen‹ Verhalten zu Männern zu trennen. Ich glaube, es wird mir gelingen; aber die Tatsache, daß er ein Mann ist, ist trotzdem eine Gefahr.

10. September 1974

Jetzt, wo ich von Maine zurück bin und innerhalb von achtundvierzig Stunden fünf Nummern gemacht hatte, fühle ich mich viel besser. Ich bin immer glücklich, wenn ich Geld verdiene. Das einzige, was ich bedauere, ist, daß Adrian noch nicht bei mir war ...

Manchmal frage ich mich, warum Adrian so oft in persönlichen Fürwörtern redet. Wenn er mit mir über seine Gedanken über mich spricht, sagt er nie direkt ›du‹ und verwendet auch nicht meinen Namen. Er redet immer von ›sie‹ und ›ihr‹. Wenn er von Peggy spricht, nennt er sie manchmal beim Namen, aber meistens ist auch sie nur ein Fürwort.

Ich muß mit Adrian sprechen und ihm den Vorwurf machen, daß er mich ignoriert. Ich weiß, daß er viel zu tun hat und alle möglichen Leute sehen muß, aber trotzdem fühle ich mich vernachlässigt. Ich habe jetzt das Gefühl, daß es mir nicht mehr schwerfällt, allein zu sein. Doch was ich nicht vertragen kann, ist, daß Adrian seine Zeit mit Leuten verbringt, wenn er arbeiten oder schlafen sollte. Es macht mich wütend, daß er diese Leute nicht hinauswirft. Wenn ich ihn besuchen möchte, winkt er ab, weil er zuviel Arbeit hat, auf die er sich konzentrieren muß. Dann mache ich den Fehler, ihn später anzurufen (um ihm Gute Nacht zu sagen oder so), und er sagt mir, daß jemand bei ihm zu Besuch ist. Ich bin nicht eifersüchtig auf den ›jemand‹, aber ich frage mich, welche besonderen Personen das Recht haben, Adrian bei der Arbeit zu stören, ein Recht, das er mir nicht einräumt.

17. September 1974
Ich sagte Adrian, daß es mir schwerfalle, ihn von all den anderen Männern zu trennen. Das stimmt nicht ganz. Es fällt mir im allgemeinen nicht allzu schwer zu verhindern, daß mir meine Nummern mein Privatleben vermasseln. Aber *ich ändere mich,* und ich will nicht zugeben, daß ich weicher werde und spüre, wie ich angefangen habe, eine gewisse Verletzbarkeit zuzulassen. Was ich Adrian begreiflich machen wollte, war meine *Angst,* ihn nicht von den anderen getrennt halten zu können. Ich fürchte, daß dieses Problem auftauchen wird und ich damit nicht fertigwerde. Ich habe Angst, Adrian wehzutun. Ich möchte ihn nicht sexuell ablehnen. Obwohl ich ihm sagte, daß der sexuelle Aspekt unserer Beziehung nicht wichtig für mich ist, habe ich jetzt erkannt, daß er wichtig sein *muß,* wenn wir überhaupt miteinander schlafen. Auch Adrian fürchtet, mir wehzutun. Er erklärte mir, daß er zögert, mich abends anzurufen, nachdem er eine Nummer gemacht hat, aus Angst, daß ich mit ihm zusammenkommen und mit ihm schlafen möchte und er es nicht kann. Jetzt, wo ich darüber nachdenke, erscheint es mir komisch. Gestern habe ich zu Adrian gesagt, daß ich mich lieber mit einer Frau einlassen würde – das stimmt auch –, zumindest hätte ich *außerdem* gern eine Beziehung mit einer Frau. Adrian hat schließlich Brian, und ich habe das Gefühl, daß er in ihm einen wirklich gleichwertigen Partner hat, wie ich ihn nicht habe . . . Und Adrian sprach darüber, wie gern er Männer hat. Wir wissen beide, wo der andere steht. *Aber* es war mir bisher nicht bewußt, wie ähnlich unsere Ängste sind. Ich fürchte mich davor zu sagen: ›Nein, nicht mehr. Ich habe genug, für heute – laß mich in Frieden.‹ Ich hätte Angst, Adrian durch diese Zurückweisung zu verletzen. Adrian fürchtet sich davor, mit mir ins Bett zu gehen, weil er Angst hat zu versagen und ich mich dadurch abgelehnt fühlen könnte und verletzt sein würde. Auf diese Weise würden wir beide einander ablehnen, obwohl keiner von uns das will.

Ich glaube, wir fühlen uns jetzt beide wohler, seit wir wissen, daß es genügt, wenn wir uns einfach in die Arme nehmen, einander nahe sind und uns keine Sorgen über Sex zu machen brauchen. Dennoch hat Adrian es sehr genossen und genießt es immer noch, mit mir zu schlafen, und ich muß so ehrlich sein zu sagen, daß Adrian mich wirklich sexuell erregt. Ich glaube, daß wir *beide* den Wunsch haben, miteinander zu schlafen. Und es ist auch manchmal für mich und manchmal für Adrian gut gewesen, aber es wird nicht immer gut sein.

Ich habe wirklich das Gefühl, daß wir darüber reden und uns klarmachen sollten, was jeder vom anderen sexuell will und was wir tun können, wenn wir zu einem Punkt kommen, wo keiner dem anderen geben kann, was er will. Ich weiß und habe es auch bereits geschrieben, daß ich, wenn ich einen Mann liebe und viel Zuneigung bei ihm spüre, Sex sehr genießen kann. Wenn ich die richtige Art von starker Zuneigung bekomme, ist mir der Orgasmus sehr unwichtig. Ich strebe nur dann einen Orgasmus an oder fühle mich frustriert, wenn ich keinen habe, wenn bei mir die Beziehung zu dem Betreffenden im Gefühl nicht stimmt.

20. September 1974

Habe mein Ticket bei der Fluglinie abgeholt. Alles wird zunehmend Wirklichkeit. Ich denke an meine Phantasien über mein Zusammensein mit Nanita, und ich frage mich, was geschehen wird, wenn sie sich als versponnen herausstellen. Ich empfinde jedoch die Gewißheit, daß ich das Richtige tue, zumindest was Nanita betrifft. Als sie mich am Mittwochnachmittag anrief, war sie in Ekstase. Ich kann ihre Reaktion nicht anders beschreiben.

Gestern abend habe ich alle Briefe nochmals gelesen, die mir Nanita seit ihrer Abreise kurz vor Weihnachten geschrieben hat. Es sind nicht viele – aber jeder einzelne ist sehr lang und sehr liebevoll.

»... ich glaube, ich begreife allmählich, daß Liebe kein Geschlecht und keine Hautfarbe kennt. Liebe ist Liebe, und wenn man dem anderen das Wertvollste anbietet, was man geben kann, dann sollte er es nicht so leichtnehmen. Ich glaube, ich habe nie viele Menschen gehabt, die mich wirklich liebten – nicht einmal meine eigenen Eltern. Und ich glaube, dadurch wird man irgendwie vorsichtig. Ich bin so lange herumgerannt und habe etwas gesucht, um diese Leere zu füllen, daß ich wahre Liebe nicht mehr erkennen kann, selbst wenn sie mir ins Gesicht fliegt. Ich weiß nur, daß bei unserem nächsten Zusammensein alles anders sein wird. Das verspreche ich Dir ...«

Liebe Nanita – in all ihrer Zutraulichkeit und Offenheit. Merkwürdig, ich habe Nanita nie gesagt, daß ich sie liebe. Ich habe das zu niemandem gesagt – nicht einmal zu James, und wenn ich je irgend jemanden liebte, so war er es. Ich habe Nanita nie von Liebe gesprochen, aber sie hat mich durchschaut. Sie spürte, daß da Liebe war, und sie erkannte es an.
Ich hoffe nur, daß sie recht hat. Ich hoffe nur, daß diesmal alles anders sein wird, wenn wir zusammen sind. Ich kann mir nicht vorstellen, daß es nicht so sein könnte, da ich ja hinfahre, um *mit ihr zusammen zu sein.* Als wir in der Graystreet zusammenwohnten, gab es so vieles, was die Situation verwirrte. Sie wohnte bei mir, weil sie keine Bleibe hatte, und die ganze Zeit über war das ›Weggehen‹ ihr eigentliches Ziel. Nicht, daß sie nicht bei mir sein wollte, im Gegenteil, es war gerade ihr Ziel gewesen, mit mir eng zusammenzusein, schon bevor sie zu mir zog. Es war alles so schwierig . . .
Ich bin mir jetzt klargeworden, daß es nur eine Möglichkeit gibt, meine Situation mit Adrian zu verstehen. Ich hatte Angst davor, mich zu verlieben, eine Abhängigkeit zuzulassen, ihn zu brauchen und nicht zu haben. Ich möchte imstande sein, eine Beziehung zu Adrian zu genießen, ohne die Gefahr, daß eines dieser Dinge eintritt. Aber ich weiß, daß das unmöglich ist. Wenn ich diese Dinge jetzt empfinde, existieren sie und ich muß mit ihnen fertigwerden. Ich habe bisher nur ein einziges Mal in meinem Leben mit solchen Gefühlen fertigwerden müssen – und das ist mir nur schlecht gelungen. Diesmal möchte ich es nicht wieder falsch machen. Ich werde sehr offen über alles reden und mich sehr bemühen, weder mir selbst noch Adrian weh zu tun.

22. September 1974
Gestern abend kam Celestine zu mir. Vielleicht fühle ich mich deshalb innerlich stärker – und eine leichte Bitterkeit gegenüber Adrian, obwohl es etwas ist, womit ich jetzt zurechtkommen kann. Es begann mit Celestine ebenso, wie es mit Adrian begonnen hatte: ›Wie lange hatten wir einander schon begehrt?‹
Ich dachte, daß Celestine eine delikate Angelegenheit war, aber das war gar nicht der Fall. Sie wollte mit mir schlafen – hatte das schon längere Zeit gewollt –, das war von Anfang an klar.
Es war ein schwüler Abend. Mein Körper und mein Gesicht – ja mein ganzes Ich hatte nur den einen Wunsch, sich zu verstecken. Sich zu verstecken und eine lange, lange Nacht hindurch zu ruhen. Celestine sagte etwas, aber rückte zunächst nicht gleich mit der Sprache heraus. Als ich die Andeutung einer erotischen

Beziehung machte, wurde sie lebhaft. Als ich sie bekräftigte, wurde sie wieder vage. Am Ende ging sie jedoch darauf ein.
Ich fragte sie, was sie trinken wolle, und sie konnte sich nicht entschließen. Ich schlug Champagner vor, und sie wurde ganz aufgeregt. »Ich wollte dir schon eine Flasche mitbringen! Hast du wirklich einen?« Ich holte eine Flasche Asti Spumante. Es stellte sich heraus, daß das ihre Lieblingsmarke war.
Sie war im Laufe des Abends über vieles entzückt. Wir saßen auf dem Boden, tranken Asti und redeten – über viele Dinge. Das Gespräch war angenehm, und wir hatten uns viel zu erzählen.
Ich fragte Celestine, ob sie an diesem Abend nach Hause fahren wolle. Sie antwortete, dazu bleibe noch genügend Zeit. Ich rückte näher an sie heran und sagte ihr, ich wünschte mir sehr, daß sie bei mir bliebe. Ich streckte meine Arme aus und umfaßte sie. Das war alles, was Celestine brauchte. Ihre Arme schlangen sich um meine Schultern, und wir lagen einander in den Armen – mit zartem Fingerdruck, Liebkosungen und Umarmungen tasteten wir uns zu den Begierden des anderen vor.
Sie schien etwas zu zögern, als bedürfe sie einer Ermutigung. Ich wußte keine andere Art der Ermutigung, als sie mit mir nach oben zu nehmen . . .
Ich lag auf dem Bett und rauchte in kleinen Zügen den Joint, den Celestine mitgebracht hatte. Sie war im Badezimmer mit irgend etwas beschäftigt. Als sie wieder kam, hatte sie statt der Jeans ein schwarzes Tuch um die Hüften geschlungen, das mit winzigen Sternen bedruckt war.
Draußen blitzte und donnerte es. Wir hatten Kerzen über uns auf dem Kaminsims brennen. Wir lagen vor dem Kamin auf dem Boden. Ich legte meine Hände auf ihre Schultern und zog sie an mich. Der Regen begann und prasselte immer härter.
Ich hörte nur den Regen und Celestines ausgelassenes Kichern.
»Hast du schon einmal in Vita-bath gebadet?«, fragte sie mich.
»Nein«, antwortete ich. Forderte *Celestine mich* auf, ein Bad zu nehmen? In diesem Augenblick wurde mir klar, daß ihre Leidenschaft heftiger war, als ich dachte.
Ich ließ ein warmes Bad ein, und Celestine gab Badeschaum hinzu.
Wir faßten einander an – unsere Körper und Arme berührten sich, während sich zwischen uns der Seifenschaum türmte. Ich drehte mich um und kuschelte mich zwischen Celestines Beine und legte meinen Kopf zurück auf ihre Brust.
»Ach, Ingrid, ich bin nicht gut genug für dich«, sagte sie leise.
»Celestine, warum hast du dieses Gefühl? Das ist ja schrecklich.

Ich werde es dir austreiben.«
Ich drehte mich um und beugte mich über sie, um ihre Brüste zu küssen und ihre Brustwarzen in den Mund zu nehmen. »Celestine«, flüsterte ich, »komm laß uns aus dem Wasser steigen.«
»Nein – zuerst möchte ich, daß du dich auf mich legst.«
Ich ließ mich auf sie gleiten. Mein Körper schob sich über ihren, und dann berührten sich unsere Brüste. Das Wasser spritzte überall hoch. Celestine stöhnte und wand sich, und wir rutschten beide unter Wasser – unser Haar wurde ganz naß.
Celestine tastete nach mir und weckte etwas in mir, was zu lange geschlafen hatte. »Celestine«, sagte ich, »laß uns aus dem Wasser steigen!« Ich zog den Stöpsel heraus, und das Wasser und der Schaum begannen rings um uns abzufließen. Ich stieg aus der Wanne und reichte Celestine ein Handtuch, aber bevor wir beide richtig trocken waren, sank sie mit einem leisen Schrei auf die Knie, küßte und leckte mich. Ich schloß die Augen und gab mich ihrer Liebkosung hin. Dann cremten wir uns gegenseitig ein.
»Hey«, sagte ich, »du hast einen blauen Fleck auf derselben Stelle wie ich!« Wir hatten tatsächlich beide einen blauen Fleck über dem linken Knie.
»Oh!« Celestine lachte, »ich hatte mir vorgenommen, meinen vor dir zu verstecken!«
Ich küßte sie unter dem Ohr.
Wir löschten die Kerze aus und gingen ins Schlafzimmer, wo mehrere andere Kerzen noch brannten und der Regen gegen die Fensterscheiben schlug.
»Hast du schon mit anderen Frauen geschlafen?« fragte ich sie. Vorher hatte ich geglaubt, Celestine habe es noch nie mit einer Frau gemacht. Jetzt wußte ich es besser. »Mit einer«, antwortete sie.
Auch wenn es eine Million gewesen wären, es machte mir nichts aus. Für mich existierte nur diese überwältigende Hingabe, die ich bei ihr spürte. Celestine zeigte eine Leidenschaft und ein Verlangen, wie ich es seit langer Zeit nicht erlebt hatte. Mehr als Nanita oder Ruby – mehr als jeder meiner vielen Freier – mehr als Adrian. Und es war nicht bloß eine Begierde des Fleisches. Ich hatte das Gefühl, als ob sich Celestine nach vielen Dingen sehne – nach Erkenntnis ihres eigenen Verlangens und des meinigen. Ich spürte, daß sie sich leidenschaftlich wünschte, ihre stürmischen Gefühle mit mir zu teilen. Und darüber hinaus spürte ich ihr Verlangen, ein Teil von mir zu werden. Wir liebten einander eine lange Zeit. Alles was ich machte, schien Celestine zu beglükken. Sie ist wirklich eine leidenschaftliche Frau. Ich hatte das

Gefühl, daß sie niemals ermüden würde – daß sie die ganze Nacht bis zum Morgen von einem Gipfel bis zum nächsten dahintreiben könne.
Aber bei mir war es anders. Irgend etwas störte mich. Ich begehrte Celestine mit jeder Faser meines Körpers. Ich ersehnte den Druck ihrer Zunge gegen meine, das sanfte Kitzeln, mit der sich ihre Brustwarzen an meinen rieben. Etwas in meinem Körper forderte Anerkennung, und plötzlich wurde der Orgasmus *sehr sehr* wichtig für mich.
Aber es war mir unmöglich. Mein Körper sprach auf Celestines kunstvolles Mühen nicht an. Warum? Da ich es doch mehr wünschte als mit irgend jemand anderem seit langer Zeit? Ich versuchte, es zu forcieren. Celestine begann zu glauben, daß es ihre Schuld sei – das letzte, was ich gewollt hatte.
Wir sprachen darüber. Celestine ist die erste Frau, mit der ich zusammengewesen bin, die mich ganz offen fragte: »Kannst du kommen? *Willst du* kommen?« Ich war so froh, daß sie mich fragte – daß sie so offen über alles sprach.
Sie war sehr geduldig, und ich ließ sie tun, was sie wollte. Schließlich hatte ich einen Orgasmus. Doch ich hatte noch nie so lange dazu gebraucht.
»Celestine«, sagte ich und nahm sie in die Arme, »ich bin in letzter Zeit draufgekommen, daß es viele Dinge gibt, die mir viel wichtiger sind als ein Orgasmus . . .«
Sie sah mich an. »Ich weiß«, sagte sie, »aber ein Orgasmus macht trotzdem Spaß!« Wir kicherten beide, und sie rollte sich auf ihrer Seite ein, ihren Rücken und ihr Gesäß fest an mich gepreßt. Ich legte den Arm über sie und umfaßte ihre Brust mit meiner Hand. Wir schliefen ein . . .
Wir wachten früh auf, die Sonne draußen war schon sehr kräftig. Celestine stand auf und zog sich an. Sie wollte gleich weggehen. Ich schien unruhig. Irgendwie wünschte ich mir, daß sie bleiben möge . . .

22. Oktober 1974
Adrian zeigte mir ein Porträt von Brian, das er gemalt hatte. »Obwohl ich weiß, daß du es nicht sehen willst . . .«, sagte er.
Ich war empört. Natürlich wollte ich es sehen! Ich habe nichts gegen Brian, was Adrian auch denken mag. Das Porträt war eines der besten, das Adrian je gemalt hat – besser als das von mir. Das kommt von Adrians Gefühlen für Brian. Dasselbe spürte ich bei dem Bild von Michael, das Adrian nie fertiggemalt hat. Obwohl Adrian Bitterkeit gegenüber Michael empfand, als er es malte,

wußte man sofort, daß dies jemand war, den Adrian gut gekannt . . . vielleicht sogar geliebt hatte. Das gleiche wiederholte sich, als Adrian Ben zu malen begann. Ich war immer der Meinung, daß Bens Porträt zu Adrians besten Bildern zählen würde . . . aber Adrians Gefühle für Ben versiegten und aus dem Bild wurde nichts.
Aber hier war Brian – vollständig auf Leinwand. Ich sagte Adrian, daß es mir gefalle. (Die Wahrheit.) Es war im Grunde nicht notwendig. Daß es das Beste sei, was er seit langem gemacht habe. Er weiß es selbst. Und ich weiß, daß er es weiß.
Wir hegten beide eine gewisse Bitterkeit gegeneinander. Wenn wir miteinander redeten, klangen unsere Stimmen irgendwie distanziert. Jetzt, wo neue Kräfte in meinen Körper zurückkehrten, waren auch der Zynismus und die Bestimmtheit wieder da. Ich hatte das Gefühl, mit allem fertigwerden zu können, was sich mir in den Weg stellte.
Adrian hatte sich für eine richtige Standpauke meinerseits gewappnet, deshalb fühlte er sich wohl genauso. Da wir beide uns so perfekt hinter unseren Schilden verbargen, war leider nicht viel zu machen. Keiner von uns wagte es, sich eine Blöße zu geben, keiner wollte in diesem Spiel mehr die Rolle des Schwachen übernehmen.
Als ich Adrian schließlich verließ, wußte ich nur das eine mit Sicherheit – daß meine Liebe zu Adrian andauern wird, gleichgültig wie grausam oder distanziert er sich in Zukunft auch verhalten mag. Ich wußte auch – bzw. habe schließlich bestätigt erhalten –, was ich schon ziemlich lange gefürchtet hatte, daß meine Liebe nicht erwidert wird, zumindest nicht so, wie ich mir das wünsche. Und ich spüre, daß die Chance, daß dies je geschieht, sehr gering ist.

25. Oktober 1974

Endlich habe ich wieder das Gefühl, daß mein Körper mir gehört. Es hat furchtbar lange gedauert, und selbst jetzt fühle ich mich noch nicht so wohl, wie ich sollte. Das hängt zum größten Teil mit meiner deprimierten Stimmung zusammen. Das ständig an mir nagende Gefühl, daß etwas nicht in Ordnung ist – etwas in meinem Leben, das ich vielleicht nie entdecken werde.
Seit langer Zeit weigert sich mein Körper, richtig zu funktionieren. Es ist zwei Jahre her, vielleicht auch schon länger, daß ich mehr als zwei, drei Tage krank war. Und es ist viele Jahre her, daß ich das Gefühl hatte, mein Leben sei in Verwirrung.
Verwirrung ist ein Wort, das in meinem Leben einfach nie eine

Rolle gespielt hat. Es gibt jetzt Zeiten, da ich auf viele Abschnitte meines Lebens zurückblicke (insbesondere die letzten fünfeinhalb Jahre) und *weiß,* daß es Zeiten gab, wo ich sehr verwirrt war. Aber ich habe mich nie verwirrt *gefühlt.* Ich bin nie von dem Gefühl überwältigt gewesen, nicht zu wissen, was ich tun wollte. Ich fühle mich auch jetzt nicht verwirrt. Ich weiß, was ich will, aber meine Lebenseinteilung (nicht mein Bewußtsein) ist in Verwirrung geraten. Ich bin es gewohnt, ein einigermaßen geordnetes Leben zu führen, von dem ich bestimmte Dinge erwarten kann.

19. November 1974

Ich fühle mich in letzter Zeit in bezug auf fast alles in meinem Leben besser. Dies ist natürlich vor allem auf Adrian und die Tatsache zurückzuführen, daß ich hier in der Walthamstreet im selben Haus mit ihm wohne und mich nicht mehr einsam fühle. Manchmal fühle ich mich allerdings immer noch einsam. Das hat mit meinem übermächtigen Wunsch zu tun, die ganze Zeit mit Adrian zusammenzusein. Kürzlich, als Joe zu Besuch kam, oder gestern abend, als Michael da war, hörte ich, wie Adrian mit ihnen fortging, und spürte, wie sich eine leichte Eifersucht regte. Keine heftige Eifersucht, nur ein Gefühl des Bedauerns. Es wäre mir lieber gewesen, wenn Adrians Gäste gegangen wären und Adrian zu mir heruntergekommen wäre.

Ich fühle mich nicht immer einsam, wenn Adrian nicht bei mir ist. Ich komme gut allein zurecht, aber ich fühle mich immer weniger als Einzelwesen. Es ist mir jetzt bewußt, daß andere die Aspekte von mir zum Vorschein bringen, die ich am liebsten mag. Wenn Adrian nicht da ist, vermisse ich das gute Gefühl, das ich in seiner Gegenwart mir gegenüber habe . . .

Andererseits habe ich auch Angst. Angst, daß durch mein Leben in der Walthamstreet und die Tatsache, daß wir unser Leben so weitgehend miteinander teilen, allem Guten, was wir haben, bald ein Ende gemacht wird. Ich habe die Beziehung (wie jede Beziehung) nie für dauerhaft gehalten. Die besten Dinge in meinem Leben sind nicht permanent gewesen.

Ich bin glücklich, daß Adrian und ich zusammen Thanksgiving Dinner essen werden. Ich freue mich auf einen ruhigen Tag mit ihm oder vielleicht noch mit einigen seiner Freunde. Einladungen zum Dinner mit Lu und ihren Kindern oder mit Edward, Donald und Anhang hatten nicht den geringsten Reiz für mich.

Ich erinnere mich an letztes Jahr – Thanksgiving mit Nanita und Alan. Zwei Menschen, die mir in verschiedenen Abschnitten meines Lebens viel bedeutet haben, die ich sehr mochte und für

die ich Opfer gebracht habe. Jetzt ist Alan tot und Nanita wird mir von Tag zu Tag fremder.
Allerdings habe ich Nanita diese Woche geschrieben. Ich hatte das Gefühl, es ihr und mir selbst schuldig zu sein, sie davon zu unterrichten, wie schlimm diese Woche in Maine für mich war. Ich glaube nicht, daß ich je wieder einer Laune nachgeben werde wie in diesem Herbst, als ich die weite Reise zu Nanita machte, nur um wie Dreck behandelt zu werden. Ich habe ihr diesmal sehr deutlich geschrieben: »Nani, Du hast mir weh getan.« Ich teilte ihr auch Alans Tod mit. Ich nahm an, daß es ihr wichtig sein würde, das zu erfahren.

21. November 1974
Montagnachmittag war so merkwürdig. Mit Adrian und einem Kunden im Bett. Endlich nach so langer Zeit haben sich meine zwei Welten berührt . . . Ich fühlte mich sehr distanziert von der Situation, als sähe ich von außen zu. Ich zog die übliche Show ab, mein Lächeln und Lachen, Küssen und Gefälligsein. Ich brachte das alles, als träte ich in einem Stück auf, das schon ziemlich lange erfolgreich läuft. Ich vergaß nichts, weil ich das alles so gut kannte.
Dabei dachte ich ständig, daß ich die Show nicht schmeißen dürfe – sie war meine Aufgabe. Ich konnte mich nicht zurücklehnen und Adrian zuschauen, wie er den anderen Mann liebkoste. Ich konnte mich nicht so weit distanzieren. Und es war alles eine Farce. Jeder tat so, als ob es ihm Spaß machte – sogar der Kunde –, jeder spielte bei der Show mit. Aber so sehr wir uns auch exaltierten, es hatte keiner etwas davon.
Als der Mann gegangen war, wollte ich, daß Adrian wieder zu mir ins Bett komme. Die ganze Zeit waren da so scheußliche Gefühle gewesen . . . Ich wollte mit ihm schlafen – damit alles wieder ›gut‹ zwischen uns sei.
Aber – nichts geschah. Ich war sicher gewesen, daß alles anders sein würde, sobald Adrian mit mir allein wäre. Doch die ganze Situation mit dem anderen Mann hatte ihn zu sehr verstört. Die gefühlsmäßige Bindung zwischen Adrian und mir hatte sich bemerkbar gemacht. Es lagen zu viele Gefühle in der Luft. Es konnte nicht gutgehen.
Und es ging auch nicht gut . . . selbst nachdem der Mann weg war, konnten wir nicht miteinander schlafen. Adrian ging schließlich nach oben, um Zeichnungen fürs Fernsehen zu machen. Er war zu unruhig und konnte sich überhaupt nicht entspannen.
Während er oben war und an seinem Schreibtisch zeichnete, lag

ich auf dem Boden meines Badezimmers und masturbierte, weil mir in diesem Augenblick der Orgasmus ungeheuer wichtig war.

4. Januar 1975

Verbrachte den Silvesterabend zu Hause, wie ich es mir gewünscht hatte. Ich hatte Adrian und Gordon zu einem italienischen Essen *al forno* bei Kaminfeuer eingeladen. Draußen schneite es – ein ziemlich konventionelles Silvester. Nach einer Weile verabschiedete sich Gordon, und Adrian und ich gingen früh zu Bett (sogar noch vor Mitternacht).

Ich fühlte mich fast den ganzen nächsten Tag krank. Kein Kater, aber verschiedene kleine unangenehme Beschwerden – mein Asthma machte mir zu schaffen, ich hatte eine Magenverstimmung und leichte Blasenschmerzen – und all das zusammen gab mir das Gefühl, am Ende meiner Kräfte zu sein.

Oben gab es Roastbeef zum Abendessen, Patrick und Joe waren die Gäste. Ich beobachtete Patrick genau. Es hat Zeiten gegeben, in denen ich mich von Patrick sexuell angezogen fühlte (vielleicht ist *sexuell* nicht das richtige Wort; *sinnlich* ist vielleicht besser). Ich könnte mir vorstellen, mit Patrick nackt zu sein, ihn zu berühren, in den Armen zu halten, aber ich kann mir eigentlich nicht vorstellen, mit ihm zu schlafen.

Adrian und ich haben über meine Gefühle für Patrick gesprochen. Adrian beobachtete mich während des ganzen Abendessens, wie ich Patrick beobachtete. Bald wurde ein rein intellektuelles Spiel daraus. Ich begann mich zu langweilen. Als ich dann wieder unten war, fühlte ich mich müde und krank. Oben waren alle sehr animiert und gut gelaunt. Um etwas zu tun zu haben, begann ich eine Kurzgeschichte für Leute in einem hochanimierten Zustand zu schreiben. Sie gefiel mir. Es war das erste, was ich seit langem geschrieben hatte, und es war nicht ohne. Als ich damit fertig war, rief ich Adrian an und schlug ihm vor, herunterzukommen und die Geschichte zu holen.

Er rief mich einige Zeit später zurück und sagte, er hätte zuviel Alkohol in sich, um etwas zu lesen, deshalb würde er nicht kommen, die Geschichte zu holen. Ich war gekränkt. Aber ich hatte schon den ganzen Abend Adrian gegenüber ein etwas merkwürdiges Gefühl gehabt und mir gedacht, daß er heute besonders aggressiv sei.

Ich fühlte mich links liegengelassen und abgelehnt. Ich wurde böse und wußte eigentlich nicht warum. Dann rief ich Adrian an und sagte ihm, daß er sich beschissen benähme. Das hatte noch gefehlt! Er ging sofort in die Defensive und schimpfte zurück. Das

war ein destruktiver Schlagabtausch. Wir hängten beide auf. Plötzlich brach alles gleichzeitig mit solcher Vehemenz über mich herein, daß ich hysterisch wurde, ohne genau zu wissen, weshalb. Ich bekam keine Luft mehr und weinte, daß mir die Tränen die Wangen herunterliefen. Ich konnte nicht aufhören zu weinen. Ich war wirklich hysterisch.
Ich dachte, daß ich die Tränen stoppen, mich zusammenreißen und einschlafen könnte. Aber ich wollte gar nicht. Jetzt wo die Hysterie da war, so nahe an der Oberfläche, mußte ich sie herauslassen, und zwar ganz.
Das tat ich dann auch. Aber ich wußte, daß ich nicht allein sein sollte. Ich überlegte, wen ich anrufen und bitten könnte, zu mir zu kommen und bei mir zu bleiben. Schließlich rief ich Adrian an. Er kam sofort zu mir. »Kind! Was ist los?« Er nahm mich in seine Arme, und als er das tat, ließ ich mich noch mehr gehen und aus meinem Wimmern wurde ein Schluchzen.
Ich weiß nicht einmal, wie lange Adrian bei mir blieb. Ich war mir der Zeit nicht mehr bewußt und dachte erst wieder daran, als mir einfiel, daß Joe immer noch oben in Adrians Wohnung war und Adrian wahrscheinlich eher da oben als hier bei mir sein sollte. Ich hatte Adrian gebeten, mir etwas Butisol zu bringen, und nach einer Weile beruhigte ich mich allmählich. Adrian war sehr still geworden und ging schließlich, ohne ein Wort zu sagen.
Nachdem das Schluchzen abgeebbt war und mein Körper aufgehört hatte zu zittern, nahm ich ein Papier und schrieb Adrian einen langen Brief. Ich sprach vor allem von meiner Furcht vor Abhängigkeit, aber ich erwähnte auch andere Dinge. Als ich damit fertig war, fühlte ich mich besser. Ich ging hinauf und schob ihn unter seine Tür.
Als ich am nächsten Morgen erwachte, lag ein Zettel von Adrian unter meiner Tür. Er rief mich auch an. Ich fühlte mich besser. Mein Ausbruch war vorüber.

25. Oktober 1975
Ich lese gerade Rosamond Lehmanns *Dusty Answer,* hätte es sicher sich unter all den Büchern bei Lauriat nie aus dem Regal genommen, wenn ich nicht von ›Carrington‹ her etwas darüber gewußt hätte. Rosamond Lehmann war einer der Brennpunkte von Carringtons Korrespondenz gewesen, speziell in ihren späteren Lebensjahren. Da ich manche von Carringtons Briefen an R. Lehmann sehr fesselnd fand, stürzte ich mich auf diesen Roman und kaufte ihn in der Gewißheit, daß er mir sehr gefallen würde. Er gefällt mir auch wirklich. Ich bin jetzt in der Mitte und ganz

gefangengenommen von der Beziehung zwischen Judith und Jennifer. »Du könntest jetzt nicht ohne Jennifer auskommen.« Dieser Satz traf mich wie ein Schlag. Ich versuche mir vorzustellen, wie es wäre, so an eine andere Frau gebunden zu sein – so verstrickt mit ihr, daß ich nicht ohne sie auskommen könnte . . . Ich denke heute abend an alle die Frauen, die ich gekannt habe; aber die drei besonderen – die drei, denen ich mich hingegeben habe, Nanita, Ruby und Celestine – beschäftigen mich am meisten.
Ich denke an Frauen, denen ich nahegestanden habe, für die ich jedoch keine sexuellen Gefühle hegen durfte. Brenda aus Springfield und Liebling Alice, die jetzt in Newburyport ist. Ich bedauere, daß ich nie die Gelegenheit hatte, sie in meinen Armen zu halten und zu liebkosen.
Ich bin heute abend überwältigt von meinen Gefühlen für Frauen. Vielleicht deshalb, weil jetzt keine mein Leben teilt, oder vielleicht, weil Adrian unten mit irgendeinem Mann im Bett ist – aber was immer auch der Grund ist, es tut mir sehr weh.
Doch es könnte nicht einfach irgendeine sein. Das weiß ich jetzt. Es müßte eine Besondere sein. Und wo, frage ich mich selbst, wo soll sie herkommen?
. . . Wenig später, an einem anderen Tag. Ich weiß nicht einmal das Datum. Alles geht jetzt ein bißchen glatter in meinem Leben. Das Telefon läutet mit einiger Regelmäßigkeit und bringt mir das nötige Geld.
Friede zwischen Adrian und mir. Sehr verliebt, physisch nicht viel Kontakt, wohl aber geistig und psychisch. Ich schätze unser gemeinsames Leben Tag für Tag mehr.
. . . Und dann ist Sarah da. Sie beginnt, wenn auch nur ganz allmählich, mein Verlangen nach einer Frau in meinem Leben zu befriedigen. Ich genieße unsere Gespräche mehr und mehr, und ihre Gesellschaft (wir waren zusammen essen, und es war, als ob niemand sonst existierte) entzückt mich.
Der Wunsch nach Berührung ist jedoch nicht aufgetaucht. Noch nicht. Vielleicht wird das später kommen, oder vielleicht überhaupt nicht. Ich weiß jetzt, wie gern ich alles mit anderen teile . . . Gedanken, Geheimnisse, Sorgen oder Wein, Essen und Zuneigung – aber nicht unbedingt meinen Körper.

2. Aus den Tagebüchern Adrians

7. Juni 1975 – Barcelona
Leben! Aber schließlich habe ich jetzt eine Frau, die mich liebt – Ingrid. Sie ist in meinem Herzen, meinem Leben und meiner Arbeit. Sie will ich malen, zeichnen, modellieren, in meinen Arbeiten neu erschaffen. Solange sie bei mir ist, werde ich klug genug sein, diesem Teil meines Lebens, meinem Leben mit ihr, Beachtung zu schenken. Aber mehr als *alles* mit ihr ist mir die eigentliche Substanz meines ganzen Lebens – meine Malerei!

13. Juni 1975
Auf dem Spaziergang durch den schönen Park hier in Barcelona, der El Parque de la Ciudadela heißt, malte ich einen Brunnen, der mit Skulpturen von Kindern geschmückt ist. Als ich später, nachdem ich lange und mühsam gearbeitet hatte, auf eine in der Nähe befindliche Männertoilette ging, wurde ich beinahe verführt. Da war ein Mann, der seinen Penis hervorgeholt hatte und mich mit Augen ansah, die sein heftiges Verlangen zeigten. Der Raum war klein, und wir konnten draußen auf dem Kies Schritte hören, so daß man den Eindruck hatte, jeden Moment könnte jemand hereinkommen. Ich habe keinen Mann mehr gehabt, seit ich am 27. Mai Boston verließ. Beim Anblick seines erigierten Penis wurde ich so erregt, daß ich ihn spüren wollte. Die beunruhigenden Geräusche und die fremde Umgebung hielten mich jedoch davon ab. Zumindest für heute, bis ich mich mit dem Park und seinen Gelegenheiten vertraut gemacht habe. Vielleicht morgen! Ich verließ den Ort und ging frustriert, zitternd und geil mit Ingrid weg. Ich erzählte ihr davon und machte sie scharf.
Nach unserer Rückkehr oder bald, nachdem wir es miteinander getan hatten, schlief Ingrid ein. Ich war nicht müde, aber ich hatte Lust zu zeichnen. Während sie schlief, machte ich eine gute Kohlezeichnung von Ingrids Rückenansicht – ein hübscher Hintern! Ich zeichne gern einen Hintern!

25. Juni – Preston, England 1975
Ich hatte keine Lust, mich mit ihren Tränen abzugeben. Sie hatte wieder einen Weinanfall. Ich fühlte, daß meine Geduld zu Ende ging, deshalb verließ ich das Haus, um etwas trinken zu gehen, wie wir vereinbart hatten. Die ganze Zeit, während ich weg war, spürte ich Ingrids Anwesenheit und meine Anwesenheit im Hause, in unserem Schlafzimmer. Das machte mich furchtbar traurig. Als ich zurückkehrte, sagte ich ihr, daß meine Liebe zu

ihr echt ist und mit jedem Tag zunimmt. Ich fürchte mich davor, nach Boston zurückzukehren. Ich fürchte um unsere Beziehung. Der Gedanke an all diese Männer, die mit ihr schlafen, peinigt mich. Und zwar deshalb, das weiß ich jetzt, weil ich sie liebe. Dennoch – ich möchte nicht, daß sie eifersüchtig ist oder sich ärgert, wenn ich mit einem Mann sexuell verkehre. Der einzige Unterschied – allerdings ein großer – ist, daß dies keine Gefahr für unsere Beziehung darstellt. Wenn Ingrid hingegen eine andere Frau kennenlernt, die sie wirklich mag, könnte sie mich leicht um derentwillen verlassen. Noch einmal – ich habe das schon einmal durchgemacht. Ich frage mich, wie ich damit fertigwerde, wenn es nochmals geschieht?
Ingrid bedeutet mir etwa das, was die Frauen in Picassos Leben waren. Ich will mich keineswegs mit Picasso vergleichen, aber ich verstehe jetzt sein Leben besser, nachdem ich über seine Gefühle, seine Worte, seine Lebens- und Arbeitsweise gelesen habe. Es ist wundervoll, eine fremde Identität zu begreifen und zu erfahren, wie ich sie jetzt empfinde und wie es ähnlich der Fall war, als ich über Matisse las. Es hilft mir malen. Ich habe große Fortschritte gemacht, und ich möchte weitere machen. Es ist so viel zu tun. Ich muß jetzt so viel zeichnen und malen, weil ich mich *in* meiner Arbeit gefunden habe. Ich mußte dreitausendfünfhundert Kilometer in eine Richtung fahren, um das alles zu finden – und Ingrid hat mich begleitet – ein weiterer Grund, sie zu lieben! Ich hoffe nur, der Himmel gewährt mir ein langes Leben, damit ich das alles schaffen kann.
Habe an meine Söhne gedacht – Walter, Benjamin und Joseph. Ich habe gespürt, wie mir die Tränen hochstiegen und nachts über das Gesicht liefen – weil ich sie vermißte und an sie dachte. Ich sah ihre kleinen Gesichter vor mir und hoffte, sie würden ihren Vater nie vergessen. In letzter Zeit habe ich mich ihnen gegenüber oft als ein schlechter und unnützer Vater gefühlt. Der einzige Weg, wie ich ihnen nahekommen kann, ist, sie noch oft zu malen. Auch hier kann ich nur hoffen, daß ein guter Geist alles zusammenhält. Picasso hat gelitten, als seine Frau ihn verließ und das Kind mitnahm. Ich bewundere es, wie er sich bei all dem verhalten hat. Wenn ich nur damals, als ich meine Familie verlor, imstande gewesen wäre, so etwas zu lesen. Diesmal bereite ich mich besser auf den Augenblick vor, in dem Ingrid mich verläßt. Trotzdem – wenn es geschieht, ist es immer ein Schock.
Mein Körper . . . Wenn ich mit Ingrid zusammen bin, fühle ich mich als ›ganzer Mann und ganze Frau‹. Wie kann sich ein Mann auch als Frau fühlen? Ich kann das nicht beantworten, aber

andererseits bin ich mir meines männlichen Körpers viel bewußter als in den letzten Jahren. Ich schaue hinunter und freue mich, meinen Penis über meinen Schamhaaren zu sehen. Ich spüre und fühle ihn gern. Ingrids Körper und ihre Gegenwart gibt mir und meinem Körper dieses Gefühl. Ich liebe es, ihre Brüste zu spüren, und genauso gern mag ich es, wenn sie meine Brust berührt. Es gefällt mir, wenn ihre Hand sanft mit meinem Penis und meinen Hoden spielt.
Ich onaniere auch gern im Bett mit Ingrid. Es gefällt mir, wenn wir es zusammen tun.

12. August 1975
Ein Typ sprach mich an, und ich brachte ihn hierher. Ich schloß die große Tür des unteren Vorraumes ab und ließ mich von ihm streicheln und lecken und behandelte ihn wie einen Strichjungen. Ihm gefiel es offensichtlich, doch ich haßte das *Ganze* und *ihn*! Ich mußte alles an irgend jemandem auslassen. Innerlich schrie ich vor Verlangen nach Zärtlichkeiten mit Ingrid. Ich wollte ihre Brüste und ihren Schoß küssen, bis sie einen Orgasmus hätte, meinen Penis in ihr spüren und ejakulieren. Aber alles verschwand, bevor es anfangen konnte. Ich möchte Sex nicht zum Fetisch erheben, aber für mich ist es der totale Ausdruck meiner Liebe zu ihr. Ich habe nie zuvor gespürt, daß Sex soviel ausdrükken kann. Vielleicht stammen daher meine Gefühle.
Wahrscheinlich fühlen Ingrids Kunden genauso. Es fällt mir schwer, ihren ›Beruf‹ zu ertragen. Und sie stößt mich manchmal fort, aus ›Abscheu‹ vor männlichen Organen. Und ich muß Opfer bringen. Wie lange kann ich das aushalten?

30. Oktober 1975
Heute nachmittag hielt ich wie jeden Donnerstag den Malunterricht für die höheren Semester ab. Der einzige Unterschied zu sonst war, daß Brian (einer meiner Studenten) ausscheidet und sich seine Sachen abholte. Ich hatte Angst davor, weil ich eine so magnetische Anziehung und Schwingungen starker Sexualität empfunden hatte, die mich wahnsinnig macht – seine Augen, die in meine starrten – der Wunsch, einander zu berühren, ihn am ganzen Körper zu spüren. Ich weiß, daß all dies nur wie ein Hauch (oder wie der Wind) sein würde. Es würde kommen und gehen, denn Brian ist mit einem schönen Mädchen verheiratet, und ich bin es im Grunde ja auch. Ich würde *nichts* tun, was die Beziehung zwischen Ingrid und mir gefährden könnte.
Brian und ich haben einander heute abend gehört. Es war ein

Augenblick, den wir beide zwei Jahre lang gespürt, zwei Jahre kommen gespürt hatten. Später im Bett berührten wir einander wirklich. Wir küßten uns in leidenschaftlicher Tollheit.

4. November 1975
Als ich mich heute der Schultreppe näherte, hatte ich ein sehr seltsames Gefühl – es war die Gegenwart eines anderen Menschen, mit dem mich eine sehr starke Intimität verbindet. Es war Brian!
Mein Herz schlug schneller, ich wollte meine Hände ausstrecken und ihn umarmen und meine Wange gegen seine Lippen drücken und sein Haar in meinen Händen fühlen und ihn bitten zurückzukommen.
Er war zurückgekommen! Er ist wieder da!
Wir sprachen über Angela und seinen kürzlich geborenen Sohn. Er ist sehr stolz auf ihn. Ich liebe ihn dafür.
Aus seinen Augen loderte mir ein Feuer entgegen, aus seinem Blick sprachen Liebe und Verlangen und die Bitte, ihn nicht zu verlassen; er braucht mich als das, was ich bin. Es ist sein. Der Tag war schön, *er* war schön, und er gab auch mir das Gefühl, schön zu sein.
Als er am Ende des Tages den Zeichensaal verließ, zögerte er, so lange er konnte, und berührte dann meinen Arm, als er sagte: »Bis bald.«

3. Ruth

Meine Eltern heirateten während des letzten Krieges. Mein Vater war neunundvierzig, meine Mutter zwanzig Jahre jünger. Er starb zehn Jahre später, als ich eben vier war, an Tuberkulose. Manchmal glaube ich, mich an ihn zu erinnern, aber ich bin nie ganz sicher, ob ich diese Bilder aus alten Fotografien oder aus den Erzählungen der Leute über ihn fabriziere. Er war ein sehr intelligenter Mann, sehr belesen, und ich glaube, ebenso wie ich starken Stimmungsschwankungen ausgesetzt. Er wuchs in einer armen Immigrantenfamilie im East End heran. Er wurde Musiker und Sänger, hatte eine schöne Stimme. Ich habe immer noch Platten, die er gemacht hat. Aber weil er ein schlechtes Bein hatte, mit einem Stock gehen mußte und hinkte, sang er nie Opern und wurde nicht berühmt. Statt dessen arbeitere er als Sänger und Aufnahmeleiter für H.M.V. Ich kann mich noch vage an die Sänger erinnern, die uns in unserem Haus in Highbury

besuchten. Es war eine riesige Villa mit einer Vordertreppe und einem Hintereingang für die Dienstboten (mein Vater war offenbar früher Kommunist gewesen, aber wie so viele andere scheint er nicht mehr nach diesen Idealen gelebt zu haben, als er anfing, Geld zu machen). Daran war meine Mutter schuld, die nie gearbeitet hat und jetzt als Witwe immer noch von ihrem Privateinkommen lebt. Ihre Familie hatte eine erfolgreiche Baufirma in Derbyshire und identifizierte sich stark mit dem Leben in dieser Grafschaft. Obwohl ich als Kind viel Kontakt mit meinen Verwandten hatte, sehe ich sie jetzt überhaupt nicht mehr; wir haben nichts miteinander gemein. Vielleicht ein oder zwei sind okay, aber im übrigen dreht sich alles um Jagdbälle, Pferderennen und das ›Coming Out‹ (ich meine der Debütantinnen, nicht Lesben).
Meine Mutter war im Grunde nicht so und war in ihrer Familie eine Art Außenseiterin. Ebenso wie mein Vater sang sie. Sie ist einige Male öffentlich aufgetreten und hat Gesangstunden gegeben. Sie unterrichtet auch heute noch ein wenig, kann damit aber kaum ›ihr Brot verdienen‹. Sie lernt auch Russisch.
Das meiste von dem, was ich über meinen Vater weiß, mußte ich von meinen Verwandten in Erfahrung bringen; meine Mutter erzählt mir kaum je etwas von sich aus über ihn, ja sie läßt nicht einmal einen sichtbaren Kummer über seinen Tod erkennen . . . obwohl anzunehmen ist, daß sie ihn damals vor mir verborgen haben würde, da ich erst vier Jahre alt war. Ihr Verhalten in dieser Hinsicht ist typisch englisch, sehr phlegmatisch nach außen hin. Einmal, als ich sie ziemlich lange über ihn befragte, brach sie in Tränen aus und lief aus dem Zimmer. Ich erinnere mich, daß ich ein sehr warmes Gefühl für sie hatte und sie trösten wollte, obwohl ich es gleichzeitig auch ein bißchen peinlich fand, da wir nie über emotionale Dinge sprachen. Ich sah sie nie wieder weinen (ich war damals dreizehn), und seit damals scheint das stärkste Gefühl, das ich ihr gegenüber habe, eine unbestimmbare Angst zu sein. Ich bin mir darüber absolut nicht klar. Ich erinnere mich, daß ich als Kind wie zu einer Art von Ideal zu ihr aufgeschaut habe, sie schien mir unerhört schön und irgendwie unerreichbar. Es stimmt, daß ich hauptsächlich von Kinderschwestern großgezogen wurde. Als ich von meinem neunten bis zu meinem dreizehnten Jahr im Internat war, vermißte ich sie furchtbar (obwohl ich darum gebeten hatte, dahin geschickt zu werden), aber jetzt vermisse ich sie nicht nur nicht . . . sie geht mir furchtbar auf die Nerven, und ich werde unheimlich aggressiv gegen sie, wenn ich längere Zeit mit ihr beisammen bin.
Ich könnte unendlich lange über meine Mutter reden. Wir haben

jetzt keine enge Beziehung, hatten nie eine, aber ich bin ihr gegenüber von widersprüchlichen Gefühlen erfüllt. Mike (ich werde von ihm später sprechen), sagte einmal, sie manipuliere die Menschen, verwirre sie durch paradoxe Anweisungen und sei lieblos. Ich war einerseits geradezu erleichtert, weil alle meine Freunde immer gesagt hatten, wie charmant sie sei, so daß ich schreckliche Schuldgefühle hatte, weil ich sie nicht liebte. Andererseits war ich wütend, daß er so über sie urteilte, und verteidigte sie. Im Augenblick scheint sich ihr ganzes Denken um die neue Familie meines Bruders zu drehen. Er und seine Frau (Ros genannt) haben vor kurzem einen Jungen bekommen, und meine Mutter spielt die Rolle der vernarrten Oma. Ich habe Simon (meinen Bruder) sehr gern, und wir waren einander zeitweilig sehr nahe, aber das ist jetzt anders. Er scheint vollständig in seiner Arbeit und dem Haus und Ros und dem Kind aufzugehen (ich verstehe mich mit Ros überhaupt nicht). Er weiß, daß ich bisexuell bin, scheint aber keine Lust zu haben, darüber zu reden. Ich glaube, es ist ihm peinlich. Meine Mutter ist genauso. Einmal erzählte ich ihr, daß ich in eine Lesbendisko gehe. Sie hatte sich gewundert, als ich auf ihre Frage, wo ich hinginge, antwortete, in eine Diskothek, weil sie weiß, daß ich sonst nie in Diskotheken gehe. Als sie mich fragte, welche Art von Diskothek, hatte ich einfach keine Lust zu lügen. Es ging mir nicht darum, sie zu schockieren. Ich glaube, sie war ziemlich entsetzt, behielt aber ihre Fassung und fragte mich höflich nach meinen ›Neigungen‹ und ob ich noch ›weibliche Instinkte‹ hätte. Ich antwortete, ich wüßte nicht, was sie meine. »Nun, Kinder kriegen.« Ich erwiderte, daß ich nie sehr scharf darauf gewesen sei. Seit damals ist sie immer doppelt nett zu jedem Mann, den ich nach Hause bringe, selbst wenn er nicht besonders reputierlich aussieht. Aber sie vermeidet Szenen, und wenn das Thema der Homosexualität je auftaucht, versucht sie, zu etwas anderem überzugehen. Ich verhalte mich nicht viel besser, weil ich ziemlich gehemmt bin, wenn es darum geht, mit ihr über Dinge zu sprechen, die mir wichtig sind.

Ich wurde sehr ›liberal‹ erzogen. Es wurde nie ein großes Theater gemacht, wenn ich über Nacht wegblieb oder spät nach Hause kam, obwohl ich schon sehr jung mit diesen Dingen anfing. Ich kam in der Schule besonders gut voran, machte mit Dreizehn schon die O-Levels und ging danach an ein Londoner Gymnasium. Das war ein Schock für mich. Ich setzte alles daran, um in der Schule Schritt halten zu können, während mir das kaum in gesellschaftlicher Hinsicht gelang. Ich glaube, mein Wunsch, mit den anderen mitzuhalten, um akzeptiert zu werden, war so überwältigend, daß ich meine Sexualität kaum in Frage stellte. Ich hatte an meiner vorigen Schule heftige ›Schwärmereien‹ für Lehrerinnen gehabt und fühlte mich emotional zu Frauen hingezogen. Aber an meiner neuen Schule schien sich das ganze Gerede immer nur um Jungen zu drehen. Man mußte einen Freund haben und, wenn möglich, mit ihm schlafen, um ›in‹ zu sein. Deshalb tat ich das alles, obwohl es mir ziemlich schwerfiel, bis ich etwa sechzehn war. In diesem Alter sah ich attraktiver aus, ich hatte ziemlich viel abgenommen und etwas Selbstvertrauen gewonnen. Vielleicht begann ich die Macht zu genießen, die ich über Männer hatte, außerdem hatte ich nicht viele Freundinnen. Aber ich hatte eine ›beste Freundin‹, Leni, die mich in einer früheren, einsameren Periode ›adoptiert‹ hatte. Sie war zwei Jahre älter als ich und hatte mich zu einer Zeit an die Hand genommen, als niemand mit mir redete (später entdeckte ich, daß dies zum Teil auf meinen Ruf zurückzuführen war, unheimlich gescheit oder vielleicht auch bloß eine Streberin, jedenfalls aber eine Art Freak zu sein). Ich war ihr Protegée, das Kind, mit dem sie auf Partys vor ihren Freunden angab. Das war ihr Machttrip, sie übte eine starke Herrschaft über mich aus. Daran zerbrach schließlich vor etwa zwei Jahren unsere Beziehung. Ich hatte es satt, von ihr bevormundet zu werden. Obwohl wir oft im selben Raum schliefen, waren wir, wie ich glaube, zu gehemmt, um einander je anzufassen. Ich war überrascht zu hören, daß sich bei ihr in letzter Zeit lesbische Szenen abgespielt haben. Ich bezweifle, ob sie so leicht auf die Macht der Heterosexualität verzichten wird. Denn ich glaube tatsächlich, daß heterosexuelle Frauen Macht haben. Durch meine sexuellen Beziehungen zu anderen Frauen habe ich gelernt, welche Spiele sie spielen. Es ist vielleicht eine ziemliche Ironie, daß die Frauenbewegung, die mich in so vieler Hinsicht den Frauen nähergebracht hat, mir auch eine neue Einsicht in die Probleme der Männer und Sympathie mit ihnen gegeben hat. Während meiner Schul- und Studienzeit hatte ich eine Reihe nicht sehr befriedigender Beziehungen. Mein erster Geliebter, Charles, und ich waren etwa fünf Jahre lang in Intervallen zusammen. Eigentlich sind wir immer noch Freunde, obwohl wir nie zusammen schlafen. Er begann mich schon zu Beginn unserer Beziehung sexuell zu langweilen, obwohl ich die Wärme und Intimität unserer sexuellen Begegnungen immer noch mochte. Meine nächste große Liebesaffäre war Tim. Nicht so brillant und witzig wie Charles . . . etwas schwerfällig in vieler Hinsicht, war er mir sehr zugetan und zum Unterschied von Charles, der immer über mich lachte, behandelte er mich mit großem Respekt. Ich war eine dumme Kuh und behandelte ihn sehr schlecht. Wir lebten in Oxford zusammen und teilten das Haus mit einem sehr anmutigen Mädchen aus Westpakistan, Nilly. Später, als ich Oxford verlassen hatte, versuchte ich, einen Roman zu schreiben – er handelte nur von Nilly. Obwohl ich noch nie sexuellen Kontakt mit einer Frau gehabt hatte, verliebte ich mich in diesem Stadium des Buches in sie, und wir schliefen miteinander. Die zweite Hauptfigur in meinem ›Roman‹ war mein Vater. Ich kam zu dem Schluß, daß der einzige Grund, warum ich einen Lesbenroman schrieb, darin zu sehen sei, daß ich über die lesbische Liebe nichts wußte und zu gehemmt war, über meine unmittelbaren Erfahrungen mit Männern zu schreiben, die natürlich wichtiger für mich waren. (Tim war in Wirklichkeit für mich überhaupt nicht wichtig außer insofern, als er durch seine Bewunderung mein Selbstgefühl hob. Ich behandelte ihn miserabel.) Die Tatsache, daß die andere Hauptfigur mein Vater war, schien beinahe unwiderlegbar zu beweisen, daß ich außerstande war, über Dinge zu schreiben, die ich aus eigener Erfahrung kannte. Jetzt, da ich älter und klüger bin, sehe ich ziemlich klar, daß meine Interpretation falsch war. In Wirklichkeit gleicht die Beziehung, die ich in dem Buch zu meinem Vater hatte, in vieler Hinsicht meiner Beziehung zu Mike, der wesentlich älter ist als ich und mit dem ich seit etwa achtzehn Monaten befreundet bin. Meine unterwürfige, anbetende Haltung zu Nilly hat erschreckende Ähnlichkeit mit einer törichten Situation, in die ich mich in den letzten Monaten verstrickt habe. Ich hätte auf Mike hören sollen, der mein bester Freund und Berater ist: »Laß nicht zu, daß du verletzbar wirst.« Aber während ich das Männern gegenüber fast nie getan habe, scheine ich mich Frauen gegenüber wie ein Kind von vierzehn Jahren zu benehmen. Ich unterlasse es, die Wartespiele zu spielen. Ich bringe ihnen völliges Vertrauen entgegen. Aber vielleicht sollte ich zu dem Ereignis zurückkehren, das für die Erkenntnis meiner lesbischen Seite vermutlich entscheidend war, und von der folgenden grundlegenden Veränderung meines Lebens sprechen, die eintrat, als ich im Januar 1974 Mike kennenlernte.

Ich hatte ihn schon vor diesem Zeitpunkt ab und zu getroffen, da er mit der Schwester meines ersten Freundes, Charles, ausging. Damals mochte ich ihn nicht, ich fand ihn sehr aggressiv und unhöflich. Als ich einige Zeit später im Norden bei einer Zeitung arbeitete und mir das Leben wenig Spaß machte – die Kleinstadt, in der ich lebte, bot nicht viel Abwechslung –, lud mich Charles nach Bradford ein, wo er sich mit seiner Schwester aufhielt. Damals lernte ich Mike erst richtig kennen und verliebte mich wahrscheinlich in ihn. Ich bin nicht sicher, ob dieser Ausdruck zutrifft. Ich mag Mike immer noch sehr gern, aber ich frage mich doch, ob ich mich damals nicht in ein Image verliebte ... des exotischen, bisexuellen Mike, der in seinem Seidenkimono in seiner Wohnung herumschlenderte. Er war auch sehr links, und ich war erstaunt und entzückt, auf einen Sozialisten zu treffen, der so wenig vom Puritaner an sich hatte. Das hatte mir an der Universität die revolutionäre Politik verleidet, und später die schreckliche Humorlosigkeit der Linken. »Aber wir sind die schwule Linke«, sagte Mike zu mir. Er war der erste, der mit mir über Homosexualität redete, und als ich das erste Mal mit einer Frau schlief, waren Mike und Rosas Freund dabei. Es machte mir keinen besonderen Spaß, mit ihm zu schlafen. Ich war ein bißchen eifersüchtig auf das ›Angehen‹ zwischen Mike und Rosa, aber nicht sehr. Ich war eigentlich nur erstaunt und aufgeregt über meine Empfindungen, wenn ich eine andere Frau küßte, liebkoste und ihr nahe war. Ich war bis dahin mit Rosa nie speziell befreundet gewesen, und auch danach entwickelte sich nicht viel, so daß mich die ganze Sache ziemlich kühl ließ. Man möchte meinen, daß ›Liebe zu viert‹ eine besondere Sache sei, aber es war eben nicht *Liebe* und ich empfand ziemlich wenig dabei. Mike und ich phantasierten davon, ›die Richtige‹ zu finden und dann bis an unser Lebensende glücklich zusammenzuleben. Natürlich fanden wir sie nicht, und ich zog es mit der Zeit vor, meine lesbischen Affären für mich zu behalten. Ich glaube, daß Mike vielleicht weniger eifersüchtig ist, wenn ich mit Frauen schlafe statt mit anderen Männern, da keine so direkte Rivalität im Spiel ist, was nicht heißen soll, daß es ihm gleichgültig ist.

Vor einigen Monaten lernte ich Lucy kennen. Als ich sie zum erstenmal sah (bei einer Homosexuellenkonferenz), glaubte ich nicht, daß sie lesbisch sei. Sie wirkte irgendwie unschuldig, wie eine heterosexuelle Frau mit Sympathie für Homosexuelle. Sie arbeitet bei einer Frauenzeitschrift. Ich berichtete für diese Zeitschrift über die Konferenz, aber sie sagte, sie würde dennoch gern hinkommen, da sie noch nie an einer solchen Sache teilgenommen habe. Später schrieb ich einige andere Sachen für dieses Blatt, und zwischen uns entspann sich allmählich eine Korrespondenz, die recht intensiv wurde ... intensiver, als es der Stand unserer Beziehungen zu rechtfertigen schien ... da wir nur ein einziges Mal zusammengetroffen waren. Die Folge war, daß ich ziemlich nervös war, als ich sie in London wiedersah (Mike spielt hierbei wieder eine Rolle . . . ich zeigte ihm den ersten Brief, den mir Lucy geschrieben hatte und der mir ganz harmlos erschienen war, und er sagte: »Das ist ein Liebesbrief.«). Ich erinnere mich, daß ich im Wohnzimmer meiner Mutter saß und nicht recht wußte, was ich zu ihr (Lucy) sagen sollte, da sagte sie: »Ich glaube, es liegt Sex in der Luft.« In der Luft blieb er zwei weitere Monate, weil ich wegfahren mußte. Als wir schließlich miteinander schliefen, war es wunderbar und voll Liebe und Zärtlichkeit. Am nächsten Morgen ging ich im Park spazieren, wie auf Wolken schwebend und verliebt in die Bäume und Hasen und das Gras und die ganze Welt. Wir würden eine wundervolle Beziehung haben, dachte ich, und ich sah mich schon in einem Jahr nach London zurückkehren und für alle Zeiten mit ihr zusammenleben. Einfach in ihrer Nähe zu sein machte mich schon glücklich. Ich hatte für keine andere Frau je soviel empfunden . . . außer vielleicht anfangs für Leni und Kate, eine Frau, mit der ich mich eingelassen hatte, mit der mich jedoch, wenn auch damals etwas von dem Zauber vorhanden war, im Grunde wenig verband. Lucy und ich konnten stundenlang miteinander reden. Ich übernahm eine Art Beschützerrolle ihr gegenüber, weil sie alle möglichen Phobien hatte, beispielsweise was Aufenthalt in fremden Häusern und Autofahren betrifft. Aber allmählich begann sie, sich von mir zurückzuziehen. Wenn ich anrief, war sie entweder furchtbar beschäftigt oder fühlte sich krank oder sonst etwas. Und ich weiß, daß ich sehr ›gauche‹ war und ihr immer wieder sagte, der einzige Grund, weshalb ich mich in London aufhalte, sei, um sie zu sehen. (Ich wohnte im Hause meiner Mutter, da ich damals keine andere Bleibe hatte. Ich hätte zu Mike fahren können, was viel angenehmer gewesen wäre, aber ich wollte nur mit Lucy beisammensein.) Ich sagte ihr immer wieder, wie furchtbar es für mich sei, sie nicht zu sehen, lauter solche Dinge, die ich zu einem Mann nie gesagt hätte, da hätte ich mich viel reservierter verhalten. Jetzt weiß ich, daß man mit Frauen die gleichen Spiele spielen muß. Weil Lucy und ich so lange über so viele Dinge gesprochen hatten, brachte ich ihr dieses ungeheure Vertrauen entgegen. Ich werde versuchen, das nicht wieder zu tun. Natürlich verschreckte ich sie damit. Zum Glück hatte die Sache nicht lange genug gedauert, um mir eine unheilbare Verletzung beizubringen. Meine Affäre mit Kate hatte ein ähnliches Ende.

Jetzt bin ich vorsichtiger. Ich bin noch nie von einem Mann tief verletzt oder verlassen worden und habe mich noch nie so weit mit einer Frau eingelassen, um das zu empfinden. Vielleicht gebe ich in einer Beziehung nicht viel her, aber wenn ich Menschen sehe, die durch Schuldgefühle, Besitzdenken und Hysterie aneinandergekettet sind, weiß ich, daß ich mir das ersparen möchte. Meine Beziehung zu Mike hat sich jetzt etwas verändert. Am Anfang war ich einfach in sein Leben eingedrungen; eines Tages war ich mit meinen Möbeln und der Nachricht, daß ich meinen Job in Yorkshire aufgegeben hätte und von nun an in London leben wolle, in sein Haus hineingeplatzt. Er hatte nicht den Nerv, mich hinauszuwerfen ... Ich sage das nicht abwertend, denn das Beste an Mike ist, daß er nie Entscheidungen für mich getroffen hat. Er sagte nur zu mir: »Bitte, zieh nicht ein, ich komme damit nicht zurecht.« Die ganze Geschichte hat noch zahlreiche weitere Aspekte, auf die ich jetzt nicht eingehen möchte, aber jedenfalls sagte er, wenn ich einzöge, würde er anfangen, mich gern zu haben, und dann würde ich ihn verlassen. Nun, das geschah tatsächlich, obwohl ich ihn oberflächlich betrachtet nur verließ, weil er einen Job in Kent annahm und ich nach Hull ziehen mußte ... aber vermutlich wäre ich sowieso ausgezogen ... auf diese Weise war es leichter. Wir sind uns geistig immer noch sehr nahe, obwohl wir nicht sehr oft miteinander schlafen. Er ist mein bester Freund und der einzige Mensch, mit dem ich reden konnte, als Lucy mich unglücklich gemacht hatte. Dann erzählte er mir von all dem Pech, das er mit seinen Liebschaften hatte, und wir heulten uns zusammen aus. Er schien traurig, als ich ihm sagte, ich glaubte nicht, mit ihm leben zu können ... aber ich bin nicht sicher, was er empfinden würde, wenn ich wieder mit meinen Möbeln auftauchte. Ich bin schrecklich impulsiv und handle oft unüberlegt.

Ich finde es schwierig, bisexuell zu sein. Das klingt merkwürdig, weil ich überzeugt bin – und ich glaube, Sie werden mir zustimmen –, daß wir alle bisexuell sind. Aber es ist schwierig, so zu leben. Nachdem ich den größten Teil meines Lebens ›hetero‹ gewesen bin, möchte ich jetzt ohne emotionale Bindung an Männer leben, obwohl mir der Gedanke auch Schrecken einjagt, daß mich Frauen schlimmer verletzen werden, als Männer dies je getan haben ... aber die Ehe oder jede dauerhafte heterosexuelle Beziehung erfüllt mich mit Horror ... Eine feste lesbische Beziehung? Nun, ich glaube tatsächlich, daß die Möglichkeiten für eine wirklich gleichberechtigte und alles miteinander teilende Partnerschaft da um vieles größer sind. Ich fühle mich mehr und mehr als Lesbierin, und dennoch schreibe ich Ihnen als Bisexuelle, teils in dem Bestreben, mir über diese Dinge klarzuwerden, und teils, weil ich glaube, daß jemand, der sich mit einem Mann so verbunden gefühlt hat wie ich mich mit Mike, keine Lesbierin sein kann. Ich finde die ganze Sache sehr verwirrend, insbesondere als es ja überhaupt nicht wichtig sein sollte ... aber unter den heutigen gesellschaftlichen Bedingungen ist es wichtig, ist es von zentraler Bedeutung. Ich bewege mich mehr und mehr in lesbischen Kreisen, weil ich es nicht ertragen kann, das Objekt der heterosexuellen Ansprüche eines Mannes zu sein.

Während ich mit Mike zusammenlebte, ging ich auch in eine Lesbengruppe, aber manchmal zog ich mich von dort eine Zeitlang zurück, weil ich mich wie eine Schwindlerin fühlte. Jetzt, da er weit weg ist, ist es irgendwie leichter, aber ich würde mich ebenso unehrlich fühlen, wenn ich meine heterosexuellen Gefühle verleugnete ... nun, sie sind nicht sehr sexuell, denn ich glaube, daß ich schon etwa zwei Jahre kein Verlangen nach einem anderen Mann mehr gehabt habe. Ich nenne mich hauptsächlich deshalb eine Lesbierin, weil das die Seite von mir ist, die früher unterdrückt gewesen ist, und ich glaube nicht, daß ich in Zukunft noch viel mit Männern zu tun haben werde. Ich glaube, Sie werden nicht viele bisexuelle Menschen finden, die nicht entweder ein homosexuelles oder ein heterosexuelles Leben führen ... das heißt, die sich nicht am Ende als das eine oder das andere definieren. Ich bin sowohl in der Frauenbewegung als auch in der Schwulenbewegung aktiv, in der Hoffnung, daß wir oder unsere Nichten, Neffen und Enkelkinder eines Tages in einer Gesellschaft leben können, in der Bezeichnungen wie Homo und Hetero irrelevant sind, wo man einfach mit dem Menschen schläft, den man liebt. Ich habe viele Dinge ausgelassen, aber vielleicht kommen wir bei unserer persönlichen Begegnung darauf zu sprechen. Ich glaube, ich sollte Ihnen jedoch sagen, daß ich vor fast genau einem Jahr, auf dem Tiefpunkt einer schrecklichen Depression, eine Überdosis Schlaftabletten genommen habe. Diese Depression dauerte etwa drei Monate. Während dieser Zeit hörte ich auf, in die Lesbengruppe zu gehen, und blieb bei Mike zu Hause, der eine unerhörte Stütze für mich war. Ich konnte es einfach nicht ertragen, auszugehen oder irgend jemanden zu sehen. Ich ging dreimal zu einem Psychotherapeuten, aber ich war überzeugt, daß er mich nicht mochte oder nicht akzeptierte. Ich mochte ihn auch nicht, obwohl ich nicht sicher bin, ob das nicht bloß aus Angst davor war, was er zu mir sagen könnte, Angst, mich vor ihm zu enthüllen. Ich glaube, das ist teilweise der Grund, weshalb ich Ihnen schreibe ... Sie bitten um Hilfe, vielleicht wird Ihnen das helfen ... aber ich glaube, auch ich bitte Sie irgendwie um Hilfe.

Wenn wir alle bisexuell sind, und selbst die reaktionärsten Psychologen scheinen bereit, das zu akzeptieren, warum machen sie sich dann nie die Mühe zu hinterfragen, warum sich die meisten Leute so zwanghaft heterosexuell geben? Das scheint die Rolle der Soziologen zu sein. Ich habe Ihr Buch über Lesbierinnen mit Gewinn gelesen, aber ich habe den Eindruck, daß die Betonung der Männlichkeit unter den Lesben weitgehend das Resultat des gesellschaftlichen Druckes ist, der auf Frauen ausgeübt wird. Wenn wir keine schwachen, ›femininen‹, emotionalen, instinktiven Geschöpfe, sondern stark, intellektuell und unabhängig sein wollen, was können wir dann anderes sein als männlich? Es gibt kein anderes Modell für uns. Ich fühlte mich in meiner Jugend sehr hilflos und wollte als Kind und vielleicht sogar noch als Teenager ein Junge sein. Jetzt bin ich jedoch in der Frauenbewegung engagiert und habe erkannt, daß wir sowohl die Sanftheit einer Frau beibehalten als auch stark sein können, wenn es uns nur gelingt, all die Schwierigkeiten zu meistern, die uns die Gesellschaft in den Weg legt. Ich hoffe, daß die Frauenbewegung eines Tages viel mehr sein wird als vereinzelte Gruppen. Ich trage eine Art männlicher Kleidung, weil sie bequem ist . . . aber ich bin eine Frau, und ich bin stolz darauf. Als ich mich zum erstenmal an die Öffentlichkeit traute und eine Schwulendiskothek besuchte, war ich so unsicher, wie ich mich verhalten sollte, daß ich mich sofort männlich gab, in der Hoffnung, ein nettes Mädchen kennenzulernen. Unsere Kultur als Lesbierinnen ist so in den Untergrund verbannt, so sekundär, daß es scheint, als müßten wir die Spiele der heterosexuellen Welt übernehmen. Nun, ich tue das nicht mehr, aber ich bemerke immer noch, daß ich manchmal wie ein Mann handle und empfinde, und ich bin sicher, das ist deshalb, weil es keine andere Rolle gibt, die meinen wirklichen Gefühlen entspricht. Wenn es mehr lesbische Filme gäbe, müßte ich mich nicht immer mit den männlichen Helden identifizieren. Ihr Buch hat mir sehr gut gefallen, ich fand es sehr sympathisch, aber es gab mir schließlich das Gefühl, daß ich vielleicht etwas von einem ›kessen Vater‹ (›männl.‹ Partnerin in einer lesbischen Beziehung) an mir habe . . . zu viele männliche Hormone oder so was. Ist das wirklich wichtig? Auf jeden Fall freue ich mich darauf, Sie kennenzulernen. Beim Schreiben dieses Briefes fiel mir etwas ein, was Lucy sagte. Als wir uns kennenlernten, fand sie mich politisch sehr couragiert; es fällt mir leicht, auf einer Plattform zu stehen und den Leuten mitzuteilen, daß ich eine Lesbierin bin und Frauen liebe. Bei persönlichen Kontakten und im Privatleben bin ich nicht so forsch und finde die ganze Sache recht ausgeflippt. Vielleicht sollte ich hinzufügen, daß ich nie einen Orgasmus habe, außer wenn ich onaniere, obwohl ich mit Frauen oft ganz nahe dran zu sein scheine. Ich glaube nicht, daß da irgendeine psychische Blockierung ist, sondern vermute eher, daß es etwas mit meinem Körperbau zu tun hat. Meine Klitoris ist nämlich sehr klein. Ich schreibe Ihnen das, weil ich wahrscheinlich zu gehemmt bin, um darüber zu reden, wenn wir zusammenkommen.

4. Penelope

Ich glaube, daß ich mir erst, als ich mich am College in meine Zimmergenossin verliebte, bewußt wurde, daß ich sexuell anders bin als andere Frauen, und selbst dann machte mir diese Erkenntnis keinen sehr tiefen Eindruck.

Als Kind war ich das, was man im allgemeinen gönnerhaft als knabenhaft bezeichnet. Ich war ein sehr aktives Kind, kletterte für mein Leben gern auf Bäume und spielte mit meinem älteren Bruder rauhe Spiele. Lebendige Katzen und Hunde waren mir lieber als Puppen. Meine Eltern ließen sich scheiden, als ich drei Jahre alt war, und ich wuchs bei meiner Mutter heran. Im Vorschulalter verbrachte ich viel Zeit mit meinen Großeltern mütterlicherseits, besonders mit meinem Großvater, der Zimmermann war. Ich verbrachte meine gesamte freie Zeit bei ihm in seiner Tischlerwerkstatt und verkündete, daß ich Zimmermann werden wolle, wenn ich groß sei. Dies wurde von den Erwachsenen um mich herum mit wohlwollender Zustimmung und dem gelegentlichen sachten Einwand aufgenommen, daß Zimmermann kein Beruf für Frauen sei. Im allgemeinen versuchten meine Erzieher nie ernsthaft, mich von irgendeinem Ehrgeiz abzuhalten, weil ich ein Mädchen sei. Ich hatte eine Abneigung gegen Kleider und wurde nicht gezwungen, sie zu tragen. Ich vermute, daß sich Kinder nicht so stark mit Erwachsenen identifizieren, wie diese annehmen. Alle Erwachsenen sind für Kinder so unerklärlich, daß ihnen der Unterschied zwischen Männern und Frauen sekundär erscheint. Als kleines Kind bin ich, glaube ich, nie auf den Gedanken gekommen, daß ich in späteren Jahren den älteren Frauen in meiner Familie gleichen würde. Genausogut konnte ich wie mein Großvater werden, der zumindest einen Overall trug, der meinem sehr ähnlich war. Ich nahm an, daß ich als Erwachsene weiterhin ich selbst sein würde, bloß größer.

Als ich acht Jahre alt war, hatte ich ein einigermaßen traumatisches sexuelles Erlebnis, das meiner Ansicht nach für meine

sexuelle Entwicklung irrelevant ist, das aber eine Hauptrolle in den Statistiken über Menschen mit unkonventionellen sexuellen Vorlieben zu spielen scheint. Ein Mann lud mich unter dem Vorwand, mich nach Hause zu bringen, in sein Auto ein. Er fuhr mit mir hinaus aus der Stadt, und während er chauffierte, massierte er seinen erigierten Penis, der sich aus seiner Kleidung reckte. Ich hatte noch nie einen gesehen, war aber nicht übermäßig beunruhigt. Er hielt das Auto an und bestand darauf, meine Genitalien zu berühren, und verlangte von mir, seinen Penis zu küssen. Mit großem Widerwillen tat ich dies schließlich und wurde dann von ihm nach Hause gebracht. Er war anscheinend harmlos, aber möglicherweise war ich auch in großer Gefahr gewesen. Dieses Erlebnis beunruhigte mich nachher noch lange, ohne mich jedoch in tiefe Angst zu versetzen. Ich erzählte meiner Mutter sofort davon und drängte sie, die Polizei anzurufen (ich hatte die Autonummer notiert). Aber sie tat es nicht.
Mit etwa elf Jahren beschloß ich, aufgrund meiner Liebe zu Tieren und der Lektüre eines faszinierenden Buches, *Alles über Katzen* von Whitney, Tierärztin zu werden. Der Abschnitt über Genetik fesselte mich besonders, und das ausführliche Kapitel über Fortpflanzung machte mich mit der technischen Seite der Sexualität bekannt. Ich sah mit großem Interesse zu, wie sich meine Katzen paarten. Dabei empfand ich keinerlei anthropomorphe Lüsternheit. Als ich in die Pubertät kam, wurde meine Neigung zu körperlicher Aktivität in die Disziplin des Sports kanalisiert. Ich hatte Schwimmen und Tennisspielen gelernt. In der Schule spielte ich Korbball, Handball und Volleyball. Mit Zwölf oder so hatte ich einen Freund, wahrscheinlich mehr aus konventionellen Gründen als aus echter Zuneigung. Ich gehörte einer Mädchenclique an und hatte mehrere enge Freundschaften. Als Teenager waren meine Hauptinteressen Englisch, Fremdsprachen, Schwimmen und Tennis. Manchen meiner Freundinnen war ich sehr ergeben, aber für Jungen hatte ich, wie ich glaube, nur ein geringes Interesse. Während dieser Zeit hatte ich zweimal eine ›feste Beziehung‹ mit einem Jungen; beide Male glaubte ich vermutlich, daß ich verliebt sei. Heute habe ich den deutlichen Eindruck, daß meine damaligen Gefühle eine konventionelle Reaktion auf das Milieu meiner Oberschule waren. Ich glaube nicht, daß ich mit dem Herzen dabei war. Gleichzeitig waren da noch andere Mädchen, die ich sehr mochte. Ich glaube heute, daß meine Gefühle für sie eine mir damals nicht bewußte sexuelle Tönung hatten. Ich schwärmte für Mädchen, die älter als ich waren, und für einige etwa gleichaltrige. Ich suchte nach Vorwän-

den, um sie zu berühren, obwohl ich im allgemeinen nicht sehr demonstrativ war und es auch heute nicht bin.

Einige Beziehungen innerhalb der Familie veränderten sich. Mein älterer Bruder war zum schwarzen Schaf geworden. Obwohl er intelligent ist, hatte er in der Schule schlechte Noten und ging schließlich vor dem Abitur ab. Er schien sich vor allem für Autos und schlechte Gesellschaft zu interessieren. Als ich achtzehn oder zwanzig war, hatten wir außer unseren Eltern nichts mehr miteinander gemein. Wir waren in jeder denkbaren Hinsicht völlig anderer Meinung. Ich höre von Zeit zu Zeit durch meine Mutter von ihm, aber ich habe ihn seit mehreren Jahren nicht mehr gesehen. Als ich sechzehn war, heiratete meine Mutter wieder. Ihr Mann war älter als sie und sechsundfünfzig Jahre älter als ich. Er war eine Onkelfigur, und wir versuchten erst gar nicht, einander besonders nahe zu kommen.

Mit Siebzehn ging ich aufs College. Ich wohnte in einem Studentenheim, schlief in einem Zimmer mit mehreren andern Mädchen und hatte eine Reihe von Freundschaften. Ich ging sehr gern ins Theater und in Konzerte, aber der größte Teil meiner Zeit galt dem Studium. In meinem ersten Jahr lernte ich eine Studentin kennen, die einige meiner geistigen Interessen teilte, und wir schlossen enge Freundschaft. Wir spielten zusammen Schach, hörten uns Beethovens Klaviersonaten an und diskutierten über Politik. Im nächsten Jahr teilten wir ein Zimmer, unsere freundschaftliche Verbundenheit dauerte an. Im folgenden Sommer machten wir zusammen mit anderen eine Europareise.

Im Frühling meines zweiten Jahres, das war 1963, geschah jedoch etwas. Ich lernte eine andere Studentin kennen, Janet, die auf der gleichen Etage wohnte. Ich faßte eine immer stärker werdende Zuneigung zu ihr. Ende Mai, zu Semesterende, waren wir uns einig geworden, im folgenden Jahr, wenn meine Zimmergenossin im Ausland studieren würde, zusammenzuziehen. Janet war unendlich faszinierend. Sie hatte einen schnellen Verstand und einen herrlichen Sinn für Humor. Da ich den Sommer über weg war, sah ich sie erst im folgenden September wieder, obwohl ich ihr mehrere Briefe schrieb. Auf der Rückfahrt stellte ich mir unser Wiedersehen vor – ich würde sie umarmen. Junge Frauen unseres Alters umarmen sich oft, sagte ich mir, es wäre also ganz natürlich. Außerdem wollte ich sie einfach umarmen. Unser Wiedersehen verlief natürlich ganz anders. Wir trafen uns an einem öffentlichen Ort im Trubel des Semesterbeginns, umgeben von Leuten, die sich laut unterhielten und mit Kartons voll Kleidern und Büchern herumliefen.

Ich war nie glücklicher, als wenn ich in Janets Nähe war; sie schien eine erfrischende Aura von Ozon auszustrahlen. Ich kann mich nicht einmal erinnern, wie es zu unserer ersten physischen Intimität kam. Ich erinnere mich jedoch sehr deutlich, daß ich ein Gefühl allmählicher Entdeckung hatte. Ich glaube, daß in gewöhnlichen heterosexuellen Beziehungen die Partner das ausagieren, wovon sie bereits wissen, daß es das übliche Verhalten zweier Menschen in ihrer Position ist. Wir wußten nichts über unsere Beziehung, bevor wir sie erlebten, und hatten daher nichts ›auszuagieren‹. Keine von uns beiden war sich der Existenz des Lesbianismus mehr als vage bewußt, und es kam uns nie in den Sinn, daß wir Lesbierinnen sein könnten. Unsere Beziehung war im höchsten Grade natürlich. In manchen Momenten waren wir ein bißchen bestürzt, in uns Gefühle zu entdecken, von denen wir nichts gewußt hatten. Wir wußten natürlich, daß unsere Beziehung um jeden Preis geheimgehalten werden mußte. Wir waren vorsichtig genug, unsere Türen abzusperren und nicht in der Öffentlichkeit Händchen zu halten. Wir liebten uns mit großer Zärtlichkeit und Freude. Der körperliche Aspekt unserer Liebe war ein natürliches Ergebnis unserer Freundschaft, unserer Zuneigung zueinander, unserer geistigen und psychischen Verbundenheit. Diese Erfahrung machte mir bewußt, wie blöde diese Sexhandbücher sind. Ich entdeckte für mich, daß, wo von Anfang an Liebe ist, sie sich auf natürliche Weise äußert. Es scheint mir daher, daß ›Technik‹ und ihre eifrige Vervollkommnung auf das Fehlen eines echten, tiefen Gefühls hindeutet. Die Möglichkeit dieser – *ausschließlich* auf Erfahrung beruhenden Entdeckung – scheint mir der große Vorzug, ja das Geschenk des Lesbianismus in den Tagen, bevor all die populärwissenschaftlichen Studien, Artikel und Titelgeschichten im *Time Magazin* erschienen. Es tut mir leid, daß es inzwischen immer schwieriger für Frauen geworden ist, heute dieselbe Entdeckung zu machen. In den folgenden Jahren konnten Janet und ich einander nur vorübergehend sehen. Wir schrieben einander regelmäßig, aber ich litt drei Jahre lang an einem quälenden Bedürfnis nach ihrer Nähe und nach unserer früheren Intimität. Sie hatte inzwischen begonnen, vor den Konsequenzen, eine Lesbierin und daher ›abnormal‹ zu sein, Angst zu haben. Im Jahre 1967 hatte sie den Wunsch, sich aus unserer Beziehung zu lösen und gegen jede weitere Anziehung, die Frauen auf sie ausüben könnten, Widerstand zu leisten. Wir waren inzwischen beide in der Endphase unseres Studiums, und ich ging ins Ausland, um dort mein Doktorat abzuschließen. In meiner Verzweiflung über das endgültige Zerbrechen meiner

Liebesaffäre fand ich bei neuen Freunden willkommene Gesellschaft. Ich kannte mehrere sympathische junge Männer. Einer von ihnen war besonders anhänglich und schien mich zu verfolgen. Ich verliebte mich schließlich in ihn und wir verlobten uns. Ich dachte, daß meine Affäre mit Janet schließlich doch nur eine vorübergehende Phase gewesen sein müsse. Meine Liebe zu Andrew war durchaus echt, und unsere körperliche Beziehung war ungezwungen und befriedigend. Inzwischen hatte sich auch Janet mit einem Studienkollegen verlobt. Während dieser ganzen Zeit tauschten Janet und ich herzliche Briefe aus und arbeiteten konzentriert an unseren Dissertationen. Meine Ehe mit Andrew ist immer glücklich und liebevoll gewesen.
Als wir vier oder fünf Jahre verheiratet waren, besuchten Andrew und ich Janet und Arthur. Es war nach sechs Jahren das erste Mal, daß ich Janet wiedersah. Ich fragte mich, ob ich wieder zu einer solchen Beziehung fähig sein würde, wie wir sie im College gehabt hatten. Ich hatte mir nicht in meinen wildesten Träumen vorgestellt, daß sie in bezug auf unsere frühere Liebe immer noch ein Gefühl des Verlusts empfand. Ich war ihr gegenüber anfangs etwas befangen, aber die Befangenheit wich bald und ich erkannte meine Freundin von früher wieder. Jede Bewegung und jede Geste schienen mir vertraut. Wir hatten nie aufgehört, freundschaftliche Zuneigung füreinander zu empfinden. Aber eines Abends sagte sie zu mir, sie bedauere, daß unsere Intimität auf diese Weise geendet habe. Sie brauche meine Freundschaft und die Versicherung, daß ich ihr nicht übelnehme, was geschehen sei. Ich versicherte ihr, daß ich ihr nie böse gewesen sei und sie sehr gern hätte. Wir fuhren an die Küste, und eines Abends gingen wir Arm in Arm am herbstlich verlassenen Strand spazieren. Wir gingen völlig im Gleichschritt und sprachen über unser Leben seit unserer Trennung. Wir versprachen einander, unsere alte Freundschaft zu erneuern, von der wir beide wußten, daß sie ein wichtiger Teil unseres Lebens gewesen war und sein sollte. Als ich sie eines Tages in den Armen hielt, hatten wir beide das Gefühl, das Richtige zu tun und, wie Janet es ausdrückte, heimgekehrt zu sein.
Danach schrieben wir uns fast täglich. Einige Monate später kam sie mich, diesmal allein, besuchen. Wir fuhren zusammen für eine Woche weg. Bevor sie kam, wußte ich nicht, ob wir uns entschließen würden, miteinander zu schlafen, und ich hätte nicht einmal sagen können, ob ich es mir wünschte. Aber als sie kam, warf ich mich in ihre Arme und später liebten wir uns mit der gleichen Zärtlichkeit und Wonne wie früher. Seit damals haben wir noch

weitere ausgedehnte gegenseitige Besuche arrangiert. Wir haben nie ernsthaft daran gedacht, unsere Männer zu verlassen, denn wir schätzen beide unsere Ehe, und wir sind füreinander froh, die Vorzüge eines Ehelebens genießen zu können. Es hat sich als notwendig erwiesen, unseren Männern diese Entwicklung der Dinge zu erklären. Andrew hat das Ganze erstaunlich verständnisvoll aufgenommen, und selbst Arthur hat es mit der Zeit akzeptiert. Andrew interessiert sich sehr für sexuelle Varianten und sympathisiert mit den Lesbierinnen und sieht die Probleme, denen sie in der Gesellschaft ausgesetzt sind. Einmal erzählte er mir, daß er, als er eine Kollegin klagen hörte, daß sie keinen Freund habe, den Wunsch verspürte, sie auf die Möglichkeit einer emotionalen Beziehung zu einer ihrer Freundinnen aufmerksam zu machen! Seit meine Liebe zu Janet wiedererwacht ist, hat mein Vergnügen an der physischen Beziehung zu meinem Mann allmählich nachgelassen. Dies hat ihn zunächst stark belastet, aber inzwischen erträgt er die Situation mit erstaunlicher Gutwilligkeit. Ich war über meine eigenen Reaktionen überrascht. Janet sagte mir, daß ihr heterosexuelle Beziehungen nie etwas gegeben hätten; mein eigener Umschwung vom Genuß zum Widerwillen ist mir rätselhaft.

Ich habe Nigel Nicolsons *Portrait einer Ehe* mit großem Interesse gelesen, da die Erfahrungen Vita Sackville-Wests meinen eigenen zu gleichen scheinen. Ihre Schilderung ihrer Beziehung zu Violet und die Gefühle, die Violet in ihren Briefen ausdrückt, scheinen mir sehr genau getroffen, sehr vertraut und wahr. Der Streit über Violets Ehe und den Verlust bzw. die Erhaltung ihrer Jungfräulichkeit war die einzige Episode in dem ganzen Bericht, die mich nicht sympathisch berührt hat.

Die lesbische Liebe scheint jetzt meine vorherrschende sexuelle Neigung zu sein, denn allgemein gesprochen finde ich Männer sexuell nicht attraktiv. Ich fühle mich zu Frauen hingezogen, gewöhnlich auf freundschaftlicher Basis, aber ich habe immer das Gefühl, daß sich aus der richtigen Art von Freundschaft Liebe und deren körperlicher Ausdruck entwickeln kann. Ich glaube jetzt, daß meine Ehe eine Abweichung von diesem Grundmuster darstellt und ich mich wahrscheinlich überhaupt nicht zu einem Mann hingezogen gefühlt hätte, wenn ich mit Janet hätte zusammenbleiben können. Es ist jedoch schwierig, mir in diesem Punkt sicher zu sein, weil ich nur eine Frau und einen Mann geliebt habe. Für mein Gefühl haben diese Beziehungen bestimmten *Personen* und nicht Vertretern des einen oder des anderen Geschlechts gegolten. Im allgemeinen glaube ich, daß eine Liebesbeziehung zu einer Frau vielleicht gefühlsmäßig reicher ist. Die große Zärtlichkeit und Loyalität, die Janet und ich füreinander empfinden, bedeutet mir sehr viel. Wir glauben, daß unsere Gleichheit ein wichtiger Aspekt unserer Liebe ist – unsere Geschlechtsidentität gibt uns ein Gefühl der Verbundenheit. Wir empfinden eine starke Ausgewogenheit in unserer sexuellen Beziehung, da wir beide gleichzeitig lieben und geliebt werden; wir haben nie eine ähnliche Balance in einer heterosexuellen Beziehung gefunden. Wenn ich plötzlich in die Lage käme, mich nach einer neuen emotionalen Bindung umzusehen, dann würde ich sie, glaube ich, bei einer anderen Frau und nicht bei einem anderen Mann suchen, aber ich vermute andererseits auch, daß mir die Person und ihre Qualitäten wichtiger wären als ihre Geschlechtszugehörigkeit.

Ich kann meine Bisexualität nicht als das entscheidende Element meiner Persönlichkeit ansehen. Sie scheint mir nur eine wichtige Strähne unter vielen anderen zu sein. Diese Einstellung könnte auf den Wunscn zurückzuführen sein, meine Bi- oder Homosexualität abzulehnen, aber ich bezweifle das. Natürlich gefällt mir Professor Adlers Theorie, daß ausschließliche Hetero- oder Homosexualität das eigentlich Neurotische oder Abnormale sei und daß das normale Verhalten jedes Individuums viele Varianten einschließe. Ich vermute, daß unkonventionelle Sexualität ein Anzeichen von Phantasie und einem grundlegenden Eklektizismus im Herangehen an das eigene Leben ist.

Ich bin etwas überrascht über meine Selbstzufriedenheit. Es drängt mich nicht einmal zu erfahren, ob es Gründe für die Bi- oder Homosexualität gibt und welches diese sind. Ich ziehe literarische Werke über die lesbische Liebe empirischen Untersuchungen vor. Ich habe Renée Vivians Lyrik und Isabell Millers *Patience and Sarah,* welches mir als *die* vollkommene Darstellung der Liebe zwischen Frauen erscheint, mit Genuß gelesen. Einen Großteil meiner Lektüre über das Thema habe ich von Janet bekommen, die angefangen hat, sich für die Geschichte des Lesbianismus zu interessieren. Ich bin daran interessiert, andere Frauen kennenzulernen, die Frauen lieben, aber selbst wenn ich mit Janet zusammenlebte, hätte ich, glaube ich, nicht den Wunsch, lesbische Organisationen zum Mittelpunkt meines gesellschaftlichen Lebens zu machen.

5. Mildred

Ich entstamme einer Familie der oberen Mittelschicht (Vater Offizier; Mutter war Tochter eines Offiziers und vorher mit einem adligen Offizier verheiratet) mit zahlreichen gut versteckten ›Skeletten‹ im Wandschrank. Meine Mutter war streng, dominierend, tüchtig und zielstrebig; mein Vater sanft (jedenfalls mir gegenüber), ein kleiner und dicker Mann, gütig und in politischer Hinsicht ein Konservativer alter Schule. Er hält die Arbeiter für habgierig und ist für die Rassentrennung, andererseits ist er aber humanitär eingestellt, z. B. gegen den James-White-Abtreibungsgesetzentwurf. Ich erinnere mich nicht an irgendwelche sexuellen Gefühle gegenüber meinem Vater, obwohl er mich an Sonntagabenden nach dem Bad, bis ich ungefähr acht Jahre war, am Rücken zu kitzeln pflegte, was mir sehr gefiel und noch gefällt. Ich habe immer noch einen sehr guten Orgasmus einer bestimmten Art, wenn mich R. etwa zehn Minuten lang am Rücken kitzelt, dann presse ich meine Schenkel zusammen, bis es passiert. Bis zum Alter von etwa fünf Jahren wurde ich von Kinderschwestern betreut, dennoch hatte meine Mutter viel Kontakt mit mir. Damals war ich recht selbständig, aber als wir drei Jahre (von sechseinhalb bis neuneinhalb) an der Küste von Sussex verbrachten, wurde ich scheu, dick und von meiner Mutter beherrscht. An den Wochenenden kam mein Vater aus London. Meine Mutter hatte weder gute Freunde noch einen Beruf und konzentrierte sich ausschließlich auf mich. Rückblickend kann ich mich an nichts erinnern, was sie den ganzen Tag tat außer Lesen – sie machte sich nichts aus Hausarbeit und Kochen, hatte immer eine Haushaltshilfe und manchmal auch ganztägiges Personal. Ich geriet jedenfalls völlig unter ihre Fuchtel.

Dann gingen meine Eltern nach Deutschland, und ich wurde in ein Internat gesteckt. Zwei Semester an einem befremdlichen Ort, dann Wechsel an eine Schule für Offizierstöchter im Westen, wo ich blieb, bis ich mit knapp Achtzehn mein Abitur machte. Es gefiel mir dort überhaupt nicht. Als ich etwa elf war, kam meine Mutter in die Wechseljahre und hatte eine ungewöhnlich schwierige Zeit mit vielen Besuchen bei Gynäkologen. Sie und mein Vater hatten häufig Streit. Ich ergriff für meine Mutter Partei, und das blieb eigentlich so, bis sie starb, als ich etwa neunzehn war – obwohl sie mich mehr unterdrückte als er.

Ich benahm mich wie ein Junge, obwohl ich zu dick war, um mich bei Spielen im Freien hervorzutun. Ich bin jedoch geritten und geschwommen. An der Schule war es üblich, für ein älteres

Mädchen zu schwärmen. Ich traf deshalb meine Wahl und bauschte das Ganze zu einer großen Sache auf – mit romantischen Phantasien etc., Geburtstagsgeschenken und Erröten, bis sie die Schule verließ, als ich etwa vierzehn war. Wir berührten einander nie, obwohl einige der größeren Mädchen mit den jüngeren Küsse tauschten. Ich verspürte nie den Wunsch danach, obwohl ich mit etwa Zwölf zu einer Gruppe von Mädchen gehörte, die an Sonntagnachmittagen erwachsene Spiele spielten, wo man sich küßte und die eine sich auf die andere legte.

Ich wollte Brüste und die Periode haben. Ich empfand dies als Symbole des Heranwachsens, wodurch ich aufhören könnte, ein unterdrücktes Kind zu sein, und statt dessen tun könnte, was ich wollte. Meine Mutter behütete mich übermäßig, überzeugt, hinter jedem Busch lauere ein Vergewaltiger, und die Schule schränkte uns auch sehr ein.

Ich hatte zwei Halbbrüder (aus der ersten Ehe der Mutter), die ich nicht häufig sah, da sie beim Militär waren, aber manchmal kamen sie auf Urlaub und brachten Geschenke und aufregende Geschichten mit. Als ich größer wurde, identifizierte ich mich stärker mit dem Jüngeren, der gütig und sanft war und von Kindern und Tieren geliebt wurde. Den Älteren fand ich langweilig und unattraktiv, was übrigens heute noch gilt, obwohl er dreimal verlobt war und soeben seine Frau zu deren großem Kummer verlassen hat, woraus ich schließe, daß irgend etwas an ihm dran sein muß. Mein Vater mag ihn auch nicht sehr. Dem Jüngeren liefen jedenfalls immer die Frauen nach, aber er verlobte sich nie. Als ich vierzehn war, kam schließlich alles ans Licht – er war homosexuell. Er wurde vor Gericht gestellt (das war vor dem Gesetz, welches Homosexualität zwischen einwilligenden Erwachsenen straffrei machte). Der Richter mochte ihn, und er hatte ausgezeichnete Referenzen und gehörte außerdem der Oberschicht an. Deshalb wurde er in ein psychiatrisches Krankenhaus geschickt, um ›kuriert‹ zu werden. Nach drei Wochen gaben sie ihm Morphium, wogegen er sich als allergisch erwies, versank in ein Koma und starb nach drei Tagen. Vom Staat ermordet. Ich erzählte meinen Freunden, er hätte einen Nervenzusammenbruch gehabt – angesichts der ›Schwulenwitze‹, die die Runde machten, blieb mir gar nichts anderes übrig. Jahrelang erzählte ich es niemandem und erwähnte es nie. Mit Achtzehn sprach ich mit einem Freund darüber, da ich das Gefühl hatte, daß er es wissen sollte. Mit Beginn der Schwulenbewegung (Gay Liberation Front) wurde es natürlich okay, und wenn das Thema heute auftaucht und es mir passend erscheint, dann erzähle ich

Leuten davon, oder wenn mich Leute über meine Familie fragen und »Woran starb Ihr Bruder?« etc.

Nun, ich war fast sechzehn, als ich mich zum erstenmal *wirklich* verliebte – in den Sohn des Vikars des Ortes, an den sich mein Vater in den Ruhestand zurückgezogen hatte und wo er noch heute lebt. Ich verhielt mich in seiner Gesellschaft einsilbig und idiotisch (wie ich dachte), und er zeigte kein großes Interesse für mich, aber vielleicht mochte er mich und glaubte bloß, ich möge ihn nicht. Wer weiß? Diese Liebe dauerte etwa ein Jahr. Ich hatte inzwischen allmählich begonnen, mit Jungen auf Partys Küsse zu tauschen und noch etwas weiterzugehen und sie verbotenerweise außerhalb der Schule zu treffen. Dies setzte sich während des Arbeitsjahres zwischen Schule und Universität (London und Cambridge) und während meines ersten Studienjahres fort – an dessen Ende ich alles tat, was möglich war, ohne mit Männern richtig zu schlafen. Religiöse Hemmungen plus Fetischisierung der Jungfräulichkeit. ›Verlor‹ diese schließlich in Gibraltar auf dem Fußboden einer Bar nach der Sperrstunde durch den gibraltarischen Barbesitzer, einen gutaussehenden siebenundzwanzigjährigen Mann, ohne es je zu bedauern. Das war im Sommer 1967 . . .

Ein zweites Jahr an der Universität, sexistische Männer, Drogen, Studentenrevolte, Vietnamdemonstrationen, Besuch linker männerbeherrschter Politveranstaltungen, die ich nicht verstand, Besäufnisse, Musik, Festivals, das Round House – die ganze Szene der späten Sechzigerjahre. Im dritten Jahr traf ich R. und er zog in die Wohnung ein, die ich mit zwei Frauen teilte . . .

Ich graduierte Grad erster Klasse. Danach Oxford, Büroarbeit und dann ein recht interessanter, wenn auch kapitalistischer Job. Monogamie, Isolation, (relative) Freundlosigkeit. Schlimme Sexszenen mit R. Er wollte die ganze Zeit mit mir schlafen, ich nie. Die alten Ausreden mit Kopfschmerzen; machte mir Sorgen, ich könnte frigid sein, aber brachte es nie fertig, mit den Mittelstandsmutterfiguren bei der F.P.A. (Organisation für Familienplanung) darüber zu sprechen.

Erster Kontakt mit der Frauenbewegung im Februar 1970 – fühlte mich abgestoßen. Alle trugen Jeans und kein Make-up, schienen mir in keiner Weise zu gleichen, ich hatte Angst, sie würden mich für frivol und töricht halten. Versuch mit einer neuen Gruppe im September 1970, danach gab es kein Zurück mehr. Jetzt eine überzeugte marxistische Feministin oder feministische freiliebende Sozialistin oder irgendein solches Etikett – jedenfalls Feministin.

Juni 1971, traf H. auf einer Party, und aus war es mit zweieinhalb Jahren trostloser Monogamie. R. ließ sich am gleichen Abend mit der Frau ein, die unter uns wohnt, keine Eifersucht. Eifersüchtig ist er nur gewesen, wenn er keine Beziehung hatte, aber nicht sehr. Ich bin nie eifersüchtig auf seine Beziehungen und andere Frauen gewesen, wenn auch etwas überrascht und befremdet über manche, wenn er sehr auf Paarbeziehung machte. Ich mag Zweierbeziehungen im Grunde nicht, vor allem weil die Frau meist ihre Identität verliert. Lesbische Paare sind etwas weniger destruktiv für das Ich, wie mir *scheint,* aber von törichten Eifersüchteleien geplagt.
Mir scheint, daß Eifersucht durch Mutter-Kind-Beziehungen im Stile Bowlbys gefördert wird, die beim Säugling und Kleinkind neurotische Abhängigkeit, Angst und Unsicherheit hervorrufen. Dieses Reaktionsmuster wird vom Erwachsenen in seinen späteren sexuellen Beziehungen reproduziert. Das ist einer der Gründe, warum ich jetzt an kollektiver Erziehung von vier kleinen Kindern mitwirke (ein zweiter Grund ist, der biologischen Mutter die Last der Mutterschaft teilweise abzunehmen). Ich hatte immer das Gefühl, die Tatsache, daß ich Kinderschwestern hatte, habe mir geholfen, *nicht* so eifersüchtig, possessiv und unsicher zu sein wie andere Leute meines Bekanntenkreises. Ich bin überzeugt, daß die Kernfamilie schuld an den geprügelten Frauen und Kindern und all den Eifersuchtsdramen ist. Sowie an allen anderen Übeln der kapitalistischen Gesellschaft.
H. zog also im Oktober 1971 in das eine Zimmer ein, das R. und ich bewohnten, und da ist er immer noch. Vor einem Jahr hörte ich auf, mit ihm zu schlafen (es lief sich einfach irgendwie tot), teilweise um mich aus meiner intellektuellen Abhängigkeit von ihm zu lösen. Ich habe mit H. immer rivalisiert, auch heute noch, mit ihm gab es immer Machtkämpfe, niemals mit R.
Eine Zeitlang schliefen H., R. und ich im gleichen Bett, aber wir fühlten uns physisch nicht voneinander angezogen; mit zwei Frauen und einem Mann ist es immer viel besser gewesen, habe ich festgestellt. Das hat bei mir 1972 begonnen, es war mein Jahr der sexuellen Freiheit und Exploration, alles auf politischer Basis. Lesbisch zu sein wurde *die* Sache, wenn man in der Frauenbewegung war, und die Leute redeten ständig von Wilhelm Reich. Ich schlief mit mehreren Frauen, fühlte mich jedoch oft sehr unsicher und ängstlich (das war aber nichts im Vergleich zu späteren Traumen). Für mich waren – und sind – die Menschen ganz allgemein *sexuell.* Hauptsächlich durch die Konditionierung werden sie in die heterosexuelle Form gepreßt. Zuerst konnte ich gar

nicht fassen, wie *weich* sich Frauen anfühlen, jetzt gefällt es mir. Eine Lesbierin, die gegen Kaution aus dem Gefängnis entlassen worden war, verliebte sich in mich, und wir hatten eine fünfmonatige Beziehung, obwohl keine von uns monogam war oder sein wollte. Meine stärksten emotionalen Bindungen betrafen Männer, vor allem H., der mir durch seine romantische gönnerhafte Beziehung zu einer in meinen Augen traditionell passiven schwachen Frau viel Schmerz bereitete. Es machte mich sehr wütend. Wir waren in einige brisante politische Szenen und Prozesse verwickelt, und die Lesbierinnen, die ich damals in London kennenlernte, waren wirklich abscheulich zu heterosexuellen Frauen und ignorierten deren Anwesenheit. Das hat mich an den politischen Lesbierinnen abgestoßen. Es ist immer noch eine sehr elitäre Szene, es sei denn, man hat seinen Eintrittspreis bezahlt und kann sich als Revolutionärin legitimieren. Ich werde jetzt akzeptiert, weil ich eine feministische Aktivistin bin und auch weit mehr Selbstvertrauen habe als damals. Die Lesbierinnen in der Provinz sind übrigens viel netter als diese Londoner Clique. Was mir damals gestunken hat, war, daß sie alle sehr nett zu H. waren – einem MANN –, aber mich als seine Freundin aus der Provinz zu behandeln schienen.
Das Jahr endete jedenfalls ziemlich beschissen mit einer Welle von Haftstrafen und postprozessualer Depression. Das erste unserer ›kollektiven‹ Kinder wurde geboren, und vier von uns übersiedelten nach dem Norden. 1973 verbrachten wir damit, Leute kennenzulernen. Ich hatte eine nicht sehr erfolgreiche Beziehung zu einer Frau (wir sind immer noch sehr gute Freunde, schlafen auch in einem Bett, *tun* aber nichts!) und schlief mit einigen Männern. Dann übersiedelten wir in ein besseres Haus, eine weitere Frau bekam ein Kind, und unsere Wohngemeinschaft vergrößerte sich um zwei weitere ›Kollektivkinder‹ und Erwachsene. Mein jetziges Leben ist durch Armut und eine Überfülle politischer Aktivität gekennzeichnet, die ich ständig zu reduzieren suche. Ich bemühe mich, einigermaßen akzeptable Teilzeitjobs zu finden, und unterrichte Frauen in Gesundheitspflege. Ich habe viele Freunde. Vor drei Jahren schlief ich mit sehr vielen Männern, jetzt hat es sich wieder auf R. reduziert – ein- oder zweimal wöchentlich, und M. alle sechs Monate etwa. Im Juni 1974 hatte ich eine Abtreibung, was zu dem Entschluß führte, niemals eigene Kinder zu wollen. Ich würde mich sterilisieren lassen, wenn ich könnte. Ich hatte in den letzten zwei Jahren eine ziemliche Angst davor, mit Frauen zu schlafen, da ich in Oxford von einer Frau gekränkt worden war, aber jetzt ist es

viel besser, und ich lebe stark in meinen Phantasien, die auch sehr von Frauen beherrscht sind. In letzter Zeit habe ich dreimal mit einer Frau, D., geschlafen, und es war auch gut, aber ich möchte die Art von intensiver Beziehung nicht, die sie sich zu wünschen scheint. Auf einer Frauenwoche habe ich mich kürzlich in eine Frau verliebt, aber Scheu und Passivität hielten mich zurück. Aber ich glaube, es könnte noch etwas daraus werden, obwohl sie hundert Meilen weit weg wohnt.

Ich liebe unsere Kinder und würde ihretwegen meine Stadt und meine Wohnsituation aufgeben (ich lebe in einer Wohngemeinschaft mit vier anderen Erwachsenen, drei Männern, einschließlich H. und R., und einer Frau, und vier Kindern). Abgesehen von H. und R. habe ich keine enge Beziehung zu Männern, während ich mit vielen Frauen weit enger befreundet bin.

Damals wünschte ich mir eine Beziehung zu einer Frau, als ich noch mit R. schlief, den ich seit sieben Jahren kenne. Ich machte eben Ferien von der politischen Arbeit, arbeitete am Sommerfreizeitprogramm für Kinder im Vorschulalter und stand kurz vor meiner Abreise in das Sommerlager an der Küste von East Yorkshire. Und ich versuchte, mir über die Dinge klarzuwerden und nach den Wirrnissen und Spannungen der vorangegangenen hektischen Monate zur Ruhe zu kommen.

In dieser Zeit ging ich zu den Diskoabenden für Frauen, die alle vierzehn Tage in einem Pub stattfanden. Bei einem dieser Abende Ende Juli wechselte ich einige Worte mit C. Ich kannte sie schon lange flüchtig, wußte, daß sie in der Homosexuellenbewegung und einer anderen Frauengruppe aktiv war und an einer Kinderkrippe wie der unseren in einem anderen Stadtteil mitarbeitete. Sie hat ein dreieinhalbjähriges Kind, das dort auf halbkollektiver Basis aufgezogen wird. An einem heißen Sonntag traf ich sie bei einem Ausflug in den Park wieder, den wir mit den Kindern unternahmen, und nach dem Lager sah ich sie wieder an einem Diskoabend für Frauen. Wir redeten miteinander, gingen dann zusammen auf eine Party und landeten schließlich in ihrer Wohnung, wo wir miteinander schliefen.

Ich war sehr angetan, es war wirklich schön. Seit damals sehen wir einander zwei- oder dreimal in der Woche. Zuerst war es schwierig, die Zeit zu finden, um einander zu sehen, da wir beide sehr beschäftigt sind und mit politischer Arbeit, den Kindern und unserem eigenen Haushalt alle Hände voll zu tun haben. (Sie wohnt in einem Haus mit zwei anderen Frauen.) Jetzt bringt es meine politische Arbeit mit sich, daß ich in ihrem Stadtteil zu tun habe, ich benutze daher oft ihre Wohnung zwei Tage lang als

Ausgangsbasis, was mir gefällt, weil es eine realistischere Situation ist, als wenn man sich bloß besuchsweise sieht. Wir haben beide nicht die Absicht, unser Leben und unsere Arbeit fallenzulassen und aufeinander zu kleben; das ist gut.
Zuerst war ich unglaublich euphorisch über die ganze Sache, ich tanzte durch den Park und sang: »Ich bin eine Lesbe und ich bin okay«, ich trug Ansteckknöpfe von der Schwulenbewegung und Abzeichen mit der Aufschrift ›*Glad to be Gay*‹ (ich bin froh, schwul zu sein), ich erzählte meinen Freunden darüber, mit anderen Worten, ›ich kam raus‹ (I came out). Obwohl ich schon vor dreieinhalb Jahren erstmals mit einer Frau geschlafen hatte, war es mir bis jetzt kein Bedürfnis gewesen. Die Abzeichen sind mir manchmal peinlich, wenn ich sie allein trage, und ich muß gegen die Versuchung ankämpfen, sie abzunehmen, aber ich tue es nicht. Ich bin bei einigen Treffen und Veranstaltungen der Homosexuellenbewegung G.L.F. gewesen, die mir gefallen haben – die Teilnehmer sind gemischt. In vieler Hinsicht wäre es mir lieber, wenn es nur Frauen wären, aber die Lesbierinnengruppe mag ich nicht. Es ist nichts weiter als ein wöchentliches Treffen in einem Pub, und nachher gehen alle in diesen scheußlichen Schwulenklub, den ich immer gehaßt habe. Die Getränke dort sind sehr teuer, und von vielen habe ich das Gefühl, daß sie nur Rollen spielen. Niemand redet über irgend etwas von Bedeutung – ich finde es einfach langweilig. Wenn jedoch versucht wurde, richtige Lesbierinnen*versammlungen* abzuhalten, dann sind die meisten Frauen nicht gekommen und wieder nur die wenigen engagierten übriggeblieben. Es ist eine Schande, daß nur wenige Frauen zur G.L.F. kommen. Ich finde, daß Lesbierinnen wirklich eine Identität als *Frauen* und ein feministisches Bewußtsein brauchen, sonst ändern sie sich nicht viel, abgesehen davon, daß sie aus ihrem Versteck herauskommen, was natürlich sehr wichtig ist, aber es führt nicht notwendigerweise zur Solidarität mit allen Frauen und allen Unterdrückten.
Ich fühle mich jetzt verwirrt. Es ist schwierig, bisexuell zu sein. Ich schlafe immer noch etwa einmal in der Woche mit R. und habe auch nicht die Absicht, damit aufzuhören – er ist schon so lange ein Teil meines Lebens. Aber dann kam dieser Mann, und er bleibt bei uns, und ich kann sehr gut mit ihm reden und fühle mich sehr zu ihm hingezogen, aber ich war sehr unentschlossen, ob ich meinem Gefühl nachgeben sollte. Schließlich tat ich es doch, denn ich sagte mir, wenn ich es fühle, dann sollte ich es auch tun. Aber es war merkwürdig, ich hatte das Gefühl, die Frauensolidarität verraten zu haben oder etwas von der Art, es ging sicher

nicht um C. Ich meine, wir sind beide nicht monogam und halten nichts davon, und für mich ist Eifersucht wirklich kein großes Problem. Wenn sich ein Mensch, den ich gernhabe, ob ich mit ihm schlafe oder nicht, mit jemandem einläßt oder enge Freundschaft schließt, dem ich mißtraue oder den ich nicht mag, dann bin ich sauer – ja verletzt. Ich würde aber deshalb keine große Szene machen. Nein, ich hatte damals einfach das Gefühl, ich sollte nicht mit einem Mann schlafen. Wie sich herausstellte, hatte ich sowieso nicht viel davon und dachte mir, wozu überhaupt, wenn es mit C. ja doch um so viel besser ist.
Aber in letzter Zeit haben sich meine Gefühle wieder verändert, teils weil C. und ich nicht wirklich offen miteinander reden. Ich habe wirklich das Bedürfnis verspürt, einiges über die Art und Weise zu sagen, wie sie sich dem Kind gegenüber verhält, den Zustand seines Zimmers etc. Aber ich habe es noch nicht getan. *Ich werde es aber tun.* Ich glaube, daß ich von einer Frau Vollkommenheit (mein Ideal) erwarte und enttäuscht bin, wenn sie nicht alle Kriterien erfüllt. Ich muß die Menschen, die mir emotional nahestehen/mit denen ich schlafe, bewundern und respektieren können – nicht bewundern im Sinne von ›sie sind großartig, ich tauge nichts‹, ich werte mich selbst nicht ab, aber ich könnte nicht lange mit jemandem beisammensein, den ich nicht bewundere. Sex mit C. ist jedenfalls sehr gut für mich. Ich mache mir immer noch Sorgen, ob ich ›das Richtige‹ tue und es mir gelingt, sie zu befriedigen, aber sie scheint es zu genießen, und ich weiß, daß ich es sehr genieße. Ich ziehe den weiblichen Körper dem männlichen vor, glaube nicht (mit Ausnahme von Männern, die ich seit langem kenne wie R., der für micht nicht ›ein Mann‹ ist, sondern ›R‹).
Das klingt verwirrend und entspricht damit genau meiner Verfassung. Ich habe Phantasien über andere Frauen einschließlich jener, die ich in Schottland kennenlernte, und habe angefangen, mir über Frauen, die ich in Bars etc. treffe, Gedanken zu machen wie ›sie ist attraktiv‹, in einer Weise, wie das früher nicht geschah. Ich weiß nicht, ob das gut oder schlecht ist. Ich bemerke auch viel mehr Lesbierinnen um mich herum als je zuvor, und ich entdecke frühere Lesbierinnen – Janis Joplin, Virginia Woolf – Frauen, von denen ich das nie gedacht hätte.

6. Audrey

Ich bin einundfünfzig Jahre alt, und ich habe einen Bruder, der drei Jahre jünger ist als ich. Ich erinnere mich kaum an meine frühe Kindheit und die Geburt meines Bruders. Ich erinnere mich auch nicht an ihn als sehr kleines Kind, erst als er alt genug war, um in einem hohen Kinderstuhl zu sitzen. Ich entsinne mich vage daran, damals bei einer strengen Tante gewesen zu sein. Als sehr kleines Mädchen begann ich, mich für den Penis zu interessieren und urinierende Strichmännchen zu zeichnen (dies dauerte auch noch bis in meine Schulzeit an).

Mein erster Schwarm außerhalb der Familie war ein junger Mann namens Richard, der bei uns wohnte. Ich folgte ihm überall nach, wenn er zu Hause war.

Mit Fünf kam ich in eine kleine, von Nonnen geleitete Schule, wo ich sehr glücklich war. Mein erster Freund war John. Er war in meiner Klasse, und wir gingen gewöhnlich zusammen nach Hause. Ich mochte auch zwei größere Mädchen, Janet und Mary.

Als ich acht war, wurde eine neue Schule gebaut, die Nonnen verließen uns, und wir wurden durch nicht-klerikale Lehrer unterrichtet. Ich gewöhnte mich ohne Schwierigkeit um und mochte meine Lehrerin sehr gern. Ich war gut in der Schule, aber nie Klassenbeste, meist Dritte oder Vierte. Ich war eine Tagträumerin, ziemlich faul, nicht gut im Sport und neigte gelegentlich zu Unfug. An dieser Schule wurde man zur Strafe mit dem Stock geschlagen, und ich bekam auch einiges ab. Abgesehen von meiner ersten Lehrerin (ich glaube, ich habe sie geliebt) schwärmte ich nicht für andere Mädchen oder Lehrerinnen, aber ich mochte zwei der Jungen. Ich erzählte niemandem etwas davon, da ich fürchtete, aufgezogen zu werden. Zu Hause war ich mit dem Jungen befreundet, der uns gegenüber wohnte. Wir gingen zusammen einkaufen und teilten unsere Süßigkeiten miteinander.

Ich haßte die Lehrerin, die ich mit etwa zehn Jahren hatte, und sie mochte auch mich nicht. Ich begann zu lügen und zu stehlen. Ich glaube, dies ging ein oder zwei Semester lang so weiter, dann erzählte ich es meiner Mutter. Ich schämte mich sehr und bat sie, meinem Vater nichts zu sagen. Sie versprach es mir, aber erzählte es ihm dann doch. Er bestrafte mich nicht, sondern sprach bloß mit mir. Ich wollte mein gutes Verhältnis zu ihm nicht trüben, und das ist auch nie geschehen.

Ich war elf, als ich bei einem Unfall während der Chemiestunde Brandwunden an den Beinen erlitt. Ich verbrachte eine Woche im

Krankenhaus und mußte dann zwei Monate lang zu Hause das Bett hüten. Ich versäumte den Unterricht nur etwa einen Monat, da sich der Unfall kurz vor den Sommerferien ereignet hatte. Meine Beine trugen schlimme Narben davon, so daß ich ihretwegen starke Minderwertigkeitsgefühle hatte. Es dauerte Jahre, bis ich ohne Strümpfe ging.

Mein Hauptinteresse galt der Kinder- und später der Jugendgruppe der Pfadfinder. Alle damit verbundenen Unternehmungen gefielen mir sehr. Ich schwärmte für zwei größere Mädchen, Peggy und Ruth, und einen der Gruppenleiter, aber diese Gefühle waren weder stark noch dauerhaft. Ich mochte einen von den Pfadfindern, Ian, aber ich kannte ihn nur flüchtig und war zu schüchtern, um viel mit ihm zu reden.

Da ich die Prüfung für das Gymnasium mit Stipendium nicht bestand, ging ich mit Dreizehn an die örtliche Klosterschule. Dort war ich zuerst sehr unglücklich (obwohl ich es mir gewünscht hatte, dahin zu gehen), da mir so deutlich bewußt war, weniger wohlhabend zu sein als die anderen Mädchen, und da ich nur das Allernötigste an Uniform besaß. (Letzteres war sehr wichtig für mich, da ich sehr gern Uniform trug.) Ich gewöhnte mich jedoch ein und wurde sogar recht beliebt. Das Lernen fiel mir leichter, und ich war besonders gut im Zeichnen und Malen, so daß ich auch außerhalb meiner eigenen Klasse bekannt wurde. Ich genoß das Lob und die Anerkennung. Ich war kurz in zwei oder drei der größeren Mädchen verliebt und faßte dann eine sehr starke Zuneigung zu Alison, auch eine der größeren. Dies dauerte mehrere Jahre, auch nachdem ich die Schule verlassen hatte (ich war nur ein Jahr dort), obwohl ich in der ganzen Zeit nur ein einziges Mal mit ihr gesprochen hatte.

Ich hatte Freundinnen in der Schule, die ich aber außerhalb der Schule selten sah. Meistens spielte ich mit den Kindern meiner Umgebung. Sie waren nicht sehr zuverlässig in bezug auf Verabredungen, und ich war daher oft mir selbst überlassen und hatte niemanden zum Spielen. Dann fühlte ich mich sehr einsam, denn ich brauchte Spielkameraden, mit denen ich etwas unternehmen konnte. Im Hause fühlte ich mich frustriert. Zwar zeichnete, malte und las ich gern, aber es befriedigte mich nicht genügend. Ich hatte Puppen, einen Puppenwagen und solche Dinge, spielte aber selten damit. Lieber ging ich Rollschuhfahren und kletterte auf Bäume. Ich spielte auch gern Theater und liebte es, mich zu verkleiden und Kirche und Krankenhaus zu spielen. Ich las immer Jungenbücher, aber später begann ich, auch Mädchengeschichten zu lesen, die mir besser gefielen. Es handelte sich fast immer um

Schulgeschichten. Auch nach meinem Abgang von der Schule las ich sie noch. (Ich hatte zwei Stoffpuppen, als ich klein war, eine blaue und eine rosa. Die blaue mißhandelte ich, die rosa hätschelte ich – eine lebhafte Erinnerung!)
Ich war nicht glücklich, ein Mädchen zu sein. Die Jungen schienen es immer besser zu haben. Einmal dachte ich daran, mich als Junge zu verkleiden, um Ministrant werden zu können. Mein sich entwickelnder Körper machte mich verlegen, besonders als ich an der gemischten Schule war, da ich wußte, daß die Jungen über die Figuren der Mädchen redeten.
Meine Periode begann mit Dreizehn. Meine Mutter hatte mich darauf vorbereitet, aber es war mir trotzdem sehr unangenehm, es ihr zu sagen. Sie versuchte oft, mit mir über Sex zu reden, aber ich ging dann einfach weg. Ich erzählte meinen Freundinnen niemals, daß meine Periode eingesetzt hatte. Es war mir zu peinlich.
Mit meiner Mutter vertrug ich mich nicht gut. Sie war der Boß. Es gab ständige Streitigkeiten über Geld und die Unfähigkeit meines Vaters, mehr zu verdienen (alles vor mir und meinem Bruder). Mein Vater, der ein ruhiger Mensch war, ignorierte ihre Anwürfe gewöhnlich, aber manchmal ging er auch zum Gegenangriff über (verbal!). Meine Mutter schien ständig zu nörgeln und unzufrieden zu sein. Sie redete oft davon, einen Job anzunehmen, und hätte wahrscheinlich eine bessere Geschäftsfrau als Hausfrau abgegeben.
Mein Vater interessierte sich mehr für mich und meine Hobbys. Er war intelligenter und liebevoller als meine Mutter, aber ziemlich scheu und zurückhaltend. Er hatte einen Job, der seine Fähigkeiten nicht ausschöpfte, und mußte sich oft sehr frustriert gefühlt haben, aber er war selten reizbar oder schlecht gelaunt. Ich liebte ihn.
Meinen Bruder mochte ich nur manchmal. Meist stritten wir, und nicht selten prügelten wir uns auch. Meine Mutter hatte einen Stock, mit dem sie diese Situationen zu regeln pflegte. Mein Bruder war ziemlich intelligent und sah gut aus, und ich war mir bewußt, daß meine Mutter ihn vorzog. (Als ich etwa vierzehn war, erzählte sie mir, daß sie sich einen Jungen gewünscht hatte, als ich zur Welt kam.) Ich war kein hübsches Kind. Ich war blaß, trug eine Brille und war ziemlich linkisch.
Als ich etwa neun oder zehn Jahre alt war, nahm mich einer der ortsansässigen Händler öfter in seinem Lastwagen mit. Eines Tages bot er mir Sixpence an, falls ich mich von ihm anfassen lassen würde. Durch das Geld verlockt, willigte ich ein, und dies wiederholte sich mehrfach. Er tat nichts weiter, als mich zu

berühren, was mir wohl nicht allzuviel ausgemacht hat. Ich erinnere mich auch an mehrere Fälle von Exhibitionismus in Parks und Feldern, aber ich war jedesmal in Gesellschaft von Freundinnen. Dies jagte mir mehr Angst ein, und wir rannten immer weg. Ich erzählte meiner Mutter nie von diesen Vorfällen. Später, in meinen Zwanzigern, machte ich den Fehler, den Vater einer Freundin zu küssen, als ich zu Besuch kam (da sie oft meinen Vater küßte). Es war nur ein flüchtiger Kuß auf die Wange, aber er packte mich und versuchte, mich auf den Mund zu küssen. Ich stieß ihn weg und lief davon und hatte danach immer Angst vor ihm.

Ich verließ die Schule völlig ungebildet, als ich vierzehn war. Ich wollte nicht abgehen. Ich wollte eine höhere Schulbildung, aber meine Mutter hielt nichts von der Bildung für Mädchen (eine Tatsache, die mich immer wütend machte). Es war ihr egal, welche Art von Job ich hatte,und ich spürte, daß sie mich nur als Einkommensquelle betrachtete. Ich arbeitete jeweils einige Wochen in mehreren Fabriken (von einer wurde ich gefeuert, weil ich zu langsam war!), dann sechs Monate in einem Wolladen. Ich haßte das alles! Dazwischen arbeitete ich zeitweilig gar nicht. Ich schrieb Geschichten und träumte von meinem großen Schwarm, einem Filmschauspieler.

Kurz nach Ausbruch des Krieges, als ich sechzehn war, erhielt ich einen Bürojob in der Firma, in der mein Vater arbeitete. Es gefiel mir, und es waren viele junge Leute da, so daß ich mehrere Freundschaften schloß. Mein spezieller Freund war Jim, der junge Mann, der mit mir arbeitete. Er war der erste Mann, den ich wirklich gut kennenlernte und bei dem ich mich wohlfühlte. Wir gingen mit anderen Freunden (Jungen und Mädchen) tanzen und kehrten meist gemeinsam zu Fuß nach Hause zurück. Aber wenn er mich allein nach Hause begleitete, küßte er mich immer. Er ging später zur Marine und schrieb mir oft und schickte mir ein Geschenk, als er im Ausland war. Ich baute ihn zu meiner ›großen Liebe‹ auf, aber es war nicht mehr dasselbe, als er zurückkam. Er heiratete schließlich ein anderes Mädchen in der Firma.

Ich faßte eine lang andauernde Zuneigung zu einer Frau, Patricia, während ich dort war, obwohl ich sie nicht gut kannte. (Alle Frauen, die ich mochte, himmelte ich aus der Ferne an.) Ich war niedergeschmettert, als sie in eine andere Stadt versetzt wurde.

Ich hatte den Entschluß gefaßt, in das Frauencorps der Luftwaffe einzutreten, sobald ich alt genug war, aber meine Mutter wollte nichts davon hören. Wir hatten ständig Krach deshalb, aber ich hatte nicht den Mut, einfach hinzugehen und mich freiwillig zu melden. Als meine Mutter 1943 plötzlich starb, meinte ich, meinen Vater nicht verlassen zu können (obwohl er mich nie zurückgehalten hätte). Ich war frustriert und wütend und wußte nicht, wie man einen Haushalt führt – obwohl mein Vater einen Großteil der Arbeit selbst erledigte. Ich wurde auch zur Kriegsarbeit in die Fabrik der Firma versetzt. Das gefiel mir nicht besonders, der Arbeitstag war lang und ich hatte Mühe, mit dem Tempo Schritt zu halten. Mein einziger Lichtblick war, daß ich mich in meinen Chef verliebte (ebenfalls aus der Ferne). Ich war begeistert von ihm, aber dann wurde auch er in eine andere Abteilung versetzt.

Nach dem Krieg kehrte ich wieder zu meinem Bürojob zurück, aber ich konnte mich nicht eingewöhnen. Ich wurde immer langsamer und von einer Abteilung in die andere versetzt, bis man mich schließlich nach acht Jahren entließ. Danach arbeitete ich als Fernschreiberin in verschiedenen Büros, bis ich Ende Zwanzig die Arbeit fand, die mir am meisten gefiel – in einem Zeichenbüro. Ich blieb dreizehn Jahre dort und machte mir dann selbst Schwierigkeiten, indem ich mich gegen eine neue Kollegin sträubte, die erfahrener und besser bei der Arbeit war als ich. Auf Anraten meines Chefs (zu dem ich eine sehr gute Beziehung hatte) stimmte ich einer Versetzung in ein anderes Zeichenbüro zu, aber dort gefiel es mir nicht so gut. Ich arbeitete dann mehrere Jahre im Verwaltungsapparat des öffentlichen Dienstes. Jetzt bin ich wieder in einem Zeichenbüro und einigermaßen zufrieden, aber ich betrachte mich immer noch nicht als besonders tüchtige Arbeiterin.

Von 1951 bis zum Tod meines Vaters 1957 führte ich ein halbwegs komfortables Leben, wenn ich mich auch immer frustriert fühlte. Die meisten meiner gesellschaftlichen Kontakte kamen durch die Kirche zustande, wo ich einen Kreis guter Freunde hatte. Ich war immer auf der Suche nach dem ›richtigen Mann‹, aber ich fand ihn nie. Ich ging mit etlichen Männern aus, aber nie öfter als ein- oder zweimal. Ich glaubte (und glaube immer noch), für Männer nicht besonders attraktiv zu sein. Mein Bruder heiratete 1950 und hat jetzt erwachsene Kinder. Die meisten meiner eigenen Freunde heirateten etwa zur selben Zeit. Ich glaubte, ich würde auch heiraten, aber war mir dessen nie sehr gewiß.

Seit 1958 lebe ich allein in einer kleinen Wohnung in einem Mietshaus. Meine Nachbarn sind freundlich, und ich führe ein geselliges Leben – Mal- und Zeichenkurse, schottisches Volkstanzen, Wanderklubs. Seit achtzehn Monaten gehe ich gelegentlich mit einem Mann aus, den ich bei der Arbeit kennenlernte. Robert ist sechsundvierzig, ein Junggeselle, freundlich, beständig und zuverlässig, aber ich empfinde keine Emotion für ihn. Ich habe versucht, mit ihm zu schlafen, aber es war erfolglos. Das war das erste Mal für mich, und ich habe nicht den Wunsch, es nochmals mit ihm zu versuchen. Ich wäre zufrieden, wenn es nur bei einer Freundschaft bliebe.

Wirklich hingezogen fühle ich mich zu einer Frau, die mit mir den Malkurs besucht. Wir sind nicht eng befreundet, aber sie nimmt mich im Auto zu dem Kurs mit. Ich fühle mich physisch zu ihr hingezogen (ich habe das noch nie vorher für eine Frau empfunden) und glaube, sie könnte eine Lesbierin sein. Meine Gefühle für sie und mein Mangel an Gefühlen für Robert haben mich veranlaßt, mich mit meinem emotionalen Verhalten auseinanderzusetzen und mich zu fragen, ob ich wirklich bisexuell bin. Ich habe keine wirklichen sexuellen Erfahrungen, deshalb kann ich dessen nicht sicher sein.

7. Charles

Meine Eltern lernten sich 1924 kennen, als meine Mutter dreizehn und mein Vater zwanzig war. Er war der beste Freund meines Onkels im College, und er fuhr mit dem Fahrrad von London nach Wiltshire, um meiner Mutter und ihrer Familie einen längeren Besuch abzustatten. Sie hatten sich in Golden Gates, einem romantischen Flecken auf einem Hügel mit Blick auf das Avon-Tal, kennengelernt. Meine Mutter sagt, daß sie sich bei dieser ersten Begegnung ineinander verliebt haben. Von diesem Urlaub an bis zu ihrer Heirat 1930 schrieben sie sich mindestens einmal täglich. Zu seltenen Anlässen besuchte sie ihn in London, woran sie sich noch heute erinnert und uns von den strahlenden Lichtern, den Theatern und Museen erzählt. Bei meinen ersten Besuchen in London habe ich dieses Gefühl der Erregung und des Abenteuers gespürt, von dem sie erzählte. Sie hatte immer von einem heiteren Leben geträumt, aber sich diese Träume wegen des puritanischen Regimes meines Vaters nicht erfüllen können.

Meine Mutter ist eine sehr lebhafte, energische und liebevolle Frau, die ihr ganzes Leben ihren sechs Kindern gewidmet hat. Ich glaube, die sogenannten ernsten Themen wie Macht der Parteipolitik, Wirtschaft und Religion haben sie immer verwirrt, und sie hat sich diesbezüglich immer auf die Meinungen meines Vaters gestützt, der etwas von diesen Dingen versteht. Wenn es darum geht, Herzensentscheidungen zu treffen, hat sie jedoch kein Problem, denn sie kennt ihre eigenen Gefühle gut. Sie hat eine Menge gesunden Menschenverstand, der sie befähigte, eine große Kinderschar mit geringsten Mitteln aufzuziehen und die damit verbundenen Probleme in bewundernswerter Weise zu lösen. Diese praktischen Fähigkeiten bringen es mit sich, daß sie in vielen Belangen des Haushalts über beträchtliche Macht verfügt, die sie ohne Zögern anwendet. Sie stammt aus einer Familie eifriger Kirchgänger, hat aber inzwischen aufgehört, ihre Religion zu praktizieren, und bezeichnet sich jetzt als Humanistin. Religiöse Überzeugungen und Ideale machen sie argwöhnisch und skeptisch. Sie braucht etwas Konkretes, woran sie sich halten und wofür sie praktisch tätig werden kann. Kirchen faszinieren sie mehr vom ästhetischen als vom religiösen Standpunkt.

Meinem Vater ist dank meiner Mutter die Flucht aus London aufs flache Land geglückt. Er mag weder das laute Stadtleben noch die Städte und meidet große Menschenansammlungen um jeden Preis. Schon bevor er aufs Land zog, um dort mit meiner Mutter zu leben, war er ein großer Naturfreund, aber seit er sich dort niedergelassen hatte, konnte er sich seinem Hobby mit Begeisterung und Hingabe widmen. Den größten Teil seiner freien Zeit verbringt er auf lehrreichen Naturpfaden mit der örtlichen Gesellschaft für Naturgeschichte oder mit dem Präparieren von Vögeln für das hiesige Museum. Mein Vater ist ein fleißiger Mann, der in seinem Beruf und seinem Hobby aufgeht. Er wurde Direktor der örtlichen Grundschule, die wir alle besuchten. Er hatte eine gute pädagogische Einstellung zu Kindern, deren Grundgedanke das Lernen durch eigenes Erkunden ist. Er hat eine ausgezeichnete Schule aufgebaut, mit eigenem Freilufttheater, Schwimmbad, einem Garten und offenem Gelände.

Ich war das fünfte Kind meiner Eltern und bin achtzehn Monate jünger als meine Schwester und acht Jahre älter als mein jüngerer Bruder, der das Nesthäkchen der Familie ist. In meiner frühesten Kindheit spielte ich deshalb viel mit meiner Schwester. Wir waren sehr gute Freunde und spielten gern Kaufmann, Verkleiden und Verstecken. Schöne und groteske Puppen waren für unsere Spiele wichtig, und wir verbrachten Stunden damit, für sie Kleider zu basteln und zu nähen. Ich lernte viel über Haushaltsführung durch die Unterweisung, die meine Mutter meiner Schwester gab. Als meine Schwester zur Schule ging, blieb ich mit meiner Mutter und unserer Zugehfrau zu Hause zurück. Wir verbrachten viele produktive Stunden zusammen, in denen mir meine Mutter beibrachte, wie man eine Nähmaschine in Gang bringt und benutzt, wie man Socken stopft und einfache Gerichte kocht. In dieser etwa ein Jahr dauernden Zeit hatte ich wenig Kontakt mit Männern, da mein Bruder fern von zu Hause seinen Militärdienst ableistete und mein Vater meist bei der Arbeit oder draußen unterwegs war. Ich erinnere mich, daß mein Bruder auf Urlaub nach Hause kam, auf die Stiefel spuckte und sie wichste und dann wieder zur Kaserne zurückkehrte. Die vierzehn Jahre Abstand zwischen uns hatten zur Folge, daß wir einander kaum kannten. In der Schule befanden wir uns in einer unangenehmen Position. Wir hatten keine Wahl, welche Schule wir besuchen wollten, und hätten wahrscheinlich ohnehin die meines Vaters gewählt, da wir sie für die beste und fortschrittlichste des Ortes hielten. Mein Vater war entschlossen, uns keine Vorzugsbehandlung angedeihen zu lassen, und erteilte uns oft strenge Strafen oder statuierte vor unseren Mitschülern Exempel an uns, um dies unter Beweis zu stellen. Es war keine sehr glückliche Zeit für mich. Ich wurde ständig wegen meiner Verwandtschaft zum Direktor und wegen meiner körperlichen Schmächtigkeit gehänselt. Ich erinnere mich nicht, viele Freunde gehabt zu haben, und diejenigen, die ich hatte, waren entweder von meinen oder deren Eltern für mich ausgewählt worden, weil man uns für gesellschaftlich zueinander passend erachtete. Der Umgang mit meinen Altersgenossen fiel mir schwer, insbesondere als es uns nicht gestattet war, mit den Kindern vom Gemeindebau auf der Straße zu spielen. Ich erinnere mich, wie ich an unserer Gartentür hing und mir inbrünstig wünschte, zu den Kindern hinauszulaufen, die auf der anderen Seite des Zaunes Rollschuh liefen. Erst als ich die Oberschule besuchte, konnte ich mir meine Freunde selber suchen und das Vergnügen der Geselligkeit kennenlernen.

Wir hatten einen sehr großen Garten, in dem wir herrlich spielen konnten. Ein Teil war eine schöne Wiese, ein anderer ein Obst- und Gemüsegarten. Es war in vieler Hinsicht ein Paradies für Kinder, das uns die Möglichkeit gab, unserer Phantasie freien Lauf zu lassen. Hier spielten wir Hochzeit und die Geschichte von Christi Geburt. Im Gartenschuppen, den Blicken der Welt verborgen, unternahm ich meine ersten Versuche, mit den Freundinnen meiner Schwester sexuell zu verkehren. Wir wußten, ›wie es ging‹, aber ich konnte es nicht zusammenbringen, und so gelang es uns nicht. Wir machten das, weil es wagemutig war, ebenso wie nackt im Garten herumzulaufen. Schon im Alter von neun Jahren, noch bevor ich eine Erektion haben konnte, wußte ich von

den Schuldgefühlen, die alles umgaben, was mit der Genitalzone zu tun hat.
Zeremonien erschienen mir wichtig, obwohl wir nie zur Kirche gingen. Als ich etwa zehn Jahre alt war, wollte ich die verschiedenen Arten kirchlicher Zeremonien kennenlernen und erleben, und darin wurde ich von meinen Eltern ermutigt. Ich glaube, sie hatten sehr konfuse Vorstellungen davon, was wir von der Religion halten sollten, und ließen mich deshalb selbst meine Erfahrungen machen. Sie waren überzeugt, daß Erziehung durch Erfahrung eine ideale Sache ist, solange die Bereiche, die erkundet wurden, mit ihren moralischen Wertvorstellungen vereinbar waren.
Es war günstig, daß mein Vater zur gleichen Zeit Ferien hatte wie wir; wir kannten ihn daher besser, als die meisten Kinder ihre Väter kennen. Unsere Unternehmungen mit ihm wurden immer von ihm für uns geplant und beschlossen. Wir verbrachten viele Stunden mit ihm bei der Gartenarbeit oder mit dem Beobachten von Vögeln und allgemeiner Unterweisung in Naturgeschichte. Ich bin ihm dankbar, daß er mir dieses Wissen vermittelt hat. Aber ich glaube nicht, daß ich je eine enge Beziehung zu ihm hatte. Es war ein Verhältnis, bei dem er meistens der Lehrer und ich der Schüler war; er schnitt immer die Hecke und ich hob die Schnipsel auf. Es fiel ihm schwer, Schwächlinge zu akzeptieren, insbesondere wenn es sich bei dieser mickrigen Figur um seinen eigenen Sohn handelte. Ich enttäuschte ihn, weil ich mich nicht für den Sport und die bevorzugten männlichen Unternehmungen eignete. Er ließ sich durch meine Unfähigkeit beim Football nicht entmutigen, sondern übernahm das Training des Schulteams und setzte mich am rechten Flügel ein.
Meine Mutter, zu der ich einen viel leichteren, offeneren und gefühlsbetonteren Zugang fand, hatte keine derartigen Erwartungen an mich. Ihre Hoffnungen für mich gingen in andere Richtungen. Aber als ich meinen 11+ Test nicht bestand, fielen sie beide über mich her. Außer diesem Versagen schien ich auch in anderer Hinsicht durchzudrehen. Ich hatte die Gewohnheit, beim kleinsten Mißgeschick zu weinen – das machte natürlich meinen Vater wütend. Es war ein Teufelskreis; ich hatte Angst, ihn um Hilfe zu bitten, weil ich fürchtete, er würde mich anschreien: »Werde endlich erwachsen und sei ein Mann!«, und ich würde weinen, oder ich weinte, weil mir niemand half, da ich mich fürchtete, um Hilfe zu bitten. Um diese Zeit entwickelte ich auch verschiedene nervöse Ticks und Zuckungen, die, wie ich mir jetzt vorstelle, meine Eltern sehr beunruhigt haben müssen. Ich war buchstäblich

unfähig, eine Straße entlangzugehen, ohne mich fast unausgesetzt am Hosenlatz zu kratzen, mit dem Kopf zu zucken und mit den Augen zu blinzeln. In Begleitung meines Vaters wurde eine Reihe von Besuchen bei Ärzten, Optikern etc. unternommen. Er sprach sich stets von jeder Schuld frei und warf mich in die ›Höhle des Löwen‹. Die Ärzte stimmten immer meinem Vater zu, daß es meine Schuld sei und daß mir körperlich nichts fehle.

Ich fuhr fort zu zucken und Phenobarbitone zu nehmen, bis ich etwa zwölf oder dreizehn war und es mir gelang, etwas Unabhängigkeit zu erringen. Statt in die hiesige neue Oberschule zu gehen, wechselte ich an die Kunstschule der Nachbarstadt über. Dies war vermutlich eine der glücklichsten Wendungen, die für mich eingetreten sind. Es war nun mir überlassen, ohne die gesellschaftliche Stützung durch die Position meiner Eltern meinen eigenen Weg in der Welt zu machen. Ich fuhr täglich mit dem Zug ohne Begleitung Erwachsener in die Schule und zurück, und zu meiner Überraschung brachte ich das fertig. Ich hatte jetzt Freunde und mein eigenes Leben außerhalb der Familie. Ich blieb an dieser Schule fünf Jahre, die für mich sehr förderlich waren. Vielleicht wich ich von dem Pfad, den meine Elern für mich gewählt hatten, weiter ab, als sie es wünschten, aber jetzt ist mir klar, um wieviel glücklicher ich war.

Es war gut für mich, meine eigenen Entscheidungen treffen und ein Leben jenseits der Kontrolle meiner Eltern führen zu können. Rebellisch zu sein gefiel mir und erweiterte meinen Handlungsspielraum – von Akten der Zerstörungswut in Zügen bis zu dem Versuch, eine Änderung der Schulordnung herbeizuführen. Meine Entwicklungsfreiheit erweiterte sich noch mehr, als mein Vater in meinem vierten Schuljahr einen Herzinfarkt erlitt. Mein Verhältnis zu meinen Eltern veränderte sich dadurch stärker als durch jedes andere Ereignis. Sie waren jetzt von meiner Hilfe und Kooperation abhängig, und ich hatte das Gefühl, ernster von ihnen genommen zu werden. Ich übernahm viele der Arbeiten, die vorher mein Vater getan hatte, und mit wachsender Verantwortung wurde mir mehr Vertrauen entgegengebracht als früher. Es war merkwürdig und auch belastend für mich, in einer so wirren Situation zu sein. Auf der einen Seite half ich der Mutter wie ein Mann bei der Führung des Haushalts, aber gleichzeitig wurde ich noch wie ein Schuljunge behandelt. Ich war klein für mein Alter und fühlte mich körperlich unzulänglich. Die anderen Jungen in meiner Klasse waren gut entwickelt, bekamen allmählich breitere Schultern, einen Anflug von Bart und einen größeren Penis. Ich begann, von Haarwuchs auf der Brust und im Gesicht zu träumen, und sehnte mich danach, einen großen Schwanz und einen muskulösen Körper zu haben. Aber so inbrünstig ich auch betete, mein Körper änderte sich nicht. Ich verwendete viel Energie und Zeit darauf, zu Gott zu beten, obwohl mir bald bewußt wurde, daß er nicht allmächtig war. Ein kräftiger männlicher Körper begann in meinen Gedanken und Vorstellungen eine zentrale Rolle zu spielen. Während eines Sommersemesters bekam ich Windpocken und mußte lange Zeit das Bett hüten. Als ich schließlich aufstehen und mich anziehen konnte, waren mir meine Kleider an den Beinen und Armen zu kurz: ich war im Bett gewachsen. Als ich im Herbst zur Schule zurückkehrte, war ich so groß wie meine Altersgenossen und fühlte mich buchstäblich high. Endlich hatte auch ich die Pubertät erreicht, diesen rätselhaften Zustand, über den in der Biologiestunde und unter meinen Freunden gesprochen worden war. Das Leben schien schrittweise besser zu werden, ich hatte Freundinnen und benahm mich mit ihnen wie andere junge Männer meines Alters. Die Veränderungen schienen rasch aufeinanderzufolgen, kaum hatte ich den ersten ›französischen Kuß‹ erlebt, als auch schon die nächsten Schritte, einen Busen berühren und einem Mädchen unter den Rock fassen, folgten. Ich wurde jetzt als ebenbürtig mit den übrigen Jungen meiner Klasse akzeptiert und schloß eine enge Freundschaft mit einem Jungen namens Stuart. Wir pflegten zusammen Pot zu rauchen und nach der Schule mit Mädchen zu fummeln. Wir hörten uns die *Beachboys* und die *Animals* an, luden uns mit Energie auf und randalierten dann in der Gegend herum. Leider mußte ich meine Freunde verlassen und in das örtliche Gymnasium überwechseln, um dort einen ›A‹-Kurs zu belegen.

In meiner neuen Schule spielten Regeln und Vorschriften eine größere Rolle, es herrschte Uniformzwang und eine strikte Tageseinteilung, um uns in Zaum zu halten. Ganz abgesehen von meinen Vorurteilen waren die Kinder infolge fünfjähriger strenger Reglementierung unselbständig und verängstigt. Es fiel mir schwer, mit vielen von ihnen in Kontakt zu kommen, so brav und gehorsam waren sie. Wieder fand ich einen Ausweg: ich verbrachte einen Großteil meiner Zeit mit den Lebhafteren der Schüler in der Klasse für Kunst. Dort hatte ich eine sehr gute und tüchtige Lehrerin, die viel tat, um mir zu helfen. Ich arbeitete sehr konzentriert mit ihr und für sie, und damals beschloß ich, an die Kunstakademie zu gehen. Für meine damaligen Verhältnisse fand ich sie sehr aufgeschlossen und liberal, was nicht wenig dazu beitrug, meine Energien in kreative Bahnen zu lenken. Ich hatte ein paar gute Freunde in der Klasse für Zeichnung und Malerei, von denen einige auch mit meiner Schwester befreundet waren, die ebenfalls Kunst studierte. Ich glaube, daß sie mich wegen meiner Dreistigkeit und Promiskuität als peinlich empfand, und unsere Beziehung, die seit langem nicht mehr besonders gut gewesen war, verschlechterte sich noch mehr.

Ich war tief beeindruckt von der Philosophie der freien Liebe und der ›Flowerpower‹, die damals auf ihrem Höhepunkt war. Ich verbrachte einen großen Teil meiner freien Zeit damit, nach London zu trampen und dort am Piccadilly und in verschiedenen Diskotheken herumzuhängen, die gerade populär waren. Ich hatte damals viele flüchtige Abenteuer, von denen sich keines zu etwas Dauerhaftem entwickelte. Dank des gesellschaftlichen Klimas lernte ich, offener und freier und, wie es schien, freundlicher mit Menschen umzugehen. Es war eine Zeit großer Veränderungen, Homosexuelle ›came out‹, und die Parks waren voll von Blumenkindern und Hippies; es war eine aufregende Zeit im Swinging London. Ich war entschlossen, dort zu sein, ›wo sich die Dinge abspielten‹, aber es schien mir nie zu gelingen. Ich war immer noch an der Peripherie.

Ich wußte nichts von den Freuden der Homosexualität, bis mir eines Tages ein Freund auf einem Ausflug vorschlug, in den Wald zu gehen und uns gegenseitig zu ›wichsen‹. Das gefiel uns, und wir machten es noch oft an abgeschiedenen Orten. Da ich endlich auch eine sexuelle Beziehung zu einem Mann hatte, fiel es mir nun viel leichter, mit anderen Männern auszukommen und neue homosexuelle Kontakte anzuknüpfen. Ich hatte viele Abenteuer dieser Art, bevor ich eine sehr ausbeuterische Beziehung zu einem Mann begann, der in Westkensington lebte. Dieser Mann, ein Dealer, stellte das Leben und dessen Wert auf die Grundlage von Stoff und Geld. Er schlief mit mir und bezahlte mich dann in Stoff oder Bargeld. Es gefiel mir, für den Dienst, den ich ihm leistete, bezahlt zu werden, weil es zu dem Vergnügen beitrug, das mit der Erniedrigung verbunden war, als die ich den Sexualakt empfand. Es war auch ein erregender Kontrast zu dem sauberen gesunden Landleben und der Schule. Jetzt, da ich das Gefühl hatte, dem Leben etwas Aufregendes und Lustvolles abzugewinnen, wuchs mein Selbstvertrauen. Obwohl ich mich in derartigen Beziehungen wohlfühlte, war ich keineswegs bereit, mir selbst oder der Welt gegenüber zuzugeben, daß ich homosexuell sei, und ich kompensierte jede homosexuelle Erfahrung mit einer heterosexuellen.

In die Schule schien ich einfach nicht hineinzupassen. Ich war

weder ein Fußballfan noch ein verweichlichter Intellektueller. Deshalb waren die meisten meiner Freunde Mädchen, mit denen ich mehr gemein hatte. In mancher Hinsicht war ich beliebt, insbesondere aufgrund meiner offenen Auflehnung gegen die Autorität. In der sechsten Oberschulklasse wurde ich zum Ordner ernannt, was ganz gegen meine Prinzipien war. Ich ging zum Direktor, der mir erklärte, daß ich gewählt worden sei, damit ich lerne, Verantwortung zu übernehmen und mich in die Schulordnung einzufügen. Ich glaube, er war überrascht zu hören, daß ich nicht den Aufpasser über kleine Jungen spielen und sie in der Pause in die Kälte und Nässe hinausjagen wollte. Mit elf Jahren hatte ich mir einmal geschworen, nie ein Machtfanatiker zu werden und solche grausamen Dinge zu tun, aber ich wurde unter Androhung der Ausweisung aus der Schule dazu gezwungen. Ich haßte meine Pflichten, fand aber dann doch einen Weg, der Sache Spaß abzugewinnen, indem ich während der Mittagszeit in der Schulhalle eine Disko abhielt. Mit Hilfe meines guten Freundes, mit dem ich die Exkursionen unternommen hatte, brachten wir eine gute Sache in Gang. Der nächste Schock in meiner Karriere als Administrator und Anführer war, zum Hausordner des Schülerheims gewählt zu werden. Ich konnte mich nicht davor drükken, weil ich durch die Mitbewohner meines Hauses gewählt worden war. Zum Glück gelang es mir, meine Pflichten zu minimieren. Ich mußte nicht viel tun, außer beim Hausgebet jemanden auszuwählen, der aus der Bibel vorlesen sollte. Man erwartete auch von mir, ein Team aufzustellen und es für den Schulsporttag zu trainieren. Ich erklärte den Schülern meines Hauses, daß ich den Schulsporttag wegen der damit verbundenen destruktiven Rivalität für Zeitverschwendung hielte. Wenn sie wollten, daß unser Haus daran teilnehme, dann liege es bei ihnen, einen Ausschuß zu bilden, der das Ganze organisieren sollte. Im Haus schien kein Wettbewerbsgeist zu herrschen, und es wurde daher kein Team aufgestellt. Der Schulsporttag kam heran, und ich hatte das Gefühl, mein Haus im Stich gelassen zu haben. Ich konnte die Spannung auf dem Sportplatz nicht ertragen und ging sehr deprimiert nach Hause. Ich versuchte mir vorzustellen, wie ich mich gefühlt haben würde, wenn ich ein Team nominiert hätte; bei jedem Wettkampf gibt es Verlierer, und da ich so oft zu den Verlierern gezählt habe, wäre ich wahrscheinlich noch deprimierter gewesen, glaube ich, als ich es jetzt war. Selbstverständlich nahm ich an, daß wir verlieren würden; ich scheine nie zu gewinnen, wenn es um ›guten, fairen Sport‹ geht.
Ich mußte mich anderer Methoden bedienen, um vorwärtszu-

kommen, und so bluffte und mogelte ich, um an die Kunstakademie zu kommen, wobei ich sogar so weit ging, auf dem Bewerbungsformular hinsichtlich meiner Noten zu lügen. Als man mir draufkam, war ich bereits mit einem Fuß in der Akademie, so daß ich es mir leisten konnte, die Wahrheit zu sagen, die in der Überzeugung bestand, daß meine akademische Qualifikation wenig mit meinen künstlerischen Talenten zu tun habe und daß mir eine Aufbesserung meines Abgangszeugnisses nur von Nutzen sein könne. Ich hatte recht, meine Geschichte fand mitfühlendes Gehör, und der Direktor tat alles in seiner Macht Stehende, damit ich bleiben konnte. Ich habe nie irgend jemandem davon erzählt, weil ich Schuldgefühle wegen meiner Unehrlichkeit hatte. Auch jetzt noch glaube ich nicht, daß ich es meinem Vater erzählen könnte, da er über meinen Betrug schockiert wäre. Er ist unter allen Umständen dafür, die Wahrheit hochzuhalten und Lügen und Lügner mit Verachtung zu strafen. Für mich hat es sich jedoch gelohnt zu lügen, und ich verbrachte vier sehr glückliche und interessante Jahre an der Akademie. Ich lernte dort viele Freunde kennen; mit dreien von ihnen lebe ich jetzt zusammen. Es war dort leicht möglich, mit den Studenten und Professoren in Kontakt zu kommen, weil es eine isolierte Gemeinschaft in einem kleinen englischen Provinzstädtchen war. Das College lag in einer idyllischen Umgebung, ein großer Landsitz inmitten herrlicher Parkanlagen und Gärten.

In meinem Vordiplomjahr hatte ich einen Tutor, zu dem ich große Zuneigung faßte und der uns erklärte, er halte es für seine Aufgabe, uns dabei zu helfen, all das zu vergessen, was man uns bisher beigebracht hatte. Ich fand das zuerst merkwürdig, aber im Laufe der Wochen kapierte ich, was ihm vorschwebte. Er legte den Keim für den Prozeß, durch den ich mich selbst, ohne Hilfe anderer, zu entdecken begann und darüber nachzudenken anfing, wer ich eigentlich bin, und nicht, wozu die Gesellschaft mich gemacht hat. Dieser Prozeß, der immer noch andauert, hat mich in viele Richtungen geführt, unter anderem auch zur Einnahme von LSD. Dieses Halluzinogen ist eine aufregende, euphorisierende und erschöpfende Möglichkeit, sich sensationelle Empfindungen und Erfahrungen zu verschaffen. Nach jedem Trip war die Erinnerung an mein früheres Selbst weitgehend geschwunden, und ich machte mich daran, mein neues Selbst in einer Weise, die mir ehrlich erschien, neu zu erschaffen. Dies ist als solches eine Halluzination, denn um mich selbst zu erschaffen, bin ich an die Grenzen meiner Erfahrungen gebunden.

Der Drogenkonsum war ein wichtiger und einflußreicher Umstand meines Lebens am College. Er war wichtiger für mich als die Übungen in dreidimensionalem Zeichen oder in Typografie. Ich konnte um 2.30 Uhr früh aufstehen, um an einem Junimorgen einen Trip bei Sonnenaufgang zu machen. Aber es fiel mir schwer, rechtzeitig um 10 Uhr zu einer Vorlesung zu erscheinen. Einige meiner Freunde zogen in eine Wohnung ein, in der vorher unser Zeichenlehrer gewohnt hatte. Haus Nummer acht wurde zum Zentrum meines Lebens; hier hatte ich gute Freunde, mit denen ich Drogen nehmen konnte, und es war eine Zuflucht vor meinen Eltern. In Haus Nummer acht wurde es Sitte, am Samstagabend eine Überdosis von Hustentropfen einzunehmen. Wir saßen herum und zwangen uns, eine halbe Flasche der widerlichen Mixtur leerzutrinken, weil wir wußten, daß wir dadurch einen aufregenden Abend verbringen und den ganzen nächsten Tag etwas zum Reden haben würden. Alles wurde happy und oft hysterisch, und wir machten lange Spaziergänge im Park, wobei wir Orte aufsuchten, die für uns spezielle Bedeutung gewonnen hatten. In Mäntel gehüllt und mit Gummistiefeln ausgerüstet, gingen wir in den Novembernebel hinaus und phantasierten von einer Welt, die uns allein gehörte. Die Leute von Nummer acht wurden zu einer festen Clique, die sich meist zum Kaffee, Mittagessen und Tee in einer Cafeteria traf. Wir waren eine sehr große Familie, in der überwiegend Liebe herrschte, und wir unternahmen fast alles gemeinsam, als Gruppe. Bei den Außenstehenden waren wir als drogensüchtige Hippies verschrien und als solche, wie ich glaube, nicht selten gefürchtet und bewundert.

Aufgrund der neuen Einflüsse in meinem Leben begann meine Beziehung zu einem Mädchen namens Liz, mit der ich seit der Schule fest befreundet gewesen war, in die Brüche zu gehen. Diese Entwicklung zog sich in langsamer und geradezu lächerlicher Weise über einen Zeitraum von etwa fünf Monaten hin. Wir hatten einander nur an den Wochenenden gesehen und uns dementsprechend auseinanderentwickelt, da wir weniger Zeit zusammen verbrachten und uns weniger miteinander verband. Ich stand auch unter dem Druck meiner Eltern, speziell meiner Mutter, das Verhältnis aufzulösen. Meine erste Reaktion auf diesen Druck war, die Beziehung zu intensivieren, aber schließlich hatte der Druck doch die gewünschte Wirkung, und, so traurig es war, wir trennten uns. Was uns einander nahegebracht hatte, war eine bestimmte ästhetische Neigung für natürliche und architektonische Schönheit. Wir hatten uns eine sehr romantische Traumwelt geschaffen, an der wir letztlich dann doch nicht festhalten konnten. Es gab Zeiten, da es uns gelang, etwa wenn wir nackt in einem Maisfeld lagen und uns liebten. Und wie gut fühlte ich mich, als ich einen Valentinsgruß von ihr erhielt – mit Haaren, die sie sich selbst ausgezupft hatte, waren zärtliche Worte, Worte der Liebe, für mich gestickt. Die Illusion war zu zerbrechlich und platzte wie eine Seifenblase, aber wir weigerten uns zu glauben, daß das geschehen war. Wir hatten ganze Wochenenden miteinander im Bett verbracht und von einer eigenen Familie, einem Häuschen und einem romantischen Leben geredet, aber ich wußte, daß es nicht funktionieren würde.

Im Sommer meines ersten Jahres am College fuhr ich mit Vicky, einem Mädchen von Nummer acht, auf Urlaub. Wir waren bloß gute Freunde und erwarteten von allen, uns das zu glauben. Liz vermutete, daß ich andere Motive hätte, und an diesem Punkt kam es schließlich zur Trennung. Rückblickend glaube ich, daß unsere Eltern uns ernstnahmen und es für eine gute Sache hielten, daß wir wegfuhren, um uns in Kunstgeschichte und italienischer Kultur zu bilden. Es war ein toller Urlaub, der schon in guter Stimmung begann. Ich wurde Nick, einem Ballettänzer vorgestellt, der mit Vicky befreundet war. Dieser Mann, der offenkundig schwul war, faszinierte mich. Es war unerhört für mich, jemanden kennenzulernen, der nicht davor zurückschreckte, sich als das zu zeigen, was er war. Wir verbrachten einen erfreulichen Abend zusammen, und ich fühlte mich wieder ermutigt, ich selbst zu sein, keine Schuldgefühle zu haben und nicht ständig einen wichtigen Teil meiner selbst zu verstecken. Es war auch ermutigend zu sehen, daß Vickys Eltern ihn so akzeptierten, wie er war, und ihn sichtlich sehr gernhatten.

Es war mein erster Urlaub im Ausland und randvoll mit all den Abenteuern, deren es bedurfte, um meine wildesten Träume von Auslandsreisen wahrzumachen. In Bari verbrachten wir eine Nacht bei tobendem Unwetter unter einer Brücke, in Brindisi brachen wir in eine Jugendherberge ein, und in Neapel wurden wir aufgefordert, für pornografische Bilder zu posieren. Alle diese Ereignisse kostete ich voll aus. Über Mangel an Aufregungen konnte ich mich jedenfalls nicht beklagen. Wenn wir uns in einer besonders lustigen oder gefährlichen Situation fühlten, sangen wir ein Lied von Shirley MacLaine, *›If my friends could see me now‹*. Das wurde unser Lieblingslied – unsere Verbindung mit zu Hause. Daß wir nur einander zum Reden hatten, bewirkte, daß wir uns sehr gut kennenlernten, und trotz unserer Isolierung bewährte sich unsere Beziehung.

Die Rückkehr ans College war positiv. Ich hatte das Gefühl, ein wichtiges Zwischenziel meiner Laufbahn erreicht zu haben. Reisen war für mich genau das, was ich mir wünschte; und es war mir wichtig, den Leuten vor Augen zu führen, was für ein toller Kerl ich war. Vicky und ich waren ›bloß gute Freunde‹ geblieben, obwohl unsere Freunde von vornherein überzeugt waren, daß sich die Beziehung auch in sexueller Hinsicht entwickeln werde. Ich hatte jedoch kein Verlangen, mit Vicky zu schlafen, außer als man uns in Neapel Geld dafür bot. Typischerweise wurde ich mir erst, als ich nach unserer Rückkehr ihr Tagebuch las, bewußt, was sie empfand. Es sollte noch lange dauern, bis wir schließlich zusammenkamen; es war, als ob unsere Freundschaft keiner sexuellen Seite bedürfte. Ich glaube das jedenfalls, und es trat auch keine große Veränderung ein, nachdem wir miteinander geschlafen hatten.

Meine Beziehung zu Julia war anders, da sie einen sexuellen Anfang hatte. Ich sah sie zum erstenmal auf der anderen Seite eines Saales, wie sie vor einer Tombola in den ausgestellten Sachen kramte, und ich dachte mir, was für ›Komm ins Bett mit mir‹-Augen sie habe. Später traf ich sie einmal kurz in Nummer acht und dann regelmäßiger, als ich ihr nachzulaufen begann. Wir redeten nie viel miteinander, außer einmal, als wir zufällig allein in der Wohnung waren. Es war schwierig, mit ihr zu reden, weil ich ständig nach einer Gelegenheit suchte, um das Gespräch darauf zu lenken, daß sie mit mir ins Bett gehen solle. Es war erst einige Zeit danach, als Vicky, Julia und ich eines Abends zusammensaßen und eine Dosis Hustentropfen abklingen ließen. Wir kamen darauf zu sprechen, wie wir es fänden, wenn Frauen Männer auffordern, mit ihnen ins Bett zu gehen. Wir waren uns einig, das alle gut zu finden. Frauen sollten imstande sein, hinzugehen und selbst die Initiative zu ergreifen. Es war leicht, sich darauf zu einigen, da wir uns alle sicher fühlten, nicht davon bedroht zu sein. Es war prima, bis Julia vorschlug, daß wir zusammen ins Bett gehen sollten. Ich konnte keinen Grund sehen, warum nicht, es war das, was ich mir sehr gewünscht hatte. Am nächsten Morgen war ich nicht so glücklich, als ich merkte, daß ich Vicky gekränkt hatte. Ich konnte nicht verstehen warum, da wir so lange überzeugt gewesen waren, daß sexuelle Freiheit wichtig sei.

Ich hatte einen Caravan gekauft und ihn auf einer Koppel geparkt, die dem Arzt des Ortes gehörte, der liberal eingestellt war und mir vollkommene Freiheit ließ. Dort verbrachten wir unsere erste Nacht zusammen, und bald hatten wir uns sehr häuslich eingerichtet. Nach einer Weile wurde uns klar, daß wir mehr Menschen um uns herum brauchten, und wir begannen wieder, auf Nummer acht zu wohnen. Später, als der Hausbesitzer uns zwang auszuziehen, weil er meinte, wir betrieben ein Bordell, kehrten wir in den Caravan zurück. Manchmal verließen wir Nummer acht mit Bündeln von Kissen und Decken unter dem Arm, weil wir wieder allein sein wollten. In Nummer acht herrschte ständige Fluktuation, man traf Freunde der jeweiligen Bewohner, Freunde von Freunden, neue Mieter und ab und zu einen Polizisten. Viele wollten dort wohnen, es gab eine Warteliste von Aspiranten. Ein Teil der Wohnung befand sich im ersten Stock über einem alten und übelriechenden Fleischerladen, der andere im Dachgeschoß – ein Labyrinth auf verschiedenen Ebenen. Ich verbrachte gewöhnlich alle meine Ferien dort außer im Sommer. Es war angenehm, dort zu wohnen, kein Portier und kein Aufseher, wir waren die Herren im Haus. Es gab viele ausgelassene Partys, spontane und geplante. Die Wohnung war ein Treffpunkt erster Ordnung, wo wir Gastgeber und Gäste sein konnten. Ich erinnere mich, daß wir uns vor Akademiebällen oft dort verkleideten und schminkten. Einmal verkleidete ich mich als Diana Ross, Julia als sadistischer Lederfreak, Tim als Herzogin und Hilary als Schuljunge. Sich für einen Abend zu verkleiden, erschien mir als etwas Kreatives, und wir hatten alle viel Spaß dabei. Wir hatten Unmengen von Schminke und einen Abstellraum voll Kleidern und Accessoires. Was uns zur Vervollständigung unserer Kostümierung noch fehlte, konnten wir uns zusammenborgen.

Meine Zeit am College verbrachte ich auf sehr dekadente Weise – Wochenenden in Landhäusern mit Swimming-pools und Partys, endlose Zeit, über sich selbst nachzudenken. Was ich in Corshan gelernt habe, das habe ich, glaube ich, *trotz* des Lehrplanes gelernt. Das Wichtigste, was sich mir dabei erschloß, war das Vergnügen an Freundschaft und die glücklichen Zeiten, die ich in Gesellschaft außerhalb meiner Familie zubrachte.

Julia und ich unternahmen das meiste gemeinsam, wir gingen miteinander zu Festspielen, Partys und Picknicks. Die Umgebung von Corshan eignet sich bestens zum Baden im Fluß, für Picknicks auf den Hügeln und gelegentlich nächtliche Ausflüge an den Strand. Wir lernten uns mit der Zeit gut kennen und sehr lieben, und der Sommer, den sie zu Hause bei ihren Eltern verbrachte, war sehr traurig für uns. Es war das erste Mal, daß ich beim Abschied von jemandem geweint habe. Wir waren den ganzen Sommer getrennt, und ich fühlte mich sehr einsam und deprimiert. Es war schlimm für mich, wieder bei meinen Eltern zu leben. Ich arbeitete den ganzen Sommer in einer Hühnerverpakkungsfabrik, was wirklich scheußlich war. Die Leute erwarteten von mir, daß ich den Mädchen nachpfiff und rüde Bemerkungen machte, sooft sie vorübergingen, daß ich bei den Späßen in der Toilette mitmachte und mich zu Mittag heimlich mit den anderen in den Pub davonschlich. Ich mußte eine andere Persönlichkeit annehmen, um mich den Maßstäben gelangweilter Hühnerverarbeiter anzupassen. Jeder Handgriff wiederholte sich endlos, und um die Monotonie zu unterbrechen, verursachten wir entweder einen Maschinenschaden oder nahmen uns eine alte Frau oder einen kleinen verschreckten Jungen vor und hänselten sie unbarmherzig. Der Alltag in der Fabrik war so tot und ereignislos, daß es zwischen uns zu Riesenkrachs über Nichtigkeiten kam, etwa ob jemand sechs statt fünf Minuten Pause gemacht hatte.

Ich war ungeheuer froh, Julia wiederzuhaben. Nachdem wir uns erneut aufeinander eingestellt hatten, wurde uns bewußt, wie glücklich wir waren, wieder beisammenzusein. Bei meiner Rückkehr ins College lernte ich Carol kennen, die eine meiner Tutoren war. Sie war eine intellektuell aufgeschlossene Frau, die mich mit neuen Einflüssen wie Genet und William Burroughs bekanntmachte, die beide verändernd auf mein Bewußtsein wirkten. Auch sie lebte bis zu einem gewissen Grad nach deren Weltanschauung, die mir als Vorbild diente. Aber ich befand mich und befinde mich immer noch in diesem ständigen Konflikt zwischen dem Wunsch nach Abenteuern und auf der anderen Seite dem Bedürfnis nach glücklicher häuslicher Geborgenheit, wie meine übrige Familie sie hat. Wir sprachen oft über dieses Problem, ohne je zu einer Lösung zu kommen. Sie lebte nicht mehr mit ihrem Mann zusammen und reiste jetzt in der Welt herum, anscheinend ohne für irgend jemanden außer sich selbst verantwortlich zu sein. Ich war damals und auch seither noch nicht in dieser Situation, weil ich die ›Sicherheit‹ einer häuslich verankerten Beziehung brauche, von der ich im Laufe der Zeit immer abhängiger geworden bin. Carol ist inzwischen wer weiß wohin weitergewandert. Dieser Mensch, den ich lieben und sehr gut kennengelernt hatte, erscheint mir jetzt wie ein Traum. Carols allwöchentliche Besuche am College waren ein Lichtblick, ein Hoffnungsschimmer. Sie kam aus Amsterdam mit der neuesten Nummer des Magazins ›Suck‹ oder aus London mit einer Mappe voll neuer Zeichnungen. Sie brachte Neuigkeiten von der Schwulenszene mit und erzählte mir vom letzten Transvestitenball, auf dem sie gewesen war, oder wie es David Hockney ging. Immer war sie auf der Suche nach etwas, einer Harmonie, die sie nie gekannt hatte und nicht finden konnte.

Julia verließ das College, lebte aber weiter in Corsham und verdiente ihren Lebensunterhalt mit verschiedenen Arbeiten in der Nachbarschaft. Gegen Ende des Jahres übersiedelte sie nach London, wo ich sie an den Wochenenden besuchte. Den Sommer über zog ich dann zu ihr und verdiente mir mein Geld als Geschirrspüler in einer Kantine. Ich war so froh, endlich in einer Großstadt zu leben. Obwohl wir wenig Geld hatten, erschien es uns verglichen mit dem Stipendium wie ein Vermögen, und wir führten ein lustiges und aufregendes Leben, aßen in Restaurants, gingen einkaufen und ins Kino, besuchten Freunde und machten Männerbekanntschaften. Männer schienen mich attraktiv zu finden – nie zuvor hatte ich mich so begehrt gefühlt, und das tat mir äußerst wohl. Es gefiel mir, wie eine Frau angesprochen, zu Drinks eingeladen und ins Bett mitgenommen zu werden, ohne je eine eigene Entscheidung treffen zu müssen.
Während dieser Ferien erhielt ich einen Brief vom College, in dem man mir mitteilte, daß ich die Akademie verlassen müsse, wenn ich mich nicht zusammenrisse und ernsthaft zu arbeiten begänne. Ich war unschlüssig, was ich tun sollte, in der Stadt bleiben und es mir gutgehen lassen oder ans College zurückkehren und mein Studium abschließen. Brav wie immer ging ich zurück und arbeitete. Auch Julia kehrte zurück, Carol war ebenfalls da, und alles schien sich nur noch um die Arbeit zu drehen. Julia bewarb sich erneut an der Kunstakademie, und ich bewarb mich am Royal College. Es war mein letztes Studienjahr, und die Arbeit machte mir plötzlich Spaß. Ich erhielt meinen ersten freiberuflichen Auftrag, die Illustration eines Buches über Astrologie. Der Autor war ein außergewöhnlicher Mann, der viel von Okkultismus verstand, was mich äußerst faszinierte. Er und Julia schienen sehr gut miteinander auszukommen, und sie zog zu ihm und begann mit ihm zusammenzuarbeiten. Ich war mir selbst überlassen, was wahrscheinlich gut für mich war, mir aber anfangs nicht einleuchtete. Ich begann, meine Energie in meine Arbeit zu investieren und neue Freundschaften zu schließen. Damals erkannte ich, daß ich selbst Entscheidungen treffen und insgesamt mehr aus mir herausgehen müsse. Es fiel mir schwer ohne Julias Unterstützung und Hilfe, und ich vermißte sie sehr. Ich erkannte, daß häusliches ›Glück‹ nicht so sicher ist, wie ich gedacht hatte, und kam zu dem Schluß, daß man von einer Beziehung nie totale Sicherheit erwarten dürfe, wie ich das getan hatte. Da ich nicht über meine neue Situation nachdenken wollte, raste ich herum, um meine Arbeiten für eine Ausstellung fertigzumachen, und schmiedete Pläne für einen Amerikabesuch. Ich war von dem

Gedanken getrieben, hier alles abzuschließen und wegzugehen, endgültig wegzugehen.
In Amerika hatte ich das Gefühl, entkommen zu sein um meine Freiheit zu haben. Aber auch das stimmte nicht, wie mir bewußt wurde, ich war anderen verantwortlich und konnte niemals für mich sein. Ich traf mit Julia in Florida zusammen, wo wir einen herrlichen Urlaub verbrachten und uns wieder miteinander aussöhnten. Wir reisten zusammen umher und trennten uns schließlich in New York. Als Julia nach London zu ihrem anderen Mann zurückflog, waren meine Gefühle gemischt. Ich freute mich, in New York zu sein, aber gleichzeitig war ich traurig, mein Leben nicht mit Julia teilen zu können, und verübelte ihr, daß sie zu ihrem Liebhaber zurückkehrte. Ich wußte, daß ich keine Rechte über sie hatte, dennoch war ich unheimlich possessiv und eifersüchtig. Ich blieb eine Weile in New York und kehrte dann nach Florida zurück, um dort zu arbeiten.
In New York hatte ich Juan kennengelernt, einen Venezolaner, der mich eingeladen hatte, mit ihm in Caracas zu leben. Florida war für mich ein Sprungbrett, ein Ort, wo ich etwas Geld verdienen konnte. Ich war erst zwei Tage in Florida, als ich einen Anruf von Julias Mutter bekam, die mir mitteilte, daß Julia am Nachmittag des nächsten Tages in Miami eintreffen werde. Ich war außer mir vor Freude. In den vergangenen zwei Tagen hatte ich mich so einsam gefühlt, daß die Aussicht auf Julias Rückkehr zu schön war, um wahr zu sein. Wir lebten dann ein Jahr lang in unserer alten Wohnung im alten Stadtkern von Stuart zusammen. Stuart ist ein kleinkariertes Provinznest mit großspurigen Ideen. Der Himmel verdüsterte sich denn auch bald, und wir wurden unter Druck gesetzt zu heiraten. Wir wollten nicht heiraten und lehnten die gesellschaftliche Einmischung in unsere Beziehung ab. Julia empfing Delegationen von Tanten, die ihr einzureden versuchten, daß die Ehe das beste für eine Frau sei, ich plante nach wie vor, nach Caracas zu gehen und mit Juan zu leben, eine Sache, die ich allein tun mußte, aber ich fühlte mich unheimlich unter Druck gesetzt zu heiraten, um der Welt zu beweisen, daß ich nicht schwul sei. Es war auch insofern vorteilhaft zu heiraten, um die nötige Aufenthalts- und Arbeitsgenehmigung für die Vereinigten Staaten zu bekommen. Nach langen Überlegungen, und nicht zuletzt, weil wir pleite waren und es uns gar nicht leisten konnten, Stuart zu verlassen, heirateten wir.
Wir wurden jetzt in eine Gesellschaft aufgenommen, die uns wie Jungverheiratete behandelte und uns mehr und mehr auf traditionelle Rollen festzulegen begann. Unsere Hochzeitsgeschenke wa-

ren die üblichen Dinge für die Wohnung, und meine Geschäftsverbindung mit Julias Onkel war erfolgreich; ein weiterer Anreiz, um uns hinter einem weißen Gartenzaun einsperren zu lassen. Vom Tag unserer Hochzeit an war es Julias einziges Ziel, aus Stuart wegzukommen. Unser Leben war in fast jeder Hinsicht langweilig, die Monotonie wurde nur durch Besuche von Freunden, Trinkgelage, Marihuanarauchen und Einkaufsfahrten nach Palm Beach unterbrochen. Das klingt ziemlich abstoßend, aber so war es im großen und ganzen tatsächlich, dieses Leben in einer Kleinstadt voll klappriger alter Reaktionäre und Shuffleboard-Plätzen. Für mich war es faszinierend, in einer Soap opera zu leben, aber ich war unfähig, aus mir herauszusehen und zu erkennen, was mit uns geschah. Das Materielle spielte eine immer größere Rolle für mich, und ich strampelte mich ab, um so rasch wie möglich die Leiter des ›Erfolgs‹ zu erklimmen. Ich hatte tatsächlich Erfolg, ich wurde reich, und ich begann, dem ›amerikanischen Traum‹ zu verfallen. Schließlich rissen wir uns doch los und kehrten nach London zurück. Die Stadt verursachte mir Klaustrophobie, und ich konnte nicht glauben, wie lethargisch die Leute hier waren. Alles kam mir kleinlich und selbstzufrieden vor, und ich konnte die Atmosphäre kaum aushalten. Nach einem Monat, in dem wir herumgereist waren und Freunde besucht hatten, beschlossen wir, wieder wegzugehen und Julias Eltern in Indochina zu besuchen. Ich war froh, England den Rücken zu kehren – da schien einfach nichts los zu sein. Auch vermißte ich hier viele gute Dinge, die Amerika geboten hatte, die Gastfreundlichkeit und Aufgeschlossenheit der Menschen – ganz zu schweigen von ihrer Einstellung zu ihrem Körper. So gehört es sich beispielsweise in England nicht, Shorts zu tragen, es werden einem ständig beleidigende Bemerkungen nachgerufen. In Amerika dagegen kümmert sich niemand darum, ob man nun schlank oder dick, groß oder klein ist. In Florida war ich außerdem zu der Überzeugung gelangt, daß man Geld verdienen müsse, um glücklich zu sein, und ich fand, daß die begrenzten Mittel, mit denen die meisten Engländer auskommen müssen, die Möglichkeiten einschränken, das Leben zu genießen und glücklich zu sein.

Darin irrte ich allerdings sehr, und dies wurde mir durch mein Leben in Laos bewußt, wo die Menschen sehr wenig haben und dennoch glücklicher zu sein scheinen als in Amerika. Die meisten Menschen lächelten und gingen freundlich und liebevoll miteinander um. Wahrscheinlich, weil sie nicht die Sorgen hatten, die man als Mitglied einer Gesellschaft hat, in der einer den anderen auffrißt, oder die Ängste hat, die mit Eigentum und dessen Schutz

verbunden sind. Hier entdeckte ich, was Ausbeutung und Privilegien sind, da es keine Mittelschicht gab, um die Unterschiede zwischen der herrschenden Klasse und den Leibeigenen zu verwischen. Ich lernte die Tyrannei der Kolonisation und des Imperialismus und die positiven Seiten des Sozialismus kennen. Gleichzeitig lebte ich unter Amerikanern wahrscheinlich der schlimmsten Spielart, Nixon-Diplomaten. Ich besuchte Diplomatenpartys und lernte viele Generäle und Attachés kennen. Ich zählte zu den Privilegierten, aber es widerte mich an, viel zu haben, da die Mehrheit so wenig besaß.
Ich fand eine Stelle als Englischlehrer für Laoten, die in amerikanische Dienste treten wollten. Das gefiel mir sehr gut, vor allem weil ich in Kontakt mit Laoten kam, die Englisch sprechen konnten. Ich unterrichtete drei Klassen, darunter eine von Männern mittleren Alters, mit denen ich nur wenig Kontakt herstellen konnte, während die beiden anderen aus Studenten etwa meines eigenen Alters bestanden, mit denen ich gut zurecht kam. Es war eine anstrengende, aber befriedigende Arbeit, die meinem Verstand einiges abforderte. Es tat mir gut, mit diesen jungen Menschen zu sprechen und herauszufinden, was sie vom Leben erwarteten und wie sie es bewerteten. Ihr Leben verlief in einfachen und ruhigen Bahnen. Sie hatten keinen Hunger zu leiden, konnten es sich leisten, auf dem Rücken eines Wasserbüffels zu sitzen oder eine Pfeife zu rauchen, den Sonnenuntergang zu betrachten, und waren dabei glücklich. Auf meine Frage, was sie in ihrer Freizeit machten, antworteten sie, daß sie schliefen. Der Schlaf war für sie Luxus und Genuß. Ihr Glück angesichts ihres einfachen Lebens machte großen Eindruck auf mich. Ich hatte das Gefühl, in der kurzen Zeit, die ich dort verbrachte, ganz wesentliche Dinge für mich begriffen zu haben. Ich hatte eine erleuchtende Erziehung gehabt, die ich nie außer acht lassen würde.
Wir gingen ungern wieder weg, aber wir hatten es sehr anstrengend gefunden, mit Julias Eltern zu leben. Ohne Geld, aber wirklich dankbar für die Erfahrungen, die wir in Laos gemacht hatten, kehrten wir nach London zurück. Verglichen mit Vientiane und Bangkok wirkte London unerhört reich, und es fiel mir diesmal viel leichter, mich wieder einzugliedern. Es war wundervoll, nicht mehr als Ehepaar, sondern als eigenständiger Mensch behandelt zu werden. Die nächsten eineinhalb Jahre spielte ich herum, ohne recht zu wissen, was ich eigentlich tat oder welche Ziele ich hatte. Ich war in einem Zustand der Verwirrung. Schließlich bekam ich einen Job in einem Grafikstudio, was sich weder für mich noch für meine Arbeitgeber als günstig erwies.

Das dauerte fünf lange Wochen. Während dieser Zeit lernte ich David kennen, einen jungen und reichen Geschäftsmann, der sich als guter Freund zeigte, solange er etwas von mir wollte. Ich hatte viel Spaß mit ihm, mir gefiel das schwule Leben, mit dem er mich bekanntmachte. Er behandelte mich, wie die meisten Männer ihre Frauen behandelten. Das konnte ich zwar eine Zeitlang hinnehmen, aber da ich als Mann konditioniert wurde, mich durchzusetzen, war mir die ständige Demütigung schließlich doch zuviel. Unsere Beziehung endete, als ich mit ihm in Paris war und mich weigerte, mit ihm zu schlafen, wann und wie immer er wollte. Er konnte nicht verstehen, daß das, wofür er bezahlt hatte, ihm nicht zu seinem willkürlichen Ge- und Mißbrauch zur Verfügung stand.

Ich lernte eine Menge über die Gefühle, die Frauen vermutlich in bezug auf ihre Beziehungen zu Männern haben, und über die Art und Weise, wie ich Julia behandelte. Ich weiß nicht, inwieweit ich mich aus eigenem Antrieb änderte, aber Julia begann um diese Zeit, sich mit dem politischen Aspekt der Sexualität zu beschäftigen, und es blieb mir gar nichts anderes übrig, als mich zu ändern, wenn ich weiterhin mit ihr zusammenbleiben wollte. Wir lebten wieder als ein Paar in Hampstead zusammen, und als Julia schwanger wurde, mußten wir in eine neue Wohnung umziehen. Damals beschlossen wir, daß wir mit einer Gruppe von Leuten und nicht als Kernfamilie leben wollten. Das, so glaubten wir, würde uns eher gestatten, selbständige Individuen zu sein. Mit zwei Freunden aus dem College bezogen wir südlich der Themse eine große Wohnung.

Als wir unseren Haushalt einrichteten, war es unser Ziel, eine Situation herbeizuführen, in der sowohl die Männer als auch die Frauen kochten und putzten oder ein Regal reparierten und die Wohnung ausschmückten. Wir wollten einen Ort schaffen, wo unsere Tochter erfahren sollte, daß sie nicht gut kochen lernen mußte, um einen Mann zu kriegen. Einen Ort, wo ihr klarwerden sollte, daß Frauen die Freiheit brauchen, ihre eigene Arbeit zu tun und sich nicht bloß um die Kinder und das Haus zu kümmern. Einen Ort, wo sie die Stärke von Frauen und die Zärtlichkeit von Männern erleben konnte. Einen Ort, wo eine annehmbare Realität war, wo die Menschen ungeachtet ihres eigenen Geschlechts sie selbst sein konnten. Einen Ort, wo Menschen, die ihre Sexualität selbst gewählt hatten, zusammensein konnten. Einen Ort, wo sich auch Leute um sie kümmerten, die nicht ihre biologischen Eltern waren.

Im Januar gebar Julia eine Tochter. Es war zunächst schwer zu

kapieren, daß diese neue Situation endgültig war. Ich hatte große Probleme, mich auf den neuen Zustand einzustellen und die Sorge und Verantwortung für meine Familie auf mich zu nehmen. Ich hatte schwere Konflikte, weil ich nicht wie die meisten Männer meiner Schicht und Situation eine respektable Karriere vor mir hatte. Jeden Morgen verließ ich Julia, um zur Arbeit zu gehen, und abends kam ich nach Hause, um mit dem Baby zu spielen. Für Julia, die nicht den ganzen Tag zu Hause sein wollte, war es noch schwieriger, ihre Aufgabe in der neuen Situation zu erfüllen. Doch dank ihrer Initiative und mit Hilfe und Unterstützung ihrer Frauengruppe ist es uns gelungen, die Situation durch die Gründung einer Nachbarschaftskrippe etwas besser in den Griff zu bekommen. In mir hatten sich große Ressentiments angestaut, weil ich glaubte, mehr zu arbeiten als sie.
Jetzt wo sich eine gerechtere Verteilung der Verantwortung für die Kindererziehung im Haushalt entwickelt hat, ist es besser geworden, und Bronnie ist eine Freude. Seit ich ein Kind habe, gehe ich stärker aus mir heraus. Schon allein meiner Tochter wegen, die Menschen gern sieht, muß ich zu mehr Menschen in Beziehung treten. Ich beginne zu begreifen, wie wir zu Vorurteilen und Schuldgefühlen konditioniert werden. Wie wir zu Stereotypen gemacht werden, bis wir nicht mehr imstande sind, wir selbst zu sein. Bronnie wird ständig von den Leuten und den Medien unter Druck gesetzt, ein süßes, hübsches, unschuldiges kleines Mädchen zu sein, das die Männer um den Finger wickelt. Es macht mich ganz krank zu sehen, wieviel Macht die Gesellschaft über unsere Kinder hat.
Durch die Verbindung Julias und Suzies (der zweiten Frau in unserem Haushalt) mit der Frauenbewegung angeregt, habe ich mich einer Männergruppe angeschlossen, die es sich zum Ziel gesetzt hat, die Barrieren der sexistischen Stereotypisierung zu beseitigen. Bevor ich diese Männer kennenlernte, war Tim mein einziger männlicher Freund. Ich bin nun seit etwa eineinhalb Jahren in dieser Gruppe und betrachte diese Männer jetzt als gute Freunde. Aufgrund meiner Beziehung zu ihnen fällt es mir leichter, auch mit anderen Männern umzugehen. Ich kann jetzt eher verstehen, warum Männer so sind, wie sie sind, und in welcher Weise ich mit ihnen übereinstimme. Mir sind einige der Dinge bewußt geworden, die Beziehungen zwischen Männern schwierig machen. Ich durchschaue jetzt die Konditionierung, die Männer durchmachen, um sie konkurrenzwütig zu machen und sie einander zu entfremden. Ich sehe, wie wir in die Karrierekämpfe hineingezogen werden, die uns zwingen, sinnloserweise immer

mehr zu produzieren, Kriege zu führen und die Schwächeren niederzuhalten und am Aufstieg zu hindern. Man lehrt uns, daß es für Männer unnatürlich sei, emotional zu reagieren, und wir sehen, daß solche Reaktionen nur gefördert werden, wenn die Kameradschaft dazu mißbraucht werden kann, um eine Gruppe von Männern zum Kampf gegen eine andere aufzuhetzen.
John und ich sind nun schon fast ein Jahr zusammen; es ist die längste homosexuelle Beziehung, die ich bisher hatte. Am Anfang schien alles gutzugehen, besonders im Bett. Es war das erste Mal, daß ich das Gefühl hatte, eine sexuelle Beziehung zu haben, die auf Gleichberechtigung beruhte. Es gab keinen dominanten Partner, keinen aktiven und keinen passiven, und ich hatte das Gefühl, gefunden zu haben, was ich immer gesucht hatte. Da ich so gute Gefühle hinsichtlich meiner neuen Beziehung hatte, war es mir möglich, Julia gegenüber ehrlicher zu sein, als ich es in der Vergangenheit gewesen war. Sie unterstützte mich in jeder Hinsicht und förderte sogar die Beziehung. Ihr einziges Bedenken war, daß sie sich zu einer exklusiven Beziehung entwickeln könnte.
Meine Beziehung zu John ist aber nicht mehr so stark wie anfangs, in sexueller Hinsicht herrscht keine Gleichberechtigung mehr und gesellschaftlich haben wir wenig miteinander gemein. Ich habe versucht, John in mein übriges Leben, meine Arbeit, die Gruppe etc. zu integrieren, aber die seltenen Gelegenheiten, bei denen er mich, mit seinem beschränkten Verständnis der Situation, zu Hause besuchte, wählte er stets so, daß die übrigen Mitglieder meines Haushalts gerade abwesend waren. Es ist schade, daß unser Leben nicht enger miteinander verbunden ist, doch Sex und Plauderei scheinen nicht ausgereicht zu haben, um unsere Beziehung zusammenzuhalten.
Zwischen meiner Homosexuellenexistenz und meinem normalen Leben scheint eine Kluft zu bestehen. Ich bin der einzige Homosexuelle in unserer Wohngemeinschaft, und weil ich mich in dieser Hinsicht isoliert fühle, neige ich dazu, meine schwule Beziehung von meinem Familienleben zu trennen. Ich wünsche mir, daß eine größere Harmonie zwischen beiden Lebensformen möglich wäre, aber es ist mir bis jetzt noch nicht gelungen, sie zu vereinigen. Weder meine Wohngemeinschaft noch meine Freunde haben je ein Urteil über meine Sexualität gefällt. Nur die Zwänge der Gesellschaft machen sie zu einem Problem für mich. Dieses Problem werde ich so lange nicht gelöst haben, bis es mir gelingt, meine Bisexualität in meinem Bewußtsein zu einer ungeteilten Sexualität zu verschmelzen.

8. Gordon

Als ich geboren wurde, war meine Mutter vierzig und mein Vater fünfundfünfzig. Mein Vater war ein sanfter und phantasievoller, ziemlich schwacher Mann, der sich nichts weiter wünschte, als seine Kinder in Frieden aufzuziehen und seinen Lebensunterhalt zu verdienen. Er haßte Streit. Er war infolge einer Kriegsverletzung im Ersten Weltkrieg teilweise behindert (Herzfunktionsstörungen und Neurasthenie). Er hatte kein anderes Hobby als die Arbeit. Ich glaube nicht, daß er Freunde hatte. Mit den Verwandten meiner Mutter, die alle reicher waren als wir, kam er nicht gut aus. Vater liebte uns Kinder sehr. Obwohl meine Mutter ihm das Leben schwermachte, glaube ich, daß er auch sie liebte. Er starb 1948, als ich fünfundzwanzig war, und ich vermißte ihn sehr. Es tut mir immer noch leid, ihn nicht besser gekannt zu haben.
Meine Mutter lebt noch, sie ist jetzt in einem Altersheim, nachdem sie zehn Jahre bei mir verbracht hat. Ich bin das einzige ihrer drei Kinder, das je bereit gewesen ist, sie zu sich zu nehmen. In meinem ganzen Leben habe ich nie gehört, daß sich meine Mutter als gesund bezeichnet hätte. Neunundneunzig Prozent ihrer Krankheiten waren eingebildet und nur ein Prozent echt. Es gab häufig Szenen an ihrem ›Sterbebett‹ etc. Meiner Ansicht nach ist sie böse, egoistisch, unaufrichtig, faul, betrügerisch, eitel und hinterlistig. In ihren jüngeren Jahren war sie attraktiv und gesellig. Ich war ein Schlüsselkind, das täglich aus der Schule in ein leeres, kaltes, dunkles Haus zurückkehrte, weil Mutter jeden Tag beim Kartenspielen war – Whist, Poker etc. Heute glaube ich, daß sie vermutlich auch fremdging. Mein Vater verdiente sehr gut (neun Pfund pro Woche vor dem Krieg), aber wir waren immer pleite, weil meine Mutter das Geld verschwendete – hauptsächlich für sich selbst. Obwohl wir ständig verschuldet waren, hatten wir eine tägliche Zugehfrau und einmal sogar eine Hausangestellte. Dabei schuldeten wir Geschäftsleuten und Verwandten Geld, weswegen ich mich oft schämte. Unsere Wohnung war vernachlässigt und ungemütlich. Ich trug die abgelegten Kleider meines Vetters. Mutter quälte uns durch subtil abwechselnde Zuwendung und Vernachlässigung. Bis heute genießt sie es, emotional aufgeladene Situationen herbeizuführen und alle Menschen ihrer Umgebung durcheinanderzubringen. Mein Bruder ist immer noch nicht über sie hinweggekommen – er ist nicht imstande, ihr allein gegenüberzutreten, und meine Schwester hat regelmäßig Alpträume über ihre Kindheit und unser damaliges Elternhaus.
Als ich noch nicht zur Schule ging, war ich manchmal Mutters

besonderer kleiner Liebling, sie verwöhnte mich dann und säte Unfrieden zwischen mir und meinen Geschwistern. Sie gab sich ihren eigenen Phantasien hin; manchmal redete sie davon, von zu Hause wegzugehen und mich mitzunehmen. Zu anderen Zeiten ignorierte sie mich wieder. Als ich neun Jahre alt war, traf ich sie einmal auf der Straße mit einer ihrer Freundinnen; sie ignorierte mich, und als ich sie anredete, sagte sie: »Lauf weg, Kleiner. Ich kenne dich nicht!« – vermutlich, weil ich schmutzig und abgerissen war, einen Haarschnitt nötig hatte und sie sich meiner schämte.

Sowohl meine Mutter als auch mein Vater stammten aus katholischen Familien. Mein Vater hatte dem Katholizismus in seiner Verzweiflung als Soldat abgeschworen. Meine Mutter war eine orthodoxe Katholikin, voll von Aberglauben und Unwissenheit über dieses ganze Thema.

Ich glaube, daß meine emotionale Entwicklung in bezug auf Sex bis zu meinem zehnten Lebensjahr ziemlich normal verlief, obwohl ich ein weichlicher Junge war, der in der Schule oft von den anderen herumgestoßen wurde. Ich sah etwas mädchenhaft aus und hatte eine Abneigung gegen rauhe Sportarten. Im Alter von etwa zehn oder elf Jahren, kurz vor der Pubertät, hatte ich ein unangenehmes Erlebnis, als ich in einer öffentlichen Toilette von einem Spinner belästigt wurde. Er tat mir allerdings nicht weh und exhibierte sich nicht. Es kann ihm nicht viel Befriedigung verschafft haben, da ich zu erschrocken und zu jung war, um zu reagieren, und gar keine Erektion hatte. Er lockte mich unter dem Vorwand, er werde mir ›eine spezielle Massage geben, die mich stark machen wird‹, mit sich in das Klo. Ich hatte eine riesige Angst, später große Schuldgefühle, und schließlich erzählte ich unter Tränen alles meinen Eltern. Ich glaube nicht, daß der Vorfall für meine Entwicklung von Bedeutung war. Ich erinnere mich, daß ich ursprünglich durch Schulfreunde sexuell aufgeklärt wurde und die Einzelheiten etwas durcheinanderbrachte. Aber bald las ich ein Buch mit dem Titel *Wie du entstanden bist,* das ich mir aus der öffentlichen Bibliothek geholt hatte, um mir Klarheit zu verschaffen. Ich glaube, daß ich mit etwa elf Jahren zu pubertieren begann. Ich hatte schon längere Zeit, bevor ich meinen ersten Orgasmus hatte, großen Spaß daran gehabt, in der Schule mit den Genitalien anderer Jungen zu spielen, und ich glaube, daß ich auch andere ejakulieren gesehen habe. Ich rief meinen ersten Orgasmus hervor, indem ich im Bett onanierte; ich hatte mir zuvor eine Dose Vaseline vom Nachtkästchen meines Vaters stibitzt, um mich damit einzucremen. Nach meinem ersten Orgasmus hatte ich einige Tage lang zwiespältige Gefühle. Ich war verwirrt, weil ich nicht auf die intensiven Empfindungen um das Rektum gefaßt war, als ich kam. Ich war einige Tage zuvor im Zoo gewesen und hatte Affen mit fürchterlichem Gesäß gesehen, und jetzt fragte ich mich, ob dasselbe mit mir geschehen würde! Von da an beteiligte ich mich noch mehr an den sexuellen Spielen mit den anderen Jungen in der Schule, die ich unerhört aufregend fand. Einmal wurde ich vom Direktor erwischt, der jedoch nichts unternahm. In der Schule fanden täglich wechselseitige Onaniesitzungen statt. Das war die einzige nennenswerte Art von Freundschaft, die ich kannte. Die anderen Jungen führten mich in die Sexspiele ein, aber weil ich an keinem Sport teilnahm, war ich nicht besonders beliebt. Ein Junge war da, der mir sehr schön erschien und mit dem mich eine Art Freundschaft verband. Bei ihm hatte ich zum erstenmal das Verlangen, meinen Penis in sein Rektum zu stecken, aber er ließ mich nicht. Mit der Zeit verloren wir das Interesse aneinander. Während meiner Schulzeit, etwa im Alter von Zwölf bis Fünfzehn, ging ich manchmal mit Mädchen aus und es gab ein paar schüchterne Küsse. Da war ein Mädchen, das ich erregend fand und deren Brüste und Scheide ich betastete, ohne jedoch auf den Gedanken zu kommen, mit ihr einen Koitus zu versuchen.

Mit Fünfzehn verließ ich die Schule. Bis zu diesem Zeitpunkt hatte ich es zu nichts anderem als zu gegenseitiger Masturbation mit anderen Jungen gebracht. Ich onanierte im allgemeinen mindestens einmal am Tag. Mit etwa dreizehn Jahren entdeckte ich die rektale Masturbation, eine Praxis, die ich nie völlig aufgegeben habe. Ich benutzte verschiedene Phalli zur Reizung meines Rektums während der Masturbation. Erst mit fast dreißig Jahren entdeckte ich, daß ich einen angenehmen, befriedigenden Orgasmus erreichen kann, ohne eine Erektion zu haben. Zwischen Fünfzehn und Siebzehn war ich sehr einsam. Ich begann zu arbeiten, kam aber nicht mit anderen Jungen in Kontakt. Ich hatte einen oder zwei Flirts mit Mädchen, aber ich blieb eine ›Jungfrau‹. Mit Siebzehn ging ich in die Armee und fand dort bald andere junge Männer, die zu Sexspielen bereit waren – allerdings nicht regelmäßig und meistens nur, wenn sie beschwipst waren und ich vorgab, es ebenfalls zu sein.

Ich machte keinen ernsthaften Versuch, mit einem Mädchen zu schlafen, bis ich fast neunzehn war, aber ich hatte eine verfrühte Ejakulation und es ging schief. Das Kondom störte mich dabei ebenfalls. Ein Mädchen, das ich vor meinem Eintritt in die Armee kennengelernt hatte, rief einige Gefühle in mir wach, und als ich etwa neunzehn war, glaubte ich, sie heiraten zu wollen. Meine Mutter vereitelte dies, und ich verlobte mich in der ersten Enttäuschung mit dem Mädchen, das meine erste Frau werden sollte, Lucinda. Sie war groß, größer als ich und römisch-katholisch. Sehr steif und prüde, auch dumm, mit allen möglichen dummen Angewohnheiten. Es ist mir immer ein Rätsel gewesen, warum ich mich auf diese Ehe einließ, obwohl ich wußte, daß uns nicht das geringste miteinander verband. Rückblickend glaube ich, daß ich gern ihre jüngere Schwester geheiratet hätte, die nichts von mir wissen wollte. Dieses Verhaltensmuster wiederholte sich seltsamerweise auch in meinem späteren Leben. Bevor ich Lucinda heiratete, hatte ich nicht mehr mit ihr gemacht, als sie zu küssen (nur die Lippen – ohne Zunge). Als wir heirateten, war ich neunzehn und sie, soviel ich mich erinnere, achtundzwanzig. Es war ein Desaster. In den fünf Jahren unserer Ehe hatte sie niemals einen Orgasmus. Ich war die meiste Zeit sehr unglücklich. Ich hatte mehr Orgasmen durch Onanie als durch Beischlaf mit ihr. Sie tat so, als habe sie Gefallen an Sex und spielte mir Orgasmen vor, aber ich weiß jetzt, daß sie nicht echt waren. Wir bekamen zwei Kinder, die jetzt einunddreißig bzw. neunundzwanzig Jahre alt sind. Lucinda und ich hatten ständig Streit, und ich hielt sie für dumm und unvernünftig. Ich quittierte 1945 im Alter von dreiundzwanzig Jahren den Dienst bei der Armee, und zwei Jahre später verließ ich sie, weil ich sie nicht länger ertragen konnte und fürchtete, ich könnte sie umbringen, so sehr irritierte sie mich.

Ich zog in eine Bude in Chelsea und trank eine Zeitlang ziemlich viel. Ich lernte einige Mädchen kennen, aber es gelang mir nicht recht, sie zu halten und zu befriedigen. Ich fing an, homosexuelle Männer kennenzulernen und hatte mehrere Affären und einige kurze Abenteuer. Weiblich aussehende schwule Männer widerten mich an. Was ich mir wünschte, war, einen männlichen Mann kennenzulernen und der passive Partner zu sein, aber ich traf nie jemanden, den ich mochte. Ich hatte eine heftige Affäre mit einem sehr netten Mädchen, das mich heiraten wollte, aber ich ließ sie stehen. Eines Abends, als ich sehr einsam und deprimiert war, ging ich in der Absicht aus, ein Mädchen aufzugabeln – ganz egal welches –, da lernte ich ein Mädchen namens Carol kennen. Sie war bisexuell, (fast) eine Jungfrau, und wir begannen ein Verhältnis. Leider machte ich sie nach einiger Zeit schwanger. Carol war eine Schlampe, und selbst wenn ich frei gewesen wäre, hätte ich sie nicht geheiratet. Aber ich bot ihr an, bei mir zu wohnen, solange sie schwanger war (weil sich ihre Eltern schämten, sie mit einem dicken Bauch zu Hause zu haben), unter der Bedingung, daß sie das Baby adoptieren lassen würde, sobald es zur Welt käme. Carol brachte oft Mädchen mit nach Hause, für die ich mich dann ebenfalls interessierte. Ein Mädchen, das sie mitbrachte, hieß Pamela. Nach einiger Zeit zog Pamela zu uns, und wir hatten eine Zeitlang eine recht gut funktionierende Ménage-à-trois. Dann kam das Baby, und es folgte eine schreckliche Zeit, bis sich Carol dazu durchgerungen hatte, sich von ihm zu trennen. Nachdem das Baby fort war, zog auch sie bald aus, da ich inzwischen von Lucinda geschieden war und Pamela mich heiraten wollte. Ich muß hinzufügen, daß Pamela eine jüngere Schwester, Julia, hatte, auf die ich es abgesehen hatte. Aber Pamela und ich heirateten, und Julia weinte bei unserer Hochzeit, und mir wurde bereits am Hochzeitstag klar, daß ich die Falsche geheiratet hatte (WIEDER!). Meine Ehe mit Pamela war nicht glücklich. Auch sie hatte keine Orgasmen, obwohl der Hauptgrund, weshalb sie mich heiratete, ihre Hoffnung auf Überwindung dieser Schwierigkeit war. Ich war nicht unglücklich, aber auch nicht zufrieden. Ich hatte einige flüchtige Flirts mit Männern; auch kein Erfolg. Dann begann ich eine Beziehung mit Julia, der Schwester Pamelas. Das war sehr gut, und sie schien befriedigende Orgasmen zu haben. Mein Verhältnis zu Pamela verschlechterte sich, und sie fing mit anderen Männern Verhältnisse an. Schließlich trennten wir uns. Es folgte eine schwierige Zeit, als mich Pamela und Julia verließen und ich eine Zeitlang versuchte, zu Lucinda zurückzukehren! Ich war so einsam und deprimiert, aber natürlich funktionierte das nicht, und ich begann, wieder mit Männern zu gehen. Nach einem fürchterlichen Jahr willigte Julia schließlich ein, zu mir zurückzukehren. Wir heirateten in Schottland und sind jetzt seit dreiundzwanzig Jahren zusammen. Julia und ich haben vier Kinder, und wir führen eine glückliche Ehe. Es funktioniert, weil sie tolerant ist und sich gegenüber meinen Eskapaden blind stellt. Am Anfang unserer Ehe war ich Julia treu, aber nach einigen Jahren wurde ich sehr unruhig und unbefriedigt. Mein sexuelles Verhalten ist in den vergangenen achtzehn bzw. dreiundzwanzig Jahren sehr unterschiedlich gewesen. Ich habe mit Julia zusammengelebt und mit ihr geschlafen. Ich habe vorübergehende Beziehungen zu Männern gehabt und ein oder zwei längere Freundschaften – die Beziehungen wurden jedesmal durch mich abgebrochen, weil ich mich zu langweilen begann oder abgestoßen fühlte. Ich habe einige Dinge gemacht, für die ich mich schäme, darunter einige Kontaktaufnahmen auf öffentlichen Toiletten. Während meiner

Ehe hatte ich einmal ein kurzes Verhältnis mit einem Mädchen; es ging aber bald auseinander – ich hatte in diesem Stadium weder genügend freie Zeit noch Geld. In all den Jahren hatte ich fast täglich eine sexuelle Erfahrung irgendwelcher Art– und sei es nur durch Onanie. Früher schlief ich dreimal in der Woche mit Julia, aber in den letzten Jahren ist dies seltener geworden – meine Schuld, ich bin nicht mehr so angetan von ihr wie früher, weil unser intimes Zusammensein immer so kurz ist (sie ist nicht gesund und ermüdet rasch), und es gibt auch noch andere Faktoren, auf die ich nicht eingehen möchte.

Vor etwa acht Jahren verstrickte ich mich in eine Beziehung zu einer attraktiven Frau, Carmen, einer Schwester meines Vetters, dessen abgelegte Kleider ich als Junge trug. Als ihre Ehe in die Brüche ging, nahm sie sich einen Liebhaber; als diese Beziehung aus war, besuchte ich sie einmal, um sie zu trösten, und landete innerhalb von zehn Minuten mit ihr im Bett. Wir hatten eine ungeheuer leidenschaftliche Affäre, die etwa zwei Jahre dauerte. Sie hatte heftige Orgasmen, viele hintereinander. Aber sie war psychisch verkorkst – hatte Exfreunde in der ganzen Welt, die ihr davongelaufen waren, weil sie sie verrückt machte. Sie ist das, was ich eine Männerfresserin nennen würde. Sie konnte im Laufe eines einstündigen Zusammenseins zwanzig Orgasmen und mehr haben und zwei Stunden später von vorne beginnen. Schließlich wollte sie, daß ich Julia verlasse und mit ihr nach Amerika gehe. Fast hätte ich es getan, so verrückt war ich nach ihr. Meine Ehe war in Gefahr, und ich war psychisch total fertig – besessen von Carmen und unfähig zur Arbeit. Ich konnte es nicht länger ertragen und erzählte Julia alles. Eine Katastrophe, es sah so aus, als ob unsere Ehe darüber zerbrechen würde. Aber Julia kämpfte darum, uns beisammenzuhalten. Eines Abends, als ich sehr betrunken war, erzählte ich ihr, was den Reiz Carmens ausmache, daß ich dem nicht widerstehen könne und wie sie mich andererseits ausquetsche wie eine Zitrone. Ich gestand Julia auch, daß ich bisexuell bin und daß Carmens Anziehung darin besteht, daß sie im Grunde ein herrschsüchtiger ›kesser Vater‹ ist – dominierend und doch attraktiv, unsentimental und sehr intelligent, tüchtig und dabei sexuell verführerisch. Eine unheimlich zielstrebige Frau, die mich animiert, indem sie die gesamte ›andere‹ Hälfte meines Sexualtriebs aktiviert – die Hälfte, die ich normalerweise im homosexuellen Bereich auslebte. Julia war nicht überrascht zu hören, daß ich homosexuell bin. Anscheinend hatte sie bereits alles über mich gewußt, bevor wir heirateten, und keinerlei Anstoß daran genommen. Sie hatte viel über mich von einem

Arzt in dem Hospital erfahren, in dem sie als Krankenschwester ausgebildet wurde. Anscheinend hatte ich eine Beziehung zu diesem jungen Mann unterhalten. Auch jetzt noch wendet sie nichts gegen meine Beziehungen zu Männern ein, solange ich diese von der Familie fernhalte. Die Sache mit Carmen war schrecklich, und es gelang mir nur mit monatelanger psychiatrischer Hilfe, meine Besessenheit von ihr zu überwinden. Diese Erfahrung wirkte sich auch negativ auf meine Karriere aus. Schließlich machte ich einen neuen Anfang, und Julia verzieh mir. Ich kehrte wieder zu einer Art zeitweiliger Homosexuellenexistenz zurück, ohne aber einen passenden Partner zu finden. Ein Ergebnis der Psychotherapie war, daß ich meinen Glauben an den Katholizismus völlig verlor.
Das Problem war, daß ich ein Spiegelbild meiner selbst suchte – einen männlichen Mann, mit dem ich ins Bett gehen konnte, was ein Paradox ist. Bei einem Mann bin ich manchmal der passive und manchmal der dominante Partner, entweder mit verschiedenen Männern oder mit demselben Mann bei verschiedenen Gelegenheiten. In den zwei Jahren nach dem Bruch mit Carmen hatte ich verschiedene, unterschiedlich erfolgreiche Affären mit Männern. Da ich keinen passenden Partner für männlichen Sex finden konnte, gab ich mehr oder weniger auf. Ich hoffte, jemanden zu finden, der vielleicht etwas jünger ist als ich, verheiratet und nicht im geringsten maniriert und verweiblicht. Ich sublimierte diesen Wunsch, indem ich Sozialarbeit leistete, in einem Jugendclub mithalf und anderen, die sich in Schwierigkeiten befanden, Freundschaftsdienste leistete. Julia arbeitete mit mir an manchen der Fälle verheirateter Bisexueller, wobei uns beiden unsere persönlichen Erfahrungen zustatten kamen.
Vor vier Jahren traf ich eine zweite Carmen. Ich war nicht auf der Suche nach einer Geliebten, aber die Anziehung war gegenseitig und stark. Ich mochte ihren Geruch. Diese Geschichte hat erst vor kurzem geendet – ich habe Schluß gemacht. Sie war ebenfalls eine herrische Frau. Ich weiß nicht, warum es so lange dauerte, denn wir hatten nicht viel miteinander gemein. Es machte uns jedoch Spaß, zusammen zu schlafen, zu essen und am Wochenende mit meinem Caravan wegzufahren. Aber es gab ständig sexuelle Schwierigkeiten, weil sie nur dann zum Orgasmus kam, wenn ich ihre Klitoris direkt mit dem Finger oder der Zunge stimulierte. Dennoch ging ich sehr gern mit ihr ins Bett. Ich machte aber Schluß mit ihr, weil ich sie verdächtigte, sich mit anderen Männern eingelassen zu haben. Ich war geschäftlich ziemlich viel unterwegs gewesen, und sie hatte viele Gelegenheiten, Männer

kennenzulernen. Vor kurzem habe ich eine Beziehung zu einem sehr netten Mann, Kurt, begonnen, auf den ich gleich zurückkommen werde.
Ich sollte erklären, daß Julia es akzeptiert, wenn ich ein oder zwei Abende in der Woche allein ausgehe und mehrmals im Jahr mit dem Caravan fortfahre. Sie glaubt, daß ich bei diesen Gelegenheiten immer mit Männern zusammen bin. Von meiner neuen Freundin hat sie nie etwas erfahren.
Um auf Kurt zurückzukommen: er ist etwa vierzig, verheiratet und sieht sehr gut aus. Er ist weniger erfahren als ich, und wir sind noch dabei zu experimentieren. Er scheint die aktive Rolle vorzuziehen. Ich glaube, daß bei diesen Beziehungen die Gefahr groß ist, sich Geschlechtskrankheiten zu holen, und ich mache mir Sorgen, daß er auch mit anderen Männern zu tun hat. Ich sehe Kurt nicht sehr oft, weil ich geschäftlich viel unterwegs bin und er Schichtarbeit leistet. Ich muß gestehen, daß ich bereits im Begriff bin, das Interesse an ihm zu verlieren; das ist meistens so – zuerst eine sehr starke Anziehung, die meinerseits vorwiegend körperlich ist –, und dann möchte ich die Beziehung beenden. Ich verliebe mich nicht in Männer, ich begehre sie nur, doch ich verliebe mich in Frauen. Ich glaube jetzt, daß ich gern eine neue Beziehung zu einer willensstarken, eher herrischen Frau hätte – die vielleicht freiberuflich tätig ist, eine starke Libido hat und ein- oder zweimal in der Woche mit mir schlafen möchte und hin und wieder am Wochenende im Caravan mit mir wegfährt. Eine solche Quelle sexueller Gratifikation ohne besondere gesellschaftliche Bindung würde mein homosexuelles Verlangen auf würdigere Weise befriedigen, als dies mit einem Mann möglich ist. Ich wünsche mir kein Mannweib – aber sie muß ein bißchen herrisch und gebieterisch sein; dies scheint für mich emotional dieselbe Wirkung zu haben, wie wenn sie ein Mann wäre, und das finde ich befriedigend.
Ich schlafe immer noch etwa einmal in der Woche mit meiner Frau, manchmal auch zwei- oder dreimal. Wenn ich nicht mit ihr oder einer Geliebten oder einem Freund sexuell verkehre, onaniere ich. Dabei betreibe ich ein- oder zweimal im Monat rektale Masturbation, wenn ich mir nicht auf andere Weise ausreichende Befriedigung verschaffen kann. Nachher empfinde ich Scham und Reue. Ich bin sicher, daß alle meine homosexuellen Bedürfnisse, wie es auch früher geschehen ist, in die Beziehung eingehen würden, wenn ich eine geeignete Partnerin fände. Mein sexuelles Verlangen bedrängt mich ständig, und ich finde selten wirkliche Befriedigung. Ich glaube, daß ich halb homo- und halb hetero-

sexuell bin, aber wenn ich die richtige Partnerin finden könnte, wäre ich ganz ausgeglichen. Sex mit Julia ist nicht völlig befriedigend, weil sie sich nichts aus dem Liebesspiel macht; es soll alles sehr rasch gehen und in zwei Minuten vorüber sein, mit wenig Zärtlichkeit und Spiel. Ich finde es sexuell befriedigend, aber emotional habe ich das Gefühl, in der Luft zu hängen. Ich kann ihr das nicht begreiflich machen und habe es aufgegeben, eine Veränderung herbeiführen zu wollen.

9. Walter

Ich bin immer bisexuell gewesen, obwohl es Zeiten gibt, zu denen ich sexuell zwischen den beiden Polen hin und her pendle. Ich widme beiden Geschlechtern gleichviel Aufmerksamkeit, das heißt, mein großes Interesse an anderen Männern wird als ebenso merkwürdig betrachtet wie mein mangelndes Interesse für Frauen. Ich glaube nicht, daß ich mir entweder einen Jungen oder ein Mädchen als Partner wünsche. Ich komme einfach gar nicht auf den Gedanken. Ich kümmere mich wenig darum, welche Genitalien jemand hat, bis ich mit dem oder der Betreffenden im Bett bin.

Ich genieße jede Art von sexueller Aktivität. Ich habe es aufgegeben, herausfinden zu wollen, warum mir jemand gefällt. Es sind einfach Menschen, mit denen ich, alles in allem genommen, intim sein möchte. In sexueller Hinsicht übernehme ich gewöhnlich bei beiden Geschlechtern die dominante Rolle, während ich in meinen sozialen Beziehungen eher passiv (vielleicht einfach bequem) bin.

Weil es eine völlig andere Taktik erfordert, einen Freund bzw. eine Freundin zu gewinnen, verbringe ich meistens etwa sechs Monate mit dem einen und dann wieder sechs Monate mit dem anderen etc. Das hat nichts mit einer mobilen Sexualität zu tun. Ich neige dazu, mich bei meinen Eroberungen und Liebesbeziehungen von einer Art innerem Einsatzplan leiten zu lassen.

Ich ziehe heterosexuelle Jungen vor. Ich habe gewöhnlich diskrete Arrangements mit Jungen, die feste Freundinnen etc. haben. Ich mag nicht viele homosexuelle Jungen. Sie reden immer von ›wir‹ und ›die anderen‹. Die Jungen (meine Freunde sind meist jünger als ich) sind einfache Menschen, mit denen ich mich sowieso befreunden würde, und sobald sie mich gut kennen und mögen, lasse ich meine sexuelle Orientierung andeutungsweise durchblicken. Wie Ihnen jeder bestätigen wird, der das macht,

können es viele ›normale‹ Burschen dann gar nicht erwarten, mit einem ins Bett zu gehen, solange sie wissen, daß sie nichts riskieren. Bei Mädchen wende ich die übliche heterosexuelle Praxis an, das heißt, ich gable Mädchen in Diskos auf etc.
Ich möchte heiraten und mich irgendwo niederlassen. Aber ich werde meine Freiheit nicht aufgeben. Ich bin ein glücklicher Mensch und kann andere glücklich machen. Meine Mutter und Großmutter waren liebevolle Frauen. Mein Vater gab mir das Gefühl der Sicherheit. Ich mag die gemischte Gesellschaft einer Familie, und das ist einer der Gründe, warum ich homosexuelle Beziehungen mit heterosexuellen oder bisexuellen Männern vorziehe. Ich lerne sie in Schwulenpubs kennen. Homosexuelle Erfahrungen kommen der Heterosexualität zugute. Ich mag fixierte Geschlechtsrollen nicht. Es ist unecht. Wir sind alle gleich. Es fällt nicht ins Gewicht, daß ich einer Frau gegenüber erotischer und abenteuerlustiger bin. Sie ist sanfter. Sex mit einer Frau ist wie heimkommen. Sex mit Männern ist schärfer. Steif und kantig. In den letzten fünf Jahren habe ich meine Homosexualität nie verborgen.
Ich neige dazu, Bisexualität als normal zu betrachten. Solange die Homosexualität immer noch mit einem gewissen sozialen Stigma behaftet ist, wird normales Verhalten meiner Ansicht nach frustriert.

10. Alice

Diese letzte Autobiographie unterscheidet sich insofern von den anderen, als sich Alices Bisexualität, soweit es die Liebe zu ihrem eigenen Geschlecht betrifft, auf Träume und Phantasien beschränkt. Aber *sie hält sich selbst für bisexuell.* Alter: 40 Jahre.
Ich bin Quäkerin und mit einem zweiundvierzigjährigen Quäker glücklich verheiratet.
Drei Kinder im Alter von zwölf, zehneinhalb und neun Jahren.
Mein Vater: Professor der Medizin. } stabile Ehe.
Meine Mutter: Praktische Ärztin. }
Ich habe drei Brüder: einer ist ein Jahr jünger als ich, der zweite ist sechs Jahre jünger als ich, und der dritte ist siebzehn Jahre jünger als ich. Die beiden älteren sind glücklich verheiratet – wie es scheint!
Abgesehen davon, daß ich einen Haushalt führe und ein glückliches Familienleben habe, übe ich an der Open University eine Lehr- und Beratungstätigkeit aus und unterrichte außerdem an

einem Weiterbildungscollege. Ich habe zwei akademische Grade, darunter ein Doktorat, und ausgeprägte geistige und andere Interessen – Malen, Musizieren, Bergwandern, Studium der Tier- und Pflanzenwelt, Reisen etc. Von 1960 bis 1969 lebten wir in Ghana, darüber hinaus hatte ich Gelegenheit, Länder wie Rußland, Finnland, Israel und Äthiopien zu besuchen.

Alles in allem hatte ich ein ausgefülltes und reichhaltiges Leben und, so überraschend das erscheinen mag, ich betrachte meine Probleme jetzt als Teil dieser Reichhaltigkeit. Ich werde jetzt versuchen, über sie zu berichten.

In den ersten zwanzig Jahren meines Lebens etwa war mir bewußt, daß ich mich mit meiner Weiblichkeit keineswegs abgefunden hatte. Ich ›wünschte mir, ein Junge zu sein‹. Ich war außerstande, mich für irgendeine Tätigkeit zu engagieren, die von mir und anderen als spezifisch weiblich angesehen wurde (z. B. Puppenspielen, ›feminine‹ Kleider, Frauenzeitschriften, männliche Freunde, Weiberklatsch.) Wann immer ich eine ›weibliche Rolle‹ spielen mußte, fühlte ich mich unzulänglich, unsicher und linkisch (z. B. bei einer Party, in einem Cocktailkleid, in Gesellschaft männlicher Freunde usw.). Da ich ein sehr gutaussehendes Mädchen war, das oberflächlich besehen jeden gesellschaftlichen Vorzug genoß, gab es keinen offensichtlichen Grund, weshalb ich mich diesen Dingen so wenig gewachsen fühlte.

Die Beschäftigungen, die ich am liebsten hatte, waren intellektueller, künstlerischer und sportlicher Art. *Keine* war spezifisch ›maskulin‹ – wie Fußball, Prügeleien oder rücklings unter dem Auto zu liegen. Ich zog *Gedichte* dem ›Schmusen‹ vor. Die Klamotten, in denen ich mich am wohlsten fühlte, waren Shorts und Hosen – und Jeans, als diese in Mode kamen.

All das muß für viele Frauen zutreffen. Kaum berichtenswert, so könnte man meinen. Damals zuckte ich einfach mit den Achseln und dachte nicht weiter über diese Dinge nach, obwohl sie mich oft sehr unglücklich machten. Ich erklärte mir alles damit, daß ich ›kein Junge war, obwohl ich einer sein wollte‹, und mit der ›Stellung der Frauen‹, der ›Unfairness der Männer‹ und der Schüchternheit, die ich mit der Zeit überwinden würde, etc.

Manchmal wurde ich aber doch nachdenklich. Ich fragte mich, warum ich mich manchmal weiblich fühlte und dann dieses Gefühl verlor und mich männlich zu fühlen begann. Dieses Gefühl der ›Weiblichkeit‹ war so schwer aufrechtzuerhalten, sogar in einem Ballkleid, und das Gefühl der ›Männlichkeit‹ war mir gewöhnlich peinlich, da ich ›wußte‹, daß ich kein Mann bin. Am sichersten fühlte ich mich in neutraler (oder ›unisex‹, wie man jetzt sagt) Kleidung und in Situationen, die nicht viel ›Weiblichkeit‹ erforderten, weil ich mir dann keine Mühe geben mußte, bei diesen Anlässen mein weibliches Image herauszustreichen, und nicht darauf zu achten brauchte, ob dieses Image vielleicht verrutschte. Kurz, ich konnte mich entspannen und das alles vergessen. Manchmal fühlte ich mich ›weiblich‹; dann fragte ich mich wieder ernsthaft, ob ich nicht mein Geschlecht umwandeln sollte. Aber wenn ich die Möglichkeit dazu gehabt hätte (mit Hilfe eines Zauberstabs, nicht eines Chirurgen), dann hätte ich, das glaube ich, immer abgelehnt.

Als ich mit Fünfundzwanzig heiratete, trat das Problem für einige Jahre in den Hintergrund. Ich war mir am Anfang meiner Ehe und Mutterschaft meiner ›Weiblichkeit‹ sicherer. Das Stillen machte mir große Freude; ich nähte Kleider usw. Im Grund hatte sich jedoch an dem Problem nichts geändert. Mein Interesse an Sex kam schubweise, und ich bemerkte, daß es weitgehend davon abhing, ob es mir gelang, mich ganz in die Frauenrolle zu finden oder nicht. Diese Fähigkeit war immer noch wandelbar und unzuverlässig. Später paßten mein Mann und ich uns einander an, so daß ich meine Geschlechtlichkeit auf bisexuellere Art genießen konnte.

Ich habe außerhalb meiner Ehe keine sexuellen Erfahrungen gemacht. Ich finde meinen Mann sehr anziehend, nicht aber andere Männer. Viele Frauen haben mich angezogen, aber es ist für mich ›undenkbar‹, mit ihnen zu schlafen – ich habe Angst davor. In meinen Träumen habe ich oft sexuelle Erlebnisse mit Frauen, die gewöhnlich nicht identifizierbar sind – obwohl eine ganz eindeutig meine Mutter und eine andere eine Freundin war. Vor etwa zwei Jahren hatte ich einen unheimlich lustigen Traum, in dem ich mich in einem Haus voller Lesbierinnen befand. Das machte mir ungeheuren Spaß. Meine Freundin war auch da – obwohl ich mich im Wachzustand nicht besonders von ihr ›angezogen‹ fühle. Im wirklichen Leben haben wir eine bereits zwanzig Jahre währende Freundschaft, die auf zahlreichen gemeinsamen Interessen basiert. (Mein Mann und ich haben abgesehen vom Sex im Grunde eine ähnliche Beziehung. Wir teilen viele Dinge auf allen Erfahrungsebenen miteinander.)

Ich glaube, ich sollte Ihnen jetzt über andere Aspekte meiner psychischen Lebensgeschichte berichten.

In bestimmten Abschnitten meines Lebens litt ich unter starken Angstzuständen – insbesondere im Alter von siebzehn, vierundzwanzig bis fünfundzwanzig und vierunddreißig bis achtunddreißig Jahren. Diese Phasen waren auch durch einen drastischen

Anstieg physischer Symptome gekennzeichnet, die ich immer gehabt habe – Rückenschmerzen, Migräne, Unfähigkeit zu essen etc. Im Alter von Vierunddreißig, als ich aus Ghana nach England zurückkehrte, war ich körperlich so krank, daß ich in London Dr. Wilfred Barlow konsultierte, der mit der ›Alexander-Technik‹ arbeitet. Ich nehme an, daß Sie über Dr. Barlow und seine Mitarbeiter informiert sind. Nachdem er mich behandelt hatte, indem er meine Muskeln aus ihrer Verkrampfung löste und mir beibrachte, mich selbst zu entspannen etc., begann mir bewußt zu werden, wie ich mich in diese verkorkste Verfassung gebracht hatte. Ich erkannte, daß ich vor Furcht zitterte und ständig dazu neigte, mich wieder zu verkrampfen. Ich wandte mich dann an Dr. R. M., einen Psychotherapeuten in Manchester, um Hilfe. Ich machte bei ihm eine ziemlich gründliche Analyse, die drei Jahre und acht Monate dauerte und im August 1973 endete. Dr. R. M. setzte sich vor allem mit meiner Angst vor der vermeintlichen Zauberkraft meiner Gedanken auseinander, die bei mir die Vorstellung bewirkte, daß ich andere zerstöre, und mit meiner selbstbestrafenden Aggression, meinen ständigen Selbstvorwürfen, daß ich ›schlecht‹ und unvollkommen sei. Das Bild war jedoch noch komplexer, und es wurde auch meine sexuelle Verfassung untersucht. Wir stellten fest, daß *ich bisexuell bin,* und er half mir, das zu akzeptieren, aber ich erkannte damals nicht, was mir inzwischen klar geworden ist, seit ich am vergangenen Samstag Sie gehört habe. Jetzt scheint mir das Bild entschieden klarer.
Als Sie sprachen, erkannte ich, daß von *mir* die Rede war. Das überraschte mich, obwohl ich wußte, daß Sie kaum über etwas sprechen würden, was mir völlig fremd ist. Ich versuchte, mir einzureden, wie ich es immer getan hatte, daß ich mir im Grunde alles nur einbildete; daß ich ein ganz ›normaler‹ Mensch sei, der einer selbstprovozierten Verwirrung ein Etikett aufkleben möchte, und daß jemand, der niemals etwas Sexuelles ›getan‹ hat, außer zu heiraten, kaum als bemerkenswert zu bezeichnen sein kann! Aber Sie sprachen nicht darüber, was irgend jemand tut – Sie sprachen davon, was bestimmte Menschen in bezug auf sich selbst *fühlen* – und ich erkannte diese Gefühle. Mein ganzes Leben lang bis zum heutigen Tag habe ich nie ein dauerhaftes und festes Gefühl gehabt, eine Frau zu sein: ich fühle mich als eine Art Hermaphrodit. Ich mache mir jetzt nicht mehr ständig Sorgen darüber. Jetzt wo ich älter werde und mich daran gewöhnt habe und darüber hinaus einen dauerhaften Nutzen aus Dr. R. M.s Hilfe ziehe, habe ich das Gefühl, damit leben zu können. Ich weiß nicht, wie oft ich mich gleichzeitig ›männlich‹ und ›weiblich‹ fühle.

Oft fühle ich mich in einer Sekunde weiblich und in der nächsten männlich . . . ich weiß es nicht. Es ist schwer zu analysieren, und das einzige, was ich sagen kann, ist, daß mein ›weibliches‹ Selbstbild flüchtig und schwankend ist. Ich mußte lernen, mit mir selbst als einer Art von Frau-Mann zu leben. Ich habe keinesfalls mehr den Wunsch, ›ein Mann zu sein‹ – aber habe ich mir das je wirklich gewünscht? (Ich könnte beginnen, das zu analysieren, aber ich werde der Versuchung widerstehen!)
Ganz abgesehen von allem, was Sie uns über Geschlechtsidentität sagten, haben auch andere Dinge, von denen Sie sprachen, einen tiefen Eindruck auf mich gemacht. Zum Beispiel sagten Sie, daß Sie früher das starke Gefühl gehabt hätten, Liebe sei etwas, was nur zwischen Frauen vorkomme – und Männer hätten nichts damit zu tun. Dies ist auch immer *mein* Gefühl gewesen. Ich war fest davon überzeugt, bis ich meinen Mann kennenlernte, und trotz seiner Liebe glaube ich es immer noch in bezug auf alle Männer außer ihm! Keine Versicherung kann etwas an diesem Gefühl ändern (was nur natürlich ist, denn durch Überredung kann man kein Gefühl verändern – nur durch *ein anderes Gefühl!*)
Ich bin mir vollkommen bewußt, daß ich noch nicht auf meine Beziehungen zu meinen Eltern eingegangen bin, wie meine Großeltern waren, wie ich mich in der Pubertät fühlte (verstärkte Angst natürlich), meine Beziehungen zu meinen Kindern etc. Über all diese Dinge gibt es bedeutsame Einzelheiten zu berichten. Mein Vater ist ein sehr gehemmter Mensch und eine höchst unbefriedigende Bezugsperson; seine Mutter war zweifellos latent homosexuell. Die Pubertät war eine quälende Erfahrung für mich, ein Mädchen, dessen Körper eine völlig andere Sprache als seine Seele sprach. Meine Kinder setzten sich über all diese Dinge hinweg: sie sind durch und durch ›gesund‹, sicher in ihrer Geschlechtsidentität und interessieren sich sehr für das andere Geschlecht.

Drei Träume

Ich habe mir insgesamt 160 Träume notiert, fast alle zwischen Januar 1970 und Ende 1973, von denen ich nachstehend drei wörtlich aus meinen Aufzeichnungen wiedergebe.

1. Ich träumte, daß ich Minister in irgendeinem vornehmen Königreich, ich glaube, im Nahen Osten, werden sollte, ein sehr

wichtiger Mann, der viele Reden hielt. In gewisser Weise muß es wohl der Himmel selber gewesen sein. Ich trug lange, fließende Gewänder, und der Herrscher, der unerreichbar schien, sollte an diesem Tag gekrönt werden. Ich hatte einen Sitz in vorderster Reihe und war sehr stolz. Neben mir in der ersten Reihe saß mein Bruder, eine zwielichtige Figur, und wir beschlossen, uns das Warten mit einem Spaziergang im Park abzukürzen. Im Park verschwand mein Bruder plötzlich, und ich war ein auf allen vieren kriechender Krüppel, der sich abmühte, zum Palast zurückzukehren, aber große Lastwagen und Pferde näherten sich mir von allen Seiten. Ich hatte größte Mühe, ihnen auf Händen und Knien auszuweichen. Schließlich gelangte ich zurück und war plötzlich wieder ein aufrechter, attraktiver, erfolgreicher Mann. Die ›Königinmutter‹ begrüßte mich am Tor, und ich hatte den Eindruck, daß sie wissen müsse, was ich gelitten hatte. Deshalb inszenierte ich einen Ohnmachtsanfall. Sie brachte mich wieder zu sich, und ich nahm meinen Platz ein, gerade als die Zeremonie ihren Anfang nahm.

2. Ich träumte, daß ich, ermutigt von Nigel, ein Trapezkünstler wurde und zwischen buschigen Zweigen auf Ästen herumspazierte, einen kleinen, ziemlich femininen tanzenden Jungen an der Hand führend. Es geschah sehr viel, woran ich mich nicht erinnern kann und was dazu führte, daß der Junge zu einer Strafe verurteilt wurde. Dann rief Napoleon: ›Er muß kastriert werden!‹ Ich war entsetzt und versuchte, es zu verhindern, und wachte schließlich voller Angst auf.

3. Ich träumte, daß ein sehr schönes, mittelalterliches, halb aus Holz erbautes Haus, das sich in einer Straßenzeile in einem historischen Dorf befunden hatte, niedergebrannt war. Die Leute vom Denkmalschutzamt waren sehr traurig darüber! Gleichzeitig wußte ich, daß im Dorf gemunkelt wurde, in dem zerstörten Haus gingen ›schreckliche Dinge‹ vor sich. Ich folgte einer älteren Frau, die ich nicht identifizieren kann, durch das ganze Haus. Dabei staunte ich, daß es noch möglich war, die halbzerstörten, verkohlten Fußböden zu betreten. Ich sehe die geschwärzten Balken und Bohlen noch deutlich vor mir, und ich erinnere mich auch an meine Angst, durch den Fußboden zu brechen, als wir vorsichtig voranschritten. Im oberen Stock befanden sich auf beiden Seiten der Galerie moderne Schlafzimmer, die völlig unbeschädigt waren. Zwei lagen direkt vor mir, und ich war mir bewußt, daß sich ein oder zwei weitere hinter mir befanden. Dort fanden die ›schrecklichen Dinge‹

statt. – Ja, es war *lesbische Liebe,* die dort herrschte, und ich fragte mich, wie die Lesbierinnen das machen konnten, da sie doch von ihren Nachbarn soweit wie möglich daran gehindert wurden. Als ich an die Entschlossenheit der Lesbierinnen dachte, beschloß ich, mich zu ihnen zu gesellen. Eine sehr gute Sache. Ich ließ meine Freundinnen Revue passieren und überlegte mir, welche meine Partnerin sein könnte. Ich wählte X (namentlich identifiziert) und war gerade im Begriff, wunderbare Dinge zu erleben, als ich leider aufwachte. Es war Zeit, aufzustehen . . .

Anhang I: Bisexualität und Androgynie

Ungeachtet der Unterschiede zwischen diesen beiden Begriffen, ist Bisexualität mit Androgynie gleichgesetzt worden. Insbesondere Psychiatern und Psychologen ist der Vorwurf zu machen, sie gleichgesetzt zu haben. Androgynie ist inzwischen ein bevorzugtes Thema ihrer Untersuchungen geworden. Ich habe bereits mehrere Abhandlungen erwähnt, die sich mit ›psychischer Androgynie‹ befassen (1. Kapitel). Sowohl Bisexualität als auch Androgynie klingen im griechischen Mythos von Hermaphroditus an. Wie die Sage berichtet, verliebte sich die Nymphe Salmacis in den schönen Sohn von Hermes und Aphrodite, und in Erhörung ihres Gebets, nie von ihm getrennt zu werden, vereinigten die Götter ihre beiden Geschlechter (1. Kapitel). Hermaphroditus selbst war ein Halbgott und wurde als solcher verehrt. In diesem alten Mythos waren Androgynie und Bisexualität ein und dasselbe. Die unterschiedlichen Bedeutungen kristallisierten sich erst heraus, als die Welt des mythischen Denkens durch die Rationalität verdrängt wurde. Aber der Begriff der Androgynie hat nie seine mythische und ›spirituelle‹ Qualität verloren, auch nicht in der Neuzeit. Seine Verwendung in der heutigen Psychologie zeugt von dem Wunsch, einer ursprünglich mythischen Vorstellung wissenschaftlichen Status zu verleihen.

Die Gleichsetzung von Bisexualität mit Androgynie ist jedoch in *einer* Hinsicht gerechtfertigt, nämlich im Bereich der Geschlechtsidentität mit ihren Auswirkungen auf das Selbstbild. Ich habe darauf hingewiesen, daß die natürliche Geschlechtsidentität jedes Menschen weiblich/männlich bzw. männlich/weiblich, mit anderen Worten androgyn ist. In diesem Sinn ist Bisexualität *im Selbst inbegriffen* und ist darin identisch mit Androgynie. Hier decken sich die beiden Begriffe, während sie sich in den meisten anderen Hinsichten unterscheiden.

1. Androgynie hat den Anklang des Mythischen und Religiösen beibehalten. Die griechische Sage von Hermaphroditus wurde wahrscheinlich von ähnlichen Mythen übernommen, die in

Asien und dem Nahen Osten verbreitet waren, wo in der Antike androgyne Göttinnen verehrt worden waren: die bärtige Astarte in Phönizien und Syrien und die androgyne Ischtar in Mesopotamien. Eine andere, weniger bekannte weiblich/männliche Gottheit war Nyame, die bis zum heutigen Tag von den Akanern in Ghana als Schöpferin des Universums angebetet wird, wie die Anthropologin Eva L. R. Meyerowitz berichtet.

2. Der Begriff der Androgynie hängt mit der körperlichen Erscheinung zusammen, der der Bisexualität nicht. Man bezeichnet ein Mädchen oder eine Frau als androgyn, wenn sie breite Schultern und schmale Hüften hat und insgesamt knabenhaft aussieht. Das Umgekehrte gilt für einen gynandrischen Mann oder Jungen.
3. Das Wort Androgynie kann nur auf Menschen angewendet werden. Bisexualität geht hingegen durch die ganze Natur.

Es war kein Zufall, daß das Wort Bisexualität erstmals von dem Wissenschaftler Charles Darwin gebraucht wurde. Er schrieb 1868 in *Das Variiren der Thiere und Pflanzen im Zustande der Domestication,* daß allein die Bisexualität bestimmte hereditäre Eigenschaften bei Pflanzen und Tieren erklären könne. Dadurch demonstrierte er, daß Bisexualität viel umfassendere Implikationen hat als Androgynie.

Die Bisexualität hat Psychiatern und Psychologen Rätsel aufgegeben, die sie nicht lösen konnten. Nun haben sie das Wort Androgynie als linguistischen Ersatz für Bisexualität gewählt, was natürlich keine Lösung des Problems ist. Aber abgesehen von ihrer viel weiter gefaßten Bedeutung unterscheidet sich Bisexualität auch in zwei anderen Hinsichten grundlegend von Androgynie:

a) Bisexualität bezieht sich auf die Lebensweise einer beträchtlichen Anzahl von Menschen, Androgynie hingegen nicht.
b) Bisexuelle Menschen brauchen keine androgynen Körpermerkmale aufzuweisen. Tatsächlich unterscheiden sie sich in ihrem Aussehen nicht von sogenannten normalen Menschen, das heißt, sie variieren in ihrem Aussehen ebenso wie diese.

Selbst wenn sich dies in ihrem täglichen Leben und ihren Haltungen nicht offen manifestiert, sind sich alle bisexuellen Menschen ihrer männlich/weiblichen Geschlechtsidentität bewußt und besitzen daher noch einen Funken der androgynen Magie der Liebe, von der die Sage von Hermaphroditus ein so schönes Beispiel gibt. Dem Bewußtsein der eigenen zwiegeschlechtlichen Identität wohnt auch eine Art von kosmischem Bewußtsein inne. Androgynie oder *die im Selbst enthaltene Bisexualität* ist die Basis kreativer

Energie. Es ist unmöglich, die kreative Energie eines Individuums von der kosmischen Energie zu isolieren, die alles und jedes durchdringt. Sie offenbart sich im Menschen in mannigfaltiger Weise: in der Liebe, in der Religion, in der Kunst und Literatur, in Gedanken, menschlichen Beziehungen und vielen Formen der Ekstase. Durch diese Erfahrungen berühren sie die Sphäre dessen, was allgemein als Spiritualität bezeichnet wird und was nichts anderes als die Suche nach etwas Dauerhaftem bedeutet. Mit welchem Wort man diese Suche auch benennen mag, es steht für Werte, die eine materialistische Sicht der Welt ablehnen.

Androgynie liegt in der Natur des Künstlers und seines Schaffens, insbesondere was den Schriftsteller betrifft. Wie könnte ein Romancier sonst Figuren des anderen Geschlechts zum Leben erwecken? Und auch Maler wären in ihren künstlerischen Ausdrucksmöglichkeiten eingeschränkt, wenn sie sich ihrer eigenen ›doppelten‹ Natur nicht bewußt wären. Am offenkundigsten manifestiert sich Androgynie jedoch bei Schriftstellern, ob sie nun verbunden mit Bisexualität in menschlichen Beziehungen auftritt oder nicht. Eines der auffallendsten Beispiele unter unseren Zeitgenossen ist die Schriftstellerin und Künstlerin Kate Millett, die ihre Androgynie und Bisexualität in ihrem Buch *Flying* eindrucksvoll beschrieben hat.

Die folgenden Seiten illuminieren durch einige herausragende Beispiele aus älterer und jüngerer Zeit die Kombination von Androgynie und Bisexualität.

In ferner Vergangenheit war die berühmte Dichterin Sappho, Archetypus der weiblichen Homosexualität, faktisch sowohl androgyn als auch *bisexuell.* Leider stehen uns nur wenige fragmentarische Informationen über sie zur Verfügung, und auch davon sind einige wahrscheinlich nicht zuverlässig. Aber was uns von ihren Gedichten überliefert ist, zeigt, mit welcher glühenden ästhetischen und sinnlichen Liebe sie Frauen liebte. Aber ihre Lyrik pries auch die Ehe, und ihre mütterliche Liebe findet zärtlichen Ausdruck in einem Gedicht für ihre Tochter Clea.

Es ist ein weiter Sprung vom dritten vorchristlichen Jahrhundert in unser zwanzigstes Jahrhundert und zu der Londoner Bloomsbury-Gruppe, der Schriftsteller und Künstler angehörten, die sowohl androgyn als auch bisexuell waren. Obwohl es zu allen Zeiten Frauen und Männer dieser Veranlagung gab, sind die unserer eigenen Epoche am eindrucksvollsten und lebendigsten zu vergegenwärtigen.

Vita Sackville-Wests androgyne und bisexuelle Natur wurde durch Virginia Woolf unsterblich, die *Orlando* über und für sie schrieb. Vitas eigener Sohn rief ihr androgynes Wesen und ihre Bisexualität in der berühmten Biographie seiner Eltern, *Portrait einer Ehe,* in Erinnerung. Sie verliebte sich in Frauen und liebte gleichzeitig ihren Mann, der sie vergötterte. Er war selbst bisexuell und hatte, obwohl er auf seine Frau fixiert war, zahlreiche homosexuelle Abenteuer. Vita Sackville-West liebte Virginia Woolf, eine Liebe, die auf subtile und etwas zögernde Weise erwidert wurde.

Virginia Woolf machte bissige Bemerkungen über Vitas sapphische Freundschaften (Quentin Bell, *Virginia Woolf,* 2. Teil), aber ich glaube, daß dies ihre Art war, zu ›reden‹ und sich selbst zu schützen.

Ich führte im Jahre 1935 mehrere lange Gespräche mit Virginia Woolf. Ohne besondere Betonung oder merkliche Hemmung sagte sie einmal zu mir: »Leonard ist meine Mutter.« Ich habe diese Worte nie vergessen. Ihre Ablehnung sexueller Stereotypen fand in mir eine begeisterte Resonanz, weil sie, soweit ich mich erinnere, der erste Mensch meines Gesichtskreises war, der sich der menschlichen Sexualität in allen ihren Formen, nämlich als gemeinsames Ganzes bewußt war. Ihre geistige Androgynie hatte kein gleichwertiges Gegenstück in ihrer Bisexualität; ihre physischen Reaktionen waren in dieser Hinsicht gedämpft. Ihre Psychose mag zu ihrer Frigidität beigetragen oder diese verursacht haben.

Virginia Woolfs Freund, der Schriftsteller und Biograph Lytton Strachey kann als perfektes Beispiel von Androgynie und Bisexualität gelten. Sein psychischer ›Hermaphroditimus‹ äußerte sich auch in seiner Kleidung, seinen Gesten und seiner typischen Körperhaltung. In konventionell kategorisierender Sprache würde er wahrscheinlich als Homosexueller bezeichnet werden, aber er liebte emotional Männer und Frauen, wenn auch auf verschiedene Weise, und man kann ihn deshalb berechtigterweise als bisexuell bezeichnen. Er selbst lehnte sexuelle Stereotypisierung und Kategorisierung ab und duldete kein Tabu gegen irgendeine Art von Liebe. Die Frau, die ihm am meisten bedeutete, war die Malerin Dora Carrington. Sie akzeptierte alles an ihm um den Preis, ihn lieben zu dürfen. Er folgte nur dem Diktat seiner eigenen Bedürfnisse und revolutionären sozialen Ideen. Seine Gedanken über Liebe erinnern an die Äußerungen vieler Teilnehmer an dieser Untersuchung. Ebenso wie viele Probanden der jüngeren Altersgruppen lehnte er Eifersucht ab, ja verachtete sie. Wie er streben auch sie in allem, insbesondere in den menschlichen Beziehungen, nach einer nicht-kapitalistischen Einstellung.

Wie Strachey sehen auch sie in der Eifersucht einen Ausdruck einer chauvinistischen männerbeherrschten Gesellschaft, wenn nicht des Faschismus. Man könnte weitere Beispiele der Koexistenz von Androgynie und Bisexualität in der Bloomsbury-Gruppe zitieren. Es genüge ein Zitat aus Carolyne Heilbruns Buch *Toward a Recognition of Androgyny* über die Künstler und Schriftsteller des Bloomsbury-Kreises: »Heute scheint festzustehen, daß keiner von ihnen ohne bisexuelle Erfahrung war« (S. 123).

Die einsame Figur Somerset Maughams, der keiner Gruppe angehörte, ist ein spezielles Beispiel der Kombination von Androgynie und Bisexualität. Er hatte eine brillante Gabe, weibliche Charaktere zu schaffen. Eine seiner eindrucksvollsten Frauengestalten ist ›Jane‹, die Heldin einer gleichnamigen Kurzgeschichte. Sie wurde mehrmals für den Hörfunk bearbeitet und mehrere Schauspielerinnen meines Bekanntenkreises, darunter Rachel Kempson und Fritzi Massary, waren von dieser Figur begeistert und wollten sie spielen. Rachel Kempson spielte in der Tat ›Jane‹ in der Fernsehserie, die Somerset Maugham gewidmet war.

In seiner Jugend hielt sich Somerset Maugham für bisexuell mit weitaus stärkeren hetero- als homosexuellen Neigungen (siehe Dolores Klaich, *Woman + Woman*, S. 198). Aber mit zunehmendem Alter kehrte sich das Verhältnis um. Eine unglückliche Ehe mag zu diesem Wandel beigetragen haben, aber vermutlich spielten auch andere Ursachen mit.

Wie ich in diesem Buch bereits erwähnte, traten solche Veränderungen aus einer Reihe von Gründen sowohl bei den bisexuellen Frauen als auch den Männern meiner Untersuchung ein. Sie waren endokriner oder psychologischer Natur oder auch eine Mischung aus beidem.

Auch biographische Ereignisse können in dem einen oder anderen Lebensabschnitt die hetero- oder homosexuelle Seite in den Vordergrund stellen. Aber die weniger entwickelte und unterdrückte Komponente meldet sich zum geeigneten Zeitpunkt mit besonders ›lauter Stimme‹, und zwar um so heftiger, je mehr sie verdrängt worden war.

Ein weiteres signifikantes Beispiel des Zeitfaktors in der hetero- oder homosexuellen Dominanz bei bisexuellen Menschen ist die französische Schriftstellerin Colette. Ihre sinnliche und tiefe Bindung an ihre Mutter Sidonie prädisponierte sie von Anfang an, Frauen zu lieben. Aber ihre Sinnlichkeit schloß alles Geschmackvolle, Ästhetisch-Anziehende und Graziöse ein, seien es Männer,

Frauen, Tiere oder Pflanzen. Diese große Liebende und hervorragende Schriftstellerin war in einem Abschnitt ihres Lebens eine Varietékünstlerin gewesen. Damals war ihr Lesbianismus evident: sie lebte fünf Jahre lang mit der Marquise Belboef zusammen. Sie heiratete zweimal und liebte ihren ersten Mann Willy trotz seines grausamen Verhaltens ihr gegenüber leidenschaftlich. Bei ihr verwischten sich die Grenzen zwischen Androgynie und Bisexualität – die eine verschmolz mit der anderen.

Schließlich möchte ich zwei Schriftsteller erwähnen, die androgyn, aber in ihrer Lebensweise nicht bisexuell waren.

Flauberts Bemerkung: »Ich *bin* Madame Bovary« (zitiert nach Heilbrun, a.a.O. S. 156), wirft ein bezeichnendes Licht auf die Androgynie des Autors. Feodor Dostojewskis psychische Androgynie manifestiert sich in den meisten seiner Romane, insbesondere aber in *Der Idiot.* Aljoscha, Heiliger und Narr, verkörpert Mannsein und Frausein in schöner Ausgewogenheit. Nastassja Filippowna, eine der attraktivsten Frauengestalten, die je von einem Romancier geschaffen wurden, erinnert an die Hetären, die eine so wichtige Rolle in der athenischen Zivilisation des antiken Griechenlands und auch auf Sapphos Lesbos spielten. Nastassjas Wesen als Frau wird akzentuiert und noch gesteigert durch die Manifestationen ihrer Virilität. Sie ist sowohl intuitiv als auch intellektuell, und ihre Abenteuerlust, ihre erstaunliche Geistesgegenwart sowie ihre Entschlossenheit, sofort in Aktion zu treten, wenn nötig, und ihr Idealismus sind Facetten des unvergeßlichen Charmes und der Einzigartigkeit ihrer androgynen Persönlichkeit.

Bisexualität impliziert psychische Androgynie, aber Androgynie impliziert nicht eo ipso Bisexualität. Bei den zitierten Beispielen älterer und neuerer Schriftsteller ging es mir hauptsächlich darum, die Kombination von beidem zu zeigen. Einige der Autobiographien des vorangegangenen Kapitels sind von unmittelbarer Relevanz für dieses Thema. Ich denke dabei an die beiden schöpferischen Frauen, Penelope und Alice. Beide sind Universitätsdozentinnen und Schriftstellerinnen. Penelope ist eine Lyrikerin von beachtlicher Begabung und Alice eine originelle Folklore-Interpretin und Schriftstellerin. Penelope (Autobiographie 4) identifiziert sich mit Vita Sackville-West. Sie führt eine erfolgreiche Ehe mit einem verständnisvollen Mann und hat gleichzeitig eine erfüllte lesbische Beziehung. Obwoh Alice (Autobiographie 10) viel mit Penelope gemein hat, ist sie aus anderen Gründen von besonderem Interesse. Sie ist nicht nur psychisch, sondern auch in ihrem Äußeren androgyn. Und sie ist eine der wenigen

Teilnehmerinnen meiner Studie, die den gleichgeschlechtlichen Aspekt ihrer Bisexualität nur in Träumen und Phantasien auslebten. Obwohl sie keine physische lesbische Beziehung hatte oder hat, ist sie sich ihrer zwiegeschlechtlichen Identität und der erotischen Anziehung, die Frauen auf sie ausüben, voll bewußt. Die Tatsache, daß sie glücklich verheiratet ist, vermindert nicht ihre lesbischen Sehnsüchte, und diese bewirken auch keine Schuldgefühle gegenüber ihrem Mann und ihren Kindern. Die beiden Frauen sind Beispiele des engen Zusammenhangs zwischen Liebe, in diesem Fall bisexueller Liebe, und Kreativität. In beidem verspüren sie jenen Hauch des ›Kosmischen‹. Liebe verleiht dem kreativen Prozeß ihre Glut und umgekehrt.

Es ist zu erwarten, daß begabte und kreative Menschen fähig sind, in Worten oder in ihrer Kunst das auszudrücken, was andere zwar fühlen, aber nur vage artikulieren können. Doch dieses Verlangen nach ›etwas Dauerhaftem‹, das nicht unter den eigenen Händen stirbt, ist ein allgemeiner menschlicher Wunsch. Es ist der innere Antrieb, der religiöse Gefühle und idealistische Bewegungen mobilisiert.

Ich hatte die Teilnehmer meiner Untersuchung aufgefordert, über ihre emotionalen und sexuellen Erfahrungen zu berichten sowie ihre eigenen Gedanken über Bisexualität zu Papier zu bringen. Ihre psychosexuellen Erfahrungen bildeten den Brennpunkt des empirischen Teils meiner Untersuchung. Sie waren deshalb das vorherrschende Thema in den Autobiographien aller Teilnehmer. Ihre Humanität und ihr Idealismus wird zwischen den Zeilen deutlich. Praktisch alle von ihnen verbindet der Wunsch nach einer ›bisexuellen Gesellschaft‹.

Meine Probanden repräsentierten mehr oder weniger einen Querschnitt der Gesellschaft, wie aus ihren Lebensläufen hervorgeht. Einige dieser Selbstdarstellungen sind daher artikulierter als andere, so beispielsweise die der beiden Künstler, Adrian (Autobiographie 2) und Charles (Autobiographie 7). Adrian, ein fast sechzigjähriger geschiedener Mann, ist eine gestörte Persönlichkeit, die ständig im Kampf mit sich selbst liegt. Er leidet an Depressionen und wird von Schuldgefühlen gequält. Aber dies hat seiner jugendlichen Begeisterungsfähigkeit und seiner Aufgeschlossenheit für Liebe und Lust keinen Abbruch getan. Seine passionierte Zuneigung zu Ingrid hat seine homosexuellen Bedürfnisse nicht abgeschwächt. Beide Formen der Liebe stimulieren seine kreative Energie und spiegeln sich in dem androgynen Stil seiner Bilder. Er ist ein ewiger Student, der seine bisexuelle Liebe in der Kunst zu sublimieren sucht. Der weitaus jüngere

Charles hätte eine erfolgreiche bürgerliche Karriere als Werbegrafiker machen können, verzichtete jedoch auf Wohlhabenheit und ein sicheres Einkommen. Seine Kreativität konzentrierte sich auf einen neuen Lebensstil, den er in seiner Autobiographie lebendig schildert. Seine Liebesfähigkeit geht weit über das Persönliche hinaus und hat ihn bewogen, sich aktiv am Kampf um eine alternative Gesellschaft zu beteiligen, die ein Leben ohne Sexismus gewährleisten soll. Er zögerte nicht, seine lukrative Stellung als Designer aufzugeben und Gärtner zu werden, weil er das Gefühl hatte, nur durch engen Kontakt mit der Erde so etwas wie Realitätsbewußtsein erhalten zu können.
Die längste Autobiographie stammt von Ingrid, die als ihren Beruf ›Callgirl‹ angab. Diese Frau hat etwas von einer Hetäre an sich. Wie die Hetären der Antike ist Ingrid eine schöne, intelligente Frau, kultiviert und gebildet. Sie ist imstande, ihren Beruf mit totaler innerer Distanzierung auszuüben, weil er sie weder als Person berührt noch ihre Liebesfähigkeit beeinträchtigt. Finanzielle Sicherheit und viel freie Zeit geben ihr die Möglichkeit, ihren geistigen Interessen nachzugehen und ihre literarische Begabung zu entwickeln. Obwohl Ingrid Männer und Frauen liebt, hat sie erkannt, daß sie größeren Frieden und vielleicht eine dauerhaftere Bindung eher in einer lesbischen als in einer heterosexuellen Beziehung finden würde. Dies hängt wahrscheinlich mit ihrem Beruf zusammen, der ihr wohl eine absolut klare Sicht und Einsicht über sich selbst nicht erlaubt.
Bisexuelle und homosexuelle Menschen müssen die festen Regeln durchbrechen, die die Matrix für den Lebensstil einer Gesellschaft bilden. Seit dem *Sexual Offences Act* von 1967 hat der homosexuelle Mann in England dies offener tun können als zuvor, weil es nunmehr mit weniger Gefahren verbunden ist, sich offen zu erkennen zu geben. Etwa zur gleichen Zeit begann sich die Situation der Lesbierin durch die Frauenbewegung zu verbessern. Sie gab ihr ein neues Selbstvertrauen und damit die Kraft, sich gegen die psychologische Verfolgung zur Wehr zu setzen, der sie seitens der Gesellschaft immer noch ausgesetzt ist.
Bisexuelle Menschen beider Geschlechter neigen viel eher dazu, ein Doppelleben zu führen als homosexuelle. Viele von ihnen halten in ihrer täglichen Existenz an konventionellen Maßstäben fest und leben ihre homosexuelle Seite diskreter und heimlicher aus als Homosexuelle. Aber wie ich in diesem Buch gezeigt habe, können weder für die eine noch die andere Gruppe allgemeingültige Regeln aufgestellt werden. Gruppenzuordnung und Kategorisierung ist zudem insofern sinnlos, als auch sogenannte Hetero-

sexuelle auf dem gleichen emotionalen und sexuellen Karussell mitfahren.
Aber den Bi- und Homosexuellen ist die Weigerung gemeinsam, als Bürger zweiter Klasse, wenn nicht als Ausgestoßene betrachtet zu werden. Ihr Protest ruft ein Klima großer Reizbarkeit und Unruhe hervor. Aggressivität und Auflehnung sind die natürlichen Folgen. *Jedes* Individuum, das sich ausgestoßen fühlt, hat keinen Stand in der Gesellschaft – und ist insofern wurzellos. Wurzellosigkeit übt eine polarisierende Wirkung auf die Emotionen aus. Einerseits führt sie zu Unzufriedenheit mit allem und jedem, andererseits bewirkt sie die Erwartung, daß jeden Augenblick etwas Wunderbares geschehen könnte. Es versteht sich von selbst, daß ein solcher seelischer Zustand zu einer emotionalen *brinkmanship* disponiert, einem Leben, das durch übermäßige sexuelle Präokkupation und emotionale Ambivalenz gekennzeichnet ist. Diese verstärken sich gegenseitig angesichts der Ablehnung unorthodoxer Psychosexualität in den Augen ›normaler‹ Menschen. Niemand würde einen Bürger, der einen konventionellen Lebensstil bevorzugt, als den heterosexuellen Herrn X oder die heterosexuelle Frau Y bezeichnen. Aber ein homo- oder bisexueller Mensch wird zuerst und vor allem als solcher kategorisiert. Diese ständige Beschäftigung mit den sexuellen Neigungen dieser Menschen löst bei ihnen zwangsläufig Befangenheit und Mißbehagen aus.
Autobiographie 8 (Gordon) illustriert diese emotionale *brinkmanship* und sexuelle Ruhelosigkeit besonders eindrucksvoll, wie auch Autobiographie 5 (Mildred). Beide enthüllen gestörte und wurzellose Menschen, die auf ihrer Suche nach ›Glück‹ und ›Partnerschaft‹ von einer Person und einem Geschlecht zum anderen irren. Mildred unterscheidet sich jedoch in einer Hinsicht von Gordon: sie hat durch ihre Liebe und Fürsorge für Kinder in der Rolle einer nicht-biologischen Mutter in einer Wohngemeinschaft Befriedigung, wenn nicht ›Erlösung‹ gefunden.
Eine andere junge Frau, Ruth (Autobiographie 3), eine Studentin von großer Intelligenz, empfindet ihre bisexuelle Orientierung als emotional bereichernd, aber gleichzeitig als Ursache deprimierender Konflikte. In ihren lesbischen Beziehungen fühlt sie sich besonders unsicher und benachteiligt. Sie nähert sich Frauen mit der Erwartung, von ihnen abgelehnt zu werden. Dennoch kann sie nicht widerstehen, zu ihnen Beziehungen herzustellen. Sie wurde eine engagierte Feministin und machte sich in der Frauenbewegung, der sie sich mit Leib und Seele verschrieb, einen Namen. Ich glaube nicht, daß emotionale Probleme je dadurch

gelöst werden können, daß man seine Seele (und sein Herz) vielen statt einer oder einem gibt. Aber in diesem Fall bestand eine direkte Verbindung zwischen ihrer persönlichen und ihrer überpersönlichen Liebe zu Frauen.
Autobiographie 9, die Geschichte eines sehr jungen Mannes, wurde aus einem ganz bestimmten Grund in diesen Band aufgenommen: sie zeigt, wie unsinnig sexuelle Kategorisierungen sind. Er spricht von seiner Vorliebe für ›heterosexuelle Männer‹, die bei bisexuellen Männern häufig ist. Dieselbe Vorliebe erstreckt sich auch auf eine Reihe bisexueller Frauen und Lesbierinnen, die sich an heterosexuelle Frauen binden.

Ich erklärte zu Beginn dieses Kapitels, daß Androgynie mit Bisexualität impliziert sei, daß aber Bisexualität ein viel weiterer Begriff ist. Wie eng die beiden jedoch miteinander zusammenhängen, ist von Flaubert in einem seiner Briefe an seine Freundin Louise Colet sinnreich und schön ausgedrückt worden.

»Du bist keine Frau, und wenn ich Dich mehr, und besonders wenn ich Dich *tiefer geliebt* habe . . . als jede andere, so deshalb, weil es mir vorkam, daß Du weniger Frau bist als eine andere . . . Denk darüber nach und Du wirst sehen, ob ich mich täusche. Ich wollte, wir behielten unsere beiden Körper und wären nur ein einziger Geist. An Dir als Frau will ich nur das Fleisch . . . Verstehst Du, daß dies keine Liebe ist, sondern etwas Höheres, so scheint mir, daß diese Begierde der Seele für sie fast ein Lebensbedürfnis ist, ein Bedürfnis sich auszuweiten, größer zu werden. Jede Empfindung ist eine Ausdehnung, deshalb ist die Freiheit die edelste der Leidenschaften.« (Flaubert, Briefe, S. 241)

Diese Worte des anscheinend heterosexuellen Flaubert sagen aus, daß es die psychische Androgynie ist, die intime Beziehungen unabhängig von Sex und sexueller Orientierung schöpferisch und dauerhaft macht.

Anhang II: Statistiken

Wie die Tabellen zu lesen sind

Die nachstehenden dreißig Tabellen führen die *Häufigkeit* an, mit der die einzelnen Probanden bestimmten Kategorien zuzurechnen sind. In den Tabellen 1–6 sind die Häufigkeiten für die männlichen Teilnehmer unter ›Anzahl (Männer)‹ und für die weiblichen Probanden unter ›Anzahl (Frauen)‹ angeführt.
In Tabelle 1 sind beispielsweise 23 der 75 befragten Männer unter 30 Jahre alt, 13 sind zwischen 30 und 39 etc. Als weiteres Beispiel von Tabelle 1:11 weibliche Befragte fallen in die Kategorie der 40–49jährigen.
In Tabelle 7 und den meisten folgenden Tabellen sind außer dem Geschlecht des Befragten *zwei* Variablen angeführt. In Tabelle 16 sind diese zwei Variablen a) das *Alter* des Teilnehmers (die Altersgruppen sind in den senkrechten Kolumnen angeführt) und b) die Anzahl homosexueller *Partner,* die jeder Teilnehmer angab (die Anzahl der Partner ist in den waagrechten Reihen angeführt). In jeder Tabelle bedeutet M Mann, F Frau. In Tabelle 16 scheinen somit 3 männliche Probanden im Alter von 20–29 auf, die angaben, keine homosexuellen Partner gehabt zu haben (die Eintragung 3 in der ersten Kolumne und der ersten Reihe); weiter sind 7 weibliche Teilnehmer im Alter von 30–39 Jahren angeführt, die angaben, 6 oder mehr homosexuelle Geliebte gehabt zu haben, etc. Die Summen scheinen am rechten Rand auf (Reihensummen) und in den meisten Fällen am unteren Rand der Seite (Kolumnensummen). So sind beispielsweise in Tabelle 16 insgesamt 20 weibliche Teilnehmer vorhanden, die angaben, eine homosexuelle Partnerin gehabt zu haben.

1. Kendalls S-Statistik wurde benutzt, um herauszufinden, ob eine signifikante Korrelation zwischen zwei Variablen, wie beispielsweise dem Alter eines Teilnehmers und der Anzahl seiner Liebhaber, besteht. Das Verfahren wird angewandt, wenn beide Variablen Werte repräsentieren, die von einem Extrem zum anderen geordnet werden können: Alter ist eine Variable, die vom Jüngsten bis zum Ältesten in eine Reihenfolge gebracht werden kann, und die Anzahl der Partner kann ebenfalls von Null bis 1, 2, 3 etc. geordnet werden. Je größer bei jeder Analyse der Wert von S ist, desto größer ist die Tendenz, daß hohe Werte einer Variablen mit hohen Werten der anderen assoziiert sind und umgekehrt. In jedem Fall entspricht der Wert z der üblichen Normalabweichung; bei jedem Test wurde eine Korrektur für Kontinuität gemacht, und wenn die Korrektur das Signifikanzniveau veränderte, wurde bei den Schlußfolgerungen von z (korrigiert) = z (k) ausgegangen.
2. Der Chi-Quadrat-Test wurde benutzt, wenn eine oder beide Variablen nicht in eine Reihenfolge gebracht werden konnten oder wenn beide Variablen nur zwei Levels aufweisen. Bei jeder Analyse gilt, je größer der Wert von Chi-Quadrat, desto größer die Beziehung zwischen den beiden Variablen. In jedem Fall wird die Zahl der Freiheitsgrade (df) angegeben.

Bei beiden Testarten ist ein signifikantes Resultat durch einen Wert von p, der geringer ist als 0,05, ersichtlich; $p < 0{,}05$ bedeutet, die Wahrscheinlichkeit, daß die erhaltene Beziehung zwischen den zwei Variablen durch Zufall auftritt, ist geringer als 0,05%, es handelt sich daher um eine signifikante Beziehung; $p > 0{,}05$ bedeutet ein nicht-signifikantes Resultat. Ob ein einseitiger oder zweiseitiger Test verwendet wurde, hängt davon ab, ob hinsichtlich der Richtung des Unterschiedes oder der Beziehung zwischen zwei Variablen eine Vorhersage gemacht wurde oder nicht. Bei allen signifikanten Resultaten wird angegeben, ob es sich um einen einseitigen (mit Vorhersage) oder einen zweiseitigen (ohne Vorhersage) Test handelt. Wenn das Ergebnis *nicht* signifikant ist, bezieht sich die angegebene Wahrscheinlichkeit (p) auf einen zweiseitigen Test.

Die Kategorie ›unbeantwortet‹ scheint in vielen Tabellen auf, wurde jedoch bei jedem statistischen Test bzw. bei der Angabe der Prozentsätze von Teilnehmern, die in besonderer Weise antworteten, ignoriert.

Tabelle A: Klassifikation der Probanden (Vp) und ihrer Eltern nach dem Beruf

	Probanden (Vp)		Väter von		Mütter von	
Berufe	*Männer*	*Frauen*	*m Vp*	*w Vp*	*m Vp*	*w Vp*
Bildungswesen	15	21	3	7	6	15
Kunst und Kultur	13	14	3	2	2	4
Öffentlicher Dienst	9	4	12	14	3	1
Wirtschaft						
Angestellte	5	8	8	10	7	11
Selbständige	4	5	11	12	1	1
Heil- und Pflegeberufe	6	15	6	6	1	7
Gelernte Arbeiter (Facharb.)	13	2	18	16	8	3
Ungelernte Arbeiter (Hilfsarb.)	5	1	12	6	8	8
Arbeitslose/Rentner	5	3	–	–	–	–
Hausarbeit	–	2	–	–	39	25

Die Klassifizierung der Menschen nach Gesellschaftsschichten ist nicht mehr zeitgemäß. Ich habe mich deshalb entschlossen, die Probanden meiner Untersuchung und ihre Eltern nach Berufen zu kategorisieren.
Von speziellem Interesse ist die berufliche Verlagerung sowohl der männlichen wie der weiblichen Vp verglichen mit ihren Eltern auf das Bildungswesen und die Kunst, und bei den Frauen auch auf die Heil- und Pflegeberufe; das Faktum, daß eine erhebliche Anzahl (18) der männlichen Vp manuelle Arbeiter waren; und daß die Zahl der Arbeitslosen und Rentner relativ niedrig war.

Tabelle 1: Alter der Untersuchungsteilnehmer

Alter	*Anzahl (Männer)*	*Anzahl (Frauen)*
Unter 30	23	30
30–39	13	28
40–49	10	11
50–59	18	2
über 59	11	4
insgesamt	75	75

Es besteht ein *signifikanter* Unterschied zwischen der Altersverteilung der männlichen und weiblichen Teilnehmer (S = 1605; z = 3,13; $p < 0{,}002$, zweiseitiger Test).
Die männlichen Teilnehmer sind älter (Mittelwert 42,0 Jahre) als die weiblichen (Mittelwert 34,1 Jahre).

Tabelle 2: Alter der Eltern bei Geburt des Teilnehmers

Alter der Mutter	*Anzahl (Männer)*	*Anzahl (Frauen)*
Unter 20	3	2
20–24	16	12
25–30	24	21
31–35	19	25
36–40	8	10
über 40	5	4
nicht bekannt	–	1

Alter des Vaters	*Anzahl (Männer)*	*Anzahl (Frauen)*
20–29	25	19
30–39	34	38
40–49	12	12
50–59	2	4
über 59	1	–
nicht bekannt	1	2

Es besteht *kein* signifikanter Unterschied zwischen den männlichen und weiblichen Teilnehmern, weder in bezug auf das Alter der Mutter bei der Geburt (S = 547; z = 1,07; p > 0,05), noch in bezug auf das Alter des Vaters bei der Geburt (S = 401; z = 0,84; p > 0,05).

Tabelle 3: Alter der Teilnehmer beim Tod der Eltern

Alter beim Tod der Mutter	*Anzahl (Männer)*	*Anzahl (Frauen)*
0–3	2	1
4–7	1	1
8–12	1	–
13–18	–	1
über 18 (oder noch lebend)	71	72

Tabelle 3: Alter der Teilnehmer beim Tod der Eltern (Forts.)

Alter beim Tod des Vaters	*Anzahl (Männer)*	*Anzahl (Frauen)*
0–3	2	–
4–7	4	2
8–12	2	3
13–18	4	2
über 18 (oder noch lebend)	62	66
nicht bekannt	1	2

Nur 5,3 Prozent der männlichen und 4,0 Prozent der weiblichen Teilnehmer verloren ihre Mutter vor dem 19. Lebensjahr. Der Unterschied ist sichtlich nicht signifikant. 16,2 Prozent der männlichen und 9,6 Prozent der weiblichen Probanden verloren ihren Vater vor dem 19. Lebensjahr. Diese Prozentsätze sind *nicht* signifikant verschieden (Chi-Quadrat = 0,91; df = 1; p > 0,05).

Tabelle 4: Zahl der Geschwister

Anzahl d. Brüder	*Anzahl (Männer)*	*Anzahl (Frauen)*
0	32	32
1	27	30
2	12	9
3	3	3
über 3	1	1

Anzahl d. Schwestern	*Anzahl (Männer)*	*Anzahl (Frauen)*
0	27	39
1	22	24
2	13	6
3	11	4
über 3	2	2

Es besteht *kein* signifikanter Unterschied zwischen den männlichen und weiblichen Teilnehmern bezüglich der Anzahl der gleichgeschlechtlichen Geschwister (S = 535, z = 1,03; p > 0,05) wie auch der andersgeschlechtlichen Geschwister (S = 929; z = 1,79; p > 0,05).

Tabelle 5: Position in der Familie

Position	*Anzahl (Männer)*	*Anzahl (Frauen)*
Älteste(r)	20	28
2. Kind	12	7
3. Kind	5	3
4. Kind	1	1
5. oder späteres Kind	4	–
Jüngste(r)	20	21
Einziges Kind	13	15

Es besteht *kein* signifikanter Unterschied zwischen der Familienposition der weiblichen und männlichen Teilnehmer (Chi-Quadrat = 7,32; df = 6; p > 0,05).

Tabelle 6: Ältere und jüngere Brüder und Schwestern

Ältere Brüder?	*Anzahl (Männer)*	*Anzahl (Frauen)*
Ja	25	23
Nein	50	52
Jüngere Brüder?	*Anzahl (Männer)*	*Anzahl (Frauen)*
Ja	25	23
Nein	50	52
Ältere Schwestern?	*Anzahl (Männer)*	*Anzahl (Frauen)*
Ja	31	17
Nein	44	58
Jüngere Schwestern?	*Anzahl (Männer)*	*Anzahl (Frauen)*
Ja	27	25
Nein	48	50

Es besteht *kein* signifikanter Unterschied zwischen den männlichen und weiblichen Teilnehmern bezüglich der Zahl der gleichgeschlechtlichen älteren Geschwister (Chi-Quadrat = 1,62; df = 1; p < 0,05) wie auch bezüglich der Zahl der andersgeschlechtlichen älteren Geschwister (Chi-Quadrat = 1,42; df = 1; p > 0,05).
Es besteht *kein* signifikanter Unterschied zwischen den männlichen und weiblichen Teilnehmern bezüglich der Anzahl der gleichgeschlechtlichen jüngeren Geschwister (Chi-Quadrat = 0,03; df = 1; p > 0,05), und auch nicht in der Anzahl der andersgeschlechtlichen jüngeren Geschwister (Chi-Quadrat = 0,27; df = 1; p > 0,05).

Tabelle 7: Familienstand und Kinder

(a) der Eltern der Teilnehmer

	Männer	*Frauen*
Glücklich verheiratet	39	40
Getrennt lebend	5	6
Geschieden	4	9
Unbeantwortet	27	20
Insgesamt	75	75

52,0 Prozent der Männer und 53,3 Prozent der Frauen gaben an, ihre Eltern seien glücklich verheiratet – ein sehr ähnliches Resultat.

(b) der Teilnehmer

	Männer	*Frauen*
Ledig	32	37
Glücklich verheiratet	24	13
Unglücklich verheiratet	9	10
Getrennt lebend	2	5
Geschieden	3	8
Verwitwet	5	2
Unbeantwortet	–	–
Insgesamt	75	75

42,7 Prozent der Männer waren unverheiratet, verglichen mit 49,3 Prozent der Frauen. Von den verheirateten Männern bezeichneten 72,7 Prozent ihre Ehe als glücklich, von den verheirateten Frauen 56,5 Prozent. Kein signifikantes Ergebnis.

(c) Haben Sie Kinder und wie ist Ihre Beziehung zu ihnen?

	Männer	*Frauen*
Nein (keine Kinder)	28	39
Ja (habe Kinder)		
Liebevoll	33	26
Indifferent	2	–
Unbeantwortet	11	9
Insgesamt	75	75

Es besteht kein signifikanter Unterschied zwischen den Geschlechtern in bezug auf Kinder. (Chi-Quadrat = 1,52; df = 1; p > 0,05). 48,0 Prozent der Männer und 36,0 Prozent der Frauen hatten Kinder.

Tabelle 8: Stiefeltern

(a) Hatte vor dem 18. Lebensjahr eine Stiefmutter

	Männer	*Frauen*
Ja	3	1
Nein	72	74
Unbeantwortet	–	–
Insgesamt	75	75

(b) Hatte vor dem 18. Lebensjahr einen Stiefvater

	Männer	*Frauen*
Ja	4	5
Nein	71	70
Unbeantwortet	–	–
Insgesamt	75	75

Tabelle 9: Traumatische sexuelle Erfahrung

(a) In der Kindheit

	Männer	*Frauen*
Ja	15	20
Nein	57	53
Unbeantwortet	3	2
Insgesamt	75	75

20,8 Prozent der antwortenden Männer berichteten über eine traumatische sexuelle Erfahrung in der Kindheit, verglichen mit 27,4 Prozent der Frauen. (*Keine* statistisch signifikante Differenz.)

(b) In der Adoleszenz

	Männer	*Frauen*
Ja	13	17
Nein	55	54
Unbeantwortet	7	4
Insgesamt	75	75

19,1 Prozent der antwortenden Männer und 23,9 Prozent der Frauen berichteten ein traumatisches sexuelles Erlebnis in der Adoleszenz. (*Kein* statistisch signifikantes Ergebnis.)

Tabelle 10: Inzest

(a) Mit gleichgeschlechtlichem Geschwister

	Männer	*Frauen*
Ja	7	1
Nein	67	74
Unbeantwortet	1	–
Insgesamt	75	75

(b) Mit andersgeschlechtlichem Geschwister

	Männer	*Frauen*
Ja	4	4
Nein	71	71
Unbeantwortet	–	–
Insgesamt	75	75

Wie vorausgesagt, besteht eine *signifikante* Tendenz unter den männlichen Teilnehmern, mehr *homosexuelle* Inzesterfahrungen mit Geschwistern zu machen (9,5 %) als unter den weiblichen Vp (1,3 %) (Chi-Quadrat = 3,4; df = 1; $p < 0{,}05$, einseitiger Test.)

(c) Mit gleichgeschlechtlichem Elternteil

	Männer	*Frauen*
Ja	1	–
Nein	74	75
Unbeantwortet	–	–
Insgesamt	75	75

(d) Mit andersgeschlechtlichem Elternteil

	Männer	*Frauen*
Ja	1	2
Nein	74	73
Unbeantwortet	–	–
Insgesamt	75	75

Tabelle 11: Emotionale Bindungen und Neigungen

(a) Emotionale Bindung

	Anzahl (Männer)	*Anzahl (Frauen)*
Nur homosexuell	6	4
Vorwiegend homosexuell	16	39
Beide Geschlechter gleich	34	24
Vorwiegend heterosexuell	16	7
Nur heterosexuell	3	–
Unbeantwortet	–	1

Tabelle 11: Emotionale Bindungen und Neigungen (Forts.)

(b) Vorherrschende emotionale Neigung

	Anzahl (Männer)	*Anzahl (Frauen)*
Homosexuell	36	52
Heterosexuell	25	12
Unbeantwortet	14	11

Es besteht ein *signifikanter* Unterschied zwischen den emotionalen Bindungen der männlichen und der weiblichen Teilnehmer (S = 1666; z = 3,29; p < 0,001, zweiseitiger Test). Die emotionalen Bindungen der weiblichen Teilnehmer sind stärker homosexuell als die der männlichen Befragten; 29,3 Prozent der männlichen gegenüber 58,1 Prozent der weiblichen Vp gaben homosexuelle emotionale Bindungen an.
Weiter besteht eine *signifikante* Differenz zwischen den Geschlechtern bezüglich ihrer vorherrschenden emotionalen Präokkupationen *(preoccupations)* (Chi-Quadrat = 6,38; df = 1; p < 0,02, zweiseitiger Test). 59,0 Prozent der männlichen Teilnehmer gegenüber 81,3 Prozent der weiblichen berichteten vorherrschend homosexuelle emotionale Präokkupationen.

Tabelle 12: Frühere Wünsche, dem anderen Geschlecht anzugehören, und Haltung der Eltern

Wünschte Mutter, daß Vp d. anderen Geschlecht angehört?	*Geschlecht*	*Wünscht Vp, dem anderen Geschlecht anzugehören?*			
		Ja	*Nein*	*Unbeantwortet*	*Insgesamt*
Ja	M	5	5	–	10
	F	8	1	–	9
Nein	M	6	32	–	38
	F	14	20	–	34
Weiß es nicht	M	15	12	–	27
	F	16	15	1	32
Insgesamt	M	26	49	–	75
	F	38	36	1	75

Wünschte Vater, daß Vp d. anderen Geschlecht angehört?		*Wünscht Vp, dem anderen Geschlecht anzugehören?*			
		Ja	*Nein*	*Unbeantwortet*	*Insgesamt*
Ja	M	2	3	–	5
	F	10	4	–	14
Nein	M	10	33	–	43
	F	16	23	–	39
Weiß es nicht	M	14	13	–	27
	F	12	9	1	22
Insgesamt	M	26	49	–	75
	F	38	36	1	75

Sowohl bei den Männern als auch bei den Frauen besteht ein *signifikanter* Zusammenhang zwischen dem früheren Wunsch, dem anderen Geschlecht anzugehören, und dem Wunsch der Mutter, der (die) Betreffende möge dem anderen Geschlecht angehören. Männer: Chi-Quadrat = 3,49; df = 1; $p < 0{,}05$, einseitiger Test; Frauen: Chi-Quadrat = 4,71; df = 1; $p < 0{,}025$, einseitiger Test. Wie vorausgesagt, hatten die Probanden beiderlei Geschlechts eher den Wunsch gehabt, dem anderen Geschlecht anzugehören, falls ihre Mutter dies vorgezogen hätte. 50,0 Prozent der Männer und 88,9 Prozent der Frauen wollten dem anderen Geschlecht angehören, falls sie glaubten, daß ihre Mutter dies lieber gesehen hätte, verglichen mit 15,8 Prozent der Männer und 41,2 Prozent der Frauen, deren Mutter ihrer Meinung nach keine solche Einstellung hatte.

Es besteht *kein* signifikanter Zusammenhang zwischen dem früheren Wunsch, dem anderen Geschlecht anzugehören, und dem Wunsch des Vaters, der (die) Betreffende möge dem anderen Geschlecht angehören, weder bei den Männern (Chi-Quadrat = 0,07; df = 1; $p > 0{,}05$) noch bei den Frauen (Chi-Quadrat = 2,69; df = 1; $p > 0{,}05$).

Es besteht eine *signifikante* Differenz zwischen den männlichen und weiblichen Teilnehmern in bezug auf ihren früheren Wunsch, dem anderen Geschlecht anzugehören (Chi-Quadrat = 3,58; df = 1; $p < 0{,}05$, einseitiger Test). Wie vorausgesagt, wünschten die Frauen in ihrer Jugend häufiger als die Männer, dem anderen Geschlecht anzugehören (34,7 Prozent der Männer, 51,4 Prozent der Frauen).

Es besteht *kein* signifikanter Unterschied zwischen den Geschlechtern in bezug auf die Angabe, daß ihre Mutter wünschte, die Betreffenden gehörten dem anderen Geschlecht an (Chi-Quadrat = 0,6; df = 1; $p > 0{,}05$). 20,8 Prozent der Männer und 20,9 Prozent der Frauen glaubten, ihre Mutter hätte es vorgezogen, daß sie dem anderen Geschlecht angehörten. Hingegen besteht eine *signifikante* Differenz zwischen den Geschlechtern hinsichtlich der Annahme, ihre Väter hätten es lieber gesehen, daß sie dem anderen Geschlecht angehörten (Chi-Quadrat = 3,24; df = 1; $p < 0{,}05$ einseitiger Test). Wie vorausgesagt, glaubten die Frauen öfter, daß ihre Väter einen Jungen vorgezogen hätten (Frauen 26,4 Prozent, Männer 10,4 Prozent).

Tabelle 13: Gegenwärtige Wünsche, dem anderen Geschlecht anzugehören, und Haltung der Eltern

Wünschte Mutter, daß Vp d. anderen Geschlecht angehört?	*Geschlecht*	*Wünscht Vp, dem anderen Geschlecht anzugehören?*			
		Ja	*Nein*	*Unbeantwortet*	*Insgesamt*
Ja	M	3	7	–	10
	F	1	8	–	9
Nein	M	2	33	3	38
	F	–	34	–	34
Weiß es nicht	M	9	16	2	27
	F	4	28	–	32
Insgesamt	M	14	56	5	75
	F	5	70	–	75

Wünschte Vater, daß Vp d. anderen Geschlecht angehört?	*Geschlecht*	*Wünscht Vp, dem anderen Geschlecht anzugehören?*			
		Ja	*Nein*	*Unbeantwortet*	*Insgesamt*
Ja	M	1	4	–	5
	F	3	11	–	14
Nein	M	4	35	4	43
	F	–	39	–	39
Weiß es nicht	M	9	17	1	27
	F	2	20	–	22
Insgesamt	M	14	56	5	75
	F	5	70	–	75

Es besteht *kein* signifikanter Zusammenhang zwischen dem gegenwärtigen Wunsch, dem anderen Geschlecht anzugehören, und dem Wunsch der Mutter, der (die) Betreffende möge dem anderen Geschlecht angehören, weder bei den Männern (Chi-Quadrat 2,51; df = 1; p > 0,05) noch bei den Frauen (Chi-Quadrat = 0,52; df = 1; p > 0,05). 30,0 Prozent der befragten Männer und 11,1 Prozent der Frauen wollen dem anderen Geschlecht angehören, falls sie glauben, daß ihre Mutter dies vorgezogen hätte, gegenüber 5,7 Prozent der Männer und 0,0 Prozent der Frauen, die ihrer Mutter keinen solchen Wunsch unterstellten.
Bei den Männern (Chi-Quadrat = 0,01; df = 1; p > 0,05) besteht *kein* signifikanter Zusammenhang zwischen dem gegenwärtigen Wunsch, dem anderen Geschlecht anzugehören, und der Annahme, der Vater hege einen diesbezüglichen Wunsch, wohl aber bei den Frauen (Chi-Quadrat = 5,30; df = 1; p < 0,05, einseitiger Test). Die befragten Frauen neigen eher dazu, dem anderen Geschlecht angehören zu wollen, falls ihre Väter dies vorzögen; 21,4 Prozent gegenüber 0,0 Prozent.
Es besteht ein *signifikanter* Unterschied zwischen den männlichen und den weiblichen Teilnehmern hinsichtlich ihres *gegenwärtigen* Wunsches, dem anderen Geschlecht anzugehören (Chi-Quadrat = 4,54; df = 1; p < 0,025, einseitiger Test). Wie vorausgesagt, wollen mehr Männer (20,0%) dem anderen Geschlecht angehören als Frauen (6,7%).

Tabelle 14: Bewußtwerden der Bisexualität vor dem 15. Lebensjahr und Anzahl der Liebespartner

Anzahl der männl. Partner	*Geschlecht*	*Waren Sie sich vor d. 15. Lebensjahr Ihrer Bisexualität bewußt?*			
		Ja	*Nein*	*Unbeantwortet*	*Insgesamt*
0	M	6	6	1	13
	F	1	–	–	1
1	M	–	3	–	3
	F	2	4	1	7
2	M	2	4	–	6
	F	1	10	–	12
3	M	–	8	–	8
	F	–	6	–	6
4	M	–	4	–	4
	F	1	11	–	12
5	M	1	2	2	5
	F	–	3	–	3
6+	M	8	26	2	36
	F	4	29	1	34
Insgesamt	M	17	53	5	75
	F	10	63	2	75

Anzahl der weibl. Partner	*Geschlecht*	*Waren Sie sich vor d. 15. Lebensjahr Ihrer Bisexualität bewußt?*			
		Ja	*Nein*	*Unbeantwortet*	*Insgesamt*
0	M	1	2	–	3
	F	3	1	–	4
1	M	2	12	–	14
	F	2	17	1	20
2	M	3	7	1	11
	F	–	15	1	16
3	M	3	12	1	16
	F	1	8	–	9
4	M	3	6	1	10
	F	1	7	–	8
5	M	1	1	–	2
	F	–	2	–	2
6+	M	4	13	2	19
	F	3	13	–	16
Insgesamt	M	17	53	5	75
	F	10	63	2	75

Es besteht *kein* signifikanter Zusammenhang zwischen dem Bewußtwerden der eigenen Bisexualität vor dem 15. Lebensjahr und der Anzahl *männlicher* Partner, weder bei den männlichen Teilnehmern ($S = 129$; $z = 0{,}89$; $p > 0{,}05$) noch bei den weiblichen ($S = 147$; $z = 1{,}17$; $p > 0{,}05$).

Es besteht *kein* signifikanter Zusammenhang zwischen dem Bewußtwerden der eigenen Bisexualität vor dem 15. Lebensjahr und der Anzahl *weiblicher* Partner, weder bei den Männern ($S = 67$; $z = 0{,}4$; $p > 0{,}05$) noch bei den Frauen ($S = 87$; $z = 0{,}63$; $p > 0{,}05$).
Es besteht *kein* signifikanter Unterschied zwischen den Geschlechtern hinsichtlich ihrer Tendenz, sich vor dem 15. Lebensjahr der eigenen Bisexualität bewußtzuwerden (Chi-Quadrat = 1,97; df = 1; $p > 0{,}05$).

Tabelle 15: Bisexualität zwischen 15 und 25 und Anzahl der Partner

Anzahl männl. *Partner*	*Geschlecht*	*Waren Sie zwischen 15 und 25 bisexuell?* *Ja*	*Nein*	*Unbeantwortet*	*Insgesamt*
0	M	7	5	1	13
	F	1	–	–	1
1	M	2	1	–	3
	F	6	1	–	7
2	M	5	1	–	6
	F	3	8	1	12
3	M	5	3	–	8
	F	5	1	–	6
4	M	4	–	–	4
	F	5	6	1	12
5	M	4	–	1	5
	F	1	2	–	3
6+	M	25	10	1	36
	F	20	12	2	34
Insgesamt	M	52	20	3	75
	F	41	30	4	75

Anzahl weibl. *Partner*	*Geschlecht* *Geschl.*	*Waren Sie zwischen 15 und 25 bisexuell?* *Ja*	*Nein*	*Unbeantwortet*	*Insgesamt*
0	M	3	–	–	3
	F	3	1	–	4
1	M	9	5	–	14
	F	9	11	–	20
2	M	6	4	1	11
	F	9	5	2	16
3	M	10	6	–	16
	F	4	4	1	9
4	M	9	–	1	10
	F	6	2	–	8
5	M	2	–	–	2
	F	–	2	–	2
6+	M	13	5	1	19
	F	10	5	1	16
Insgesamt	M	52	20	3	75
	F	41	30	4	75

Es besteht *kein* signifikanter Zusammenhang zwischen dem Auftreten von Bisexualität im Alter von 15 bis 25 und der Anzahl *männlicher* Partner, weder bei den männlichen Teilnehmern (S = 77; z = 0,46; p > 0,05) noch bei den weiblichen (S = 25; z = 0,1; p > 0,05).
Ebensowenig besteht ein signifikanter Zusammenhang zwischen dem Vorhandensein von Bisexualität im Alter von 15 bis 25 und der Anzahl *weiblicher* Partner, weder bei den Männern (S = 114; z = 0,67; p > 0,05) noch bei den Frauen (S = 117; z = 0,63; p > 0,05).
Es besteht *kein* signifikanter Unterschied zwischen den Geschlechtern in ihrer Tendenz zur Bisexualität im Alter von 15 bis 25 (Chi-Quadrat = 2,69; df = 1; p > 0,05).

Tabelle 16: Anzahl homosexueller Partner in den verschiedenen Altersgruppen

Anzahl d. Partner	*Geschlecht*	*Altersgruppen* 20–29	30–39	40–49	50–59	über 59	Insg.
0	M	3	1	3	1	5	13
	F	2	–	1	1	–	4
1	M	2	–	–	–	1	3
	F	7	9	2	1	1	20
2	M	4	–	1	–	1	6
	F	8	6	2	–	–	16
3	M	3	1	–	3	1	8
	F	3	2	4	–	–	9
4	M	3	–	–	1	–	4
	F	3	3	1	–	1	8
5	M	1	1	1	1	1	5
	F	1	1	–	–	–	2
6+	M	7	10	5	12	2	36
	F	6	7	1	–	2	16
Insgesamt	M	23	13	10	18	11	75
	F	30	28	11	2	4	75

Es besteht *kein* signifikanter Zusammenhang zwischen dem Alter des Teilnehmers und der Anzahl seiner (ihrer) homosexuellen Partner(innen), weder bei den Männern (S = 16; z = 0,08; p > 0,05) noch bei den Frauen (S = 3; z = 0,02; p > 0,05).
Es besteht ein *signifikanter* Unterschied zwischen den Geschlechtern in bezug auf die Zahl der angegebenen homosexuellen Partner (S = 1425; z = 2,73; p < 0,01, zweiseitiger Test). Männer hatten signifikant mehr homosexuelle Partner als Frauen.

Tabelle 17: Anzahl der heterosexuellen Partner in den verschiedenen Altersgruppen

Anzahl d. Partner	*Geschlecht*	*Altersgruppen* 20–29	30–39	40–49	50–59	über 59	*Insg.*
0	M	2	–	–	–	1	3
	F	–	–	–	1	–	1
1	M	3	3	3	3	2	14
	F	3	2	2	–	–	7
2	M	5	–	2	3	1	11
	F	4	6	2	–	–	12
3	M	3	5	1	5	2	16
	F	2	3	–	–	1	6
4	M	4	1	1	2	2	10
	F	4	4	2	–	2	12
5	M	2	–	–	–	–	2
	F	–	2	1	–	–	3
6+	M	4	4	3	5	3	19
	F	17	11	4	1	1	34
Insgesamt	M	23	13	10	18	11	75
	F	30	28	11	2	4	75

Es besteht *keine* signifikante Beziehung zwischen dem Alter des Befragten und der Anzahl seiner (ihrer) heterosexuellen Partner(innen), weder bei den Männern ($S = 64$; $z = 0{,}31$; $p > 0{,}05$) noch bei den Frauen ($S = 237$; $z = 1{,}22$; $p > 0{,}05$).
Es besteht ein *signifikanter* Unterschied zwischen den Geschlechtern hinsichtlich der Zahl der angegebenen heterosexuellen Partner(innen) ($S = 1429$; $z = 2{,}77$; $p < 0{,}01$, zweiseitiger Test). Frauen hatten signifikant mehr heterosexuelle Beziehungen als Männer.

Tabelle 18: Geschwisterbindung und vorherrschende emotionale Präokkupation

(a) Enge Beziehung zu älterem gleich*geschlechtlichem Geschwister?*

	Geschl.	*Vorherrschende emotionale Präokkupation?* Hom.	*Het.*	*Unbeantwortet*	*Insgesamt*
Ja	M	2	1	–	3
	F	4	–	2	6
Nein	M	34	24	14	72
	F	48	12	9	69

(b) Enge Beziehung zu jüngerem gleich*geschlechtlichem Geschwister?*

	Geschl.	*Hom.*	*Het.*	*Unbeantwortet*	*Insgesamt*
Ja	M	–	1	–	1
	F	4	1	2	7
Nein	M	36	24	14	74
	F	48	11	9	68

(c) Enge Beziehung zu älterem anders*geschlechtlichem Geschwister?*

	Geschl.	*Hom.*	*Het.*	*Unbeantwortet*	*Insgesamt*
Ja	M	10	4	1	15
	F	4	–	3	7
Nein	M	26	21	13	60
	F	48	12	8	68

(d) Enge Beziehung zu jüngerem anders*geschlechtlichem Geschwister?*

	Geschl.	*Hom.*	*Het.*	*Unbeantwortet*	*Insgesamt*
Ja	M	3	4	–	7
	F	2	1	–	3
Nein	M	33	21	14	68
	F	50	11	11	72

Es besteht *kein* signifikanter Zusammenhang zwischen der vorherrschenden emotionalen Präokkupation und engen Beziehungen zu den Geschwistern: (a) ältere gleichgeschlechtliche Geschwister: Chi-Quadrat (Männer) = 0,11; df = 1; p > 0,05; (b) jüngere gleichgeschlechtliche Geschwister: Chi-Quadrat (Männer) = 0,03; df = 1; p > 0,05: Chi-Quadrat (Frauen) = 0,27; df = 1; p > 0,05; (c) ältere andersgeschlechtliche Geschwister: Chi-Quadrat (Männer) = 0,59; df = 1; p > 0,05: Chi-Quadrat (Frauen) = 0,11; df = 1; p > 0,05; (d) jüngere andersgeschlechtliche Geschwister: Chi-Quadrat (Männer) = 0,27; df = 1; p > 0,05: Chi-Quadrat (Frauen) = 0,01; df = 1; p > 0,05.
Es besteht *kein* signifikanter Unterschied zwischen den Geschlechtern hinsichtlich der Existenz enger Beziehungen zu (a) älteren gleichgeschlechtlichen Geschwistern (Chi-Quadrat = 0,47; df = 1; p > 0,05); (b) älteren andersgeschlechtlichen Geschwistern (Chi-Quadrat = 2,61; df = 1; p > 0,05) und (c) jüngeren andersgeschlechtlichen Geschwistern (Chi-Quadrat = 0,96; df = 1; p > 0,05). Hingegen besteht ein *signifikanter* Unterschied zwischen den Geschlechtern hinsichtlich der Existenz einer engen Beziehung zu einem jüngeren gleichgeschlechtlichen Geschwister (Chi-Quadrat = 3,30; df = 1; p < 0,05, einseitiger Test). Wie vorausgesagt, hatten Frauen öfter eine enge Beziehung zu einer jüngeren Schwester (9,3%) als Männer zu einem jüngeren Bruder (1,3%).

Tabelle 19: Geschwisterantagonismus und vorherrschende emotionale Neigung

(a) Antagonistische Beziehung zu älterem gleich*geschl. Geschwister?*

	Vorherrschende emotionale Neigung				
	Geschl.	*Hom.*	*Het.*	*Unbeantwortet*	*Insgesamt*
Ja	M	6	4	1	11
	F	7	1	1	9
Nein	M	30	21	13	64
	F	45	11	10	66

(b) Antagonistische Beziehung zu jüngerem gleich*geschl. Geschwister?*

	Geschl.	*Hom.*	*Het.*	*Unbeantwortet*	*Insgesamt*
Ja	M	4	–	3	7
	F	8	–	1	9
Nein	M	32	25	11	68
	F	44	12	10	66

(c) Antagonistische Beziehung zu älterem anders*geschl. Geschwister?*

	Geschl.	*Hom.*	*Het.*	*Unbeantwortet*	*Insgesamt*
Ja	M	4	4	2	10
	F	5	1	2	8
Nein	M	32	21	12	65
	F	47	11	9	67

(d) Antagonistische Beziehung zu jüngerem anders*geschl. Geschwister?*

	Geschl.	*Hom.*	*Het.*	*Unbeantwortet*	*Insgesamt*
Ja	M	4	3	1	8
	F	5	2	–	7
Nein	M	32	22	13	67
	F	47	10	11	68

Es besteht *kein* signifikanter Zusammenhang zwischen der vorherrschenden emotionalen Neigung der Vp und ihren antagonistischen Geschwisterbeziehungen: (a) ältere gleichgeschlechtliche Geschwister: Chi-Quadrat = 0,08; df = 1; p > 0,05 bei den Männern: Chi-Quadrat = 0,0; df = 1; p > 0,05 bei den Frauen; (b) jüngere gleichgeschlechtliche Geschwister: Chi-Quadrat = 1, 44; df = 1; p > 0,05 bei den Männern: Chi-Quadrat = 0,94; df = 1; p > 0,05 bei den Frauen; (c) ältere andersgeschlechtliche Geschwister: Chi-Quadrat = 0,03; df = 1; p > 0,05 bei den Männern: Chi-Quadrat = 0,17; df = 1; p > 0,05 bei den Frauen; (d) jüngere andersgeschlechtliche Geschwister: Chi-Quadrat = 0,09; df = 1; p > 0,05 bei den Männern: Chi-Quadrat = 0,04; df = 1; p > 0,05 bei den Frauen.

Es besteht *kein* signifikanter Unterschied zwischen den Geschlechtern hinsichtlich der Existenz antagonistischer Beziehungen mit (a) älteren gleichgeschlechtlichen Geschwistern (Chi-Quadrat = 0,06; df = 1; p > 0,05; (b) jüngeren gleichgeschlechtlichen Geschwistern (Chi-Quadrat = 0,07; df = 1; p > 0,05); (c) älteren andersgeschlechtlichen Geschwistern (Chi-Quadrat = 0,06; df = 1; p > 0,05) und (d) jüngeren andersgeschlechtlichen Geschwistern (Chi-Quadrat = 0,0; df = 1; p > 0,05).

Tabelle 20: Schuldgefühle in bezug auf Sex

(a) *Schuldgefühle in bezug auf Sex* innerhalb *der Ehe (oder einer eheähnlichen Bindung)*?

	Anzahl (Männer)	*Anzahl (Frauen)*
Ja	10	5
Nein	57	66
Unbeantwortet	8	4
Insgesamt	75	75

(b) *Schuldgefühle in bezug auf Sex* außerhalb *der Ehe (oder einer eheähnlichen Bindung)?*

	Anzahl (Männer)	*Anzahl (Frauen)*
Ja	16	15
Nein	54	59
Unbeantwortet	5	1
Insgesamt	75	75

(c) *Schuldgefühle in bezug auf Homosexualität?*

	Anzahl (Männer)	*Anzahl (Frauen)*
Ja	21	11
Nein	47	62
Unbeantwortet	7	2
Insgesamt	75	75

Es besteht *kein* signifikanter Unterschied zwischen den Geschlechtern hinsichtlich ihrer Schuldgefühle in bezug auf Sex in der Ehe oder einer eheähnlichen Beziehung (Chi-Quadrat = 1,47; df = 1; p > 0,05). 14,9 Prozent der männlichen und 7,0 Prozent der weiblichen Teilnehmer gaben an, solche Schuldgefühle zu haben.
Es besteht *kein* signifikanter Unterschied zwischen den männlichen und den weiblichen Teilnehmern hinsichtlich ihrer Schuldgefühle in bezug auf Sex außerhalb der Ehe oder einer eheähnlichen Beziehung (Chi-Quadrat = 0,03; df = 1; p > 0,05). 22,9 Prozent der befragten Männer und 20,3 Prozent der befragten Frauen berichteten über derartige Schuldgefühle.
Es besteht ein *signifikanter* Unterschied zwischen den Geschlechtern

hinsichtlich ihrer Schuldgefühle in bezug auf ihre Homosexualität (Chi-Quadrat = 4,16; df = 1; p < 0,05, zweiseitiger Test). 30,9 Prozent der männlichen Befragten, aber nur 15,1 Prozent der weiblichen Befragten bekannten sich zu solchen Schuldgefühlen.

Tabelle 21: Psychische Krankheiten und Verhalten der Eltern

(a) Verhalten der Mutter *zum Befragten*	*Geschlecht*	*Haben Sie an* psychischen *Krankheiten gelitten?* *Ja*	*Nein*	*Unbeantwortet*	*Insgesamt*
Liebevoll	M	15	42	1	58
	F	17	32	1	50
Gleichgültig oder	M	6	9	–	15
vernachlässigend	F	9	9	1	19
Unbeantwortet	M	–	2	–	2
	F	4	1	1	6
Insgesamt	M	21	53	1	75
	F	30	42	3	75

Verhalten des Vaters *zum Befragten*	*Geschlecht*	*Haben Sie an* psychischen *Krankheiten gelitten?* *Ja*	*Nein*	*Unbeantwortet*	*Insgesamt*
Liebevoll	M	9	30	1	40
	F	17	29	1	47
Gleichgültig oder	M	10	19	–	29
vernachlässigend	F	11	10	–	21
Unbeantwortet	M	2	4	–	6
	F	2	3	2	7
Insgesamt	M	21	53	1	75
	F	30	42	3	75

(b) Verhalten der Mutter *zum Befragten*	*Geschlecht*	*Sind Sie je Patient in einem* psychiatrischen Krankenhaus *gewesen?* *Ja*	*Nein*	*Unbeantwortet*	*Insgesamt*
Liebevoll	M	4	54	–	58
	F	7	43	–	50
Gleichgültig oder	M	4	11	–	15
vernachlässigend	F	3	15	1	19
Unbeantwortet	M	–	2	–	2
Insgesamt	F	–	5	1	6
	M	8	67	–	75
	F	10	63	2	75

Verhalten des Vaters *zum Befragten*	*Geschlecht*	*Sind Sie je Patient in einem* psychiatrischen Krankenhaus *gewesen?* *Ja*	*Nein*	*Unbeantwortet*	*Insgesamt*
Liebevoll	M	4	36	–	40
	F	6	40	1	47
Gleichgültig oder	M	4	25	–	29
vernachlässigend	F	4	16	1	21
Unbeantwortet	M	–	6	–	6
	F	–	7	–	7
Insgesamt	M	8	67	–	75
	F	10	63	2	75

Es besteht *kein* signifikanter Zusammenhang zwischen der Haltung der *Mutter* gegenüber dem Teilnehmer und dem Auftreten psychischer Störungen, weder bei den Männern (Chi-Quadrat = 0,52; df = 1; p > 0,05) noch bei den Frauen (Chi-Quadrat = 0,73; df = 1; p > 0,05). *Ebensowenig* besteht eine Beziehung zwischen der Haltung des *Vaters* und dem Auftreten psychischer Störungen sowohl bei den männlichen Teilnehmern (Chi-Quadrat = 0,58; df = 1; p > 0,05) als auch bei den weiblichen (Chi-Quadrat = 0,85; df = 1; p > 0,05).

Bei den männlichen Teilnehmern besteht hingegen ein *signifikanter* Zusammenhang zwischen dem Verhalten der *Mutter* ihnen gegenüber und der Häufigkeit der Hospitalisierung in einem psychiatrischen Krankenhaus (Chi-Quadrat = 2,96; df = 1; p < 0,05, einseitiger Test). *Kein* solcher Zusammenhang besteht bei den weiblichen Befragten (Chi-Quadrat = 0,01; df = 1; p > 0,05). Wie vorausgesagt, kamen Männer, die eine liebevolle Mutter hatten, mit geringerer Wahrscheinlichkeit in ein psychiatrisches Krankenhaus (6,9%) als Männer mit einer gleichgültigen oder vernachlässigenden Mutter (26,7%).

Andererseits besteht *kein* signifikanter Zusammenhang zwischen der Haltung des *Vaters* zu dem/der Befragten und der Wahrscheinlichkeit, daß diese(r) in einem psychiatrischen Krankenhaus hospitalisiert wurde (Männer: Chi-Quadrat = 0,01; df = 31; p > 0,05; Frauen: Chi-Quadrat = 0,12; df = 1; p > 0,05).

Es besteht *kein* signifikanter Unterschied zwischen den Geschlechtern hinsichtlich des Verhaltens ihrer Mütter (Chi-Quadrat = 0,61; df = 1; p > 0,05) oder ihrer Väter (Chi-Quadrat = 1,39; df = 1; p > 0,05).

Es besteht *weder* ein signifikanter Unterschied zwischen den Geschlechtern hinsichtlich ihrer Angaben über psychische Krankheiten (Chi-Quadrat = 2,28; df = 1; p > 0,05) noch über die Häufigkeit einer psychiatrischen Hospitalisierung (Chi-Quadrat = 0,10; df = 1; p > 0,05).

Tabelle 22: Lieblingskind der Eltern

(a) Wer war das Lieblingskind Ihrer Mutter?

Lieblingskind	*Männer*	*Frauen*
Ich selbst	23	12
Gleichgeschlechtl. Geschwister	12	7
Andersgeschlechtl. Geschwister	6	17
Kein Lieblingskind	19	22
Unbeantwortet	2	2
Einziges Kind	13	15
Insgesamt	75	75

Es besteht ein *signifikanter* Unterschied zwischen den Geschlechtern hinsichtlich der Tendenz der Mutter, den (die) Befragte(n) als Lieblingskind zu wählen (Chi-Quadrat = 3,14; df = 1; p < 0,05, einseitiger Test). 56,1 Prozent der Männer, die angaben, daß ihre Mutter ein Lieblingskind hatte, behaupteten, selbst das Lieblingskind gewesen zu sein, verglichen mit 33,3 Prozent der Frauen, deren Mutter ein Kind bevorzugte.
Die Untersuchung ergab eine *signifikante* Tendenz der Mutter, einen Jungen, nicht ein Mädchen, zum Lieblingskind zu machen (Chi-Quadrat = 8,22; df = 1; p < 0,005, einseitiger Test). 85,4 Prozent der Männer und 47,2 Prozent der Frauen, die angaben, daß ihre Mutter ein Lieblingskind hatte, berichteten, es habe sich um einen *Sohn* gehandelt.

(b) Wer war das Lieblingskind Ihres Vaters?

Lieblingskind	*Männer*	*Frauen*
Ich selbst	9	18
Gleichgeschlechtl. Geschwister	5	5
Andersgeschlechtl. Geschwister	20	3
Kein Lieblingskind	25	32
Unbeantwortet	3	2
Einziges Kind	13	15
Insgesamt	75	75

Es besteht ein *signifikanter* Unterschied zwischen den Geschlechtern hinsichtlich der Tendenz des Vaters, den (die) Befragte(n) als Lieblingskind zu wählen (Chi-Quadrat = 9,23; df = 1; p < 0,005, einseitiger Test). 26,5 Prozent der Männer, die angaben, ihr Vater habe ein Kind bevorzugt, behaupteten, selbst das Lieblingskind gewesen zu sein, während 69,2 Prozent der Frauen, deren Vater ein Kind bevorzugte, dies von sich behaupteten.
Es besteht eine *signifikante* Tendenz der Väter, Töchter, und nicht Söhne, zu ihrem Lieblingskind zu machen (Chi-Quadrat = 12,01; df

= 1; p < 0,001), einseitiger Test). 58,8 Prozent der Männer und 88,5 Prozent der Frauen berichteten, daß das Lieblingskind ihres Vaters ein *Mädchen* gewesen sei.

Tabelle 23: Emotionaler Vorteil der Bisexualität

Anzahl männlicher Partner		*Bedeutet Bisexualität einen emotionalen Vorteil?*			
	Geschlecht	*Ja*	*Nein*	*Unbeantwortet*	*Insgesamt*
0	M	9	3	1	13
	F	1	–	–	1
1	M	1	1	1	3
	F	4	1	2	7
2	M	5	1	–	6
	F	5	7	–	12
3	M	5	2	1	8
	F	1	5	–	6
4	M	1	2	1	4
	F	8	4	–	12
5	M	3	2	–	5
	F	1	2	–	3
6+	M	19	16	1	36
	F	21	12	1	34
Insgesamt	M	43	27	5	75
	F	41	31	3	75

Anzahl weiblicher Partner	*Geschlecht*	*Ja*	*Nein*	*Unbeantwortet*	*Insgesamt*
0	M	1	–	2	3
	F	2	2	–	4
1	M	7	7	–	14
	F	13	6	1	20
2	M	8	3	–	11
	F	6	8	2	16
3	M	7	8	1	16
	F	4	5	–	9
4	M	7	2	1	10
	F	5	3	–	8
5	M	–	1	1	2
	F	1	1	–	2
6+	M	13	6	–	19
	F	10	6	–	16
Insgesamt	M	43	27	5	75
	F	41	31	3	75

Es besteht *kein* signifikanter Zusammenhang zwischen der Anzahl männlicher Partner und der Ansicht, daß die Bisexualität in emotionaler Hinsicht einen Vorteil bedeute, weder bei den männlichen Teilnehmern (S = 224; z = 1,45; p > 0,05) noch bei den weiblichen (S = 125; z = 0,75; p > 0,05).
Ebenso besteht *kein* signifikanter Zusammenhang zwischen der Anzahl weiblicher Partner und der obengenannten Auffassung, weder bei den Männern (S = 110; z = 0,68; p = 0,05) noch bei den Frauen (S = 11; z = 0,06; p > 0,05).
Es besteht *kein* signifikanter Unterschied zwischen den Geschlechtern bezüglich ihrer Auffassung, daß die Bisexualität in emotionaler Hinsicht einen Vorteil darstelle (Chi-Quadrat = 0,14; df = 1; p > 0,05). 61,4 Prozent der männlichen und 56,9 Prozent der weiblichen Befragten sahen darin einen emotionalen Vorteil.

Tabelle 24: Geistiger Vorteil der Bisexualität

Anzahl männlicher Partner	*Geschlecht*	*Bedeutet Bisexualität einen geistigen Vorteil?* Ja	*Nein*	*Unbeantwortet*	*Insgesamt*
0	M	8	4	1	13
	F	1	–	–	1
1	M	–	2	1	3
	F	4	1	2	7
2	M	3	2	1	6
	F	9	3	–	12
3	M	7	–	1	8
	F	3	3	–	6
4	M	2	1	1	4
	F	9	3	–	12
5	M	4	1	–	–
	F	3	–	–	3
6+	M	18	15	3	36
	F	24	9	1	34
Insgesamt	M	42	25	8	75
	F	53	19	3	75

Anzahl weiblicher Partner	*Geschlecht*	*Bedeutet Bisexualität einen geistigen Vorteil*			
		Ja	*Nein*	*Unbeantwortet*	*Insgesamt*
0	M	1	–	2	3
	F	3	1	–	4
1	M	5	8	1	14
	F	11	8	1	20
2	M	7	4	–	11
	F	10	4	2	16
3	M	8	7	1	16
	F	6	3	–	9
4	M	9	–	1	10
	F	7	1	–	8
5	M	–	1	1	2
	F	2	–	–	2
6+	M	12	5	2	19
	F	14	2	–	16
Insgesamt	M	42	25	8	75
	F	53	19	3	75

Es besteht *kein* signifikanter Zusammenhang zwischen der Anzahl männlicher Partner und der Ansicht, daß die Bisexualität in geistiger Hinsicht einen Vorteil bedeute, weder bei den Männern ($S = 124$; $z = 0,86$; $p > 0,05$) noch bei den Frauen ($S = 16$; $z = 0,11$; $p > 0,05$).
hingegen besteht eine signifikante Beziehung zwischen der Anzahl *weiblicher* Partner und der Auffassung, daß die Bisexualität einen geistigen Vorteil bedeute, sowohl bei den Männern ($S = 260$; $z(c) = 1,66$; $p < 0,05$, einseitiger Test) als auch bei den Frauen ($S = 303$; $z(c) = 1,91$; $p < 0,05$, einseitiger Test). Wie vorausgesagt, erwies sich bei *beiden Geschlechtern,* daß die Teilnehmer um so stärker dazu neigten, ihre Bisexualität als geistigen Vorteil zu betrachten, je höher die Zahl ihrer weiblichen Partner war; 52,5 Prozent der Männer und 65,2 Prozent der Frauen mit 3 oder weniger weiblichen Partnern hielten die Bisexualität für einen geistigen Vorteil, gegenüber 77,8 Prozent der Männer und 88,5 Prozent der Frauen mit mehr als 3 weiblichen Partnern.
Es besteht *kein* signifikanter Unterschied zwischen den Geschlechtern hinsichtlich ihrer Auffassung, daß die Bisexualität einen geistigen Vorteil bedeute (Chi-Quadrat $= 1,44$; $df = 1$; $p > 0,05$). 62,7 Prozent der Männer und 73,6 Prozent der Frauen bejahten diese Frage.

Tabelle 25: Kreativer Vorteil der Bisexualität

Anzahl männlicher Partner	*Geschlecht*	*Bedeutet Bisexualität einen kreativen Vorteil?* *Ja*	*Nein*	*Unbeantwortet*	*Insgesamt*
0	M	8	4	1	13
	F	1	–	–	1
1	M	–	2	1	3
	F	6	–	1	7
2	M	6	–	–	6
	F	7	3	2	12
3	M	5	–	3	8
	F	5	1	–	6
4	M	2	–	2	4
	F	10	1	1	12
5	M	3	2	–	5
	F	2	1	–	3
6+	M	20	14	2	36
	F	26	6	2	34
Insgesamt	M	44	22	9	75
	F	57	12	6	75

Anzahl weiblicher Partner	*Geschlecht*	*Ja*	*Nein*	*Unbeantwortet*	*Insgesamt*
0	M	–	–	3	3
	F	3	1	–	4
1	M	8	6	–	14
	F	12	6	2	20
2	M	8	3	–	11
	F	13	1	2	16
3	M	6	7	3	16
	F	6	2	1	9
4	M	8	–	2	10
	F	6	1	1	8
5	M	–	1	1	2
	F	2	–	–	2
6+	M	14	5	–	19
	F	15	1	–	16
Insgesamt	M	44	22	9	75
	F	57	12	6	75

Es besteht *kein* signifikanter Zusammenhang zwischen der Anzahl männlicher Partner und der Auffassung, daß die Bisexualität in kreativer Hinsicht einen Vorteil bedeute, weder bei den männlichen Teilnehmern ($S = 138$; $z = 1{,}01$; $p > 0{,}05$) noch bei den weiblichen ($S = 48$; $z = 0{,}40$; $p > 0{,}05$).
Ebensowenig besteht – bei den Männern – eine *signifikante* Beziehung zwischen der Anzahl weiblicher Partner und der Auffassung, daß Bisexualität in kreativer Hinsicht einen Vorteil bedeute ($S = 152$; $z = 1{,}06$; $p > 0{,}05$). Hingegen besteht eine solche Beziehung bei den Frauen ($S = 233$; $z^{\cdot}(k) = 1{,}80$; $p < 0{,}05$, einseitiger Test). Die Frauen hingegen neigten, wie vorausgesagt, um so eher dazu, Bisexualität in kreativer Hinsicht für einen Vorteil zu halten, je mehr weibliche Partner sie hatten. 77,3 Prozent der Frauen mit 3 oder weniger weiblichen Partnern sahen in der Bisexualität einen kreativen Vorteil, verglichen mit 92,0 Prozent der Frauen mit 4 oder mehr weiblichen Partnern. Die entsprechenden Zahlen lauteten bei den Männern 57,9 bzw. 78,6 Prozent.
Es besteht ein *signifikanter* Unterschied zwischen den Geschlechtern in bezug auf ihre Auffassung, daß Bisexualität einen kreativen Vorteil bedeute (Chi-Quadrat = 3,74; df = 1; $p < 0{,}05$; einseitiger Test). Wie vorausgesagt, empfanden die weiblichen Befragten Bisexualität in kreativer Hinsicht häufiger als Vorteil (82,6%) als die männlichen Teilnehmer (66,7%).

Tabelle 26: Sozialer Vorteil der Bisexualität

Anzahl männlicher Partner		*Bedeutet Bisexualität einen gesellsch. Vorteil?*			
	Geschlecht	*Ja*	*Nein*	*Unbeantwortet*	*Insgesamt*
0	M	5	7	1	13
	F	–	1	–	1
1	M	–	3	–	3
	F	1	4	2	7
2	M	3	3	–	6
	F	3	8	1	12
3	M	2	4	2	8
	F	2	4	–	6
4	M	1	2	1	4
	F	6	6	–	12
5	M	3	2	–	5
	F	1	2	–	3
6+	M	13	21	2	36
	F	9	21	4	34
Insgesamt	M	27	42	6	75
	F	22	46	7	75

Tabelle 26: *Sozialer* Vorteil der Bisexualität (Forts.)

Anzahl weiblicher Partner	*Geschlecht*	*Bedeutet Bisexualität einen gesellsch. Vorteil?* *Ja*	*Nein*	*Unbeantwortet*	*Insgesamt*
0	M	–	2	1	3
	F	–	4	–	4
1	M	1	13	–	14
	F	5	14	1	20
2	M	6	5	–	11
	F	4	8	4	16
3	M	5	9	2	16
	F	2	7	–	9
4	M	4	5	1	10
	F	5	3	–	8
5	M	1	–	1	2
	F	–	1	1	2
6+	M	10	8	1	19
	F	6	9	1	16
Insgesamt	M	27	42	6	75
	F	22	46	7	75

Es besteht *kein* signifikanter Zusammenhang zwischen der Anzahl männlicher Partner und der Ansicht, daß Bisexualität ein gesellschaftlicher Vorteil sei, weder bei den Männern ($S = 5; z = 0,03; p > 0,05$) noch bei den Frauen ($S = 35; z = 0,24; p > 0,05$).
Hingegen besteht bei den Männern ein signifikanter Zusammenhang zwischen der Anzahl weiblicher Partner und der Auffassung daß Bisexualität gesellschaftlich von Vorteil sei ($S = 418; z (c) = 2,56; p < 0,01$, einseitiger Test). Bei den Frauen ist dies *nicht* der Fall ($S = 235; z = 1,57; p > 0,05$). Wie vorausgesagt, tendierten die Männer um so eher dazu, Bisexualität für gesellschaftlich vorteilhaft zu halten, je mehr weibliche Partner sie gehabt hatten. Nur 29,3 Prozent der Männer mit 3 oder weniger weiblichen Partnern fanden Bisexualität gesellschaftlich vorteilhaft, gegenüber 53,6 Prozent der Männer, die 4 oder mehr weibliche Geliebte gehabt hatten. Die entsprechenden Zahlen lauteten für die Frauen 25,0 bzw. 45,8 Prozent.
Es besteht *kein* signifikanter Unterschied zwischen den Geschlechtern in bezug auf ihre Ansicht, daß Bisexualität ein gesellschaftlicher Vorteil sei (Chi-Quadrat = 0,42; df = 1; $p > 0,05$). 39,1 Prozent der sich dazu äußernden Männer und 32,4 Prozent der Frauen bejahten diese Frage.

Tabelle 27: Anzahl flüchtiger heterosexueller Begegnungen in den verschiedenen Altersgruppen

Anzahl der				*Alter*			
Begegnungen	*Geschl.*	*20–29*	*30–39*	*40–49*	*50–59*	*über 59*	*Insg.*
0	M	9	2	3	3	7	24
	F	6	6	5	1	0	18
1–10	M	11	8	3	10	3	35
	F	14	14	4	–	4	36
11–20	M	1	2	1	1	–	5
	F	3	4	1	1	–	9
21–80	M	1	1	3	2	1	8
	F	6	2	1	–	–	9
81–150	M	–	–	–	2	–	2
	F	–	2	–	–	–	2
150–300	M	1	–	–	–	–	1
	F	–	–	–	–	–	–
über 300	M	–	–	–	–	–	–
	F	1	–	–	–	–	1
Insgesamt	M	23	13	10	18	11	75
	F	30	28	11	2	4	75

Es besteht *kein* signifikanter Zusammenhang zwischen dem Alter des Teilnehmers und der Anzahl seiner (ihrer) flüchtigen heterosexuellen Abenteuer, weder bei den Männern (S = 7; z = 0,04; p > 0,05) noch bei den Frauen (S = 256; z = 1,34; p > 0,05).
Es besteht auch *kein* signifikanter Unterschied zwischen den Geschlechtern hinsichtlich der Anzahl ihrer flüchtigen heterosexuellen Kontakte (S = 568; z = 1,10; p > 0,05).

Tabelle 28: Anzahl flüchtiger homosexueller Begegnungen in den verschiedenen Altersgruppen

Anzahl der Begegnungen	*Geschl.*	*Alter* 20–29	30–39	40–49	50–59	über 59	*Insg.*
0	M	4	2	2	1	4	13
	F	14	12	8	2	1	37
1–10	M	10	1	3	3	3	20
	F	14	15	3	–	3	35
11–20	M	2	1	–	4	2	9
	F	2	1	–	–	–	3
21–80	M	4	4	2	5	1	16
	F	–	–	–	–	–	–
81–150	M	2	2	2	–	1	7
	F	–	–	–	–	–	–
151–300	M	1	2	–	4	–	7
	F	–	–	–	–	–	–
über 300	M	–	1	1	1	–	3
	F	–	–	–	–	–	–
Insgesamt	M	23	13	10	18	11	75
	F	30	28	11	2	4	75

Es besteht *kein* signifikanter Zusammenhang zwischen dem Alter des Teilnehmers und der Anzahl seiner (ihrer) flüchtigen homosexuellen Begegnungen, weder bei den Männern ($S = 55$; $z = 0{,}26$; $p > 0{,}05$) noch bei den Frauen ($S = 177$; $z = 0{,}98$; $p > 0{,}05$).
Es besteht ein *signifikanter* Unterschied zwischen den Geschlechtern hinsichtlich der Zahl ihrer flüchtigen (anonymen) homosexuellen Kontakte ($S = 3288$; $z(c) = 6{,}47$; $p < 0{,}001$, zweiseitiger Test). Männer gaben an, mehr homosexuelle Begegnungen gehabt zu haben als die Frauen; keine Frau gab mehr als 20 lesbische (anonyme) Kontakte zu Protokoll.

Tabelle 29: Sexuelle Träume und Phantasien

(a) Stellen Sie sich oft gewöhnlichen heterosexuellen Koitus vor?

Orientierung der Sexualträume	*Geschlecht*	*Ja*	*Nein*	*Unbeantwortet*	*Insg.*
Vorwiegend homosexuell	M	6	12	–	18
	F	7	7	2	16
Vorwiegend über beide Geschlechter	M	20	7	1	28
	F	25	12	2	39
Vorwiegend heterosexuell	M	9	4	2	15
	F	6	3	1	10
Unbeantwortet	M	6	7	1	14
	F	2	8	–	10
Insgesamt	M	41	30	4	75
	F	40	30	5	75

(b) Stellen Sie sich oft Analverkehr vor?

Orientierung der Sexualträume	*Geschlecht*	*Ja*	*Nein*	*Unbeantwortet*	*Insgesamt*
Vorwiegend homosexuell	M	13	5	–	18
	F	2	12	2	16
Vorwiegend über beide Geschlechter	M	24	3	1	28
	F	6	28	5	39
Vorwiegend heterosexuell	M	6	6	3	15
	F	1	9	–	10
Unbeantwortet	M	6	6	2	14
	F	–	10	–	10
Insgesamt	M	49	20	6	75
	F	9	59	7	75

(c) Stellen Sie sich oft Fellatio vor?

Orientierung der Sexualträume	*Geschlecht*	*Ja*	*Nein*	*Unbeantwortet*	*Insgesamt*
Vorwiegend homosexuell	M	15	3	–	18
	F	4	10	2	16
Vorwiegend über beide Geschlechter	M	26	1	1	28
	F	18	17	4	39
Vorwiegend heterosexuell	M	11	2	2	15
	F	6	4	–	10
Unbeantwortet	M	10	2	2	14
	F	3	7	–	10
Insgesamt	M	62	8	5	75
	F	31	38	6	75

(d) Stellen Sie sich oft Cunnilingus vor?

Orientierung der Sexualträume	*Geschlecht*	*Ja*	*Nein*	*Unbeantwortet*	*Insgesamt*
Vorwiegend homosexuell	M	6	11	1	18
	F	9	4	3	16
Vorwiegend über beide Geschlechter	M	23	4	1	28
	F	29	7	3	39
Vorwiegend heterosexuell	M	8	5	2	15
	F	7	3	–	10
Unbeantwortet	M	9	3	2	14
	F	4	6	–	10
Insgesamt	M	46	23	6	75
	F	49	20	6	75

Tabelle 29: Sexuelle Träume und Phantasien (Forts.)

(e) Stellen Sie sich oft gegenseitige Masturbation vor?

Orientierung der Sexualträume	*Geschlecht*	*Ja*	*Nein*	*Unbeantwortet*	*Insgesamt*
Vorwiegend homo-sexuell	M	15	2	1	18
	F	8	4	4	16
Vorwiegend über beide Geschlechter	M	18	9	1	28
	F	27	8	4	39
Vorwiegend hetero-sexuell	M	11	3	1	15
	F	4	5	1	10
Unbeantwortet	M	5	7	2	14
	F	3	7	–	10
Insgesamt	M	49	21	5	75
	F	42	24	9	75

Bei den Männern besteht ein signifikanter Zusammenhang zwischen der sexuellen Orientierung in Sexualträumen und dem Auftreten von *kruden heterosexuellen Koitusphantasien* ($S = 265$; $z(k) = 2{,}09$; $p < 0{,}025$, einseitiger Test), nicht jedoch bei den Frauen ($S = 109$; $z = 0{,}97$; $p > 0{,}05$). 33,3 Prozent der Männer, die hauptsächlich von ihrem eigenen Geschlecht träumen, beschäftigen sich in ihrer Phantasie mit gewöhnlichem heterosexuellem Koitus, gegenüber 69,2 Prozent der Männer, die vorwiegend vom anderen Geschlecht träumen. Die entsprechenden Zahlen für die weiblichen Befragten sind 50,0 bzw. 66,7 Prozent.
Hingegen besteht *kein* signifikanter Zusammenhang zwischen der sexuellen Orientierung in Sexualträumen und dem Auftreten von Phantasien über *Analverkehr,* weder bei den Männern ($S = 93$; $z = 0{,}93$; $p > 0{,}05$) noch bei den Frauen ($S = 16$; $z = 0{,}20$; $p > 0{,}05$).
Es besteht auch *keine* signifikante Beziehung zwischen der sexuellen Orientierung in Sexualträumen und dem Auftreten von *Fellatio*-phantasien, weder bei den Männern ($S = 25$; $z = 0{,}35$; $p > 0{,}05$) noch bei den Frauen ($S = 186$; $z = 1{,}61$; $p > 0{,}05$).
Bei den Männern besteht eine *signifikante* Beziehung zwischen der sexuellen Orientierung in Sexualträumen und dem Auftreten von Phantasien über Cunnilingus ($S = 204$; $z(k) = 1{,}65$; $p < 0{,}05$, einseitiger Test), nicht aber bei den Frauen ($S = 16$; $z = 0{,}16$; $p > 0{,}05$). Wie vorausgesagt, neigten die Männer eher dazu, sich Cunnilingus vorzustellen, wenn sie vorwiegend vom anderen Geschlecht träumten (61,5%), als wenn sie hauptsächlich von ihrem eigenen Geschlecht träumten (35,3%); die entsprechenden Zahlen bei den Frauen lauten 70,0 bzw. 69,2 Prozent.
Es besteht *kein* signifikanter Zusammenhang zwischen der sexuellen Orientierung in Sexualträumen und dem Auftreten von Phantasien über *gegenseitige Masturbation,* weder bei den Männern ($S = 77$; $z = 0{,}75$; $p > 0{,}05$) noch bei den Frauen ($S = 83$; $z = 0{,}86$; $p > 0{,}05$).
Es bestehen *keine* Unterschiede zwischen den Geschlechtern hinsichtlich

ihrer Angaben über Phantasien von gewöhnlichem heterosexuellem Koitus (Chi-Quadrat = 0,01; df = 1; p > 0,05), Cunnilingus (Chi-Quadrat = 0,14; df = 1; p > 0,05) und gegenseitiger Masturbation (Chi-Quadrat = 0,37; df = 1; p > 0,05). *Signifikante* Unterschiede bestehen hingegen zwischen den Geschlechtern bezüglich ihrer Angaben hinsichtlich Phantasien über Analverkehr (Chi-Quadrat = 44,5; df = 1; p < 0,001, einseitiger Test; Männer 71,0%, Frauen 13,2%) und von Fellatio (Chi-Quadrat = 28,0; df = 1; p < 0,001, einseitiger Test; Männer 88,6%, Frauen 44,9%).
Es besteht *kein* signifikanter Unterschied zwischen den Geschlechtern bezüglich der sexuellen Orientierung in ihren Sexualträumen (S = 111; z = 0,30; p > 0,05).

Tabelle 30: Sexualträume und Orientierung sexueller Phantasien

(a) Haben Sie Phantasien über Personen, in die Sie verliebt sind?

Orientierung d. Sexualträume	*Geschlecht*	*Ja*	*Nein*	*Unbeantwortet*	*Insgesamt*
Vorwiegend homosexuell	M	16	2	–	18
	F	15	–	1	16
Vorwiegend über beide Geschlechter	M	22	4	2	28
	F	38	1	–	39
Vorwiegend heterosexuell	M	11	3	1	15
	F	8	1	1	10
Unbeantwortet	M	11	2	1	14
	F	9	1	–	10
Insgesamt	M	60	11	4	75
	F	70	3	2	75

(b) Haben Sie Phantasien über flüchtige Bekanntschaften?

Orientierung d. Sexualträume	*Geschlecht*	*Ja*	*Nein*	*Unbeantwortet*	*Insgesamt*
Vorwiegend homosexuell	M	11	5	2	18
	F	9	6	1	16
Vorwiegend über beide Geschlechter	M	16	8	4	28
	F	25	12	2	39
Vorwiegend heterosexuell	M	7	6	2	15
	F	5	3	2	10
Unbeantwortet	M	8	4	2	14
	F	4	6	–	10
Insgesamt	M	42	23	10	75
	F	43	27	5	75

Tabelle 30: Sexualträume und Orientierung sexueller Phantasien (Forts.)

(c) Haben Sie Phantasien über Traumpersonen?

Orientierung d. Sexualträume	*Geschlecht*	*Ja*	*Nein*	*Unbeantwortet*	*Insgesamt*
Vorwiegend homo-	M	5	11	2	18
sexuell	F	6	9	1	16
Vorwiegend über	M	14	10	4	28
beide Geschlechter	F	21	16	2	39
Vorwiegend hetero-	M	9	5	1	15
sexuell	F	4	4	2	10
Unbeantwortet	M	5	7	2	14
	F	6	4	–	10
Insgesamt	M	33	33	9	75
	F	37	33	5	75

Es besteht *keine* signifikante Beziehung zwischen der Orientierung der Sexualträume und der Tendenz, Phantasien über Personen nachzuhängen, in die der (die) Betreffende verliebt ist, weder bei den Männern (S = 68; z = 0,79; p > 0,05) noch bei den Frauen (S = 60; z = 1,36; p > 0,05).
Ebensowenig besteht ein signifikanter Zusammenhang zwischen der Orientierung der Sexualträume und der Tendenz, sich Phantasien über flüchtige Bekanntschaften hinzugeben, weder bei den Männern (S = 79; z = 0,79; p > 0,05) noch bei den Frauen (S = 30; z = 0,27; p > 0,05).
Ebensowenig besteht ein signifikanter Zusammenhang zwischen der Orientierung der Sexualträume und der Tendenz, Phantasien über Traummenschen nachzuhängen, weder bei den Männern (S = 198; z = 1,84; p > 0,05) noch bei den Frauen (S = 85; z = 0,73; p > 0,05).
Es gibt *keine* signifikanten Unterschiede in der Orientierung der sexuellen Phantasien von Männern und Frauen in bezug auf flüchtige Bekanntschaften (Chi-Quadrat = 0,04; df = 1; p > 0,05) und Traumpersonen (Chi-Quadrat = 0,03; df = 1; p > 0,05). Hingegen besteht ein *signifikanter* Unterschied zwischen den Geschlechtern hinsichtlich ihrer Tendenz, sich in der Phantasie mit den Personen zu beschäftigen, in die der (die) Betreffende verliebt ist (Chi-Quadrat = 4,10; df = 1; p < 0,025, einseitiger Test). Wie vorausgesagt, hingen Frauen öfter Tagträumen über Personen nach, in die sie verliebt waren (95,9%) als Männer (84,5%).

Glossar

Adrenogenitales Syndrom: Eine Form des Pseudo-Hermaphroditismus bei Männern und Frauen, hervorgerufen durch eine Überdosis von Androgenen im fötalen Zustand. Die Symptome führen bei Frauen zu weitaus ernsteren Störungen als bei Männern. Die abnormale Funktion der Nebennierendrüsen ruft bei Frauen, falls sie nicht behandelt wird, eine weitgehende Vermännlichung hervor. Es gibt zwei Formen dieses Krankheitsbildes, wie im II. Kapitel dargelegt.

Albany Trust: Die 1958 gegründete Stiftung war die erste Organisation, die sich um Menschen mit unorthodoxen sexuellen und emotionalen Schwierigkeiten kümmerte. Ihr erster Direktor, Antony Grey, war einer der Mitbegründer der Gesellschaft für Rechtsreform, welche die Änderung der Strafgesetze gegen die Homosexualität herbeiführte. Der Albany Trust ist vielen Klienten mit Rat und Hilfe beigestanden, aber in allen Fällen, in denen man tiefersitzende emotionale Schwierigkeiten vermutete, wurden die Betreffenden an Psychiater verwiesen. Ursprünglich bezeichnete sich der Albany Trust als Überweisungsinstanz. In den letzten Jahren hat er sich mehr auf sexuelle Aufklärung durch Broschüren, die Medien und spezielle Kurse für Lehrer und Sozialarbeiter spezialisiert, ohne den Beratungsdienst zu vernachlässigen.

Ambisexualität (ambisexuell): Wird von manchen sexualwissenschaftlichen Autoren mit Bisexualität gleichgesetzt. Dies ist unrichtig. Ambisexualität bedeutet Oszillation der Objektwahl, müheloses Hin- und Herpendeln zwischen homo- und heterosexuellen Liebesobjekten. Bei der Bisexualität ist die Situation anders.

Amorph: Ohne Gestalt oder Form.

Androgene: Männliche Hormone, die sowohl von den Nebennierendrüsen oder den Hoden als auch von den Ovarien produziert werden.

Androgynie (androgyn): Besitz von Merkmalen beider Geschlechter in gleich starker Ausprägung.

Angstneurose: Ein seelischer Zustand, bei dem die Reaktionen und das Verhalten durch irrationale Befürchtungen beherrscht werden.

Animus, Anima: Von C. G. Jung geprägte Begriffe, die unbewußte psychische Kräfte repräsentieren, welche bei Frauen und Männern für die Wahl der Liebesobjekte verantwortlich sind. Diese Kräfte haben einen entscheidenden Einfluß auf das emotionale und geistig-psychische Leben.

Archetypus, archetypisch: Begriffe, die in der analytischen Psychologie C. G. Jungs verwendet werden und sich auf archaische Vorstellungen von Mann und Frau mit idealisierender Tendenz beziehen.

Aristophanes: Antiker griechischer Dramatiker, Verfasser vorwiegend von Komödien. Berühmt auch aufgrund seiner Rede in Platons *Symposium.*

Autonomes Nervensystem: Steht in enger Verbindung mit dem endokrinen System und dem Hypothalamus. Es innerviert die inneren Organe und Blutgefäße und gewährleistet und kontrolliert biologische und emotionale Funktionen.

Bi-Emotionalität (bi-emotional): Vorwiegend emotionale Bindung an beide Geschlechter, was sexuelle Handlungen einschließen kann, aber nicht muß.

Bioenergetik: Form der Psychotherapie, deren Ziel es ist, den Menschen Körper- und Bewegungsgefühl und positive Formen von Aggression zu vermitteln. Die Bioenergetik versucht, die Menschen von falschen Hemmungen zu befreien, indem sie ihre aggressiven Impulse durch ›physischen‹ Kontakt mit dem Psychotherapeuten freisetzt. Diese Therapie baut auf den Ideen und der Praxis Alfred Adlers auf.

biopsychologisch: Verbindung psychischer und physischer Reaktionen, die sich auf den Körper, den Geist und die Emotionen auswirken.

Bisexualität (bisexuell): Die angeborene Disposition von Männern und Frauen, psychische (und manchmal auch sekundäre physische) Merkmale des anderen Geschlechts zu entwickeln. Die Bisexualität kann (aber muß nicht) den Betreffenden veranlassen, Männer *und* Frauen als Liebesobjekte zu wählen (siehe Kapitel III). Dieses Phänomen hat nichts mit physischem Hermaphroditismus zu tun.

C.H.E. (Campaign for Homosexual Equality): Die größte Homosexuelleorganisation in England. Ursprünglich von Männern gegründet, gehören ihr heute sowohl Männer als auch Frauen an (siehe Kapitel VI).

Chromosomen: Winzig kleine, im Zellkern enthaltene rutenförmige Partikel. Sie sind die Träger der Gene, die hereditäre Züge vermitteln. Die Entdeckung der Chromosomen (1952) trug erheblich zur Erweiterung des biologischen Wissens bei, insbesondere über sexuelle Varianten und andere bio-psychologische Phänomene genetischen Ursprungs.

C.O.C. von Amsterdam: Kultur- und Freizeitzentrum. Das 1948 gegründete C.O.C. hat seither der homo-bisexuellen Bevölkerung von Holland kostenlose Dienste geleistet. Es wurde von Anfang an durch die Kirchen, ärztliche Organisationen, Sozialdienste, Psychiater und nicht zuletzt durch die holländische Regierung unterstützt. Das C.O.C. folgt in jeder Hinsicht den Menschenrechtsprinzipien. Seine Dienstleistungen und Gesellschaftsklubs stehen Frauen und Männern offen.

Consciousness-raising: Erweiterung des Bewußtseins von sich selbst und anderen. Relativ neue Form der Psychotherapie. Verhilft dem Menschen zu einer besseren Kenntnis seiner eigenen perzeptiven und taktilen Veranlagung und hilft ihm dadurch, sich selbst und andere besser kennenzulernen.

Cunnilingus: In-den-Mund-Nehmen der Schamlippen und der Klitoris und Berührung mit der Zunge, wodurch sexuelle Erregung hervorgerufen wird, die beim passiven Partner oft zum Orgasmus führt. Cunnilingus wird von beiden Geschlechtern praktiziert.

Cushing' Syndrom: Die Folge einer pränatalen endokrinen Störung der Nebennierendrüsen, von der beide Geschlechter betroffen werden. Ausführliche Darstellung der Symptome im Kapitel II.

Endokrine Drüsen: Drüsen, die ihr Sekret, die Hormone, direkt in den Blutkreislauf absondern. Sie sind von lebenswichtiger Bedeutung für die Aufrechterhaltung biologischer und bio-psychischer Funktionen.

Erogene Zonen: Ein von Sigmund Freud eingeführter Begriff, mit dem Körperpartien bezeichnet werden, die besonders berührungsempfindlich sind und sinnliche und/oder sexuelle Reaktionen auslösen. Der Bereich des Mundes (Oralzone) und der äußeren Genitalien (Genitalzone) sind erogene Zonen par excellence.

Erotik: Die sinnliche und ästhetische Anziehung zwischen Menschen, die sich auf die Emotionen, die Phantasie und die libidinösen Wünsche auswirkt, aber nicht notwendigerweise sexuelle Intimität einschließt. Der Begriff leitet sich von Eros, dem Gott der Liebe, ab.

Fellatio: Küssen und Saugen des Penis, das oft bei beiden Partnern zum Orgasmus führt. Wird von Männern und Frauen praktiziert.

Fröhlich'Syndrom: Endokrine Störung, von der Männer und Frauen betroffen werden können und die mit sexuellem Infantilismus einhergeht. Eingehende Beschreibung siehe Kapitel II.

Gay Liberation Front: Englische Vereinigung Homosexueller, die sich als politisch links versteht.

Gay Switchboards: In den letzten Jahren haben mehrere Homosexuellenorganisationen, beispielsweise ›Friend‹ und ›ice-breakers‹ einen telefonischen Hilfs- und Beratungsdienst für Homo- und Bisexuelle eingerichtet. Dieser Dienst hat Ähnlichkeit mit dem des englischen Samariterbundes.

Genetik: Vererbungslehre.

Geschlechtsidentität: Nicht mit sexueller Identität zu verwechseln. Geschlechtsidentität ist das subjektive erotische und emotionale Bild, das ein Mensch von sich selbst hat.

Hirsutismus: Extrem starke Körperbehaarung bei Männern und Frauen. Bei Frauen bedeutet es gewöhnlich Haarwuchs im Gesicht und auf der Brust.

Homoemotionalität (homoemotional): Vorwiegend emotionale Liebe zum eigenen Geschlecht, die sich im allgemeinen sinnlich und erotisch und häufig, aber nicht notwendigerweise, sexuell äußert.

Homosexualität: Liebe zum eigenen Geschlecht. Homos bedeutet gleich. Dieser Begriff wurde oft als Bezeichnung für sexuelle Liebe zwischen Männern mißverstanden.

Hypophyse: Eine endokrine Drüse, die in der Sella turcica, tief innen im Gehirn lokalisiert ist. Diese Drüse ist von höchster Bedeutung für die biologischen Funktionen im allgemeinen und die psychosexuellen Funktionen im besonderen. Sie wird als Koordinator aller endokrinen Drüsen bezeichnet.

Hypothalamus: Teil des Zwischen- oder Mittelhirns. Der Hypothalamus reguliert viele lebenswichtige Funktionen einschließlich sexueller und emotionaler Reaktionen. Er ist mit der Hypophyse verbunden, deren einer Abschnitt einen Teil des Hypothalamus bildet.

Inversion (sexuelle): Ebenso wie Abartigkeit ein Begriff, der früher für die Homosexualität verwendet wurde. Er impliziert, daß Homosexualität abnormal und pervers sei, was ein fundamentaler Irrtum ist.

Kinästhesie (kinästhetisch): Allgemeine und umfassende Bezeichnung für das Erfassen von Bewegungsempfindungen aus den verschiedenen Körperregionen. Die entsprechenden Rezeptoren liegen in den Gelenken, Muskeln, Sehnen und im Gleichgewichtsorgan des inneren Ohres.

Klinefelter' Syndrom: Chromosomale Anomalie, die zu Unterentwicklung der Geschlechtsorgane und Unfruchtbarkeit, emotionalem Infantilismus und oft zu geistiger Retardierung führt (siehe Kapitel II).

Laterales Denken: Eine von de Bono entwickelte Denkmethode, die sich nicht auf die gerade Folge logischer Gedankengänge verläßt, sondern intuitive Assoziationsketten einbezieht, die gewissermaßen ›seitlich‹ von diesen wegführen. Laterales Denken ermöglicht angeblich ein kreativeres und umfassenderes Verständnis geistiger Phänomene.

Libido (libidinös): Sexuelles Verlangen.

Masochismus: Von R. von Krafft-Ebing geprägter Begriff. Der emotionale und sexuelle Genuß, den man aus Schmerzen und Mißhandlungen bezieht, die einem von anderen zugefügt werden.

Narzißmus (narzißtisch): Bedeutet in der Sprache der Psychoanalyse Liebe zu sich selbst, die Liebe zu anderen ausschließt. Dies steht in Gegensatz zu Melanie Kleins Interpretation der griechischen Sage von Narzissus (siehe Kapitel I).

Nebennierendrüsen: Zwei über den Nieren gelegene endokrine Drüsen. Die Nebennierendrüsen spielen bei der Regulierung des Blutdrucks und anderer lebenswichtiger Funktionen sowie für emotionale und sexuelle Reaktionen eine wichtige Rolle. Sie bestehen aus einer Rinde und dem Nebennierenmark, von denen beide verschiedene Hormone in das Blut absondern, der Kortex (Rinde): die Kortikoide; das Mark: Adrenalin, Noradrenalin etc.

Nervenzusammenbruch: Ein psychischer Zustand, in dem der Betreffende außerstande ist, mit sich und anderen fertig zu werden. Damit verbunden ist Mangel an Selbstvertrauen, Entscheidungsunfähigkeit und Rückzug aus der Welt. Da sie außerstande sind, ihr Leben zu meistern, sind Menschen, die einen Nervenzusammenbruch erleiden, extrem abhängig von anderen. Häufige Symptome sind Depression und Gedanken an Suizid oder gar Suizidversuche.

neuroendokrin: Bezieht sich auf das Zusammenspiel zwischen den endokrinen Drüsen und dem autonomen bzw. dem Zentralnervensystem.

Neurose (Psychoneurose): Fehlangepaßte Verhaltensmuster, deren sich der Patient bewußt ist. Neurosen haben ihre Wurzeln in traumatischen Vorfällen, die aus der Kindheit oder jedem anderen Lebensabschnitt datieren können. Die Symptome reichen von frei flottierender Angst bis zu bestimmten Ängsten und Phobien. Aufgrund der Unfähigkeit des Patienten, die alltäglichen Anforderungen seines Lebens zu meistern, gehen die Neurosen oft mit Depressionen einher. Bekannte Beispiele sind Agoraphobie, d. h. Angst vor offenen Räumen, die den Patienten daran hindert, sein Haus zu verlassen, oder Klaustrophobie, die Angst vor engen, geschlossenen Räumen. Letztere wird häufig von der Angst, mit Menschen zusammenzutreffen, begleitet.

Östrogen: Weibliches Hormon, das von den Eierstöcken (den weiblichen Geschlechtsdrüsen) abgesondert wird, aber auch in den Hoden (männliche Geschlechtsdrüsen) vorhanden ist.

Päderastie: Die sexuelle Anziehung, die ein reifer Mann für männliche oder weibliche Kinder fühlt und die meistens zu sexuellen Handlungen führt.

Pädophilie: Kinderliebe, die emotionale und sexuelle Neigung zu Kindern und Jugendlichen.

Paranoia (paranoid): Geisteskrankheit, die durch Beziehungs- und Verfolgungswahn gekennzeichnet ist. Die daran leidenden Patienten haben oft klare Perioden zwischen den Anfällen eingebildeter Leiden.

Parmenides: Bedeutender griechischer Philosoph.

Pseudohermaphroditismus: Ein Schein-Hermaphroditismus mit gewissen physischen und psycho-biologischen Symptomen. Die Gonaden (Keimdrüsen) sind jedoch nicht wie beim echten Hermaphroditen gemischt, sondern entweder männlich oder weiblich.

Psychose (psychotisch): Eine Geisteskrankheit wie z. B. Schizophrenie oder manisch-depressive Psychose. Sollte klar von neurotischer Erkrankung unterschieden werden.

Sadismus (sadistisch): Von R. von Krafft-Ebing geprägter Begriff. Der emotionale und sexuelle Genuß, der daraus bezogen wird, anderen Schmerzen zuzufügen.

Sado-Masochismus: Ebenfalls von R. von Krafft-Ebing geprägter Begriff; der (sexuelle) Genuß, anderen Schmerzen zuzufügen und gleichzeitig von anderen Schmerzen zugefügt zu bekommen. Das sado-masochistische Syndrom spielt eine maßgebliche Rolle in der psychologischen und psychoanalytischen Diagnostik.

schizoid: Ein psychischer Zustand, der durch widersprüchliche und sogar gegensätzliche Gefühle und Gedanken gekennzeichnet ist, was zu ständigen Konflikten und Schwierigkeiten in der Anpassung an andere und die Gesellschaft führt.

Sexismus: Ein relativ neuer Begriff, der die Benachteiligung und Diskriminierung von Menschen allein aufgrund ihres Geschlechts bedeutet.

Sexologie (Sexualwissenschaft): Ein Wissenschaftszweig, der Psychologie, der Endokrinologie und Genetik miteinander verbindet.

Sexualzentren: Repräsentieren und reflektieren spezifische psychosexuelle Dispositionen im Gehirn. Sie sind in der Hypothalamusregion lokalisiert.

Stein-Leventhal' Syndrom: Ein bei Frauen auftretendes Krankheitsbild, das durch vergrößerte und polyzystische Eierstöcke, Hirsutismus und Sterilität gekennzeichnet ist (siehe Kapitel II).

Syndrom: Ein Bündel von Symptomen, das für physische, psychische oder geistige Krankheiten kennzeichnend ist.

Syndrom der Androgen-Unempfindlichkeit: Wird auch als testikulares Feminisierungssyndrom bezeichnet. Bei diesem Krankheitsbild bleiben die in den fötalen Hoden produzierten männlichen Hormone ohne Auswirkung auf die Körperzellen. In diesen Fällen reagiert das Körpergewebe auf die weiblichen Sexualhormone, die ebenfalls in den Hoden produziert werden. Es handelt sich um einen Fall von Pseudo-Hermaphroditismus mit ›weiblichen‹ äußeren Genitalien. Die Brüste sind im allgemeinen stark entwickelt.

Syzygie: Griechisches Wort, das ›zusammen ins Joch gespannt sein‹ bedeutet und sich auf jeweils zwei Korrelate, Gegensätze oder sonstwie verwandte Dinge bezieht.

Testosteron: Männliches Hormon, das von den Hoden, aber auch in geringerer Menge von den Eierstöcken produziert wird.

Transsexualismus (transsexuell): Die Überzeugung eines Menschen, in das falsche Geschlecht hineingeboren worden zu sein.

Transvestitismus (Transvestit): Männer und Frauen, die den zwanghaften Wunsch haben, die Kleidung des anderen Geschlechts zu tragen. Männliche Transvestiten verspüren insbesondere den zwanghaften Wunsch, Frauenunterwäsche zu kaufen und zu tragen.

Turner' Syndrom: Chromosomenabnormalität bei Frauen, die zu (physischem, sexuellem und emotionalem) Infantilismus und Unfruchtbarkeit führt (siehe Kapitel II).

Variable: Mathematisch: Veränderliche Größe.

Visuell-räumliches Vorstellungsvermögen: Gut entwickeltes Sehvermögen und die Fähigkeit, Objekte im Raum richtig zu fokussieren,

Entfernungen abzuschätzen und ein klares stereoskopisches Bild zu haben. Diese Fähigkeit erleichtert es einem, sich selbstbewußt und geschickt zu bewegen, und ist überaus wertvoll bei der Ausübung von Sport und Spiel.

Vorstrukturiertes Wissen: Eine von Chomsky propagierte linguistische Theorie, wonach der Sprache und wahrscheinlich jeder Art von ›Wissen‹ eine angeborene rudimentäre Struktur zugrundeliegt, auf der sich das Lehren und Lernen durch Nachahmung aufbaut.

Wachstumshormon: Eines der zahlreichen Hormone der Hypophyse. Zu den bemerkenswertesten Funktionen des Wachstumshormons zählen sein Einfluß auf das Skelettwachstum und dadurch auf den Körperbau und seine beträchtliche Wirkung auf den Stoffwechsel. Das Wachstumshormon wird vorwiegend in der Nacht abgesondert und wirkt sich auch auf den Schlafrhythmus aus.

Bibliographie

ADLER, Alfred: Menschenkenntnis. 5. Auflage, Zürich 1947
ALTMANN, D.: Homosexual Oppression and Liberation. USA 1971; U. K. 1974
BARNES, Djuna: Nachtgewächs. Frankfurt 1971
BARR, M. L.: The Human Nervous System. New York 1974
BEAUVOIR, Simone de: Das andere Geschlecht. Sitte und Sexus der Frau. Hamburg 1951
BELL, Quentin: Bloomsbury. London 1968. Virginia Woolf. Eine Biographie. Frankfurt 1977
BEM, S. L.: The Measurement of Psychological Androgyny. In: Journal of Consultative and Clinical Psychology (Bd. 42, S. 155–62) 1974
–, ›Sex Role Adaptability: One Consequence of Psychological Androgyny‹. In: Journal of Personal and Social Psychology (Bd. 31, S. 634–43) 1975
BENJAMIN, H.: The Transsexual Phenomenon. New York 1966
–, ›Transvestism and Transsexualism in the Male and Female‹. In: Journal of Sex Research (Bd. 3, Nr. 2) 1967
–, ›Newer Aspects of the Transsexual Phenomenon‹. In: Journal of Sex Research (Bd. 5, Nr. 2) 1967
BINET, A.: Revue Philosophique. Paris 1887
BLOCH, J.: Das Sexualleben unserer Zeit. Berlin 1908
BONAPARTE, Marie: Female Sexuality. London 1953
BRECHER, Ruth und Edward (Hrgs.): Beratung und Forschung. Frankfurt 1969.
BRILL, A. A.: Lectures on Psychoanalytic Psychiatry. London 1948
BROWN, J. A. C.: Freud and the Post-freudians. London 1976.
BRUN, Rudolf: Allgemeine Neurosenlehre. Biologie, Psychoanalyse und Psychohygiene leib-seelischer Störungen. 2. Auflage, Basel 1946
BUBER, Martin: Dialogisches Leben. Zürich 1947
BURNS, R. K.: ›Role of Hormones in Differentiation of Sex‹. In: W. Young (Hrsg.) Sex and Internal Secretion (Bd. 1), London 1961
CHESLER, Phyllis: Frauen, das verrückte Geschlecht? Reinbek 1974
CHEVALIER, J.: L'Inversion Sexuelle. Paris 1893
CLEMENT, C. und H. CICOUS: La Jeune Née. Paris 1975
COSENTINO, F. und A. B. HEILBRUN: ›Anxiety Correlates of Sex-Role Identity‹. In: Psychology Reports (Bd. 14, S. 729–36) 1964

DARWIN, Charles: Das Variiren der Thiere und Pflanzen im Zustande der Domestication. Stuttgart 1868
DEUTSCH, Helene: Psychologie der Frau. Bd. 1, Bern 1948; Bd. 2, Bern-Stuttgart 1954
DÖRNER, Günter: ›Zur Frage einer Neuroendokrinen Prophylaxe und Therapie angeborener Sexualdeviationen‹ In: Deutsche Med. Wochenschrift (Bd. 94) 1969
–, ›Sex Hormone-Dependent Differentiation of the Hypothalamus and Sexuality‹. In: Hormones and Brain Function. Budapest 1971
–, Sexualhormonabhängige Gehirndifferenzierung und Sexualität. Wien–New York 1972
–, ›Environment-Dependent Brain Differentiation and Fundamental Processes of Life‹. In: Acta Biologica (Bd. 33, S. 129–48) 1974
–, ›Hormone Dependent Brain Differentiation and Neuroendocrine Function‹, In: Biological Rhythms in Neuroendocrine Activity. Tokio 1974
–, Endocrinology of Sex. Leipzig 1975
DOSTOJEWSKIJ, Fedor M.: Der Idiot. Berlin 1889.
DOUGLASS, J.: Bisexuality. London 1976

ELLIS, Havelock: Geschlecht und Gesellschaft Bd. II. Würzburg 1911 My Life. London 1967

FAIRBAIRN, R.: Psychoanalytic Studies of the Personality. London 1952
FELDMAN, M. und A. BROADHURST (Hrsg.): Theoretical and Experimental Bases of the Behaviour Therapies. London 1976
FELDMAN, M. und M. MACCULLOCH: Homosexual Behavior Therapy and Assessment. Oxford 1971
FENICHEL, Otto: Hysterien und Zwangsneurosen. Psychoanalyt. spezielle Neurosenlehre. Wien 1931; Darmstadt 1967
FLAUBERT, Gustave: Briefe. Stuttgart 1964; 2. Auflage, Zürich 1977
FLIESS, Wilhelm: Vom Leben und vom Tod. Jena 1914
–, Das Jahr im Lebendigen. Jena 1918
FORD, B.: Nonscience. London 1971
FREUD, Sigmund: Drei Abhandlungen zur Sexualtheorie. G. W. (= Gesammelte Werke), Bd. 5, S. 27
–, Bruchstück einer Hysterie-Analyse. G. W., Bd. 5, S. 161
–, Hysterische Phantasien und ihre Beziehungen zur Bisexualität. G. W., Bd. 7, S. 189
–, Die ›kulturelle‹ Sexualmoral und die moderne Nervosität. G. W., Bd. 7, S. 141
–, Analyse einer Phobie eines fünfjährigen Knaben. G. W., Bd. 7, S. 241
–, Psychoanalytische Bemerkungen über einen autobiographisch beschriebenen Fall von Paranoia (Dementia paranoides). G. W., Bd. 85, S. 239
–, Zur Einführung des Narzißmus. G. W., Bd. 10, S. 137
–, Triebe und Triebschicksale. G. W., Bd. 10, S. 209

–, Die Verdrängung. G. W., Bd. 10. S. 247
–, Über Triebumsetzungen, insbesondere der Analerotik. G. W., Bd. 10, S. 401
–, Aus der Geschichte einer infantilen Neurose. G. W., Bd. 12, S. 27
–, Ein Kind wird geschlagen. G. W., Bd. 12, S. 195
–, Über die Psychogenese eines Falles von weiblicher Homosexualität. G. W., Bd. 12, S. 269
–, Das Ich und das Es. G. W., Bd. 13, S. 235
–, Einige psychische Folgen des anatomischen Geschlechtsunterschieds. G. W., Bd. 14, S. 17
–, Über die weibliche Sexualität. G. W., Bd. 14, S. 515
–, Die endliche und die unendliche Analyse. G. W., Bd. 16, S. 57
–, Aus den Anfängen der Psychoanalyse. Frankfurt 1962

GAGNON, J. H. und W. SIMON: Sexual Conduct – the Social Sources of Human Sexuality. London 1974
GARDINER, Muriel: Der Wolfsmann. Frankfurt 1972
GREEN, A.: ›Aggression, Femininity, Paranoia and Reality‹. In: International Journal of Psycho-Analysis (Bd. 53, S. 205) 1972
GREEN, R.: Sexual Identity Conflict. London 1974
GRIFFITHS, P. D., J. MERRY etc.: ›Homosexual Women: an Endocrine and Psychological Study‹. In: Journal of Endocrinology (Bd. 63, S. 549–56)
GRODDECK, Georg: Das Buch vom Es. Leipzig 1923; Frankfurt 1973

HAMPSON, H. J. L. und J. HAMPSON: ›The Ontogenesis of Sexual Behaviour in Man‹. In: W. Young (Hrsg.) Sex and Internal Secretion (Bd. II, S. 1401–33)
HEILBRUN, A. B. und D. K. FROMME: ›Parental Identification of Late Adolescents and Level of Adjustment: the Importance of Parental Model Attributes, Ordinal Position and Sex of the Child‹. In: Journal of Genetic Psychology (Bd. 107, S. 49–50) 1965
HEILBRUN, C. G.: Toward a Recognition of Adrogyny. New York 1973
HEINE, M.: Confessions et Observations Psycho-Sexuelles. Paris 1936
HIRSCHFELD, Magnus: Die Homosexualität des Mannes und des Weibes. Berlin 1914
–, Sexualpathologie in drei Teilen. Bonn 1916, 1920, 1921
–, Geschlechtsanomalien und Perversionen. (Aus dem Nachlaß, ergänzt und geordnet von seinen Schülern.) Konstanz um 1955
HOLROYD, M.: Lytton Strachey. London 1967
HORNEY, Karen: Neue Wege in der Psychoanalyse. Stuttgart 1951; München 1973
–, Die Psychologie der Frau. München 1977
HUMPHREYS, Laud: Klappen-Sexualität. Homosexuelle Kontakte in der Öffentlichkeit. Stuttgart 1974
HUTT, C.: Males and Females. London 1972

JONES, Ernest: Sigmund Freud, Leben und Werk. Frankfurt 1969
JUNG, Carl Gustav: Das Unbewußte im normalen und kranken Seelenleben. Zürich 1929
–, Gesammelte Werke, Band 9. Freiburg 1976
–, Memories, Dreams, Reflections. London 1963

KINSEY, Alfred Charles: Das sexuelle Verhalten des Mannes. Frankfurt 1955
–, Das sexuelle Verhalten der Frau. Frankfurt 1963
KLAICH, D.: Woman plus Woman. New York 1974
KLEIN, Melanie: Neid und Dankbarkeit. Heidelberg 1957
–, Contributions to Psychoanalysis. London 1968
KLEIN, Melanie und Joan RIVIERE: Seelische Urkonflikte. Liebe, Haß und Schuldgefühl. München 1974
KLEIN, Melanie, P. HEIMANN, S. ISAACS und Joan RIVIERE: Developments in Psychoanalysis. London 1952
KLIMMER, Rudolf: Die Homosexualität als biologisch-soziologische Zeitfrage. Hamburg 1963
KOLODNY, MASTERS, HENDRIK und TORO: ›Plasma Testosterone and Semen Analysis in Male Homosexuals‹. In: The New England Journal of Medicine (Bd. 285, S. 1170–74) 1971
KRAFFT-EBING, Richard von: Verirrungen des Geschlechtslebens. Aufgrund der 17. Auflage von Psychopathia sexualis, eine medizinisch-gerichtliche Studie für Ärzte und Juristen frei bearbeitet von Alexander Hartwich. 3. Auflage, Zürich 1950
KRETSCHMER, E.: Körperbau und Charakter. 9. und 10. Auflage, Berlin 1931

LEACH, E.: Lévi-Strauss. London 1973
LÉVI-STRAUSS, Claude: Das Ende des Totemismus. Frankfurt 1965
LORENZ, Konrad: King Solomon's Ring. London 1952

MASTERS, William Howell und Virginia E. JOHNSON: Die sexuelle Reaktion. Frankfurt 1967
MAUGHAM, R.: Conversations with Willie. London 1978
MAUGHAM, William Somerset: Rückblick auf mein Leben. Zürich 1948
–, Gesammelte Erzählungen. Band 2, Zürich 1976
MEAD, Margaret: Mann und Weib. Das Verhältnis der Geschlechter in einer sich wandelnden Welt. Zürich 1954
–, Kindheit und Jugend in Samoa. München 1970
MILLETT, Kate: Sexus und Herrschaft. Die Tyrannei des Mannes in unserer Gesellschaft. München 1974
–, Flying. London 1975
MITCHELL, Juliet: Psychoanalyse und Feminismus. Freud, Reich, Laing und die Frauenbewegung. Frankfurt 1976
MITCHELL, Yvonne: Colette. Tübingen 1977

MONEY, J.: ›Sex Hormones and Variables in Human Eroticism‹. In: Sex and Internal Secretion (Bd. II. S. 1383–1401). London 1961
–, ›Progestin-induced Hermaphroditism: and Psychosexual Identity in a Study of Ten Girls‹. In: Journal of Sex Research (Bd. 3, S. 83) 1968
MONEY, John and Anke A. EHRHARDT: Männlich, weiblich: die Entstehung der Geschlechtsunterschiede. Reinbek 1975
MONEY, J. und P. TUCKER: On Being a Man or a Woman. London 1976

NAGERA, Humberto: Psychoanalytische Grundbegriffe. Eine Einführung in Sigmund Freuds Terminologie und Theoriebildung. Frankfurt 1974
NEWMAN, L. E. und R. STOLLER: ›Gender Identity Disturbances in Intersexed Patients‹. In: American Journal of Psychiatry (Bd. 124, Nr. 9) 1968
NICOLSON, Nigel: Porträt einer Ehe. Harold Nicolson und Vita Sackville-West. München 1974

OAKLEY, Ann: Soziologie der Hausarbeit. Frankfurt 1978
ORGLER, Hertha: Alfred Adler: Triumph über den Minderwertigkeitskomplex. München–Berlin–Wien 1972

PLATON: Symposium. 2. Auflage, Münster 1967

RANDELL, J.: ›Indications for Sex-Reassignment Surgery‹. In: Archives of Sexual Behaviour (Bd. 1)
REDHARDT, R.: Zur gleichgeschlechtlichen männlichen Prostitution‹. In: Beiträge zur Sexualforschung. Bd. V, 1954

SACKVILLE-WEST, Vita: Schloß Chevron. Berlin 1931
SANTS, J. und H. J. BUTCHER (Hrsg.): Developmental Psychology, Selected Readings. London 1975
SARTRE, Jean Paul: Das Imaginäre. Phänomenologische Psychologie der Einbildungskraft. Reinbek 1971
SCHLEGEL, Willhart S.: Sexualinstinkte des Menschen. Bern–München–Wien 1969
–, Sexuelle Partnerschaft. Formen und Verhaltensweisen. Gütersloh 1969
SINGER-KAPLAN, H.: The New Sex Therapy. London 1975
SOCARIDES, C.: ›The Desire of Sexual Transformation – a Psychiatric Evaluation of Transsexualism‹. In: American Journal of Psychiatry (Bd. 125) 1969
STOLLER, R.: Sex and Gender. London 1968
–, Splitting. London 1974
–, ›Hostility, Mystery, Perversion‹. In: International Journal of Psychoanalysis (Bd. 55, S. 425) 1974
–, The Transsexual Experiment. London 1975

THOMPSON, SCHWARTZ, MCCANDLES und EDWARDS: ›Parent-Child Relationships and Sexual Identity in Male and Female Homosexuals and Heterosexuals‹. In: Journal of Consultative and Clinical Psychology (Bd. 41, S. 120–27) 1973

WALLON, Henri: Grundzüge der angewandten Psychologie. Kronberg/Meisenheim 1948

WARD, J.: ›Prenatal Stress Feminizes and Demasculinizes the Behaviour of Males‹. In: Science (Bd. 175, S. 82–84) 1972

WEININGER, O.: Geschlecht und Charakter. Wien–Leipzig 1926

WILLIAMS, R. (Hrsg.): Textbook of Endocrinology. (5. Auflage), Philadelphia 1974

WILSON, Glenn und David NIAS: Erotische Anziehungskraft. Psychologie der sexuellen Attraktivität. Frankfurt–Berlin–Wien 1979

WOLFF, Charlotte:Die Hand des Menschen. Weilheim 1970

–, Innenwelt und Außenwelt. Autobiographie eines Bewußtseins. München 1971

–, Psychologie der lesbischen Liebe. Reinbek 1973

WOLFF, Werner: ›Experimentelle Persönlichkeitsdiagnostik‹. In: Zentralblatt für Psychotherapie und ihre Grenzgebiete einschließlich der medizinischen Psychologie und psychischen Hygiene. 1931

–, The Expression of Personality. New York 1943

WOOLF, L.: Snowing. London 1960

Growing. London 1961

WOOLF, Virginia: A Room of One's One. London 1929

–, Orlando. Frankfurt 1961

Register

Bitte umblättern:

auf den nächsten Seiten informieren wir Sie über weitere interessante Fischer Taschenbücher.